# 사회복지기록

KB201693

SOCIAL WORK RECORDS

| 제3판 |

# 사회복지기록

∑ 시그마프레스

## 사회복지기록, 제3판

발행일 | 2010년 10월 15일 1쇄 발행

저자 | Jill Doner Kagle, Sandra Kopels
역자 | 홍순혜, 한인영
발행인 | 강학경
발행처 | (주)시그마프레스
편집 | 우주연
교정·교열 | 민은영

등록번호 | 제10-2642호
주소 | 서울특별시 마포구 성산동 210-13 한성빌딩 5층
전자우편 | sigma@spress.co.kr
홈페이지 | http://www.sigmapress.co.kr
전화 | (02)323-4845~7(영업부), (02)323-0658~9(편집부)
팩스 | (02)323-4197

인쇄 | 자윤프린팅        제본 | 세림제책

ISBN | 978-89-5832-816-2

## Social Work Records, Third Edition

Copyright ⓒ 2008 by Waveland Press, Inc.
All rights reserved.

The English language edition of this book is published by Waveland
Press, Inc. 4180 IL Route 83, Suite 101, Long Grove, Illinois 60047, United
States of America.

Korean language editon ⓒ 2010 by Sigma Press, Inc. published by
arrangment with Waveland Press, Inc.

이 책은 Waveland Press, Inc.와 (주)시그마프레스 간에 한국어판 출판·판매권
독점 계약에 의해 발행되었으므로 본사의 허락 없이 어떠한 형태로든 일부 또는 전
부를 무단복제 및 무단전사할 수 없습니다.

＊책값은 책 뒤표지에 있습니다.

사회복지의 실천은 기록과 함께 발전되는 불가분의 관계에 있다. 기록의 도움 없이는 실천이 제대로 진행되기 어렵고, 실천이 제대로 진행되고 있는지 확인하기도 어려우며, 실천을 향상시키기 위한 슈퍼비전을 주고받기도 어렵다. 그럼에도 불구하고 우리의 사회복지 교육기관과 현장에서 기록의 중요성이 실천만큼 강조되지 못한 것이 사실이다. 그 이유는 우리의 실천현장에서 기록의 활용성이 그동안 매우 제한적이었으며, 동시에 우리의 교육현장이 실천을 담당하게 될 학생들에게 기록을 제대로 교육시킬 여건이 되지 못했다는 데에 기인한다.

이제 우리의 실천현장의 여건도 많이 바뀌어 좀 더 전문적인 서비스의 제공을 위해서, 재원을 제공한 외부기관에 대한 책무성을 위해서, 그리고 서비스의 효과를 확인하기 위해서 등 다양한 목적으로 기록이 요구되고 있다. 이러한 기록의 활용성 확대는 좀 더 효율적이면서도 포괄적인 기록을 가능하게 하는 기록기술을 요구하고 있다.

이러한 요구에 부응해 역자들은 1997년, 『Social Work Records』(1991)의 개정판을 번역·출간하였다. 『사회복지기록』이라는 이름으로 출간된 역서는 국내에 존재하는 거의 유일한 사회복지기록 관련 교육서가 되었다. 하지만 역서를 출간했던 출판사의 폐업으로 인해 역서의 출간이 중단되었고 유용한 교육서도 사라지게 되었다. 이런 와중에 역자들은 『Social Work Records』의 초판 및 개정판의 저자였던 Jill Doner Kagle이 Sandra Kopels과 함께 2008년 제3판을 출간했음을 알게 되었고 제1, 2판과는 다른 새로운 내용들을 포함하면서 대폭 수정된 제3판을 반가운 마음으로 번역 · 출간하게 되었다.

Kagle이 저술한 초판과 개정판은 1979~1983년과 1987~1988년에 미국에서 행해진 사회복지기록에 관한 2개의 전국적 프로젝트의 결과물로서, 변화하는 사회적 조류 속에서 당시 사회복지기록이 추구하고 있는 이론과 다양한 쟁점들을 다루었다. 이번에 번역된 제3판은 사회복지 실천이 중시하는 책무성, 효율성, 비용, 클라이언트의 비밀보장 등과 같은 목표 사이에서 균형을 이루고 중요한 전문적 판단을 내릴 수 있도록 사회복지사들에게 도움을 주고자 계획되었다. 특히 기록과 법에 대한 주제를 심층적으로 다루고 사회복지 관련 사적 권리 보장 정책과 규정을 철저히 분석하였다. 또한 문화적 역량, 체계적 사정, 관리의료, 전산화, 기록 보안 등과 관련된 새로운 자료들도 포함하고 있다. 우리나라 사회복지현장에서도 기록 전산화가 서서히 확산되어 가는 추세 속에 사적 정보 보호 및 기록 보안이 보다 관심을 가져야 하는 이슈임을 일깨워 주고 있다.

이 책은 이렇다 할 기록에 관한 교육서가 부재했던 상황에서 사회복지를 공부하고 있는 학생들에게 교실에서 기록을 학습할 수 있는 기회를 제공하는 교과서 또는 참고서로서 이용될 수 있을 것이다. 또한 현장에서 실천을 담당하고 있는 초보 사회복지사들뿐만 아니라 경험 많은 사회복지사들도 자신의 기록기술을 향상시키기 위한 도움서로서 사용할 수 있을 것이다.

이 책이 사회복지교육과 실천에서 차지하는 기록의 중요성을 다시 한 번 부각시키는 계기가 되기를 빌면서, 우리의 현장 실천을 예로 든, 그리고 우리의 현장 여건을 좀 더 감안한 우리말 저서가 하루빨리 출간되기를 기대해 본다.

2010년 9월 역자 일동

## 감사의 글

사회복지기록에 다음과 같은 분들이 기여해 주심에 감사드립니다.

- 이 책의 기초가 되었던 폭넓고 깊이 있는 연구를 가능하게 해 주었던 1980년대 Lois and Samuel Silberman Fund의 연구비, 연구비위원회의 모든 위원들, 특히 Lois and Jayne Silberman, Thomas Horton, Ellen Winston은 이 프로젝트에 정말 열심히 헌신해 주었습니다. Buddy Silberman은 진심된 관심과 폭넓은 지식, 그리고 끊임없는 좋은 충고로 함께해 주었습니다.

- 2002년 캘리포니아대학교 버클리캠퍼스 사회복지대학에서 수행된 연구를 지원해 주었던 Zellerbach Family Fund.

- 특별한 지식과 전문성으로 함께 해 준 일리노이대학교 어버너-샴페인캠퍼스의 동료들, 특히 John Poertner와 지금은 고인이 되신 Shirley Wattenberg.

- 대규모 면담, 서베이, 워크숍에 참여했고 기관 양식, 정책, 기록들을 제공해 주었던 25개 주 300개 이상의 기관들에서 근무하고 있는 수백 명의 직접 서비스 실천 사회복지사, 슈퍼바이저, 행정가.

- 연구와 편집을 도왔던 일리노이대학교 어버너-샴페인캠퍼스와 캘리포니아 대학교 버클리캠퍼스의 대학원 학생들, 특히 기록 I 프로젝트에서 연구 조교였던 Philip Carey(Joel Brandeis) 석사, 기록 I 프로젝트에서 연구 교수였던 Janice Hays Chadha 박사, 기록 II 프로젝트 연구 조교 Mei-O Hsieh 박사, 기록 II 프로젝트 연구 조교 Cynthia Ozar 석사, 기록 III 프로젝트 연구 조교 Woochan Shim 박사, 기록 III 프로젝트 연구 조교 Hyun Ah Kang 박사, 기록 III 프로젝트 연구 조교 Cindy Le 석사 예정자.

- 책이 제3판까지 나올 때까지 지원과 아낌없는 조언을 제공한 마이크로소프트사의 Jonathan Kagle, 비디오 게임 컨설턴트 Matthew Kagle, 그리고 Illinois State University의 영어학과 명예교수 Steven Kagle.

- 이 책을 완성할 수 있도록 지속적인 지원과 확고한 믿음을 보여 준 하와이 대학교의 David M. Jameson, Stewart D. Griffeth, Jr. 석사, Carol L. Gordon 박사.

- 질문과 의미 있는 예시들을 통해 법이 사회복지 실천에 어떻게 적용되는지를 적절히 설명할 수 있도록 도와준 수천 명의 사회복지학과 학생들과 실천가.

JDK and SK

저자 서문

기록은 항상 사회복지 실천의 중요한 부분이었다. 기록의 내용과 구조는 시간의 흐름에 따라 변해 왔으나 기록을 하는 근본 이유에는 변함이 없다. 사회복지사는 자신의 클라이언트, 기관, 재정 지원처, 지역사회 그리고 전문직에 대해 책무성을 보여 주기 위해 자신의 서비스를 일상적으로 문서화한다. 기록은 많은 용도를 갖고 있다. 사회복지 전문직 역사 초기에 Mary Richmond(1917)는 중요한 실천 연구인 사회진단(Social Diagnosis)을 사례 기록에 근거하여 수행하였다. 후에 Gordon Hamilton(1936, 1946)은 실천지식을 발전시키는 데 있어서뿐만 아니라 클라이언트에 대한 서비스를 향상시키는 데도 기록이 유용함을 보여 주었다. 오늘날 서비스의 목적, 목표, 계획, 과정, 진전, 성과를 문서화하는 기록은 실천에서 여전히 중요한 역할을 하고 있다. 기록은 사례의 연속성을 원활히 해 주고, 클라이언트에게 서비스를 전달하는 전문가 사이의 의사소통을 향상시켜 주며, 실천가가 자신의 서비스를 평가하는 것을 돕고, 슈퍼비전, 자문, 동료 검토를 위한 근거를 제공한다. 기록은 사회복지사와 클라이언트 간의 다른 형식의 의사소통을 증대시키는 실천의 한 도구로서의 역할도 한다.

기록은 사회복지 서비스 기관과 부서의 운용에 중요하다. 기록은 클라이언트와 서비스에 대한 일차적인 정보 저장소이다. 기록은 서비스에 대한 비용 상환을 청구하는 데, 서비스 프로그램에 대한 지원 자금을 찾거나 유지하는 데 사용된다. 기록은 사례, 사례량, 기관 관리에 대한 정보를 제공한다. 사회복지사는 자원을 어떻게 배분할지 결정하는 데, 서비스의 질, 효율성과 효과성을 평가하는 데 기록 정보를 사용한다. 기록으로부터 모아진 정보는 실천가와 기관이 조직의 정책, 법적 요구 사항, 전문적 기준에 충실한지를 보여 주는 데 사용된다. 기록은 인가 검토, 관리의료의 계약과 감독, 보호의 질과 서비스 활용에 대한 조직 내·외부 연구에 사용된다. 실천가나 기관이 부적절한 실천이나 사기로 고발을 당하거나, 사회복지사가 법정에서 증언을 하도록 소환될 경우, 기록은 전문적 신뢰성과 정직성을 보여 주는 데 중요할 수 있다.

점점 더 복잡해지는 서비스 환경 속에서 기록에 대한 활용이 다양해짐에 따라 사회복지사에게 완전하고 포괄적인 기록을 유지하도록 권장되고 있다. 클라이언트-욕구-상황과 서비스 교류에 대한 정보를 문서화하기 위하여 기록은 자세해야 한다. 이런 정보는 서비스에 대한 필요성을 정당화시켜 주고, 서비스가 어떻게 제공되었는지를 기술하며, 클라이언트의 욕구와 선호에 어떻게 부합하는지를 설명한다. 그리고 서비스가 전문적 기준과 최상의 실천에 부합하도록 선택되었음을 보여 주고, 클라이언트-욕구-상황에 어떤 영향을 주었는지 기술해 준다. 사회복지사는 기록에 무엇을 포함시킬지 결정할 때, 정보의 현재 사용 용도뿐만 아니라 미래에 어떤 잠재적 용도가 있는지도 고려해야 한다. 지금은 중요치 않아 보이는 한 조각의 정보가 차후에 중요한 정보가 될 것인가? 만일 사례가 조사를 받게 될 경우, 기록은 결정과 행동을 정당화하기에 충분하게 포괄적인가? 실천가들은 가끔 기록에 무엇을 포함해야 할지 확신이 없다. 무엇이 기록에 포함될 만큼 중요하고, 어떻게 기록의 내용에 초점을 맞출 것인지에 대한 명확한 지침이 없다면, 실천가들은 중요한 것을 빠뜨리는 실수를 피하기 위하여 과도하게 문서화할 수 있다. 사회복지사들은 책무성을 보여 주고, 결정과 행동을 정당화하며, 위험을 관리하기 위하여 포괄적인 기록을 작성한다.

동시에 실천가는 기록업무를 단순화하고 불필요한 문서화를 피하라는 경쟁적인 압력을 다루어야 한다. 이러한 압력 중에 가장 중요한 것은 시간과 비용이다. 기록업무는 시간 소비적이고 따라서 비용이 많이 든다. 사회복지 서비스에 대한 제한적인 재정 지원은 기관과 실천가가 끊임없이 비용을 절약할 방법을 찾아야 함을 의미한다. 기록하는 이외의 시간은 다른 활동, 가장 두드러지게는 클라이언트에게 서비스를 제공하는 데 사용할 수 있다. 더군다나 실천가는 클라이언트의 비밀보장에 관심을 두는데, 자세히 기록하다 보면 이것이 더 위험해질 수 있다. 물론 직업 윤리와 사적권리법은 정보가 서비스 기관 안으로, 밖으로, 그리고 내부에서 이동하는 것을 제한하고 있다. 그러나 실천가는 다양한 독자가 클라이언트 기록에 담긴 정보에 대해 합법적으로 접근할 수 있기를 요구하는 것도 잘 인식하고 있다. 기록은 대부분의 클라이언트와 클라이언트를 대신하여 행동하는 다른 사람뿐만 아니라 조직 내의 전문가와 비전문가에게도 접근 가능하다. 기록 정보는 정부기관과 다른 재정지원기관에도 전달되며, 고용주와 광고주에게 직접적, 또는 대량의 데이터 베이스를 통해 전달될 수도 있다. 새로운 사적권리법과 기술적 발전에도 불구하고, 실천가는 기록 안의 개인적 정보가 시스템 문제나 판단 착오로 인해 대중에게 공개되거나 또는 나쁜 의도를 가진 개인이 이에 불법적으로 접근할 수 있음을 우려한다. 따라서 사회복지사는 가능한 한 비용을 통제하고, 자신의 시간을 관리하며, 클라이언트의 사적 권리를 보호하려는 노력하에 기록을 제한적으로 수행하고자 한다.

오늘날 사회복지사는 복잡한 문제와 적은 자원을 가진 많은 수의 클라이언트에게 서비스를 제공하면서 책무성에 대한 높은 요구에 직면하고 있다. 실천가가 좋아하는 활동이었던 적이 없는 기록업무는 짐스러운 것이었다. 실천가는 실천의무를 완수하기 위한 충분한 시간을 좀처럼 가질 수 없기 때문에 기록업무를 훨씬 뒷전에 놓을 수 있다. 혹은 기록을 급히 서둘러 하거나 뒤로 미루고 일이 완전히 끝난 한참 후에 '따라잡기'를 한다. 그 결과 기록은 실천가가 서비스 교류에 투입한 생각과 행동의 질을 제대로 반영하지 못할 수 있다. 게다가 많은 기관에서 기록하기는 실천 활동보다는 행정적인 활동이 되어 왔다. 기록에 대한 표준은 관리자가 필요로 하는 정보에 초점을 두고 있기 때문에, 실천가는 더 이상 기록이 자신의 실천에 적합하다고 보지 않는다. 불행하게도 기록은 관리자의 성과 비판과 실천가의 업무 불만족의 전도체(傳道體)가 되어 관리자와 실천가 사이의 갈등의 원천이 되기도 한다. 실천가가 기록을 지속해 나가지 못할 때, 슈퍼바이저는 그들을 비전문적이며 '저항하고' 있다고 지적하게 된다. 그러나 관리자는 실천가가 기록업무를 위해서 충분한 시간을 갖지 못한다는 것을 인식하고 있다. 관리자는 기록업무와 관련하여 다음의 세 가지 주요 문제를 언급하고 있다. ① 기록이 불완전하고 최신정보화되어 있지 않다. ② 사회복지사가 기록을 위한 충분한 시간을 갖지 못한다. ③ 기록하기에 시간이 많이 든다(Kagle, 1991). 반면 실천가는 책무성 요구는 이해하면서도 관리자가 비현실적인 기대를 하고 있다고 생각한다.

기록업무에 컴퓨터가 도입되면서 비용과 실천가의 업무량이 줄어들 것으로 예상하였다. 그러나 많은 기관은 전산화가 기대한 것보다 더 많은 비용이 든다는 사실을 발견했다. 기록의 자동화는 종종 실천가의 업무량 감소를 무색케 할 만큼 문서화에 대한 더 많은 요구를 수반한다. 새로운 법과 규정, 특히 건강보험 양도·책임법(Health Insurance Portability and Accountability Act : HIPAA)이 기록 관리와 기록 내의 보호되어야 할 건강정보에 대한 새로운 표준을 정하고 있다. 이런저런 변화가 오늘날의 전문적 사회복지 환경에서 기록업무와 기록 관리의 복잡성을 더해 주고 있다.

불행하게도, 사회복지 교육은 기록업무의 변화를 따라잡거나 학생에게 중요한 전문적 책임을 적절히 준비시키는 것을 항상 잘 해 오지는 못했다. 필수과목으로 꽉 찬 학부와 대학원 교과과정하에서, 사회복지 교육자는 이론과 실천이 통합되어야 하는 기록을 교실에서 가르치는 데 종종 실패한다. 대신 그들은 현장에서 기록업무를 가르치는 기관에 의존하는데, 학생은 현장의 실습 강사나 실습 기관의 독특한 기록 방법에 노출됨으로써 매우 특이한 기록 습관을 습득하게 될지도 모른다. 게다가 많은 사회복지 교육 프로그램은 실습에서 과정기록을 여전히 요구하고 있는데, 이 접근방법은 학생이 후에 실천가로서 필요한 요약기록 기술을 갖추도록 해 주지는 않는다.

20세기에 기록하기는 실천 교과과정의 다른 구성요소와 마찬가지로 사례 방법으로 교육되었다. 사회복지 학생과 실천가는 예시 기록(sample records)을 연구하고 실습 강사나 슈퍼바이저가 자신의 기록에 대해 주는 피드백을 통하여 기록하기를 학습하였다. 그런데 이 강사나 슈퍼바이저는 기록하기와 책무성에 대한 기대가 오늘날보다 훨씬 덜 복잡했을 때 사회복지 전문직에 들어 온 전문가 멘토로부터 기록업무를 배웠다. 기록의 이론과 실천의 기초가 된 역사적 저서를 썼던 Gordon Hamilton(1936)은 다음과 같이 이야기하고 있다.

> 어떤 현명한 사례 워커가 말했듯이, "어려운 것은 기록하기가 아니다." "어려운 것은 기록하기에 선행하는 생각하기다. 우리가 클라이언트의 욕구, 상황, 제안할 치료에 대한 명확한 생각을 가질 수 있다면 기록은 쉽고 간단하게 형태를 갖출 수 있다." (p. 207)

분명, 명확한 생각이 오늘날에도 필수적이다. 그러나 이것만으로는 더 이상 충분하지 않다.

사회복지 실천가, 관리자, 교육자는 기록하기에 대한 가정을 다시 생각하고 현재의 실천 환경에 대응하는 새로운 정책과 절차를 개발하고 있는 중이다. 오늘날의 기록은 실천과 마찬가지로 기관 정책에 대한 선택에서부터 각 클라이언트의 기록에 들어갈 정보를 선정하는 것에 이르기까지 많은 어려운 결정을 포함하고 있다. 이러한 선택은 복잡하며, 여러 개의 가치 있는 목표 사이에서 균형을 이루어야 한다. 예를 들어, 책무성과 위험관리는 효율성, 비용, 클라이언트의 비밀보장이라는 측면과 균형을 이루어야 한다. 따라서 기록은 단지 하나의 실천 기술이 아니다. 그것은 조직의 모든 수준과 사례에서 중요한 전문적 판단을 포함한다.

이 책 『사회복지기록』은 사회복지사가 가치 있는 목표 사이에서 균형을 이루고 중요한 전문적 판단을 내릴 수 있도록 도움을 주고자 한다. 이번 제3판은 완전히 개정되었고 상당히 많은 새로운 자료를 포함하고 있다. 예를 들어 제8장과 제9장은 기록과 법에 대한 주제를 전적으로 다루고 있다. 여기서 HIPAA 내의 사적 권리 보장 정책과 규정을 철저히 분석하고 있다. 제3판은 문화적 역량, 체계적 사정, 관리 보호, 전산화, 기록 보안과 기타 주제를 보여 주는 새로운 자료도 포함하고 있다.

이 책은 사회복지 분야에서의 기록에 대한 현 위치를 개괄한다. 기록의 과정을 기술하고 있지만 동시에 기록하기의 산물인 기록에 초점을 두고 있다. 조직의 모든 수준에서 사회복지사가 직면하는 많은 쟁점을 서술하고 있으며, 오늘날의 실천 현실에 부합하는 해결책을 제시하고 있다. 기관에서 널리 쓰이는 기록 정책 및 절차를 개선하기 위한 지침과 각 기록에서 정보를 선택하고 조직하는 지침을 제안하고 있다. 이 책은 있는 그대로 채택하거나 실천가나 기관의 욕구에 적합하도록 수정·적용할 수 있는 여러 양식과 형식을 보여 주고 있다. 또한 사회복지기록에 적용될 수 있는 법과 규제를 철저하게 논의하고 분석한다.

사회복지기록은 현재 실천에 부합하고 미래의 변화를 수용할 수 있는 기록하기 접근법을 기술하고 있다. 이 접근법은 다음의 12가지 가정에 기초하고 있다.

1. 사회복지사는 기관의 표준을 정하고 기록을 준비할 때, 네 가지 경쟁적인 목표인 (a) 책무성, (b) 실천에 대한 지원과 향상, (c) 효율성, (d) 클라이언트

의 사적 권리 사이에서 균형을 추구한다.

2. 책무성이 문서화의 일차적 목표다.

3. 기록은 기관 정책, 법적 표준, 실천 지침, 전문적 윤리와 부합하는지를 문서화함으로써 (또는 이에 부합하지 못하는 이유를 제시함으로써) 책무성을 보여 준다.

4. 기록은 모든 판단, 결정, 행동에 대한 근거와 클라이언트의 참여를 문서화함으로써 책무성을 보여 준다.

5. 기록은 서비스의 목적, 목표, 계획, 활동, 진전, 성과, 영향을 문서화함으로써 책무성을 보여 준다.

6. 기록은 추가적, 또는 모순된 정보가 얻어질 때마다 이전의 정보 내용을 고치고 수정하며 명확화함으로써 책무성을 보여 준다.

7. 서비스를 계획하고 모니터링하며 평가하고 서비스가 클라이언트-욕구-상황에 어떤 영향을 미쳤는지 평가하는 데 기록이 사용될 때, 기록은 실천을 지원한다.

8. 실천가가 기록을 즉각적이고 조심스럽게 준비할 수 있는 시간을 가질 때, 기록은 실천을 향상시킨다.

9. 기록의 최적 표준(optimal recordkeeping standards)은 명확하고 합리적이며 명시적이어야 한다.

10. 기록의 최적 표준은 기록의 양과 정보를 기록하고 재생하는 데 들어가는 시간을 제한해 준다.

11. 기관과 실천가들은 클라이언트의 사적 권리를 보호해 주는 다섯 가지 기제들 — 비밀보장, 정보의 축소, 클라이언트의 접근, 보안, 익명성 — 에 의지할 수 있다.

12. 개인적 정보가 일단 기록되게 되면, 해당 사회복지 클라이언트는 정보 유출의 위험에 놓이게 된다.

이러한 가정은 이 책에서 다시 언급될 것인데, 기록실무 정책, 절차, 문제, 실천을 이해하고 분석하기 위한 틀 역할을 할 수 있을 것이다.

제1장은 좋은 기록의 15가지 원칙을 소개하고, 기록의 기능을 개괄하며, 사회복지에 있어서 기록의 역사를 보여 주고, 현 쟁점들을 기술한다. 또한 실천, 조직, 서비스망에서의 기록의 다양한 용도를 논의한다. 사회복지기록의 발전을 기술하고 기록하기에 대한 현시대의 쟁점을 그 뿌리까지 추적한다.

제2장은 사회복지기록의 내용을 개괄한다. 클라이언트-욕구-상황과 서비스교류에 대한 일련의 이용 가능한 정보로부터 기록 내용을 선정하는 모델인 서비스 중심 기록(Service-Centered Record)을 기술한다. 그리고 나서 인테이크부터 사후지도까지 내용 요소를 개괄한다. 마지막으로, 사회력, 사정, 목표, 계획, 업데이트, 성과측정, 종결 요약에 이르기까지 기록 내용의 각 요소를 상세히 기술하고 있다.

제3, 4, 5장은 정보를 선택하고 구조화하는 데 사용되는 다양한 접근법, 형식, 양식을 기술하고 분석하면서 기록의 구조에 초점을 둔다. 각 장은 실제 실천에 기초한 기록의 예시를 포함하고 있다. 제3장은 사회복지 교육에서 중요하게 사용되는 세 가지 기록 접근법인 과정기록, 교수/학습기록, 핵심기록을 보여 준다. 제4장은 임상기록에 초점을 두고, 이야기체 요약 형식, 문제 중심기록, 모니터링 움직임, 목표성취척도를 보여 준다. 제5장은 고정된 선택형 또는 개방형을 사용하여 임상 및 관리 정보를 문서화하는 데 사용될 수 있는 여러 양식을 보여 준다.

제6장은 질문과 대답 형식으로 실천가가 묻는 질문에 답을 제시하고 있다. 클라이언트 메모, 실천가 측면에서의 기록의 이득, 개업 실천에서 기록하기, 관리의료하에서의 기록 등에 대해 논의하고 있다. 또한 직접 서비스와 행정적 관점으로부터 실천 쟁점에 대한 해결책을 제시하고 있다.

제7장은 이번 제3판 개정을 위해 대폭 수정되었다. 처음 제1, 2판은 컴퓨터의 하드웨어와 소프트웨어의 주요 기능 및 사회적 기관에서 이들의 활용에 초점을

맞추었다. 이번 제3판은 독자들이 컴퓨터 기술에 친숙하며 사회복지사와 기관들이 기록업무에서 적어도 일부 기능으로라도 컴퓨터를 사용하고 있다고 가정하고 있다. 제7장은 질문과 대답 형식을 빌어 사회복지 행정가가 제시하는 질문을 다루고 있다. 기록업무의 비용, 기록 보안, 사회복지 기관에서의 컴퓨터 사용, 조사에서의 기록 사용 등에 대해 논의하고 있다.

제8장과 제9장은 기록과 법에 대한 철저한 분석을 제공하고 있다. 이 두 장은 제3판에서 새로 등장한 내용이다. 제8장은 사적 권리의 5가지 원칙 — 비밀보장, 축약, 접근성, 보안, 익명성 — 에 대해 논의한 후에 연방 사적 권리 법령의 개략적 역사를 제시하고 있다. 그리고 나서 기록이 포함하고 있는 정보와 기록물을 다루는 방법에 영향을 주거나 통제하는 다양한 연방 및 주정부 법을 기술하고 있다. 또한 HIPPA의 사적 권리 보장, HIPPA와 주정부 법 사이의 관계, 특정 클라이언트 집단에게 영향을 주는 사적 권리 법들에 대해 철저히 다루고 있다. 제9장은 기록물과 법적 절차에서의 기록물 활용에 초점을 둔다. 기록이 왜 법정에서 사용되는지에 대해 논의한 후에 소환장, 기록물, 개인 노트, 특권, 연방 및 주정부 법이 사회복지사의 반응에 미치는 영향에 관한 법적 이슈를 제시하고 있다. 그리고 나서 법이 규정하는 기록 보관을 살펴보고 제한에 관한 법령이 어떻게 기록 보관에 영향을 주는지에 대한 내용을 제시한다. 마지막으로 기록 폐기에 관해 논의하고 있다.

『사회복지기록』은 학생, 실천가, 관리자를 아우르는 폭넓은 독자를 위해 디자인되었다. 또한 기록에 대한 지식과 기술을 발전시키기를 원하는 초보 사회복지사와 그들의 정책과 실천을 최신 정보화하고 법과 부합시키기를 원하는 경험 있는 실천가와 관리자를 위한 자원으로서의.역할을 한다. 비록 교과서로 특별하게 쓰이지는 않았지만, 이 책은 직접적인 서비스와 행정에 대한 교과과정에 성공적으로 통합될 수 있으며, 현장 실습과목의 동반자로서 그리고 통합적 세미나에서 특히 가치가 있다. 모든 형태의 세팅과 다양한 경험 수준에 있는 실천가는 익숙한 개념에 대한 재검토, 기록에 대한 새로운 접근법, 기록을 평가하고 개선시키기 위한 지침이 유용함을 발견할 것이다. 이 책은 사회복지 분야 전체에 대하여 사회복지가 실천되고 기록이 관리되는 방법에 근본적인 변화를 가져온 새로운 테크놀로지, 법, 재정 배분의 견지에서 기록의 정책과 기록 실무를 비판적으로 재평가하고 있다. 클라이언트의 욕구가 실제로 존재하는지, 우리의 서비스가 타당한지에 대한 확신이 부족하고 의심이 가는 환경 속에서, 실천을 할 때나 조직 내에서 우리가 의존할 수밖에 없는 기록이 시간의 변화에 따라 함께 변화해야 한다는 사실은 매우 중요하다.

Jill Doner Kagle

Sandra Kopels

# 차 례

## 제1장

# 기록의 원칙, 기능, 역사

기록은 사회복지실천의 중요한 요소이며 임상적, 행정적 기능을 다 갖고 있다. 사회복지사는 클라이언트-욕구-상황(client-need-situation)[1]과 서비스 과정 및 진전에 관한 정보를 문서화하여 보유하기 위해 기록한다. 기록은 클라이언트에 대한 서비스를 계획하고 실행하고 모니터링하고 평가하는 데 사용된다. 기록된 정보는 서비스의 질, 적절성, 효과를 평가하는 데에 사용되며 사례 관리, 사례량 관리, 직원 관리, 기관 관리에도 사용된다. 기록은 클라이언트, 조직, 지역사회, 전문직에 대한 책무성의 초점이 된다.

사회복지기록은 매우 다양한데, 이 다양성이 사회복지실천의 넓이를 반영한다. 기록의 내용과 구조는 기관의 사명, 조직구조, 인가 기준, 직원, 서비스 접근 방법, 클라이언트 집단에 따라 기관마다 상이하다. 예를 들어, 아동복지기관의

---

[1] 저자들은 이 책에서 기록의 초점을 기술하기 위하여 '클라이언트-욕구-상황'이라는 용어를 사용하고 있다. '클라이언트-상황'에 '욕구'를 더한 이유는 사회복지사가 알게 되는 클라이언트-상황에 대한 모든 정보를 기록에 포함하는 대신, 서비스 과정의 목적과 방향을 제시해 주는 클라이언트-상황에 대한 초점을 두어야 함을 제언하고 있다.

기록은 병원이나 클리닉의 기록과는 상당히 다르다. 같은 실천 분야에서조차 기록은 책무성 기준, 재정 지원처, 기관 간 관계의 차이 때문에 상이하다. 사회복지기록은 각 서비스 교류의 독특한 특성을 강조하려는 의도 때문에도 상이하게 된다. 서비스 유형, 실천 접근방법, 클라이언트-욕구-상황이 다름에 따라 기록 내용, 초점, 스타일도 다를 수밖에 없다.

  사회복지기록은 내용과 구조 면에서 다양하지만 공통된 초점, 범위, 목적, 기능도 가지고 있다. 기록의 초점은 클라이언트, 욕구, 상황, 서비스 교류에 대한 독특하면서도 공통된 특성을 기술하고 평가하는 것이다. 기록의 범위는 클라이언트-욕구-상황, 자원, 서비스 선택, 클라이언트가 선호하는 것에 대한 사정 내용을 서비스 목적, 목표, 계획, 결정, 활동, 진전, 영향, 성과와 연결시키는 것이다. 기록의 목적은 서비스의 전달을 원활히 하고, 실천가와 기관의 책무성을 문서화하는 것이다. 기록은 과정으로서뿐만 아니라 결과물로도 기능한다. 정보를 선택하고 검토하고 분석하고 구성하는 기록의 과정을 통해 실천가는 클라이언트-욕구-상황을 더 잘 이해하게 된다. 기록 그 자체는 결과물이기도 하다. 기록은 클라이언트-욕구-상황과 이미 제공된 서비스에 관한 정보 저장소로서의 역할도 한다.


## 좋은 기록의 15가지 원칙

좋은 기록은 다음의 15가지 원칙을 따른다.

### 원칙 1 : 가치 있는 목적에 대해 균형 유지하기
좋은 기록은 서로 경쟁적이면서 가치 있는 네 가지 목적 — 책무성, 실천을 지원하고 향상시키기, 효율성, 클라이언트 사적 권리 — 사이에서 균형을 유지한다.

## 원칙 2 : 사명에 초점 두기

좋은 기록은 기관의 사명과 서비스 프로그램의 목표와 관련된 내용에 초점을 둔다.

## 원칙 3 : 위험 관리

좋은 기록은 기관정책, 법적 기준, 실천지침, 전문가 윤리와 부합하는지를 문서화하거나, 그렇지 못한 경우를 정당화한다.

## 원칙 4 : 책무성

좋은 기록은 서비스의 목적, 목표, 계획, 활동, 진전, 영향, 성과에 대한 지표(indicators)를 문서화하면서 서비스 전달에 초점을 둔다. 좋은 기록은 모든 서비스 결정과 행동에 대한 근거와 서비스가 기관정책, 법적 기준, 실천지침, 전문가 윤리에 부합하는가(아니면 부합하지 않는 이유)에 대한 근거를 문서화한다.

## 원칙 5 : 단축

좋은 기록은 서비스 목적, 목표, 성과와 무관한 클라이언트-욕구-상황에 관한 정보를 포함하지 않는다.

## 원칙 6 : 객관성

좋은 사정은 공평하고 공정하며, 관찰, 정보 출처, 판단에 사용된 기준, 평가라는 네 요소를 포함한다.

## 원칙 7 : 클라이언트 관여

사정, 목표, 계획, 활동은 개별 클라이언트-욕구-상황에 맞게 이루어져야 한다. 좋은 기록은 의사 결정과 행동 수행을 포함하는 서비스 과정의 전 측면에서 클라이언트가 어떤 역할을 담당했는지 문서화한다.

### 원칙 8 : 출처

좋은 기록의 정보는 출처에 의거해야 한다. 사회복지사는 매 기록마다 날짜를 적고 날인한다.

### 원칙 9 : 문화적 맥락

좋은 기록은 클라이언트-욕구-상황과 서비스 결정, 행동, 성과에 영향을 주는 문화적 요소들을 문서화한다.

### 원칙 10 : 접근성

좋은 기록은 클라이언트와 클라이언트를 위하여 행동하는 사람들, 또는 클라이언트의 소망이나 이익에 반하여 행동하는 사람들이 모두 기록을 읽을 수 있다는 것을 가정하고 쓰인다.

### 원칙 11 : 활용성

좋은 기록은 꼭 들어가야 할 모든 정보를 포함하며, 문장이 잘 쓰여지고, 하나의 일관된 전체를 형성한다. 독자들은 시간이 경과함에 따라 클라이언트-욕구-상황과 서비스 과정에 관한 중요 정보를 알 수 있어야 한다. 좋은 기록은 중복을 최소화하기 위하여 연대순과 주제에 따라 상호 참조(cross-references)할 수 있도록 구성된다.

### 원칙 12 : 현시성

좋은 기록은 최신의 내용을 담은 생생한 기록이어야 한다. 장기 사례에 대한 기록은 정기적 검토와 요약을 포함한다.

### 원칙 13 : 근거

좋은 기록은 모든 서비스 결정과 행동에 대한 근거와 정당성을 제공한다.

## 원칙 14 : 긴급 상황

위급 상황(예를 들어, 위탁모의 입원)과 위험한 사건(예를 들어, 클라이언트가 이웃을 위협함)은 즉각적이며 충분하게 기록되어야 하며, 사회복지사가 날인하고 슈퍼바이저나 다른 행정가가 승인한 보고 내용과 행동 계획을 포함한다.

## 원칙 15 : 제외

좋은 기록은 면담이나 집단회기('과정')에 대한 자세한 기술이나, 추측, 근거 없는 견해, 판단적 용어, 직감적 반응, 직관이나, 서비스 목적과 무관한 클라이언트-욕구-상황에 관한 정보나, 클라이언트를 위해 사회복지사가 취한 많은 활동들에 대한 자세한 기술["내가 얼마나 바쁜지 봐라" 식의 자세한 내용(Bristol, 1936)]을 포함하지 않는다. 좋은 기록은 "선동적이거나 품위를 떨어뜨리거나 차별적으로"(O'Brien, McClellan, & Alfs, 1992) 기술되는 내용뿐만 아니라 서비스 목적, 목표, 성과와 무관한 클라이언트의 개인적 정보는 제외시킨다.

## 사회복지기록의 기능

좋은 사회복지기록은 유용하며, 기관이나 실천현장에서 기록의 일차적, 이차적, 부수적 기능을 충족시키는 데 필요한 정보를 접근하기 쉬운 형태로 포함하고 있다. 사회복지기록의 일차적 기능은 책무성에 대한 기대를 만족시키는 것이다. 이 기능이란 클라이언트-욕구-상황과 서비스 욕구를 확인하고 기술하는 것, 가용자원을 기술하고 평가하는 것, 서비스 결정과 행동의 합리적 근거를 명확히 하는 것, 기준에 부합하는가를 문서화하는 것, 서비스 과정과 영향을 모니터링하는 것, 비용 상환을 청구하는 것이다. 사회복지기록의 이차적 기능은 실천, 기관행정, 전문적 교육과 발전을 지원하는 것이다. 이 기능은 사례의 연속성을 유지시키고, 다른 서비스 제공자들과 의사소통하며, 클라이언트와 정보를 공유하고, 행정적 감독을 지원한다. 또한 실천가의 전문적 발전을 원활히 하며, 자격인정 검토와 다른 외부 감독을 위해 정보를 제공하고, 법정에서 증거를 제시하며, 학생이나 다른 전문가들을 교육시키는 것이다. 기록은 연구나 역사적 분석을 위해 자료를 제공하는 부수적 기능도 갖는다.

### 클라이언트─상황과 서비스 욕구 확인하고 기술하기

기록은 클라이언트를 확인하고 클라이언트─상황을 기술하고 서비스 욕구를 설명해 주는 정보를 포함한다. 기록은 클라이언트─상황에 대한 기술과 사정을 포함하는데, 어떤 사례에서는 심리사회적 진단도 포함한다. 기록은 서비스를 시작하게 된 이유와 서비스의 초점이 되는 문제를 기술한다. 이런 정보는 클라이언트의 서비스 수혜 자격 여부를 확인시켜 주고, 서비스가 클라이언트에 의해 요청된 것인지, 서비스 제공자에 의해 제안된 것인지, 또는 의무적으로 받아야 하는 것인지를 구체화시켜 준다. 또한 기록은 클라이언트─욕구─상황과 사회 환경 사이의 관계성을 기술한다. 사회복지사는 클라이언트와 다양한 사회체계 간의 관계를 시각적으로 보여 주기 위해 가끔 생태도(eco-map)를 준비한다. 이런 정보는 사례 관리와 프로그램 관리를 지원한다. 정보들이 모이고 분석되면, 조직은 클라이언트 특성, 서비스 욕구, 프로그램 활용도에 대한 경향을 모니터링할 수 있다.

### 이용 가능한 자원을 기술하고 평가하기

기록은 클라이언트─욕구─상황과 프로그램, 서비스, 개입, 그리고 서비스 계획에 포함되어 있는 자원들 사이의 적합성에 대해 문서화한다. 사회복지사는 기록하면서 클라이언트─욕구─상황에 적절한 공적 프로그램, 지역사회 서비스, 개입, 비공식적 자원의 범위를 확인하기 위하여 환경을 면밀히 조사한다. 사회복지사는 다양한 프로그램, 서비스, 개입, 자원의 질, 효과, 적절성, 반응성을 사정한다. 기록은 서비스 과정이나 의도하는 성과를 방해하는 자원의 한계성도 기록

한다. 예를 들어, 최적의 계획에 포함된 서비스들이라고 할지라도 이용 가능하지 않거나, 접근 가능하지 않거나, 비용이 너무 많이 들거나, 서비스를 받기 위해 오래 기다려야 할 수도 있다. 클라이언트가 프로그램에 참여할 수 있는 자격요건에 미달되거나, 프로그램에 참여하기를 원치 않을 수도 있다. 또는 보험회사가 특정 서비스에 대해서 비용을 지불해 주지 않을 수도 있다. 가용자원에 대한 기술과 평가는 지속적으로 업데이트되고 수정되며, 진행 중인 서비스 계획에 포함되어 있는 프로그램, 서비스, 개입, 자원에 대해 정당성을 제공해 준다. 이런 정보는 서비스의 질을 저해할 수 있는 장애요인과 이것이 클라이언트-욕구-상황에 미칠 영향도 확인시켜 준다.

## 서비스 결정과 행동의 근거 명확화하기

기록은 사례에서 이루어진 중요한 결정과 행동에 대한 근거를 문서화한다. 기록은 사례의 시작부터 종결까지 클라이언트와 함께, 클라이언트를 위하여 수행된 활동 내용을 쌓아만 두는 저장소가 아니다. 기록은 서비스 목표, 계획, 개입의 선택을 설명해 준다. 예를 들어, 어떤 서비스가 제공되어야 하고, 서비스가 어떻게 전달되어야 하며, 서비스에 어떤 효과가 있는지에 기관정책, 클라이언트 가치와 선호, 자원의 가용성, 효과의 증거 및 기타 요인들이 어떻게 영향을 주는지를 보여 준다. 기록은 의사 결정과 행동 수행에서 클라이언트의 역할을 명확히 해 준다. 기록은 관찰, 인간 행동에 대한 지식, 정책과 실천지침, 법적 및 윤리적 제약에 근거한 사회복지사의 판단도 문서화한다. 기록은 서비스 과정과 성과에 영향을 주는 가족구성원이나 지역사회 성원뿐만 아니라 기타 중요 전문가나 기관의 결정과 행동에 대해서도 기록한다. 결정과 행동의 근거를 제공하는 것은 책무성에 매우 중요하며, 이는 기록을 서비스 활동에 대한 단순한 보고가 아닌 전문적 기록으로 만들어 준다.

## 기준 준수 여부 기록하기

책무성의 한 중요 요소는 기관정책, 법적 기준, 실천지침, 전문가 윤리와 부합하는지를 기록하는 것이다. 기관은 일반적으로 매뉴얼이나 온라인 지침 형태로 자기 기관의 정책과 절차를 알려 주고 있으며, 이에 부합하는지를 기록하는 양식이나 형식을 제공하고 있다. 예를 들어, 개인정보의 사용과 공개, 미성년자 치료에 대한 부모의 동의에 관한 기관의 정책에 대해 클라이언트에게 알려 주었는지를 기록하는 것이다. 기록은 아동 학대나 노인 학대를 주정부기관에 보고하는 것과 같은 법적 기준의 준수에 대해서도 문서화한다. 실천가가 클라이언트-욕구-상황을 다룰 때 인정된 보호 기준을 따랐는지를 보여 주는 데도 사용된다. 예를 들어, 어떤 기록은 물질남용, 우울, 또는 기타 심각한 건강 혹은 정신건강 문제의 징후를 보이는 클라이언트가 철저한 사정을 거쳤는지 보여 준다. 사회복지사가 개인의 가치와 존엄성에 대한 존중을 보여 주고, 클라이언트의 비밀을 보장해 주며, 법적 권한 영역 내에서 실천함으로써 그들의 전문가 윤리강령을 준수하고 있는지를 기록한다(National Association of Social Workers, 1999). 이런 식으로, 실천가는 유능한 실천으로 이끌어 주는 중요한 의무사항과 원칙을 인식하고 이를 준수함으로써 그들의 책무성을 보여 주게 된다. 더 나아가 기록은 위험 관리를 위해서도 중요하며, 사회복지사나 기관의 행동이 법정에서 문제가 되는 상황에서 중요할 수도 있다(Reamer, 2005).

## 서비스 과정과 영향 모니터링하기

사회복지기록은 기술적이면서도 평가적인 문서이다. 사회복지기록은 보고를 하기 위해서뿐만 아니라 진전 과정을 모니터링하고 실천 결정과 행동을 반영하기 위해 사용된다. 기록은 서비스 목적, 목표, 계획에 대해 사회복지사와 클라이언트 사이에서 이루어진 초기 계약을 문서화하며, 클라이언트-욕구-상황에 대한 서비스의 영향을 사정하고, 진전을 원활히 해 주거나 방해하는 요인을 지적하면서, 시간 경과에 따라 서비스 과정을 문서화한다. 기록은 서비스 과정을 통해 계획을 실행하고 목표를 달성하고 서비스 목적을 성취하는 데 있어서의 진전을 문서화한다. 기록에 대한 정기적 검토는 서비스 제공에 있어서 변화의 필요성을 알려 줄 수도 있다. 움직임을 측정하기 위해 체계적인 척도를 사용할 수도 있다. 체계적인 척도는 사회복지사와 클라이언트가 서비스 목적, 목표, 계획을 수정할 필요가 있는지를 결정하기 위한 근거로서 활용될 수도 있다. 기록은 개인이나 클라이언트 집단과의 실천을 사정할 때 실천가들에게 유용할 뿐만 아니라, 프로그램, 실천, 서비스 제공자를 모니터링하고 평가하고자 하는 슈퍼바이저나 자문가, 동료에게도 유용하다.

## 비용상환 청구하기

기록은 재정지원을 요청하고 상환을 청구하는 데 도움을 준다. 교부금이나 프로그램 지원금을 받는 기관들의 경우, 클라이언트가 올바르게 심사되고 선정되었고, 서비스가 합의된 대로 전달되었음을 보여 주는 데 기록을 활용한다. 관리의료(managed care) 제도하에 서비스를 제공하는 기관들은 사전승인 검토를 위하여 사정내용, (욕구수준의) 정확성, 치료계획을 기록하고, 승인을 계속 받기 위해 진행 중인 과정과 진전 상황에 대한 정보를 기록한다. 유료서비스에 대해 상환 받는 기관을 포함한 대부분의 기관은 각 클라이언트와의 접촉뿐만 아니라 클라이언트-욕구-상황, 서비스 목표와 계획, 진전 상황에 대한 평가, 목표 달성으로의 움직임에 대한 지속적인 사정을 기록한다. 그러나 재정 지원처의 기대에 따라 특정 사례에서 무엇을 기록해야 할지에 대한 결정이 달라질 수도 있다. 사회복지사는 이런 정보를 특정 양식이나 컴퓨터를 활용해 기록할 수 있다. 실천가의 과중한 업무를 줄여 주고 이런 복잡한 업무에 대한 책임을 중앙 집중시키기 위해, 많은 기관은 별도의 사무직원을 두고 기록으로부터 정보를 수집하여 취합하고, 인쇄형태나 전자형태로 보고서를 작성하며, 변화를 지속적으로 추적하고, 상이한 재정 지원처들의 다양한 조건들을 충족시킬 수 있도록 하고 있다. 사무직원은 의료보험(Medicare)이나 의료보호(Medicaid)와 같은 프로그램으로부터 비용상환을 받을 수 있도록 전자데이터를 수집하고 전달하는 책임을 맡기도 한다.

## 사례 지속성 유지하기

최신 정보화되고, 잘 구성되고, 명확하게 작성된 기록은 클라이언트에게 서비스를 전달하는 실천가나 다른 사람에게 현재까지의 사례를 검토하는 데 도움을 준다. 사회복지사는 사건을 회상하고, 정보의 특별한 조각을 찾아내고, 시간 경과에 따른 진전상황을 검토하기 위해 자신의 기록을 검토한다(Monnickendam, Yaniv, & Geva, 1994). 다른 실천가는 위급상황이나 담당 실천가의 부재 시 기록에 의존하게 된다. 서비스 목적, 계획, 과정, 진전 상황과 사례에서의 의사결정 및 행동의 근거에 대한 정보는 다른 사회복지사가 그 사례를 맡게 될 때, 클라이언트와의 마지막 접촉 이후 상당한 시간이 흘렀을 때, 또는 클라이언트-욕구-상황이 복잡하고 서비스가 장기간 지속되고 있을 때, 사례의 지속을 위해 매우 중요하다.

## 다른 서비스 제공자와 의사소통하기

사회복지사 팀이 서비스를 제공하는 기관에서뿐만 아니라 다분야가 함께 일하는 현장에서 기록은 전문적 공조를 원활히 해 준다. 기록이 팀 회의나 면대면 토의를 대신할 수는 없지만 부가적 의사소통 통로 역할을 하며, 개인적 노력을 조정하고, 모든 실천가에게 새로운 정보를 제공하며, 집단 결정과 행동을 강화시켜 준다. 다른 서비스 제공자는 클라이언트-욕구-상황과 클라이언트가 제공받고 있는 서비스에 대해 자신들이 이미 알고 있는 지식과 이해를 보충하기 위하여 사회복지기록 정보를 활용한다.

## 클라이언트와 정보 공유하기

기록은 클라이언트와 의사소통하는 직접적 수단으로 사용될 수 있다. 어떤 실천가는 기록 과정에 클라이언트를 관여시키려 한다. 예를 들어, 사회복지사는 클라이언트에게 특정 행동이 발생하는 상황을 도표로 기록하도록 요청한다. 이렇게 만들어진 도표는 사회복지사-클라이언트 회의의 초점이 되고 사례기록의 일부가 된다. 어떤 실천가는 기록의 일부를 클라이언트와 공유한다. 예를 들어, 매 집단회기 초기에 지난번 회기에 대해 사회복지사가 작성한 요약 사본을 집단 성원에게 배포하고 그들이 기록에 대해 의견을 제시하거나 수정할 수 있도록 기회를 제공한다. 이런 기록은 모임과 모임 사이를 연결해 주는 기능을 하기도 한다. 서비스 과정과 진전상황에 대한 토론을 조장함으로써 기록은 치료적 목적을 지원한다.

그러나 대부분의 기록 공유는 연방정부와 주정부 법률 또는 행정지침의 결과이다. 클라이언트는 주로 치료적 목적보다는 권리적 차원에서 자신에 대한 기록에 접근한다. 사적권리법, 윤리강령, 대부분의 사회복지기관 정책은 클라이언트나 클라이언트를 위해 활동하는 사람들이 클라이언트에 대한 기록의 일부 또는 전부에 접근할 수 있도록 허용하고 있다. 예를 들어, 연방정부와 주정부의 사적권리에 관한 법률들은 보통 건강, 정신건강, 교육 및 기타 공공기관 기록을 보고 복사하고 수정할 수 있는 권리를 클라이언트에게 제공하고 있다.

미국사회복지사협회(National Association of Social Workers : NASW, 1999) 윤리강령은 사회복지사들에게 의미 있는 지침을 제공하고 있다. 이 윤리강령은 "사회복지사는 클라이언트에게 [클라이언트 자신에 대한] 기록에 적절한 접근이 가능하도록 허용해야 한다(1.08[a]).”고 언급하고 있다. 더 나아가 아동학대 보고와 같은 중요한 경우를 제외하고는, 개인적 정보를 타기관이나 제삼자에게 공개하는 것은 가능한 한 클라이언트의 고지된 동의(informed consent)에 근거해야 한다. 이는 어떤 내용의 정보가, 누구에 의해, 어떤 사용목적으로 공개될 것인지를 클라이언트가 알아야 함을 의미한다. 그러므로 실천가는 클라이언트에게 정보를 자세히 기술해 주든지 클라이언트가 정보에 직접 접근할 수 있도록 해 줄 의무가 있다. 미국사회복지사협회 윤리강령은 다음에 대해서도 언급하고 있다. “사회복지사는 클라이언트나 클라이언트를 대신해 동의표시를 하는 것이 법적으로 승인된 자로부터 유효한 동의가 있을 경우, 비밀정보를 공개할 수 있다(1.07[b]).” 그리고 “사회복지사는 비밀정보를 공개하는 것에 대해 가능한 한, 최대한 클라이언트에게 알려 주어야 하며… 이 원칙은 사회복지사가 법적 요구나 클라이언트의 동의에 근거해 비밀정보를 공개할 때에도 적용된다(1.07[d]).”

물론 많은 사회복지 클라이언트가 자신에 대한 기록문서의 복사본을 읽거나 받아 보지는 않는다. 그러나 서비스를 받는 동안이나 서비스 종료 후에 자신에 대한 기록의 일부를 읽는 클라이언트가 점점 늘고 있다. 기록은 클라이언트나 클라이언트를 위해 행동하는 사람, 또는 클라이언트의 이해에 반해 행동하는 사람이 언젠가는 기록의 일부 또는 전부를 읽을 수 있다는 가정하에 쓰여져야 한다. 기록은 사회복지사-클라이언트 관계와 서비스 목표를 지원하기도 하고 해치기도 하는 중요한 역할을 수행할 수 있다. 사회복지사가 어떤 목적으로 기록을 하건 사회복지기록은 자주 클라이언트와의 의사소통 수단이 되고 있다.

## 행정적 감독 지원하기

기록은 중요한 관리기능을 수행한다. 기록은 슈퍼바이저와 다른 사람들이 사회복지사가 서비스를 계획하고 실행하고 평가하는 것을 지원하는 데 이용된다. 슈퍼바이저는 종종 특정 사례나 사례집단을 이해하기 위해 기록을 읽는다. 기록은 구두 보고와 직접 관찰을 보완하며, 깊이 있고 장기적인 관점을 제공할 수 있다. 자문가는 특이하거나 문제시되는 사례를 논의하기 전에 사례기록을 검토하기도 한다.

기록은 기관정책과 실천지침을 준수하는지를 평가하기 위한 슈퍼비전과 기타 내부 검토에도 사용된다. 질 관리 위원회와 동료검토 위원회는 서비스의 질, 적시성, 효율성, 효과성을 사정하기 위해 기록문서의 정보를 활용한다. 자동화 기록체계는 실천가, 슈퍼바이저, 행정가가 사례를 관리하는 데뿐만 아니라, 인력을 배치하고 프로그램과 서비스의 변화를 예측하는 데 사용하도록 기록에 있는 데이터를 분석할 수 있도록 해 준다. 예를 들어, 기록의 정보는 서비스 유형, 사례량과 업무량 이슈, 자원의 틈새를 확인하면서 체계를 통해 클라이언트를 검토하는 데 활용될 수 있다. 이런 정보는 충분히 활용되지 않고 있는 서비스가 무엇인지뿐만 아니라 새로이 나타나는 클라이언트의 욕구가 무엇인지 확인하는 데도 사용된다. 기관을 관리하는 데 사용되는 정보의 일부는 클라이언트 기록으로부터 직접 나온다. 실천가들은 일일활동일지와 같은 양식으로 또는 정기적 혹은 특별 보고 형태로 부가적 정보를 기록한다.

## 실천가의 전문적 발전 원활히 하기

기록은 실천가가 자신의 실천을 지속적으로 평가하는 데 중요한 역할을 한다. 기록은 실천가의 지식, 기술과 가치, 결정과 행동의 근거 및 결과, 실천가와 클라이언트 및 다른 사람들과의 관계성을 나타내 준다. 실천가는 실천에 대한 자신의 접근방식을 반영하고, 서비스 과정과 성과를 모니터링하며, 자신의 강점과 개선이 필요한 분야를 확인하는 데 기록을 활용할 수 있다. 슈퍼바이저, 동료, 자문가, 또는 실천가의 전문적 발전을 지원하는 기타 사람들은 특정 사례의 주목할 만한 측면이나 실천가의 사례량을 보여 주기 위해 건설적으로 기록을 활용한다. 기록은 의사소통의 유형, 숨겨진 주제와 내재적 의미, 상실된 기회, 예측

못한 결과 등을 확인하기 위한 실천가들의 노력을 지원한다. 슈퍼비전 회의, 직원회의, 사례자문을 풍성하게 하여 직원 개발에도 기여하게 된다. 그러나 불행히도, 업무를 부적절하게 수행하지는 않는지, 문서를 불충분하게 기록하지는 않는지에 관해 실천가의 과오를 찾기 위한 벌칙적 목적으로 기록이 매우 자주 활용되고 있다.

## 인가 검토와 다른 외부 감독을 위해 정보 제공하기

기록은 기관 인가의 한 요소로서 또는 외부감독의 수단으로 검토의 대상이 될 수 있다. 문서화 기준을 세우고 그런 기준을 준수하는지 사정하기 위해 기록을 검토하는 조직의 두 예로, 건강 및 정신건강 병원과 기관을 인가해 주는 연합위원회(Joint Commission, www.jointcommission.org)와 공적 및 사적 아동 및 가족 기관을 인가해 주는 인가위원회(Council on Accreditation, www.coastandars.org)를 들 수 있다. 기관 프로그램의 질과 효율성을 사정하고자 하는 주정부의 자격승인 부처, 법정, 재정지원 기관들 및 기타 조직도 기록을 검토할 수 있다.

## 법정 증거로서 역할하기

사적권리법, 기관정책, 전문가 윤리는 클라이언트 기록에 대한 비밀보장 유지를 돕는다. 클라이언트의 동의가 없는 비밀정보를 법정에서 공개하는 것을 거부할 수 있는 권리인 사회복지사의 진술특권은 비밀정보가 공적으로 공개되는 것을 막아 준다(*Jaffee v. Redmond*, 1996). 그러나 기록이 법정에서 증거로 사용되는 경우도 있다. 클라이언트가 법정관리하에 있는 경우(예를 들어, 아동 학대나 범죄 행위를 포함하는 사례)나 사회복지사가 법정에 자문가로 관여하는 경우(예를 들어, 후견인 공방에서 가족에 대한 평가를 수행하는 경우)가 이에 해당할 수 있다. 클라이언트가 정보 공개를 허락하거나, 사회복지사-클라이언트 간의 의사소통이 비밀로 보장되어야 하는 경우가 아니거나, 클라이언트가 기관이나 사회복지사를 상대로 소송을 제기하거나, 특권에 대한 예외 상황이 발생할 경우에, 기록은 법정에서도 사용될 수 있다(제9장 참조).

## 학생과 기타 전문가들 교육시키기

기록은 사회복지 전문교육에서 항상 중요한 역할을 수행해 왔다. 1970년대까지 사회복지실천을 가르치는 일차적 접근은 사례방법이었다. 사회복지교육은 개별지도, 집단지도, 지역사회조직 실천을 가르칠 때 기록에 크게 의존해 왔다. 하지만 오늘날에 와서 기록은 경험적인 학습을 보충하기 위해 교실에서 가끔 활용되고 있다. 이때 기록은 다양한 클라이언트-욕구-상황, 의사소통과 관계성의 예시들, 사정, 개입 및 평가의 과정을 학생들에게 소개시켜 준다. 그러나 많은 학생들은 기관이 기록을 활용하여 학생이나 신참 사회복지사에게 기관정책, 절차, 실천을 가르쳐 줄 때 처음으로 기록에 접하게 된다. 기록은 예시를 통하여 클라이언트가 어떻게 서비스를 받으며 어떻게 기록되는지를 보여 준다. 학생이나 신참 사회복지사가 기록에서 읽은 것을 재현하고자 할 때, 그것이 좋은 기록이든 나쁜 기록이든 진행 중인 기관의 실천을 영속시키는 데 기여하게 된다. 기록은 클라이언트, 실천가, 다른 사람들에게 사회복지를 교육하는 데 간접적 역할을 수행하기도 한다. 그들이 사회복지사의 기록을 읽을 때, 기록은 사회복지사가 무엇을 어떻게 하는지에 대해 많은 것을 알려 준다.

## 연구와 역사적 분석을 위한 데이터 제공하기

사회복지 전문직의 초창기 시절에는 연구가 기록을 하는 중요 이유로 간주되었다. 기록이 얼마나 자주 연구 목적으로 사용되었는지는 불분명하지만, 기록은 인간 행동, 사회적 욕구, 사회복지 서비스의 역할에 관한 중요하며 믿을 만한 자료 제공 출처로 간주되었다. 이야기체 기록은 사회복지 실천이론의 형성에 확실한 영향을 미쳤다(Richmond, 1917). 보다 최근에는 행정적 자료를 1차 정보원으로 사용하는 대규모 연구가 아동복지 정책 및 실천에 정보를 제공해 왔다(예 : Children and Family Research Center, 2001; Courtney & Barth, 1996; Fanshel, 1975). 이야기체 기록은 초기 사회복지실천의 사회적, 역사적 분석을 위한 1차 정보원이기도 하였다(Margolin, 1997; Odem, 1995; Tice, 1998).

오늘날에도 기록이 연구에 지속적으로 사용되고 있지만, 더 이상은 그대로 사용할 수 있고 믿을 만한 정보로 간주되지는 않는다. 기관기록을 사용해 연구를 수행하고자 하는 실천가, 학자, 학생은 클라이언트의 권리가 보호되고 윤리적 기준이 충족되고 있는지를 확인하고자 하는 제도적 검토 위원회의 엄격한 사전 검토를 거쳐야만 한다. 더군다나 많은 기관은 시간과 비용이 들고, 부정적 결과가 발견될 가능성이 있으며, 사적권리법의 요구에 의해 개인에 대한 확인 가능한 정보를 제거해야 하는 부담이 있기 때문에 공식적 연구에 관여하는 것을 탐탁해하지 않는다. 또한 학자는 과거를 회상하며 쓰여지기도 하고 다양한 목적으로 기록되는 기관기록의 신뢰성과 충분성에 대해 가끔 의심하기도 한다. 따라서 많은 사람들은 연구를 위해 특별히 만들어진 도구를 사용하는 것을 선호한다. 그럼에도 불구하고 기록은 기관 관련 연구에서는 계속 사용되고 있다. 실천가, 행정가, 학생, 대학교수는 클라이언트 욕구, 서비스 성과, 그리고 기타 것들에 대한 체계적 연구를 수행하고 있다(예 : Stiffman, Staudt, & Baker, 1996 참조). 그들은 클라이언트 행동, 개입, 목표성취를 모니터링하기 위해 단일사례방법들을 사용하며, 기록으로부터 자료를 모아 다양한 프로그램과 개입의 질, 효율성, 영향력을 사정한다.

기록은 역사적 연구와 분석을 위해서도 활용된다. 전국적 역사고문서 보관소, 가장 유명하게는 미네소타대학교의 사회복지 역사고문서 보관소(Social

Welfare History Archives at the University of Minnesota)에 저장되어 있는 기관기록들은 학자들에게 다양한 조직과 서비스 제공기관들의 기록을 살펴볼 수 있는 기회를 제공하고 있다. 기관들은 자체적으로 행정기록과 비활동 중인 (inactive) 사례파일을 보관해 둔다. Barbeau와 Lohmann(1992)은 많은 비용과 기술적 어려움에도 불구하고 기록을 보관해 두는 것은 미래 행정가, 실천가, 사회복지 역사가들에게 중요한 자원을 제공해 준다고 주장한다.

## 사회복지기록의 역사 개괄

사회복지에서 기록의 역사는 전문직의 역사와 사회복지 이론, 방법론, 역할의 발달을 반영한다. 시간이 지남에 따라, 실천가와 기관들은 새로운 실천 접근법들을 채택해 왔고 이것은 기록의 초점, 내용, 구조를 변화시켜 왔다. 사회복지실천이 더 복잡해짐에 따라 기록도 클라이언트 문제, 사회복지 프로그램과 정책, 사회복지실천 등을 폭넓게 문서화하면서 더 다양해져 왔다. 기록이 복지기관 관리에 더 중요해짐에 따라 기록은 책무성을 보여 주는 데 점점 더 초점을 두었다. 사회복지 역사를 통한 기록의 발전은 그 내용과 구조의 변화가 사회복지실천의 변화, 기록의 목적 및 활용과 연계되어 있음을 보여 준다.

전적으로 사례기록을 위해 쓰인 최초의 주목할 만한 책인 『사회복지 사례력 : 그 구성과 내용(The Social Case History: Its Construction & Content)』이 1920년에 Ada Eliot Sheffield에 의해 출판되었다. Sheffield는 개별사회복지(social casework)의 성장과 더불어 발전해 온 기록을 다음과 같이 기술하고 있다.

> [기록은] 다음과 같은 개별사회복지의 세 가지 목적을 위해 보존되는 개인적 정보군(a body of personal information)이다. 세 가지 목적은 ① 개별 클라이언트의 효과적 치료라는 단기 목적, ② 전반적인 사회 향상이라는 궁극적 목적, ③ 개별사회복지사의 비판적 사고 확립을 위한 부수적 목적이다. (pp. 5~6)

당시의 실천에서는 첫 번째 목적이 가장 우세하였음이 분명하다. 왜냐하면 기록이 클라이언트 욕구와 제공되는 치료 사이의 관계성을 설명하는 데 초점을 두었기 때문이다. 이 목적을 위해 기록은 보통 다음의 내용을 포함하였다.

> [기록은] 개별사회복지사 사이에서 자신의 목적을 위해 공통적으로 중요성을 가지고 있다고 일반적으로 받아들여지게 되는 일정 범위의 사실을 포함한다. 이 범위에는 클라이언트 이름, 주소, 출생 연월일, 출생지, 국적, 주치의와 고용주의 주소 등 겉표지(face cards)에 흔히 기재되는 그런 항목이 포함된다. (p. 20)

이러한 정보를 기록하는 것은 '판단이 필요없는 행위'를 하는 것이었지만 훈련된 사회복지사가 해야 할 일이었다. 기록은 "가족력, 건강, 취업, 교육, 재정, 성격과 같은 성공적인 시민으로서의 클라이언트에 대한 전망(p. 21)"과 같은 판단을 필요로 하는 정보도 포함하였다.

후에 기록에 관하여 책을 썼던 다른 저자와 마찬가지로 Sheffield도 기록과 개별사회복지실천을 새로운 차원으로 옮겨 놓기를 원했음을 감지할 수 있다. 그녀는 사회복지사가 '사실적' 정보를 제공하는 차원을 넘어 '그 사실에 중요성을 부여해 줄 수 있는 중요 개념'으로 옮겨갈 것을 제안했다. (이러한 개념이 오늘날의 사정의 선구자격이다.) 클라이언트와 함께 일하는 데 있어 사회복지사의 목표는 "어떤 사실이 의미하는 바가 무엇인지에 관한 가설을 설정하고 반복되는 사건 속에서 그 가설을 지지하거나 기각하는 것"이었다(p. 38). Sheffield는 지식과 사회 향상을 증진시키는 데 있어서의 기록의 역할도 강조하였는데, 기록은 사회적 부적응의 전형적인 실례들을 확인하고 그들을 사회질서의 모순에 연계시키는 사회적 전문가 보고서여야 한다고 하였다.

1925년에 Mary Richmond는 기록을 하는 이유를 설명하였다. 기록 활용에 대한 Richmond의 설명은 적용성이 넓은 만큼 실용적이다. 기록은 실천을 연구하는 데뿐만 아니라 슈퍼비전을 주고, 훈련시키며, 치료를 향상시키고, 일반인들이 사회복지를 이해하도록 돕는 데 사용될 수 있었다. 이야기체 기록 대신 체크리스트를 사용해도 좋은지에 대한 질문에 대해, Richmond는 이야기체 기록에 대해 반박할 수 없다고 생각하는 증거를 제시하였다. 체크목록은 '비참한 결과'를 가져왔을 뿐만 아니라 Richmond 자신의 업적도 체크목록에서는 나올 수 없었다고 하였다. "어떻게 이러한 표시들이 일련의 사건들을 모든 사람들에게 명확화해 줄 수 있겠는가? 아무 결여됨 없이 매우 조심스럽게 기록하는 것만이 일련의 사건을 나에게 분명하게 해 주었다(p. 216)."고 하였다.

1928년, 사회학자인 Ernest Burgess는 개별사회복지사가 면담 동안 클라이언트가 하는 진술에 대해 선택적 이야기체보다는 완전하게 표현된 진술 그대로의 보고체(verbatim reports)를 사용함으로써 기록이 사회학적 해석에 도움이 될 수 있도록 할 것을 제안하였다. Burgess는 이런 방법이 "개인을 그의 언어로 있는 그대로" 보여 줌으로써 기록을 개별사회복지사와 연구자에게 더 가치 있게 만들어 줄 수 있으며 기록을 "정말 객관적이며 누구나가 해석할 수 있게(p. 527)" 만들어 줄 것이라고 주장하였다. Burgess는 아주 완전한 기록을 제안했으며 완전한 기록은 다음을 포함하도록 했다.

> 남편과 아내 각자가 이야기하는 가족력에 대한 표현된 진술 그대로의 설명, 가족 내에서 그리고 지역사회에서의 남편과 아내의 역할에 대한 남편과 아내의 관점, 인생철학, 야망, 태도, 계획, 가족면담에서의 개인별, 집단별 태도, 이웃, 고용주, 집주인과 같은 지역의 대표격 사람과의 면담. (pp. 529~530)

또한 기록은 진단내용, 치료계획, 종결 사례의 검토, 유사사례에 적용될 수 있는 결론들을 요약 형태로도 포함해야 한다고 하였다.

그러나 이러한 Burgess의 제안이 반발에 직면한 것은 놀라운 일이 아니다. 몇몇 저자는 Burgess의 주장과는 반대로, 표현된 진술 그대로의 기록이 요약적 이야기체보다 더 길어질 것이고, 따라서 작성에 비용이 더 많이 들고, 결과적으로 선택적 기록을 할 수밖에 없을 것이라고 지적하였다. 이것이 Burgess의 제안에 대한 유일한 비판은 아니었다. Eliot(1928)는 Burgess의 제안은 "기록자가 상황 또는 그 해결책에 적절한 태도를 가장 잘 나타내 보이는 문장을 기억하도록 훈련시키고 또 그가 그렇게 할 수 있다고 믿어야 할 것"을 요구하고 있는데, "이것은 기록자를 훈련시키는 데 있어서, 그리고 기록자 자신에게 또 다른 편견의 기회를 제공한다(p. 540)."고 주장한다. Eliot는 "기록자는 과학적이면서 동시에 동정적일 수 있는가? 기록자는 경험적이면서 동시에 사고적일 수 있는가? 주관적 경험 속에서 객관성을 유지할 수 있는가(p. 542)?"라고 실천과 기록에 관한 근본적이며 지속되는 질문을 제기하였다. Swift(1928)도 Burgess와는 다른 생각을 가지고 있었는데, 그의 주장은 그가 살던 동시대뿐만 아니라 그 이후 시대의 많은 실천가들의 견해를 대표해 주고 있다. 그는 "개별사회복지사가 사용하고 있는 바와 같이 사례기록의 궁극적인 목적은 치료이어야 하며…(중략)… (그러므로) 이는 연구를 목적으로 하는 사례 기록의 경우와는 그 강조점이 다르다(p. 535)."고 하였다. 이와 같은 한계에도 불구하고 축어체(verbatim)나 과정 기록은 오늘날에도 여전히 사용되고 있는데 연구보다는 교육을 위한 목적으로 사용되고 있다. 그러나 과정기록을 준비하고 기록하고 읽는 데 드는 많은 비용 때문에 과정기록은 실천에서 지속적으로 사용되지는 못하고 있다.

연구를 위해 기록을 사용하는 것이 사회복지문헌에서 되풀이되고 있는 쟁점이기는 하지만, 연구가 기록을 하는 주 기능이 된 적은 없다. Burgess의 논문이 발표된 후 20여 년 동안 우리가 이해하고 있는 기록의 목적은 치료였다. 이러한 초점은 1936년에 출간된 Margaret Cochran Bristol의 『사회복지 사례기록 핸드북(Handbook on Social Case Recording)』에 분명히 나타나 있다. 이 책과 같은 해에 초판이 출간된 Gordon Hamilton의 『사회복지 사례기록(Social Case Recording)』(1936)과 마찬가지로 Bristol의 책에 의하면 기록물이나 기록과정은 치료를 보조하는 데 그 중요성이 있는 것이다. Bristol(1936)은 그의 책 서두에서 다음과 같이 말하고 있다.

사례기록의 가치는 기록이 만들어진 후에 그 기록에서 얻어지는 것에만 국한되지 않는다. 기록을 준비하는 과정 동안 비판적 사고와 자료에 대한 세심한 조직화가 자극되고, 사회복지사는 상황을 통하여 사고하게 되고 그렇지 않았으면 하지 못했을 문제 분석(또는 진단)을 하게 되기 때문이다. (pp. 5~6)

Bristol은 기록의 정확성, 객관성, 간결성, 개성, 참조의 용이성, 명확성, 통일성, 최신성의 질을 강조하였다. 그녀는 이러한 질을 성취하기 위해 기록을 객관적인 동시에 간결하게 만드는 것이 어렵다는 것을 인식하였다.

기록을 짧게 만드는 가장 효과적인 방법 중의 하나는 말할 것도 없이 자료를 신중하게 선택하는 것이다. 이러한 절차가 기록의 객관성을 해칠 수 있을지 모르지만, 개별사회복지사가 제시할 자료를 확보하고 선택하는 데 객관적이었다면 기록의 가치를 증진시킬 수 있다. (p. 59)

Bristol은 미래의 기록은 "객관성을 상실하지 않으면서도 기록에 상당한 생략을 허락해 줄 수 있는 매우 조심스럽게 정의된 용어"의 사용과 "사회복지사 해석의 근거가 된 미미한 객관적인 현상을 광범위하고 자세하게 기술하지 않고도 자신감 있게, 정확하게 해석을 내리고 기록할 수 있는 사회복지사의 책임성에 대한… 점증적인 강조(pp. 77~78)"를 통하여 이러한 객관성과 간결성 간의 근본적인 갈등을 해결할 수 있을 것이라고 했다. 그녀는 기술적인(descriptive) 기록보다는 선택적이며 진단적인 기록을 염두에 두고 있었다.

기록이 클라이언트 사이의 공통 특성에 초점을 맞추어야 한다고 제안했던 Sheffield와는 달리, Bristol과 Hamilton은 기록의 초점은 개별화에 있다고 믿었다. 클라이언트와 상황에서의 특수한 점들이 개별사회복지와 그 기록의 핵심을 형성하였다. 두 사람은 훌륭한 실천과 훌륭한 기록 사이에 존재하는 밀접한 관계성에 대해서도 잘 인식하고 있었다.

Hamilton의 업적(1936)을 통해 이러한 개념이 전문적 실천의 원칙으로 받아들여졌다. Hamilton에게는 실천자가 지침으로 사용할 수 있는 기록의 전형이라는 것은 있을 수 없었다. 기록의 내용과 구성은 사례 그 자체에 고유한 것이었다. "사례를 명확화하고 접근 가능하게 하며 이해하기 쉽게 만들어 주는 기록 모델이란 존재하지 않는다. 사례에 맞추어 기록이 되어야지, 이론적 유형에 사례가 꿰맞추어져서는 안 된다(p. 2)." 더 나아가 Hamilton에 따르면, 기록하기 기술은 가르쳐질 수 없으며, 실천가의 진단적 판단의 완숙도를 반영하면서 다른 실천적 능력과 함께 발전하는 것이다.

> 좋은 기록이란 쟁점들을 초기부터 다루되 고려되는 문제와 무관한 사실이나 생각은 최소한의 내용만 포함하고 있는 기록이다. 유능한 실천가는 초기 연구를 거친 후에 가설의 변화와 관계 있는 자료만을 좀 더 정확한 해석과 이런 해석에 따라 나타날 수 있는 치료의 발전 또는 변화와 함께 기록할 것이다. 결국 훈련된 진단가만이 좋은 기록을 쓸 수 있는데, 그 이유는 훈련된 진단가만이 얽히고 설킨 수많은 사회경험 속에서 중요한 실마리를 끌어낼 수 있기 때문이다. (p. 209)

기록은 "실천가로서 사례의 의미를 표현하려는 작가적 시도(p. 44)"이다.

Hamilton이 다루었던 주제는 1940년대와 1950년대에 더욱 다양하게 발전되었다. 개별사회복지와 집단사회복지 모두에서 학생과 초보 실천가는 과정기록으로 시작한다. 그들은 면담과 집단모임 동안 일어난 자신과 클라이언트 사이의 상호작용을 가능한 한 정확하게 재현하려고 한다. 사회복지사와 슈퍼바이저는 클라이언트의 의사소통과 치료과정의 핵심이 무엇인지 알아내기 위해 그들의 기록을 자세히 검토한다. 이를 통해 사례에 대한 지식과 실천기술이 동시에 발전되어 왔다. 경험 있는 사회복지사의 경우, 복잡한 사례에서 치료를 보조하기 위해서만 과정기록을 사용하고 진단적 요약기록으로 옮겨 가는 것이 이상적일 것이다. 그러나 현실적으로는 과정기록에서 요약기록으로 옮겨 가는 것이 때때로 어려웠으며, 그 결과 기록의 질이 떨어지게 되었다.

1949년에 발표된 3개의 논문은 개별사회복지사와 전문직 전체가 과정기록에서 진단적 요약기록으로 옮겨 가는 것이 어렵다는 것을 밝혀 주었다. Little은 기관기록이 쓸데없이 자세하여 사회복지학과가 학생에게 실천가로서의 책임성을 준비시키는 데 실패하게 하고 있다고 서술했다. 그녀는 "개별사회복지사가 잠정적인 진단과 자신의 활동의 방향을 명확히 할 수 있다고 기대되지는 않아 왔다 (p. 15)."고 말했다. Sytz는 교실수업에서 진단적 기록기술을 가르치고 기록 과정을 개별사회복지 및 집단사회복지의 실천과 개념적으로 연계시키는 방법을 제시하였다. Sackheim은 함축적이며 진단적인 기록을 하기 위하여 그녀가 일했던 정신보건센터에서 개발한 정보 선정을 위한 기준을 제시하였는데, 다음과 같다 — ① 환자에 대한 의미 있는 자료, ② 치료의 동향, ③ 사회복지사와 클라이언트의 활동, ④ 사회복지사와 클라이언트 사이의 정서적 교류. Sackheim은 "지나치게 자세하지 않은 기록에 더 포함되어야 할 것이 무엇이 있겠는가(p. 20)?"라고 질문하였다. 실천기술과 기록기술은 함께 발전한다는 Hamilton의 확신에도 불구하고, 본 저자들은 만약 사회복지사가 진단적 기록을 교육받고 진단적 기록을 위해 정보를 선택하는 지침을 제공받는다면 기록기술은 발전할 것이라고 확신하였다.

Marquerite Munro(1951)는 기록을 변모시키는 데 있어 슈퍼바이저와 행정가들의 책임을 더 강조했다. 실천 경력 초기에 오직 '제한적인 정도의 구별, 식별 기술'을 갖고 있는 사회복지사는 자신과 슈퍼바이저가 "면담 내용을 함께 면밀히 검토할 수 있도록 면담을 자세히 기록할 필요가 있다. 좀 더 숙련된 사회복지사는 의미를 제공하기에 충분한 정도의 내용만 가지고 과정을 묘사할 필요가 있다(p. 186)." Munro는 시간이 경과됨에 따라 기록이 더욱 간결해지고 더욱 선택적이고 되고, "슈퍼비전에 필요한 근본적인 요소"(p. 187)에 초점이 맞추어지면서 사례 결정에 대한 책임이 슈퍼바이저로부터 실천가로 급격히 옮겨 가는 것에 직면하였다. 이러한 전환은 행정적 지도력과 민감성을 필요로 하는데, 그 이유는 "개별사회복지사가 원한다 해도 새로운 책임을 떠안기가 어려울 수 있고…

슈퍼바이저의 일차적 관심이 개별사회복지사의 발전에 있다 할지라도 이러한 책임을 포기하기 어려울 수 있기" 때문이다(p. 197).

기록이 기관 실천을 가르치고 배우고, 실천가의 진단기술을 사정하고 세련되게 하는 데 활용되는 자원으로서 관심 받게 된 것이 기록을 변모시켰다. 많은 실천가들과 슈퍼바이저들이 생각하는 기록의 일차적 목적이 슈퍼비전이라는 가정은 몇몇 연구결과들에 의해 지지되었다. Frings, Kratovil과 Polemis(1958)는 시카고 지역의 가족서비스기관 두 곳을 대상으로 수행한 기록에 관한 연구에서 기록이 슈퍼비전에 가장 많이 활용되고 있음을 발견하였다. 1960년 Aptekar는 "대부분의 기관에서 기록은 슈퍼바이저가 읽어 보기 위해 쓰여졌다(p. 16)."고 하였다.

1950년대 중반까지 진단적 기록은 확고한 자리를 잡았다고 할 수 있다. 과정기록이 사회복지 교육과 실천 초기에 여전히 사용되고 있지만, 과정기록을 준비하는데 필요한 시간과 노력 때문에 매일매일의 실천에는 적합하지 않았다. 오히려 기록은 선택적이고 분석적으로 변해 왔다. 사회복지사는 기록의 일차적 독자인 슈퍼바이저를 위해 기록을 준비했다. 기록은 슈퍼바이저에게 사회복지사의 진단적 사고와 사례에 대한 접근방법을 보여 주기 위한 것이었다. 기록하기는 이론적으로는 사고하기–계획하기 과정이어야만 한다고 되어 있지만, 실제로는 기록은 일 다 끝난 한참 후에 준비되었다. 그 결과, 기록은 사회복지사의 사고 과정을 돕기 위한 미래지향적 도구라기보다는 과거 회상적 재구성물이기 일쑤였다.

1960년대와 1970년대에는 사회복지와 그 환경에 주요 변화가 있었다. 이러한 변화는 사회복지기록의 형식과 기능에 지대한 영향을 미쳤다. 지역사회는 모든 서비스직에 폭넓은 책무성을 요구하였다. 기관들은 양질의 서비스를 제공하는 것으로만 끝나는 것이 아니고 그들의 서비스가 '제대로 실행되었다'는 것을 보여 주어야만 하였다. 많은 조직들은 재정보조를 받기 위한 요구사항을 만족시키기 위해 진단적이며 분석적인 기록 방식 대신 서비스 활동과 그 효과성을 보다 체계적으로 문서화하는 방식으로 대체하거나 이를 보충하게 되었다. 1970년대에는 많은 큰 기관들과 병원들 그리고 몇몇 작은 기관들과 병원들이 그들의 기록활동에 자동화경영정보체계(MIS)와 그 밖의 컴퓨터 기술들을 사용하기 시작하였다. 혁신적인 기록 절차를 결합한 새로운 실천모델들이 현장에 도입되었다. 예를 들어, 행동주의 개입은 표적행동에 대한 지속적인 측정과 도표화를 기록에 포함시켰으며, 가족치료는 실천과 실천가의 기술을 발전시키기 위한 근거로 클라이언트와의 면담을 오디오와 비디오를 통해 녹음, 녹화하고 실시간 슈퍼비전도 이용하였다.

보건, 사회복지 서비스, 교육적 기록 안에 포함되어 있는 개인정보의 비밀을 보장하고자 하는 관심은 개인의 사생활을 보호하기 위한 입법으로 이어졌다. 예를 들어, 1974년 사적권리법(1974, Privacy Act)과 가족 교육 권리 · 사생활보호법(1974, Family Educational Rights and Privacy Act)은 연방정부에 의해 재정 지원되는 프로그램과 공공교육에서 클라이언트의 사적 권리를 보호하기 위한 요구사항을 수립하였다. 1970년대 후반까지 대부분의 주들이 이러한 권리들을 보건, 정신보건, 사회복지 서비스 조직을 이용하는 많은 클라이언트들에게 확대시키는 사적권리법을 입법화하였다. 일반적으로 이러한 정책들은 정보수집과 유출에 제한을 가하였으며, 클라이언트들에게는 자신들에 대한 기록을 볼 수 있는 길을 터 주었다.

같은 기간 동안 미국사회복지사협회(NASW, 1975, 1979)는 비밀보장이 요구되는 정보를 다루는데 관한 정책 지침과 윤리강령을 개정하고 업데이트하였다. 1970년대 말의 사회복지 문헌들은 사적 권리 보호정책의 변화에 대한 전문가적 관심을 반영하였으며(McCormick, 1978; Reynolds, 1976, 1977), 이러한 새 정책들이 사회복지 기관 내에서 문서기록 절차에 미치는 효과를 기술하였다(Schrier, 1980; Wilson, 1978). 문헌들은 대체로 클라이언트의 정보에 대한 접근을 전문가들이 우려하고 있음을 보여 주고 있지만(예 : Prochaska, 1977), 몇

몇 저자들은 자신들의 실천에 대한 클라이언트의 접근이 혁신적이고 실용적이며 긍정적이라는 반응으로 기술하고 있다(Freed, 1978; Houghkirk, 1977).

이 기간에 나타난 새로운 기록 모델은 책무성과 클라이언트의 변화를 기록하는 것에 주요 관심을 두었다. **목표성취척도**(Goal Attainment Scaling; Kiresuk & Sherman, 1968)가 지역사회 정신보건센터에서 사용되기 위해 개발되었다. 프로그램 목표들의 책무성을 구성하는 이 접근법은 의도된 서비스의 의도된 성과를 구체적으로 설명하고, 목표를 클라이언트의 행동에 대한 측정과 연계시키고, 시간에 따른 클라이언트의 변화와 목표성취를 평가하는 방법을 제시하고 있다. 환자의 문제목록을 중심으로 책무성을 보여 주는 **문제 중심 의료기록**(Problem-Oriented Medical Record; Weed, 1968)은 원래 의료교육에 대한 보조수단으로 개발되었다. 이상적으로는, 보건팀이 환자의 문제목록을 도출하고 나서 보건팀의 각 성원이 자신이 해야 할 활동을 정하고 각 문제에 대한 내용(notes)을 도표화하는 것이다. 그러나 문제 중심 접근법을 채택했던 많은 보건 및 정신보건 세팅에서 팀이라는 요소가 결여되어 있으며 보건전문가가 개별적으로 문제목록을 작성하고 있는 경우가 많다. 더군다나 문제목록보다 진전노트(progress notes)를 구성하는 방법이 더 흔히 사용되고 있다. 이 방법은 'SOAP' 형식인데, 진전노트를 네 가지(S＝주관적 정보, O＝객관적 정보, A＝사정, P＝계획) 요소로 구성하고 있다. 몇몇 논문이 문제 중심 기록과 'SOAP' 노트를 사회복지 문헌에 소개하였으며, 사회복지기록을 위한 모델로 채택할 것을 제안하였다(Hartman & Wickey, 1978; Johnson, 1978; Kane, 1974). 마지막으로, 행동주의 모델의 중요 부분인 시계열적 측정방법이 실천에 대한 새로운 실천가-연구자 접근방법의 한 요소로서 사회복지사에게 폭넓게 소개되었다(Bloom & Fischer, 1982; Jayaratne & Levy, 1979; Nelsen, 1981). 표적 행동, 사고 또는 감정에 대한 반복 측정을 중심으로 책무성을 구성하는 시계열적 또는 단일사례 설계는 사회복지교육 교과과정에서 강력한 지지를 받고 있다. 또한 이러한 설계와 측정 절차들은 오늘날 기관들에 의해서도 널리 채택되고 있다.

사회복지기록은 항상 책무성에 대한 기록이었다. 1960년대 이전까지 실천가들은 기록을 통해 슈퍼바이저에게, 클라이언트와 함께 일하는 다른 전문가에게, 그리고 조직에게 책무성을 설명할 의무가 있었다. 1960년대, 1970년대 동안 기록은 인가조직, 감독조직, 재원조직, 클라이언트와 가족, 옹호자를 포함한 보다 광범위한 사람에게 책무성을 보여 주기 위한 도구가 되었다. 더 나아가 책무성의 초점도 변화하였다. 1960년 이전까지 책무성은 서비스의 과정과 진단적 사고의 질에 초점을 두었으나, 1960년대, 1970년대에는 서비스 활동과 그 활동이 클라이언트-욕구-상황에 미치는 영향에 초점을 두었다.

사회복지사가 책무성 요건에 대응하는 능력은 컴퓨터가 사회기관과 사회복지부서에 광범위하게 도입되면서 크게 강화되었다. 자동화는 1970년대에 시작되어(Rein, 1975; Young, 1974a, 1974b) 1980년대에 가속화되었다. 이 기간 동안 컴퓨터는 아직 모든 곳에 보급되지는 못하고 있었다. 데이터 입력과 워드프로세싱은 여전히 특별한 공학적 기술로 간주되었으며 컴퓨터 자체는 비싸고 성가신 존재였다. 많은 기관, 병원, 부서들에서 사회복지 실천가는 컴퓨터나 단말기를 직접 사용하지는 못했다. 정보를 손으로 쓰거나 타이핑하거나 받아 쓴 후, 나중에 다른 사람이 그 정보를 컴퓨터에 옮겨서 입력하는 방식으로 기록이 이루어졌다. 기록은 컴퓨터로 생성된 이야기나 양식을 포함하고는 있었지만, 정보 기록과 검색에서 컴퓨터가 쌍방향식으로 광범위하게 사용되지는 못하고 있었다. 그러나 컴퓨터는 실천가의 기록활동을 지원했으며 많은 기관들은 사례 관리, 프로그램 관리, 기관 관리를 위해 정보를 보유하고 접근하고 분석하는 데 컴퓨터를 사용하였다.

1990년대는 아주 보편적이고 저렴하고 속도가 빠르고 사용이 손쉬운 개인용 컴퓨터가 새로운 기술시대를 선도했다. 많은 실천가들이 기관 컴퓨터나 개인 컴퓨터를 사용해 보고서를 준비하였다. 새로이 현장에 투입되는 사회복지사들은 컴퓨터와 함께 '성장' 했으며, 컴퓨터 사용에 숙련되었고, 기록을 위해서뿐만 아니라 대인 간 의사소통과 정보 검색을 위해 컴퓨터에 의존하였다. 많은 실천가들이 필기 형태로 노트나 기록을 계속하고 있었지만, 일부 경험 있는 실천가는 이 새로운 추세를 따랐다.

21세기가 시작되는 시점에서 사회복지기록은 주로 컴퓨터의 도움을 받았다. 손으로 쓰인 노트들이 여전히 기록에 등장하였지만 요구되는 정보는 주로 컴퓨터 시스템에 직접 입력되거나 컴퓨터에 의해 바뀌 쓰이게 되었다. 기록관리 소프트웨어는 실천가와 기관들에게 인테이크부터 종료와 사후관리까지 사례를 기록하도록 지원했으며, 스케줄 작성과 비용청구 기능도 가지고 있었다. 정해진 의사결정 순서와 미리 포맷된 화면이 실천가의 의사결정과 기록을 지원하였다. 팩스기계, 휴대전화, 휴대용 컴퓨터, 무선 모뎀, 인터넷과 같은 장비와 매체들이 서면이나 구두로 된 의사소통에 접근할 수 있고 이송될 수 있도록 지원하였다. 연방정부, 주정부, 많은 대규모 보험회사들은 그들이 자금을 지원하는 프로그램의 데이터를 전자전송할 수 있도록 권장하거나 의무화하였다.

동시에 실천가들과 일반인들은 데이터의 비밀보장과 보안에 대해 걱정하게 되었다. 주정부 및 연방정부는 사생활 보호 기준을 강화하고, 의료 기록, 재정 기록, 사회적 서비스 기록 및 기타 기록에서 개인적인 비밀정보를 다루는 것에 규제를 가했다. 전자교류를 권장했던 연방정부의 1996년 건강보험 양도·책임 법(Health Insurance Portability and Accountability Act : HIPAA)도 의료 기록과 '전자형태, 서면형태, 구두형태에 관계없이 개인에 대해 확인 가능한 건강정보'를 다루는 것에 관한 광범위한 기준을 준수하도록 의무화하였다. 이 법은 소비자들이 자신의 건강기록을 볼 수 있도록 하였으며, 정보 공개를 위해 고지된 위임(informed authorization)을 받도록 의무화하였으며, 보건기관들이 훈련과 모니터링을 통하여 문서화된 사생활 보호 절차를 만들도록 하였고, 기관의 사생활 보호 정책을 소비자에게 공개하도록 의무화하였으며, 심리치료에 관한 노트에 대해서는 특별보호책을 마련하였다. 그러나 일반적으로 HIPAA는 정보 공개에 대한 환자의 동의와 관련하여 많은 주정부의 사생활보호법과 기록법보다 관대하였으며, 이런 법률과 HIPAA 사이에 불일치가 발생하면 실천가는 주법을 따르는 것으로 하였다.

클라이언트의 비밀과 기록의 사적 권리가 침해당하는 것에 대해 사회복지 전문직이 가지고 있는 걱정은 NASW(1999) 윤리강령에 잘 나타나 있다. '클라이언트에 대한 사회복지사의 윤리적 책임'을 다룬 섹션은 비밀보장과 새로운 테크놀로지가 사용된 기록을 다루는 방법에 대해 추가적 지침을 제공하였다. 이 윤리강령은 개인정보를 보호해야 하는 실천가들의 전반적 의무를 재명시하는 동시에 "컴퓨터, 전자 메일, 팩스, 전화 및 자동응답기와 그 밖의 전자 또는 컴퓨터 테크놀로지를 통해 다른 사람들에게 전달되는"(1.07[m]) 정보의 비밀보장에 대한 실천가의 윤리적 책임을 직접 언급하였다. 사회복지사는 미대법원이 연방법정에서 사회복지사의 법정 진술특권을 인정해 준 것에 대해 만족하였다(*Jaffee v. Redmond*, 1996). 대법원은 이 판결에서 50개 주 모두 심리치료사-클라이언트 의사소통에 관한 특권을 어떤 형태로든 확립하고 있었다는 것을 인식하였다. 이 특권이 사회복지사의 상담회기 기록에까지 확대된 것이다.

컴퓨터 테크놀로지의 혁신에 더하여 1990년대와 21세기 초에 사회복지사는 관리케어가 사회복지 서비스의 재정, 전달, 감독에까지 계속 침투하는 것을 경험하였다. 관리케어는 1980년대에는 병원과 기관 중심의 보건 및 정신보건 실천에서 우세하였는데, 1990년대에는 개업 실천가들과 아동복지 분야로까지 확대되었다. 관리의료하에서의 기록은 실천에서와 마찬가지로 특정 클라이언트-욕구-상황을 표적이 명확한 서비스 계획 및 잘 정의된 측정 가능한 성과와 연결시킬 수 있는 간략하고 목표 지향적인 실천에 초점을 두었다. 그런 기록들은 재정지원 기관들의 정밀 검토를 받게 되었으며, 어떤 경우 기록은 이들 기관의 자산으로 간주되었다.

클라이언트에 대한 서비스는 과거보다 간결화되었지만 문서화 요구는 확대되었다. 책무성을 가진다 함은 기대되는 실천기준을 따르는 것을 의미하였다. 실천가는 기록에서 클라이언트-욕구-상황을 면밀히 사정하고, 적절한 개입을 확인하며, 절차상의 지침을 따르고, 인가된 결정과 행동을 취했다는 것을 보여 주려고 하였다. 사회복지는 다른 관련 분야들과 마찬가지로 실천에 방향성을 제시하기 위하여 다양한 개입들이 특정 클라이언트-욕구-상황에 어떤 효과를 갖는지에 대한 연구들을 수집하고 활용해 왔다(Reid, Kenaley, & Colvin, 2004). 때로는 연구 결과에 대한 전문가 검토와 분석에 기반을 둔 실천지침이 나오기도 하였다(Rosen & Proctor, 2000). 그러나 실천가는 자주 기관의 '업무처리 모범 관행(best practice)' 지침, 슈퍼비전, 자신의 지식이나 경험에 주로 의존하였다. 책무성을 가진다 함은 클라이언트가 서비스에 대한 정보를 제공받은 소비자로서 선택을 고려하고 자신이 좋아하는 것을 표현하고 실천가의 파트너로서 결정과 행동에 관여함을 의미하였다. 증거기반 실천(Gambrill, 2003)과 강점 관점(Rapp, 1998; Saleeby, 2002)의 출현이 이런 흐름을 반영하였다.

많은 사회복지사는 '방어적 기록'을 하였다. 책무성을 가진다 함은 결정이나 행동을 단지 기록하는 것을 넘어 이들을 정당화시켜 주는 기록을 준비함을 의미하였다. 기록은 관료적, 재정적, 법적 요구사항을 충족시키고 실천가와 기관의 잠재적 불이익을 제한시키도록 맞추어졌다. 예를 들어, 사회복지사는 위험을 적절히 평가하고, 아동이나 노인 학대 보고와 같이 모든 위임된 행동을 취하고, 사정된 문제에 대해 가장 저비용의 적절한 개입을 선택하고, 서비스에 대해 승인 절차를 밟고, 모든 기록양식을 작성하고 날인하였음을 보여 줌으로써 자신들이 내린 판단에 대한 도전을 사전에 해결하려고 하였다. 일부 실천가는 사례에 대한 사회복지사의 이해가 변화되어가는 것을 반영함으로써 실천을 지원하려는 기록의 진짜 의도가 훼손되었다고 불만을 토로하였다. 기록은 더 이상 클라이언트-욕구-상황의 복잡성이나 사회복지사-클라이언트 관계의 역동성이나 실천의 예술성을 문서화하지 않았다. 오히려 기록은 정해진 프로토콜이나 규정된 과정을 준수하는지에 초점을 맞췄다. 지난 20년간 책무성의 원칙이 보다 명확해졌음에도 불구하고 기록은 계속해서 실천가들의 불만의 원천이 되고 있으며 기관 사이에서 그리고 현장에서 불화의 씨가 되고 있다.

## 최근 쟁점

기록에 관한 가장 보편적이면서 지속되는 문제점은 시간의 부족과 완전하면서도 최신의 정보가 담긴 기록을 유지하기 위해 필요한 기타 자원의 부족이다. 사회복지사는 많은 사례량을 담당하고 있고, 복잡하고 미묘한 문제를 가진 클라이언트를 돕고 있다. 사회복지사는 서비스 욕구를 사정하고, 의미 있는 목표를 확인하며, 측정 가능한 성과를 신속히 성취하기 위해 클라이언트와 함께 일하면서 동시에 책무성 기준을 만족시켜야 한다. 지속적으로 기록하는 일은 말할 것도 없고 클라이언트의 욕구에 반응할 충분한 시간을 가지고 있는 실천가도 거의 없다. 더군다나 많은 기관은 기록활동을 지원할 수단이 없거나, 여기에 투자하지도 않는다. 컴퓨터, 소프트웨어, 보조직원이 충분하지 않거나 없을 때, 기록은 더욱 힘들고 시간 소모적이 된다. 따라서 기관이 기록의 문제점을 반복적으로 언급하고 있는 것은 놀랄 일이 못된다. 1980년대 말에 수행된 한 서베이(기록Ⅱ)[2](Kagle, 1993)는 가장 자주 대두되는 문제점이 다음과 같이 시간이나 기타 자원의 부족과 관련되어 있음을 발견하였다.

---

2) 이 책에서는 『사회복지기록』의 초판과 관련된 연구들은 '기록Ⅰ'으로 표기하고, 제2판을 위해 수행된 연구들은 '기록Ⅱ'라고 지칭하였다. Jill Doner Kagle에 의해 1995년 이전에 발간되던 사회복지기록에 관한 이 연구들은 Lois & Samuel Silberman Fund의 연구 기금이 지원하였다.

① 기록할 시간이 부족하다.

② 기록하는 데 너무 많은 시간이 든다.

③ 사회복지사가 기록 업무에 반대하거나 저항한다.

④ 사무보조가 부족하다.

⑤ 기록을 보관할 공간이 부족하다.

⑥ 기록이 최신 정보화되어 있지 않다.

⑦ 기록이 엉망으로 쓰여지고 있다.

⑧ 재원과 인가를 위한 보고가 비현실적인 것을 요구한다.

불행히도 이러한 문제는 오늘날에도 지속되고 있다. 기록이 엉터리로 쓰여 지거나, 반복적이거나, 잘 구성되어 있지 않거나, 부정확한 경우가 매우 자주 있다. 중요 정보가 빠져 있거나, 오래된 정보이거나, 찾기도 어렵다. 중요 정보가 빠져 있거나 과도하게 자세한 내용에 묻혀 있기 때문에 기록을 사용하기가 어렵다. 사정과 서비스 계획은 너무 일반적이거나 형식적이거나 상투적이다. 서비스 초점이 불명확하거나 사정, 목표, 서비스 계획, 의도하는 성과 사이의 연계가 분명하지 않다. 책무성 요구가 이용할 수 있는 자원보다 과중한 경우가 매우 자주 발견된다.

책무성에 대한 기대가 보다 명확해졌음에도 불구하고 기록 과정은 여전히 복잡하다. 실천가는 아주 긴급한 클라이언트의 욕구에도 반응할 충분한 시간이 없음에도 불구하고 기록할 시간을 찾아야만 한다. 더군다나 사회복지사는 정보를 선택하고 기록을 준비할 때 수많은 딜레마에 직면하게 된다. 책무성 기준을 충족시키기 위해서는 충분한 정보가 필요하지만 각 사례에서 무엇이 가장 중요하고, 무엇이 기록에 포함되어야 할 정도로 중요한지, 그리고 무엇을 제외시켜야 할지를 확인하는 데 어려움을 겪고 있다. 그들은 중요 정보가 제외될 경우에 처할 잠재적 위험에 예민하지만, 클라이언트의 사생활을 보호하고 자신들의 업무를 단순화하는 데에도 관심을 갖는다. 많은 실천가는 기록에 대한 전문적 교육과 지속적 훈련이 부족하고, 더군다나 책무성을 위한 가정이 그들의 실천이론이나 접근방식과 일치하지 않을 수도 있다. 책무성 기준은 실천이 단선적, 다시 말해 사정에서부터 목표, 계획, 성과에 이르기까지 직선으로 움직인다고 가정한다. 그러나 정신역동이나 생태체계, 인본주의와 같은 이론을 따르는 실천가들은 자신의 실천을 이러한 가정에 갖다 맞추는 것을 더 어려워할 수도 있다. 결국 실천가는 질 낮은 기록을 했다고 기관으로부터 비난을 받으면서도 기록을 향상시킬 수 있는 적절한 훈련이나 시간, 자원을 제공받지 못함을 발견하게 된다.

실제로 많은 기관들에서 실천가 문화와 관리 문화는 좋은 기록을 단념토록 하는 것 같다. 기관의 지침은 구식이거나 불분명하거나 비현실적이다. 컴퓨터, 소프트웨어, 사무 지원도 부족하다. 따라서 실천가는 자신이 기록한 것과 기록하지 못한 것 모두에서 오류를 범하고 있다. 직접적인 클라이언트 서비스에 투여되는 시간을 존중하는 동료와 관리자는 기록하기에 투여되는 시간을 방해하거나 가치 절하하거나 우습게 볼 수도 있다.

기록이 향상되고 기록이라는 중요 업무를 위해 사회복지사가 지원을 받으려면 실천가는 적어도 다음과 같은 것들을 필요로 할 것이다.

## 1. 교육적 준비

기록은 이 업무를 위해 적절히 교육받지 않은 실천가에게는 특히 어려운 작업이다. 어떤 사회복지사는 필요한 글쓰기 기술을 갖고 있지 않으며, 어떤 사회복지사는 문법, 맞춤법, 단어선택, 구두법에 어려움을 겪고 있다. 또 다른 사회복지사는 명확하게 글을 쓰고 중요 정보를 간결하게 요약하는 것이 힘들다. 기록은 보통 교실수업에서보다 주로 현장에서 교육되기 때문에 사회복지학과 학생이 갖고 있는 기록활동 경험이라는 것은 흔히 서로 상이하다. 다시 말해, 학생은 자신들이 몸담았던 실습 기관에서 배운 기록 유형에 대해서만 익숙하게 된다. 더군다나 많은 학생들은 나중에 자신들이 필요로 하게 될 요약기록 기술을 발전시키기보다는 실천에서 사용되지도 않을 과정기록을 배우는 데 현장에서 많은 시간을 소모하고 있다. 그 결과, 기록업무에 잘 준비된 실천가는 상당히 적다. 그들은 자신이 일하는 기관에서 발견할 수 있는 때로는 좋지만 때로는 나쁜 예시들에 자신의 기록을 모델링하면서 '일하면서' 기록을 배우게 된다. 따라서 많은 실천가들에게 실천에서 기록이 수행하는 역할에 대한 전반적 이해와 질 높은 문서를 위해 필요한 기술이 부족하다. 실천가들이 기록 업무를 자신들이 수행해야하는 가장 어렵고 유쾌하지 않은 전문적 책임이라고 자주 표현하는 것은 놀랍지 않다.

## 2. 명시적이며 합리적인 지침

실천가가 잘 쓰여지고, 시기적절하며, 비용 효과적이고, 유용한 기록을 준비하려면 기록에 대한 적절한 내용, 구조, 적절한 기록 마감 시간표에 대한 명시적 지침이 필요하다. 기록에 최소한 무엇이 포함되어야 하며, 정보가 어떻게 구성되고, 언제 얼마나 자주 정보가 문서화되어야 하는지를 명확히 기술해 주고 예를 제공해 주는 매뉴얼과 기타 자료들을 기관들은 개발해야 한다. 표준들은 기록 업무를 일상화시켜 주기 위해 충분히 표준화되어야 하며, 각 기록 안에 순서를 만들어야 하며, 기록 사이에서 일관성을 갖도록 권장해야 한다. 동시에 기준은 사회복지사가 각 클라이언트-욕구-상황과 서비스과정의 독특성을 문서화할 수 있도록 충분히 융통성 있어야 한다. 또한 기준은 사회복지사의 사례량과 다른 업무량 책임을 감안하여 적절하고 성취 가능해야 한다.

## 3. 지속적 훈련

기관의 책무성 요건이 변할 때 사회복지사는 메모, 슈퍼비전, 직원회의, 기관 내 재교육을 통해 이에 대해 공지 받는다. 이러한 의사소통은 어떻게 양식을 기록하고, 기준을 준수하며, 절차를 수행하는지에 주로 초점을 둔다. 새로운 요구사항이 기존 요구사항에 추가되어 실천가의 기록 업무와 전반적 업무량을 증가시키는 경우가 아주 자주 발생하고 있다. 훈련과 슈퍼비전은 가능할 때마다 새로운 요구사항을 진행 중인 기록 업무에 통합시키고, 오래된 요구사항을 새로운 요구사항으로 대체시키거나 업무를 단순화시키는 방법에 주안점을 두어야 한다. 만약 다른 기대에 대한 변화 없이 기록에 대한 요구만 증가한다면 업무 스트레스와 성과문제가 발생할 것이다.

## 4. 적절한 자원

좋은 사회복지기록은 기관이 기록 활동을 지원하기 위한 충분한 자원을 공급해 줄 때 가능하다. 기관은 최소한 사무적 서비스, 기자재, 기록을 준비하고 활용하기 위한 적절한 시간을 제공해야 한다. 불행히도 예산 제약 때문에 많은 기관이 사무직원을 줄이고 컴퓨터나 소프트웨어, 기타 기자재들의 구입, 수리, 최신화를 미루고 있다. 예산 제약은 사례량을 증가시키고 이직률을 높이는 결과를 낳았으며 이러한 상황이 책무성을 훼손시키고 있다. 사회복지사가 일부 사무적 기능도 수행해야 할 필요가 있을지 모르며, 실천가에게 기록할 시간은 더 부족하게 되고, 따라서 완전하며 최신 내용이 포함된 기록은 더욱 찾아보기 힘들다. 기록을 향상시키려면 기관은 자원과 관련된 문제를 공론화하고, 기록 활동을 지원하기 위해 재투자할 필요가 있다.

## 5. 기관 문화

실천가가 기록을 위해 잘 준비하고 기관이 기록 업무를 위한 적절한 자원을 제공한다고 할지라도, 기관 문화가 좋은 기록하기를 공식적, 비공식적으로 방해할 수 있다. 실천가는 불충분하거나 질 낮은 기록에 대한 비난보다는 잘 쓰여지고 의미 있으며 유용하고 최신 정보로 구성된 기록을 준비시켜 줄 수 있는 동료와 슈퍼바이저의 지지와 피드백을 필요로 한다. 실천가는 좋은 기록을 준비하는데 쓰는 시간과 노력에 대해 기관의 다른 사람들이 가치를 부여할 것이라고 믿을 필요가 있다. 기관 문화는 기록을 단지 관료주의적인 귀찮은 업무가 아닌 중요한 전문적 활동으로 인식해야 한다. 기록 활동은 실천의 다른 분야와 더불어 전문적 발전과 조직의 발전을 위한 구심점으로서 그 위치를 점해야 한다. 더불어 기관은 글쓰기 문제, 자원 부족, 책무성에 대한 비현실적 기대와 같은 기록 관련 쟁점을 해결하기 위해 실천가와 협력해야 한다.

## 기록과 전문적 판단

기록 업무는 기술 이상의 많은 것을 포함한다. 기록 활동은 복잡한 전문적 판단을 요구한다. 각 사례를 선택하고 구성하고 정보를 분석하고 문서화하여 기관의 기록을 위한 프로토콜을 개발할 때, 사회복지사는 상당한 재량권을 행사할 필요가 있다. 사회복지사는 가치 있지만 서로 상충하는 목표들을 항상 고려해야 한다. 기록은 한편으로는 자원을 절약하기에 충분하게 간략해야 하며 클라이언트의 비밀을 보장해야 하고 최신화되어야 하지만, 다른 한편으로는 서비스 전달을 원활히 하고 서비스 판단, 행동과 결정을 정당화하고 책무성 기준을 충족시킬 수 있을 정도로 충분히 포괄적이어야 한다. 명확한 목적의식과 정보를 선택하고 기록을 구성하는 명확한 지침을 가지고 있다고 할지라도, 사회복지사는 기록할 때마다 중요한 전문적 결정을 내려야 한다. 다음 장들은 사회복지사에게 이러한 중요 판단을 내리는 데 필요한 지침을 제공하기 위한 것이다.

제 2 장

# 서비스 중심 기록

기록의 내용을 선택하는 것은 기록과 관련하여 사회복지사가 해야 하는 가장 중요한 결정이다. 사회복지사는 클라이언트-욕구-상황과 서비스 교류에 관한 일련의 자세한 정보들로부터 기록을 위해 중요하면서도 타당한 내용들을 선택해야 한다. 사회복지사는 효율성과 클라이언트 사생활 보호라는 가끔 서로 충돌하는 목표들에 대해 책무성과 실천 지원이라는 목표들 사이의 균형을 유지해야 한다. 실천가들이 너무 많은 정보를 기록하게 되면 다른 중요한 활동을 위하여 시간을 거의 남겨 놓지 못하거나 제때 밀리지 않고 기록하기 어렵다. 또한 클라이언트의 비밀을 손상시킬 수도 있다. 실천가들이 너무 적게 기록하면 책무성을 위해 필요하거나 자신이나 타인의 실천을 지원하기 위한 정보를 기록하지 못할 수도 있다.

사회복지사들은 그들의 기록에 인테이크로부터 종결과 사후관리에 이르기까지 클라이언트-욕구-상황과 서비스 교류의 독특한 특성과 공통의 특성을 기술하게 된다. 그들은 클라이언트-욕구-상황을 개별화하고, 서비스가 어떻게 클라이언트의 독특한 상황, 관심, 선호에 맞도록 구성되었는지를 보여 줌으로써 각 사례의 독특한 점을 기록한다. 그들은 기관지침, 전문적 기준, 업무처리의 모범 관행과 부합되게 서비스가 선택되고 제공되었음을 보여 줌으로써, 공유된 것, 즉 그 사례와 다른 사례들과 공통점을 문서화한다. 사회복지사들은 문제가 어떻게 확인되고, 서비스가 어떻게 선택되고 전달되었는지, 그리고 클라이언트-욕구- 상황이 어떻게 영향 받고 변화되었는지에 대한 근거를 제공하기 위하여 사회 환경 내에서의 인간의 행동에 대해 자신들이 가지고 있는 지식, 특정 클라이언트 집단에게 효과 있는 개입방법들, 기관 정책 및 공공 정책에 의존한다.

기록의 내용을 선택하는 것은 실천 기술 이상이며 높은 수준의 전문적 판단을 포함한다. 실천가들은 자신의 기록을 준비할 때 기관의 사명, 책무성 구조, 기록 에 대한 정책과 절차, 재원, 서비스 전달의 유형, 클라이언트 집단을 고려한다. 동시에 그들은 자신들의 기록 내용을 기관 내 사람들, 재정지원자, 감독 집단의 성원, 클라이언트나 클라이언트를 위하여 행동하는 사람들, 정보를 공개적으로 유포하거나 클라이언트의 바람이나 이익에 반해 정보를 사용하고자 하는 사람 들이 널리 볼 수 있다는 것도 알고 있다. 각 기록은 의사결정, 서비스 전달, 전문 적 가치, 책무성에 대한 실천가의 독특한 접근 방식도 반영한다.

제2장은 사회복지사들이 기록의 내용을 선택하고 문서화하는 복잡한 과정을 돕는다. 이 장은 서비스 전달에 대한 관련성이 기록 정보를 선택하고 기록할 때의 주안점과 일차적 기준이 되는 기록 접근방식인 서비스 중심 기록에 대해 기술하 고 있다. 이 장은 사회복지기록에 포함되어야 하거나 포함될 수 있는 정보들을 요약하고 자세히 기술하며 기록에서 제외되어야 하는 자료들도 확인한다. 기록 내용의 핵심 요소들에 대한 자세한 분석을 시도하며 실제 실천에 근거한 기록의 여러 예시들도 제공한다.

# 서비스 중심 기록

오늘날의 사회복지기록은 무엇보다도 서비스에 대한 기록이어야 한다. 서비스 중심 기록은 기록을 위한 정보를 선택하는 일차적 기준이 서비스 전달과의 관련성이라는 점에서 전통적인 기록 방식과는 다르다. 서비스 중심 기록은 클라이언트와 사회복지사-클라이언트 상호작용에 관한 정보에 주어졌던 기록의 초점을 서비스 전달을 이해하고 평가하는 데 관련된 정보로 옮겨 놓는다. 물론 서비스 중심 기록도 클라이언트와 사회복지사-클라이언트 상호작용에 대한 정보를 포함한다. 그러나 이런 정보는 인테이크로부터 종결까지의 서비스 결정과 행동을 문서화하는 기록의 일차적 초점 틀 안에 위치하게 된다. 서비스 중심 기록의 목적은 서비스가 클라이언트-욕구-상황의 독특한 특성을 어떻게 반영하였고, 전문적 기준과 기관 정책에 어떻게 부합되도록 전달되었으며, 서비스가 질, 효율성, 영향 측면에서 어떻게 평가되었는지를 보여 주는 것이다. 서비스 중심 기록은 클라이언트-욕구-상황, 가용자원, 서비스 대안들, 클라이언트의 선호에 대한 체계적 기술과 사정을 강조하고, 이런 사정을 서비스의 목적, 목표, 계획, 결정, 활동, 진전, 영향, 성과에 연결시킴으로써 책무성에 대한 기대를 만족시킨다.

서비스 중심 기록은 기록의 활용 방법, 기록에 접근 가능한 사람들, 기관의 가용 자원이 배치되는 방법 등에 변화가 생기자 이에 반응하기 위하여(기록 Ⅰ) 1980년대에 처음 개발되었다. 시간이 지남에 따라, 사회복지사들은 보다 넓은 층의 후원자들에게 책무성을 갖게 되었으며 기록은 보다 많은 독자들에게 접근 가능하게 되었다. 기록 정보에 대한 비밀보장이 중요 관심사로 등장하게 되었다. 또한 사회복지사와 기관들은 자원 삭감과 증가하는 문서화 요구에 대처하고 있었다.

사회복지사들은 기록에 대한 전통적 접근이 더 이상 자신들의 욕구를 충족시키지 못한다는 것을 알게 되었다. 기록은 흔히 클라이언트에 대한 이해의 변화와 사회복지사와 클라이언트 사이의 진화하는 관계에 초점을 둔 길고 자세한 이야기체 혹은 과정기록이었다. 수행해야 할 실천도 많은 상태에서, 이런 기록은 준비하기에 너무 시간 소모적이고, 사용하기에 너무 성가시며, 클라이언트의 비밀을 보장해 주기에는 너무 공개적이고, 새로운 책무성 기준을 충족시키기에는 너무 불충분하였다. 이런 기록은 클라이언트와 서비스 과정에 대해서는 많은 정보를 포함하고 있는 반면, 서비스 목적, 목표, 계획, 결정, 행동, 성과에 대해서는 대충의 관심만을 두었다.

서비스 중심 기록은 많은 사회복지사들에게 익숙한 '환자' 또는 '과정' 기록과는 다른 초점을 가지고 있다. '환자' 기록은 주로 '클라이언트'나 '소비자'에 초점을 둔다. 이런 기록에서 정보를 선택하고 문서화할 때, 실천가들은 기록이 환자/클라이언트에 관한 광범위한 정보 저장소가 되어야 한다는 생각을 갖게 된다. '과정기록'은 클라이언트를 이해하고 실천가의 대인적, 치료적, 분석적 기술을 강화시킨다는 목표를 갖고, 사회복지사와 클라이언트 사이의 상호작용에 초점을 둔다. 이 기록 방법의 목적은 자기 반성과 슈퍼비전을 통하여 사회복지사-클라이언트 의사소통에 세심한 관심을 둠으로써 실천가와 사회복지학을 공부하는 학생들의 전문적 발전을 지원하고자 하는 것이다. 실천가들은 과정기록을 준비할 때 자신들이 기억할 수 있는 모든 것을 순서대로 문서화해야 한다는 원칙을 따른다. 반면 서비스 중심 기록은 클라이언트와 함께 또는 클라이언트를 위하여 서비스를 제공하는 과정에서 취해지는 모든 결정과 행동의 근거, 본질, 결과에 초점을 둔다. 서비스 중심 기록은 제공된 서비스 자체와 서비스가 어떻게 전달되는지, 서비스가 클라이언트-욕구-상황과 가용 자원에 어떤 영향을 주는지를 이해하기 위한 근거를 제공하는 맥락 안에서 클라이언트-욕구-상황에 관한 많은 정보를 통합한다. 서비스 중심 기록은 실천가와 기관이 책무성에 대한 최근의 기대를 충족시킬 수 있도록 도울 뿐만 아니라 다른 이점도 제공한다. 이 기록 방법은 실천가들이 책무성과 클라이언트의 사적 권리를 보장하고 비용-효율적인 실천을 지원하는 것 사이의 경쟁적 요구에서 균형을 유지하도록 돕는다.

서비스 중심 기록은
클라이언트의 선호, 기관 표준, 업무처리 모범관행에 부합하면서 동시에
서비스 목적, 목표, 계획, 방법을 포함하는 서비스 결정과 행동의
근거를 제공해 주고
서비스가 클라이언트-욕구-상황과 가용 자원에
어떤 영향을 미치는지 보여 주는
클라이언트-욕구-상황과 가용자원에 대한 정보에 초점을 둔다.

   서비스 중심 기록은 전문적 판단과 행동에 대한 근거를 문서화하며 사정, 결정, 행동, 서비스 성과 사이의 연결을 보여 준다. 이 기록은 클라이언트-욕구-상황과 가용자원에 대한 관찰과 분석을 통해 전문적 판단이 어떻게 형성되는지에 초점을 둔다. 그러한 판단과 행동이 정책과 절차, 사회 환경 속 인간행동에 대한 지식, 자원의 가용성, 실천 기준, 클라이언트 가치와 선호에 의해 어떻게 영향을 받는지를 기록한다. 각 과정 단계에서 서비스에 영향을 주는 결정과 행동에 대해 클라이언트가 어떤 역할과 기여를 했는지에 대해서도 기록한다.

   서비스 중심 기록에 클라이언트-욕구-상황에 관한 정보를 포함시키는 일차적 기준은 그 정보가 서비스 전달에 관련성을 갖느냐 하는 것이다. 가장 좋은 기록은 서비스 결정과 행동의 근거, 본질, 결과를 충분히 문서화하는 것이다. 서비스가 왜 제공되었으며, 어떻게 전달되었고, 어떤 영향을 주었는지를 보여 주는 클라이언트-욕구-상황에 관한 정보를 기록한다. 그러나 클라이언트-욕구-상황에 관한 정보도 서비스 목적과 분명한 관련성을 가지고 있는 것으로 제한한다. 아무리 흥미로운 정보라고 하더라도 그 외의 정보는 포함시키지 않는다. 서비스 전달과 관련성이 없는 클라이언트-욕구-상황에 관한 정보를 기록하는 것은 클라이언트의 사적 권리를 침해하는 것이며, 시간 낭비적이고 책무성 목적과도 아무 관련성이 없다.

서비스 중심 기록은 책무성 기대를 충족시키기 위해 시간 경과에 따라 서비스 결정 및 행동의 이유와 결과를 문서화한다. 기록은 서비스 교류가 발전함에 따라 발전해 나간다. 서비스가 인테이크에서 종결로 이동함에 따라 기록의 초점도 변화하게 된다. 사회복지사와 클라이언트가 문제, 욕구, 서비스의 가용성을 탐색하고 서비스 목적을 확인하고 서비스에 대한 동의를 이끌어 내는 데 관심을 갖는 서비스 초기 단계에서, 기록은 다음과 같은 내용 요소들에 초점을 두게 된다.

- 서비스를 시작하는 이유
- 클라이언트-욕구-상황에 대한 기술과 사정
- 자원과 장애요인들에 대한 기술과 사정
- 위험 요인과 강점에 대한 사정
- 클라이언트의 견해와 선호

서비스 계획이 수립되면 기록은 다음과 같은 내용들을 실행하고 문서화하는 데 초점을 두게 된다.

- 서비스에 관한 사회복지사와 클라이언트의 결정
- 서비스 목적과 목표
- 계획
- 결정과 활동
- 진전 상황
- 움직임 및 영향에 대한 사정

종결과정으로 가면서 기록의 초점은 다음의 내용으로 옮겨 간다.

- 서비스의 종결, 이전(transfer), 의뢰 사유

- 잠재적 위험을 포함하여 종결 단계에서의 클라이언트-욕구-상황에 대한 기술과 사정
- 서비스 자체와 서비스 성과에 대한 평가

서비스 중심 기록은 기록이 문서화하는 실천과 시시각각으로 연계되도록 의도한다. 기록은 최신 내용이어야 하며 현재 다루어지고 있는 서비스 단계에 초점을 두어야 한다. 새로운 정보가 생기게 되면 기록은 서비스의 목적, 목표, 계획에서의 모든 변화를 포함하도록 업데이트되어야 한다. 시간 경과에 따라 변화하는 사정 또한 정기적으로 업데이트되어야 한다. 가용 자원에 대한 새로운 정보도 밝혀질 때마다 추가되어야 하며 필요시 서비스의 목적과 계획도 재수립되어야 한다.

클라이언트의 정보를 업데이트하고 서비스의 방향을 바꾸어야 할 필요성은 때때로 기록(과 서비스 과정)이 조직화되어 있지 않고 초점이 없는 것처럼 보이게 만든다. 서비스 방향이 명확하고 기록이 좀 더 체계적일 수 있도록 오랜 시간이 지난 후나 서비스가 종결될 때까지 기다렸다 기록을 하면 안 되는가? 서비스가 간단하거나 상당히 일상적일 때에는 소급적으로 기록하는 것이 가능할지 모른다. 하지만 기록은 서비스 목적과 방향의 변화를 사실대로 문서화하면서 최신 정보화되어야 실천을 지원하는 데 정확하고 유용할 수 있다. 장기적이거나 복잡한 사례가 소급적으로 쓰여지면 기록이 좀 더 조직적이고 체계적으로 보일지는 모르지만, 그런 기록은 중요 정보를 누락시키거나, 도달한 성과를 정당화하려고만 하거나, 사례에서 실제 발생한 것을 충분히 그리고 정확히 기록하지 못할 수 있다.

요약하면, 서비스 중심 기록의 본질적 기능은 그것이 문서화하고자 하는 서비스 교류를 기술하고 설명하고 평가하는 것이다. 기록은 일차적 목적인 책무성을 성취하기 위해 다음과 같은 내용을 포함해야 한다.

- 전문적 결정과 행동의 근거, 본질, 결과를 반영하기 위하여 선택된 내용
- 클라이언트–욕구–상황과 서비스 교류를 기술하고 사정하는 형태로 된 관찰과 추론으로 구성된 내용
- 사회복지 전문직의 지식, 가치, 윤리에 근거한 내용
- 기관의 사명, 서비스의 기준, 업무처리 모범관행에 근거한 내용

서비스 중심 기록은 진행 중인 서비스의 전달을 원활히 해 주는 의도도 있다. 그렇게 하기 위해 기록은 한참 지난 활동을 소급적으로 검토하는 것이 아니라 '살아 움직이는' 기록이어야 한다. 기록은 최신의 것이어야 하며 실천에 제때 연결되어야 한다. 클라이언트의 사적 권리를 보호하고 비용을 통제하기 위한 의도도 있다. 이런 이유로 서비스 중심 기록은 클라이언트–욕구–상황과 서비스 교류에 대한 내용을 서비스 결정, 행동, 성과를 이해하고 평가하는 데 관련된 정보에 제한시키고 있다.


## 기록 내용의 요소

사회복지기록에서 발견되는 내용 요소들이 예시 2.1에 제시되어 있으며 이 장에서 자세히 논의되고 있다. 예시 2.1의 왼쪽 칸은 모든 기록에 해당될 수 있는 기본적인 정보를 개괄하고 있다. 오른쪽 칸은 클라이언트에 대한 서비스의 목적과 책무성 기준에 따라 일부 기록에 포함되는 것이 적합한 것으로 보이는 내용의 요소들을 개괄하고 있다.

예시 2.1 내용의 요소

| 모든 기록에<br>포함되는 정보 | 일부 기록에<br>포함되는 정보 |
|---|---|
| **개시 요약** | |
| ● 클라이언트의 인구통계학적 정보<br>● 서비스 개시 방법과 사유 : 제시된 문제, 욕구, 충동<br>● 중요 관계자 : 클라이언트, 가족, 서비스 제공자, 기타 사람들<br>● 서비스 자격<br>● 서비스 개시를 위한 고지된 동의 | ● 인테이크 양식이나 스크린<br>● 긴급 상황<br>● 의뢰<br>● 기관에서 받은 과거 서비스<br>● 현재 또는 과거에 클라이언트에게 서비스를 제공한 타 기관들 또는 서비스 제공자들 |
| **자료 수집과 사회력** | |
| ● 클라이언트-욕구-상황에 대한 기술<br>● 정보 출처<br>● 사회력(예시 2.2 참조)<br>● 의료, 정신보건, 법, 사회적 서비스, 교육, 직업, 기타 조직 및 전문가들과의 과거 및 현재 진행 중인 관계<br>● 자원, 장애, 충족되지 못한 욕구 | ● 타 기관 및 서비스 제공자가 요구하는 정보 요청에 대한 대응<br>● 개인 정보<br>● 대인 관계<br>● 사회적 정보<br>● 제도적 연계<br>● 물리적 환경 |
| **사정** | |
| ● 체계적 사정 : 관찰, 정보 출처, 사용된 기준, 사회복지사의 평가<br>● 강점<br>● 서비스에 영향을 주는 문화적 요인<br>● 위험 사정<br>● 특별 사정<br>● 판단하는 데 사용된 사회복지사의 평가와 기준 | ● 개인적 및 환경적 자산, 능력, 수용력, 기술<br>● 아동 학대/ 방임<br>● 노인 학대/ 방임<br>● 자살, 자기 학대<br>● 가정 폭력<br>● 지역사회 폭력<br>● 물질사용/ 남용<br>● 빈곤, 노숙<br>● *DSM* 진단(정신건강)<br>● 행동<br>● 가족 역동성<br>● 기능적 행동(학교) |

| 초기 사정에서 나온 결정과 행동 | |
|---|---|
| ● 초기 사정에 의해 취해진 행동<br>● 관련 정책, 법, 실천 기준의 준수<br>● 의뢰 | ● 아동 및 노인 학대 보고<br>● Tarasoff 경고<br>● 클라이언트와 타인을 보호하기 위한 개입 |

| 서비스 계획 | |
|---|---|
| **서비스 선택**<br>● 고려된 선택, 클라이언트 역할<br>● 스크리닝, 프로그램과 서비스 자격 여부<br>● 제외된 선택 : 이용 가능하지 않거나 접근 가능하지 않은 대안들<br>● 다양한 선택들 중에서 선택하는데 사용된 기준 | ● 비용, 한계점, 대안들, 잠재적 위험과 이득, 가능한 성과<br>● 사정된 문제나 욕구를 줄일 수 있는 가능성<br>● 이용 가능하고 접근 가능한 서비스들, 자격 요건이 되는 클라이언트<br>● 질, 효과의 증거<br>● 기관 규모, 사명 및 전문성 내에서<br>● 비용 상환 가능성<br>● 클라이언트 선호 |
| **서비스 목적, 목표, 계획**<br>● 목적<br>● 목표<br>● 계획<br>● 계획을 완성하고 목표를 실현시키는 방향으로의 움직임에 대한 지표<br>● 서비스 종결에 대한 동의<br>● 클라이언트-사회복지사 계약 | ● 기관의 규모와 사명 내에서<br>● 의뢰<br>● 보호 기준<br>● 다른 기관, 제공자, 가족, 지역사회 성원의 관여<br>● 잠재적 위험, 이득 |

| 중간노트 | |
|---|---|
| ● 클라이언트-욕구-상황에 관한 업데이트와 최신 정보<br>● 움직임의 지표<br>● 클라이언트-욕구-상황의 상태에 대한 사정<br>● 서비스 활동에 대한 기술<br>● 서비스 과정과 진전 상황에 대한 사정<br>● 목적, 목표, 계획, 지표의 변화 | ● 도표 지표<br>● 모든 서비스 접촉에 대한 도표<br>● 선택된 지표에 대한 평가<br>● 서비스 전달과 목표 달성에 대한 장애 |

| 특별 자료 | |
|---|---|
| ● 문서, 양식<br>● 동의서<br>● 중요한 사건과 위급 상황, 이에 대해 취해<br>　진 결정과 행동<br>● 정기적인 서비스 검토 | ● 타 기관, 타 실천가들의 기록, 보고서<br>● 정보 공개에 대한 책무성 |
| 종결 요약 | |
| ● 서비스 종결 이유<br>● 종결 시 사례의 상태 | ● 시작부터 종결까지의 클라이언트-욕구-상<br>　황에 대한 개략적 검토<br>● 서비스 목적, 과정, 목표, 활동에 대한 검토<br>● 서비스 성과와 영향에 대한 평가<br>● 의뢰 또는 다른 계획된 활동<br>● 추후 지도 |

물론 기관과 실천가들은 어떤 정보를 기록에 포함시킬지에 대한 상당한 재량권을 가지고 있으며, 기본적 내용 요소들 중 일부도 포함시키지 않기로 합리적으로 결정할 수도 있다. 예를 들어, 클라이언트와 단지 1~2회 접촉 이후 종결되는 간단한 서비스나 사례를 기록할 때는 많은 내용 요소들을 제외시킬 수도 있다. 또한 이 책이 개괄해 주는 것과 다른 순서로 정보를 기록할 수도 있고, 일부 내용 요소를 반복적으로 사용할 수도 있다. 예를 들어, 진행 중인 사정, 새로운 정보, 클라이언트-욕구-상황의 변화, 서비스 목적이나 과정에 관한 새로운 동의를 기록하는 여러 개의 중간노트(interim notes)를 포함시킬 수도 있다. 또한 기관이나 실천가는 내용 요소들의 이름을 달리 지칭할 수도 있다. 예를 들어, '중간노트'는 종종 '진전노트(progress notes)'라고 불리고 있다. 마지막으로, 특정 기관이나 특정 실천가의 기록에만 포함되고 있는 일부 내용 요소들은 여기에 제시된 표에 누락되어 있을 수도 있다. 그럼에도 불구하고 다양한 사회복지

실천 현장에 적용될 수 있는 원칙들에 근거한 대표적 내용들을 실제 실천을 반영하는 예시들과 함께 포함시키려고 노력하였다.

## 개시 요약

### 클라이언트의 인구통계학적 정보

인테이크 양식이나 스크린에 나타날 수 있는 인구통계학적 정보는 보통 서비스 교류 초기에 입력하게 된다. 이런 정보의 일부는 사회복지사와 클라이언트의 첫 번째 만남 이전에 사무직원이나 클라이언트 자신이 수집하고 기록할 수도 있다. 이런 정보는 보통 클라이언트나 클라이언트 가족에 의해 보고되고, 공적 서류나 기타 서비스 기록에 있는 정보에 의해서 보충된다.

인구통계학적 정보는 다음의 용도로 활용된다.

- 서비스 자격 여부를 결정하는 데
- 서비스를 전달하는 데
- 책무성에
- 행정적 계획에
- 서비스 받는 클라이언트의 특성을 확인하는 데
- 연구에

클라이언트(개인, 가족)에 대해 다음의 내용을 확인한다.

- 이름
- 주소
- 전화번호
- 출생일
- 성별

- 기관 사례번호

기록은 전형적으로 다음과 같은 정보도 포함한다.

- 최종 교육 수준
- 현재 취업 상태
- 결혼 상태
- 가족 구성

일부 기관들은 실천 현장이나 서비스 프로그램, 재정 지원처에 따라 다음의 정보를 기록하기도 한다.

- 보험, 의료보호나 의료보험의 혜택 범위
- 수입
- 건강, 정신건강 진단
- IQ 테스트 점수, 기능적 행동 상태
- 군복무 상태
- 후견인 또는 다른 대리 결정자

과거에는 다음과 같은 인구통계학적 정보도 일상적으로 기록되었다.

- 인종, 민족
- 종교
- 시민권, 이민 상태
- 사회보장 번호

그러나 오늘날 이런 정보들은 사적이며 부정확하고 예민하고 가치 면에서 의심스럽게 생각될 수 있다. 실천가와 기관들은 일부 항목(예를 들면, 인종)의 정확성과, 어떤 정보가 공개되었을 때 클라이언트에 미치게 될 잠재적 영향(예를 들면, 이민 상태)에 대해 염려하고 있다. 그들은 클라이언트를 어떤 인구통계학적 유형에 한정시키는 것은 클라이언트의 경험과 정체성(예를 들면, 종교나 민족)을 단순화하고 문화적으로 역량 있는 서비스를 전달하는 데 방해가 될 수 있다고 인식하고 있다. 공공 정책 또한 사회보장번호와 같이 개인을 명확히 확인할 수 있는 도구의 사용과 이를 타인에게 유포시키는 행위를 제한시켜 왔다. 그 결과, 서비스 목적에 직접적으로 관련이 있거나, 정책적으로 요구되거나, 자격 여부 결정이나 비용 상환을 위해 필요하거나, 서비스 전달이나 책무성을 위해 중요한 경우에 한해서만 이러한 인구통계학적 정보를 기록하도록 기관과 실천가들에게 권고하고 있다.

## 서비스 개시 방법과 사유

클라이언트는 다양한 이유로 인해 먼저 자발적으로 서비스를 찾거나, 서비스 제공자의 아웃리치에 의해 서비스를 제공받거나, 의뢰되어 서비스를 받거나, 또는 의무적으로 서비스를 받는다. 서비스를 개시하는 방법이나 동기는 클라이언트가 기관과 서비스에 대해 갖고 있는 사전 인식에 대한 이해를 제공하고, 서비스 과정에 클라이언트와 타인들을 관여시키는 데 사용한 접근방법에 대한 근거를 제공하기 때문에 기록된다. 이런 정보는 기관이 지역사회에서 어떻게 인식되며, 클라이언트가 어떻게 하여 실제로 기관에 오게 되는지를 평가하는 데도 사용될 수 있다.

많은 사회복지사들이 '제시된 문제'라고 부르는 서비스 개시 사유는 서비스에 대한 욕구 또는 서비스의 잠재적 혜택에 대해 클라이언트 또는 타인들이 갖는 초기 견해이다. 때때로 서비스 개시 사유가 중요 사건이나 위급 상황과 같은 긴급 상황인 경우도 있다. 그런 경우 실천가는 중요 사건(예를 들어, 해를 입힐 위협)이나 위급 상황(예를 들어, 자동차 사고)에 대해 자료 수집과 사정 과정을 신속히 진행하여 대응하고 나서 클라이언트나 그 상황에 연루된 다른 사람들과 함께 또는 그들을 대신해 신속하며 결단력 있는 결정을 내려야 할 것이다. 기록은 제시된 문제뿐만 아니라 일어난 사건에 대한 기술, 상황에 대한 사정, 행동 계획, 계획과 진행 중인 상황에 대한 업데이트 내용을 기록해야 한다.

서비스 개시 사유는 많은 경우 긴급 상황보다는 지속되는 문제에 기인한다. 어떤 경우 클라이언트는 서비스를 찾는 이유를 분명히 알고 자신의 가장 중요한 욕구나 문제를 확인할 수도 있다. 때로는 클라이언트 환경이나 서비스 환경 내의 다른 사람들이 문제나 욕구를 정의하기도 한다. 만약 클라이언트가 먼저 기관 접촉을 시도한 것이 아니라 의뢰되거나, 서비스를 의무적으로 받아야 하거나, 또는 제공자 측에서 서비스를 먼저 제공한 것이라면, 클라이언트가 이런 상황에 대해 어떤 인식을 가지고 있는지 기록하는 것은 매우 중요하다. 서비스 개시 사유는 서비스 목적과 분명하게 구분되어야 한다. 일부 사례에서는 '제시된 문제'가 '앞으로 다루어져야 할 문제'일 수도 있지만, 대부분의 사례에서 서비스 목적은 조심스러운 탐색과 논의를 거쳐야만 분명해진다. 실천가와 클라이언트가 클라이언트-욕구-상황을 이해하기 위해 함께 작업하면서 서비스 목적을 정의하게 되는데, 서비스 목적은 '제시된 문제'보다 종종 더 복잡하며 때때로 이와 매우 상이하다. 예를 들어, 한 클라이언트가 빈번한 결근으로 피고용 지원 프로그램에 의뢰된다. 일련의 탐색 후에 클라이언트는 남편이 그녀를 구타하여 눈에 띌 정도의 멍이 생기면 결근한다고 밝힌다. 사회복지사와 클라이언트는 가정폭력 피해자를 위해 대안 거주지와 서비스를 찾는 데 초점을 두기로 합의한다. 그럼 이 경우 제시된 문제는 결근이지만, 서비스 목적은 클라이언트가 가정폭력에서 벗어나도록 지원하는 것이다.

서비스 개시의 방법과 사유는 개시 요약에 간단명료하게 기술한다. 사회복지사는 제시된 문제나 욕구, 서비스를 찾는 동기를 기술한다. 필요하다면 의뢰처와 의뢰 사유도 기록해야 한다. 예를 들면 다음과 같다.

"D 씨는 20××년 1월 26일 바이패스 수술을 수락함으로써 이곳 심장병 환자 집단 성원이 되었다."

"기관은 B 부인이 기관에 전화를 걸어 온 후 서비스를 개시하였다. B 부인은 지난 한 해 동안 딸 린다의 발달이 늦어 걱정이 많다고 했다. 린다는 3년 5개월이 되었는데 말을 하지 못하며 언어적 자극에 적절히 반응하지 못한다."

"켈리는 곧 위탁가정보호에서 나와야 하는 나이가 되는데 살 곳이 없다."

"S 씨 가족은 소년법원에 의해 서비스를 받도록 의뢰되었다. 레지나는 과거 3개월 동안 학교를 반복적으로 무단 결석했다. 20××년 8월 2일 레지나는 R 백화점에서 물건을 훔치다 체포되었다."

서비스 개시 사유가 분명하지 않은 경우에도 서비스 개시 방법은 때때로 명확할 수도 있다. 클라이언트는 그를 위험에 처하게 할 수 있는 개인적, 사회적 특성 때문에 아웃리치 서비스나 예방 서비스를 받도록 선정될 수도 있다. 예를 들어, 병원에 근무하는 사회복지사는 노인 클라이언트 집단과 그 가족들이 경험하는 특수한 욕구를 인식하고 치매진단을 받은 모든 노인 클라이언트들에게 서비스를 제공할 수도 있다. 이런 경우 실천가는 클라이언트와 다른 사람들에게 서비스를 이용할 수 있다는 점을 교육시키고 그들에게 미래에 생길지 모르는 욕구를 예상하고 계획할 수 있도록 돕는다. 이때, 서비스 개시 방법은 아웃리치가 되며, 서비스 개시 사유는 사회복지 서비스를 받고자 하는 욕구와 관심이 있는지를 결정하기 위해 클라이언트-욕구-상황을 교육하고 사정하는 것이 된다.

## 중요 관계자

개시 요약에서 기록은 그 사례에 관련된 중요 관계자들을 확인한다. 기록은 누가 클라이언트(서비스 수혜자 또는 수혜자들)인지뿐만 아니라 같이 동거하는 사람들, 학교 직원, 법원 직원과 같이 클라이언트-욕구-상황에 관심을 가지고 있으며 또 영향을 미칠 수 있는 제삼자들에 대해서도 문서화한다. 중요 관계자란 클라이언트의 서비스 욕구를 확인하거나 정보나 자원을 제공하는 데 직간접적으로 관련되어 있는 사람들이다. 그들은 서비스 과정이나 성과에 지대한 관심을 갖는데, 클라이언트의 노력을 지원하기도 하고 때로는 방해하기도 한다.

## 서비스 자격

클라이언트가 서비스에 대한 일반적인 자격이 있는지는 탐색 과정 초기에 결정되어야 한다. 예를 들어, 클라이언트는 기관이 서비스를 제공하는 관할 지역 안에 거주하는가? 클라이언트는 기관이 제공하는 종류의 서비스를 원하고 있는가? 클라이언트가 이러한 자격 기준을 충족시키지 못할 경우 클라이언트는 다른 기관으로 의뢰될 수 있는가?

## 서비스 개시를 위한 고지된 동의

오늘날 많은 기관과 실천가들은 서비스 과정을 시작하면서 기관에 대한 정보와 기관이 어떤 식으로 서비스를 제공하는지에 대한 정보를 클라이언트에게 제공한다. 예를 들어, 클라이언트에게 비밀보장, 요금청구, 보험, 클라이언트-사회복지사간의 접촉 빈도에 관한 정책을 알려 주는 서류를 제공할 수도 있다. 보통 사회복지사와 클라이언트는 클라이언트의 의문사항과 관심사에 대해 함께 이야기할 시간도 갖는다. 클라이언트 또는 클라이언트를 위해 활동하는 사람들에게 서비스 개시를 승인하는 날인을 하도록 요청하고 이 서류를 기록의 일부로 남긴다.

개시 요약은 클라이언트가 해당 기관에서 과거에 받은 적이 있는 과거 서비스의 기록에 대한 정보와 증빙자료, 그리고 현재 또는 과거에 그 클라이언트에게 서비스를 제공한 적이 있는 타 기관이나 서비스 제공자에 대한 정보도 포함한다.

## 자료 수집과 사회력

서비스는 탐색 과정과 함께 시작된다. 사회복지사와 클라이언트는 클라이언트-

욕구-상황에 관해 생각하고 이야기하는 과정에서 서로를 알게 된다. 물론 탐색은 지속적인 것이며, 실천가들은 기록을 위해 클라이언트-욕구-상황에 관한 정보를 지속적으로 수집하여 업데이트한다.

### 클라이언트-욕구-상황에 대한 기술

사회복지기록은 클라이언트의 문제나 욕구를 클라이언트의 역사적이며 생태학적인 맥락에서 볼 수 있게 해 주는 현재 및 과거의 클라이언트-욕구-상황에 대한 정보를 포함한다. 이러한 정보가 기록되어야 하는 많은 중요한 이유가 있는데, 그중 일부는 다음과 같다.

- 클라이언트, 가족, 중요한 타인들에게 '자신들의 이야기를 말할' 기회를 제공하여 자신들의 경험을 검토하고 공유할 수 있도록 하기 위해
- 클라이언트, 상황, 관련 환경을 개별화하기 위해
- 문제의 원인과 해결을 위한 자원을 찾기 위해
- 욕구와 한계뿐만 아니라 강점과 대처 능력을 발견하기 위해
- 문제, 욕구, 자원, 서비스, 성과에 영향을 줄 수 있는 문화적 쟁점들을 확인하기 위해
- 관련 쟁점과 개입점에 관심과 서비스의 초점을 두기 위해
- 다른 서비스 제공자들에게 적절한 정보를 전달하기 위해
- 조직 내에서 제공한 서비스와 다른 곳으로 서비스를 의뢰한 경우를 포함하여 사회복지 결정과 행동의 근거를 기록하기 위해

### 정보출처

사회복지사는 수많은 출처로부터 정보를 수집한다. 물론 클라이언트가 일차적 정보원이 된다. 사회복지사는 클라이언트가 기관으로부터 과거나 현재 받고 있는 서비스에 대한 기록에서뿐만 아니라 클라이언트의 가까운 사회망 속의 다른

성원들의 의견을 참고한다. 실천가는 클라이언트나 승인된 의사결정자의 고지된 동의에 근거해 다음과 같은 출처로부터 정보를 수집할 수도 있다.

- 의사, 교육자, 심리학자, 변호사, 다른 사회복지사와 같은 기관 외부의 타 서비스 제공자
- 다른 기관에서 제공된 서비스에 대한 기록
- 클라이언트의 사회 환경 속에서 중요한 역할을 수행하는 타인
- 테스트, 보고서, 시험
- 직접적·관찰

이런 출처들은 지식, 객관성, 동기, 관점 면에서 다양하다. 정보는 자유롭게 또는 강제로 제공되기도 한다. 정보의 본질과 사례의 상황에 따라 솔직성 혹은 은폐성이 조장될 수도 있다. 이런 저런 이유들 때문에 사회복지사는 정보의 출처와 정보가 노출되는 상황을 확인하는 것이 중요하다. 기록은 타 기관과 기타 서비스 제공자가 정보를 요청하는 경우에 대한 대응 방법을 포함하여 다양한 출처가 제공하는 정보를 기술해야 한다. 기록은 견해의 차이, 대안적 관점들, 개인적 편견의 경중을 고려하면서 정보 자체에 대한 평가도 포함한다. 다양한 정보 출처를 기술하고 평가함으로써 사회복지사는 정보의 질을 가늠하고 클라이언트-욕구-상황의 복잡성을 보여 주게 된다.

예를 들어보면 다음과 같다.

"S 부인은 나에게 전에 경찰에 전화했었다고 마지못해 이야기하였다. S 부인은 내가 어떻게든 그녀가 경찰에 전화했던 사실을 알아 낼 수 있을 것이기 때문에 이야기하기는 하지만, 만약 남편이 이것을 이야기한 사실을 안다면 아마도 다시 그녀를 때릴 것이라고 말했다."

"R 의사는 그 사고가 있은 바로 직후 F 가족과 잠깐 만난 적이 있다고 내게 이야기 하였다."

"B 부인은 자신이 영어를 잘하지 못한다고 이야기했으며 나는 파자 타이(Phasa Thai) 말을 못한다고 말해 주었다. 나는 B 부인의 허락하에, 회계부서에서 일하지만 우리의 다음 모임에서 통역사로 일해 줄 수 있는 B 양을 데려왔다."

"면담은 복잡하고 시끄러운 사무실에서 이루어졌는데, W 부인은 다른 사람들이 그녀가 이야기하는 내용을 듣지 않기를 바란다는 사실을 계속 언급하였다."

"기관은 학교의 보고 때문에 조사를 시작하였다. 처음에 N 부인은 내가 집에 들어가는 것을 허락하지 않으려 했지만 약 15분 후 이웃들이 볼지도 모르니 나를 들어오라고 하였다. 그녀는 학교가 그녀를 가만히 놔두게 하기 위해 꼭 이야기해야만 하는 것만 이야기하겠다고 되풀이해 말했다."

"다음의 정보는 지난번에 이 프로그램에 합류했을 때인 20××년 5월 16일부터 20××년 10월 18일까지의 기록으로부터 수집되었다."

"K 씨는 화재에 대한 K 부인의 반응을 자세하게 묘사하였다. 후에 딸 수잔도 유사한 설명을 하였다."

"토머스의 교사와 어머니는 토머스의 학교 행동에 대해 말해 주었다. 나는 19××년 9월 15일 토머스의 교실에서 1시간 동안 그들이 기술한 것과 유사한 토머스의 행동을 관찰할 수 있었다."

## 사회력

많은 기록들은 시간 경과에 따른 클라이언트-욕구-상황을 세심하게 검토한 사회력을 포함한다. 사회력은 간략할 수도 광범위할 수도 있다. 클라이언트의 현재 및 가까운 과거 상황에 초점을 맞출 수도 있고, 1세대 또는 2세대 이상 동안에 걸친 가족력을 파헤칠 수도 있다. 간략한 사회력은 현재의 클라이언트-욕구-상황을 이해하는 데 적합한 개인적, 대인적, 사회적, 환경적 정보에 집중하고, 이런 정보들을 관련된 생태학적 맥락에서 다룬다. 광범위한 사회력은 간략한 사회력에서 다루는 쟁점들을 넘어 역사적 선행사건, 반복되는 주제, 장기적 유형을 찾으려고 한다.

예시 2.2는 사회력에서 다룰 수 있는 영역들에 대한 포괄적 목록을 제공하고 있다. 실천가들이 광범위한 사회력 작성 과정을 거치고 싶어 해도 시간제약이 폭넓은 탐색을 제한할 수 있다. 요즈음의 실천에서는 실천가와 클라이언트 모두 서비스 목적을 설정하고 적절한 서비스 접근방법을 확인하고 목표와 계획을 선정하기 위해 신속하게 움직여야 한다. 실천가와 클라이언트는 서비스 초기 단계에서 클라이언트-욕구-상황에 관하여 완전하고 역사적인 탐색을 할 시간이 없다. 그런 정보는 서비스 과정 동안, 특히 클라이언트가 장기간에 걸쳐 서비스를 받는 경우에 수면 위로 나타나게 된다. 이럴 때 실천가는 기록을 업데이트할 수 있다.

사회력은 과정인 동시에 결과물이다. 실천가와 클라이언트는 사회력의 다양한 측면에 대해 논의하면서 현재의 클라이언트-욕구-상황의 다양한 요소들을 이해하게 된다. 과정으로서의 사회력 작성은 사회복지사와 클라이언트가 중요한 사건과 상황을 검토하고 분류하고 공유하도록 해 주는 지적, 정서적 내용에 대한 탐색을 포함한다. 사회력 작성은 원조 과정에도 기여하면서 중요한 정보를 제공한다. 클라이언트는 자신의 상황에 대해 관심을 갖고 있으며 사려 깊고 지식이 있는 경청자와 함께 이야기 나누는 것이 유익함을 알게 된다. 결과물로서의 사회력은 초기 서비스 결정과 행동의 근거가 되는 클라이언트-욕구-상황에 관한 정보를 기록한다. 다른 서비스 제공자들은 클라이언트의 배경과 현재 상황을 이해하는 데 기록을 자주 이용한다.

사회력 작성 과정은 클라이언트의 경험적 조망에 대한 탐색을 포함한다. 클라이언트는 자신에 대한 인도자인 동시에 추종자인 사회복지사와 함께 새로운 방식으로 자신의 익숙한 영역을 검토하게 된다. 사회복지사는 클라이언트를 관심과 염려가 되는 영역으로 인도하며 정보가 밝혀질 때 이에 반응한다. 사회복지사와 클라이언트는 두드러진 쟁점들, 욕구, 자원을 파악하기 위해 클라이언트-욕구-상황 전체를 훑는다. 새로운 정보가 표출되면 사회복지사와 클라이언트는 정보들의 연계성을 찾아보고 어느 정도 깊이 있게 클라이언트의 생각과 감정을 탐색한다.

 **예시 2.2   사회력 개요 : 사회력 작성 과정 동안 탐색해야 할 영역**

**개인적 정보**

**지적 및 신체적 발달** : 특별한 이정표가 될 만한 것들(예를 들면, 뒤집기, 앉기, 그 밖의 운동 행동들)/ 처음한 말, 언어 발달/ 배변훈련, 그 밖의 자기 관리, 습관들, 중요한 경험들(예를 들면 엄마의 임신, 자녀의 탄생, 질병)/ 특별한 가족사건(예를 들면 죽음, 별거, 이혼)/ 형제 및 다른 가족원들의 발달/ 심리사회적 성장상의 중요한 사건들과 경험들/ 클라이언트와 가족의 태도와 기대, IQ 테스트 점수

**건강** : 현재와 과거의 질병, 사고, 장애/ 가족력/ 징후, 증상, 고통, 진단명/ 입원경력, 치료경력, 수술경력, 약복용, 보철 사용 여부/ 식이요법, 운동, 약물 사용, 성생활을 포함하는 건강관련 행동/ 건강에 대한 태도, 기대, 지식, 신념/ 건강상태에 대한 적응

**정신건강** : 현재와 과거의 인지적, 정서적, 사회적 및 행동 기능/ 현재 갖고 있는 어려움의 발생시기와 진행 기간/ 현재 상태와 관련 있는 중요한 사건들, 현재 또 과거의 정신건강 진단명/ 입원경력, 치료경력, 수술경력, 약복용/ 클라이언트, 가족, 그리고 사회환경 속의 타인들의 태도 및 기대

**문제행동 및 반응 유형** : 현재의 상황과 연관되거나, 클라이언트, 가족 또는 사회환경 내의 타인들에게 염려가 되는 문제 행동 또는 유형들/ 그러한 행동의 선행사건과 결과/ 자극, 강화제와 같은 통제 조건들/ 고통스럽거나 스트레스적 행동과 약물 사용과 같은 습관, 가출/ 과식과 거식/ 자기 상해와 그 밖의 자기 학대/ 가정, 직장, 학교, 지역사회 내에서의 반사회적 행동

**지식, 정보, 인지유형** : 현 상태 및 이에 관련된 사건에 관한 클라이언트와 타인들의 해석/ 인간 행동, 사회적 서비스 등에 관한 지식, 정보 및 신념/ 문제해결을 위한 현재와 최근의 노력/ 자아개념/ 통찰력/ 서비스의 수단과 목적에 관한 가치, 선호

**감정·정서적 반응** : 현 상황과 이와 관련된 중요한 사건에 대한 클라이언트와 타인들의 정서적 반응/ 불안과 불편의 현 수준/변화와 행동의 동기/ 서비스에 대한 참여/ 미래에 대한 태도, 현 상황의 향상 가능성/ 자존감

**교육** : 과거에 다녔던 학교 또는 기타 교육 프로그램/ 성적, 성취 수준/ 능력, 성취, 교육의 가치,

성적 수준에 대한 경험, 태도, 기대/ 향후의 추가 교육에 대한 희망 여부/ 교실에서의 행동/ 학습습관, 기초 기술의 수준

**직업** : 유급, 자원봉사 및 재택근무 경험/ 현재 직업, 고용주, 직위/ 직장경력에서 중요한 사건/ 지식, 기술, 흥미, 적성, 태도, 기대/ 구직기술, 작업 습관

**재정** : 현재 및 최근 수입원과 수입액/저축, 투자, 주식, 자산/ 월 지출액/ 재정적 의무, 부채/ 입 원에 대한 보험 커버와 같은 현재 상황에 대한 비용 지불 수단/ 수입에 관한 태도, 기대 및 우 선순위, 자원의 활용

**법적 쟁점** : 경찰, 민법 재판소, 형법 재판소의 조치를 받은 현재와 과거의 사건/ 과거 구금/ 가석 방, 집행유예 상태/ 폭력행위나 반사회적 행위에 대한 가해자, 피고 또는 증인으로서의 경험/ 이민 상태, 보호처분, 감독

## 대인관계

**결혼과 가족** : 가족구성원, 역할, 책임에 관한 기술을 포함한 과거와 현재의 결혼 상태와 가족상 황/ 부재중인 부모, 형제, 자녀, 확대가족원, 전 배우자와의 관계/ 입양과 수양/ 동성애 관계/ 결혼 및 가족 발달에서의 획기적이거나 중요한 사건/ 결혼과 가족 관계에 대한 태도, 신념, 가 치/ 가족과 인근 지역사회와의 관계, 문화/ 자녀양육, 세대 간 책임과 같은 가족의 구조와 기능

**동료집단과 비공식적 사회망** : 사회적, 오락적, 성적 관계를 포함하여 비공식 동료관계에 대한 기 술/ 공식적 조직, 집단에의 회원 및 참여/ 대인관계 행동, 기술, 관심

**업무 관계** : 슈퍼바이저와 상부권위조직, 동료, 하부조직 내의 사람들과의 관계성을 포함한 업무 환경 내에서의 관계성 기술/ 업무관계성 속에서의 중요한 사건

## 사회적 정보

**문화** : 행동에 대한 가치, 선호, 기대/ 편견과 차별의 문제/ 자원에 대한 기회성, 접근성, 이용 가 능성/ 서비스와 서비스 제공자에 대한 태도/ 지역사회의 언어 및 관습의 차이, 자원

**지역사회** : 공식적, 비공식적 자원/ 인구, 경제, 생태환경, 물리적 특성/ 클라이언트와 지역사회 를 관여시키는 중요 사건

## 제도적 관계

학교 및 기타 교육조직, 직장, 자원봉사단체, 종교단체, 법체계, 건강 및 정신건강 실천가들과 조 직, 사회복지 기관 및 프로그램과의 관계

## 물리적 환경

의식주, 지역사회와 이웃, 교통수단, 업무환경의 안전성, 적절성, 유지성, 접근성에 특별한 관심 을 둔 물리적 환경에 대한 기술

탐색과정 동안 사회복지사의 책임은 단지 클라이언트나 타인들이 클라이언트-욕구-상황을 훑어보도록 지원하는 것만이 아니다. 사회복지사는 자신의 지식과 경험이 알려 주는 바 클라이언트의 특정 욕구-상황에 중요하다고 여겨지는 특정 요소들을 어느 정도 깊이 있게 검토하면서 초점 있는 탐색을 통하여 클라이언트를 인도한다. 이런 요소들은 가끔 기관의 사회력 양식에 의해 제시되는데, 이 양식은 탐색하고 기록해야 할 특정 영역으로 사회복지사를 안내한다. 다음의 내용들도 초점 있는 탐색을 유도한다.

- 클라이언트 특성, 서비스 개시의 방법과 사유
- 클라이언트의 관심과 표현된 걱정
- 문제나 욕구를 야기시키고, 유지시키고, 개선시키거나 또는 이와 다른 식으로 연관되어 있는 요인들에 대한 이론과 연구
- 서비스 과정, 가용 자원, 서비스에 대한 상이한 접근들의 잠재적 효과와 성과에 대한 지식
- 해당 클라이언트 집단에 서비스를 제공하기 위한 업무처리 모범관행 지침

클라이언트-욕구-상황에 관한 최근 지식을 잘 알고 있는 것은 자신감 있게 사회력을 작성하고 사회복지 사정을 수행하는 데 필수적이다. 그런 지식을 잘 알고 있는 사회복지사는 초점 있는 탐색을 활용하여 클라이언트-욕구-상황에 영향을 주며 서비스 계획을 발전시키는 데 적절한 중요 요인들과 관련된 가설들을 개발하고 보충하고 논박한다. 일단 사회복지사가 이러한 중요한 요인들을 확인하게 되면 사회복지사는 사정하는 데 이를 활용할 수 있다.

**간략한 사회력의 두 가지 예.** 다음의 두 가지 사회력 예에서, 사회복지사와 클라이언트는 '제시된 문제'와 구체화되고 있는 서비스 목적을 이해하는 데 관련된 특정 정보에 대하여 논의하고 있다. 첫 번째 예에서, 2명의 학령기 아동은 부모 학

대와 방임이 보고된 이후 취해진 분리보호(protective custody)에 잠시 머문 후 다시 집으로 돌아간 상태였다. 치료 계획의 일환으로 부모들이 가족 기관의 상담서비스로 의뢰되었다. 이 사회력의 목적은 학대나 방임이 일어났는지 여부를 조사하기 위한 것이 아니다. 사회력 작성 과정은 아동 학대 및 방임과 관련성이 있다고 알려져 있는 요인들이 이 특정 클라이언트-욕구-상황에서도 관련성을 가지고 있는지를 사정하기 위해 그 요인들을 탐색하는 것이다.

사회력은 아동 학대 및 방임이 다음과 같은 경력과 관련성을 가지고 있을지 모른다는 지식에 근거한다.

- 폭력에 대한 사회화
- 물질남용
- 부모-아동 간 애착 문제
- 한 명 또는 여러 명의 아동에 대한 속죄양화
- 실직 또는 경제 어려움과 같은 상황적 스트레스
- 적절한 비용의 아동보육서비스 부족과 같은 구조적 결여
- 부적절한 양육 기술과 같은 기술의 부족
- 아동 발달과 아동의 발달 욕구에 대한 정보 부족과 같은 지식의 부족
- 사회적 소외

다음에 제시된 사회력은 매우 간략하기는 하지만 클라이언트-욕구-상황에서의 중요 쟁점들을 확인시켜 준다. 사회복지사는 가족 역동성을 논의한 후, 상황에 대한 초기 평가를 제시하고 지속적 서비스를 위한 계획을 요약해 주고 있다.

"가족 역동성 : M 씨는 해고당한 후 대부분의 시간을 집에서 보냈다. 그는 TV를 보며 맥주를 마신다. M 부인의 말에 의하면 M 씨는 저녁이 될 때쯤이면 자주 완전히 취해서 '싸울 준비가 되어' 있다. M 부인은 남편이 불운하기는 하지만 좋은 사람이며, 법정이 테리와 제리, 두 자녀를 뺏어 가면 M 씨가 '너무나도 실망할' 것이라

고 생각하고 있다. M 부인이 자진해서 밝히지는 않았지만 그녀 자신 또한 학대의 대상이 되어 왔다.

인상 : M 씨와 M 부인의 정보에만 따르면, 학대의 직접적 원인은 7개월 전에 있었던 M 씨의 실직과 관련이 있는 것으로 보인다. M 부인이 일하러 가 있는 동안 M 씨는 하루 종일 집에서 술을 마신다. 한 사람이 학대의 대상이라기보다는 가족구성원 전체가 학대의 대상이 되어 왔다.

계획 : M 씨는 현재 구직 프로그램에 참여하고 있다. 그는 익명의 단주집단(AA)에 의뢰되었지만 아직 참여하지는 않고 있다. M 씨 부부 둘 다 양육기술훈련 집단에 의뢰되었으며, 현재 M 부인만이 참여하고 있다. 테리와 제리는 학교의 사회성집단에 등록해 다니고 있다. 나는 다음 석 달 동안 한 달에 두 번씩 M 씨와 그 부인을 계속 만날 계획이며, M 씨에게 단주집단에도 가고 양육기술훈련 그룹에도 참여하도록 종용할 계획이다."

두 번째 예에서는 한 노인 클라이언트가 치매를 겪고 있다. 클라이언트의 담당의사가 사회복지사에게 클라이언트의 딸을 면담해 줄 것을 요청했고, 그 딸이 자신의 관점에서 정보를 제공하고 있다. 간략한 사회력의 목적은 클라이언트의 인지적 쇠퇴와 관련되어 있을지도 모를 개인적, 사회적, 환경적 요인들을 조사하는 것이다. 이 경우 사회복지사가 치매에 대해 친숙하다면 사회력 작성과 초기 사정에 도움이 될 수 있다.

이 사례에서의 탐색은 다음과 같은 쟁점들에 초점을 두었다.

- 증상의 시작
- 클라이언트의 물리적 환경의 변화
- 약물의 부적절한 사용이나 상호작용
- 영양실조
- 감염
- 신체적 외상

- 사랑하는 사람의 상실과 같은 정서적 외상
- 우울

기록은 H 부인의 관점을 문서화한 후 클라이언트-욕구-상황에 대한 사회복지사의 초기 사정을 기록하고 있다.

"H 부인(O 부인의 딸)은 O 부인이 지난 2년간 기억력이 나빴다고 보고한다. 그녀는 아버지 O 씨가 돌아가신 직후에 이를 알아차렸다. 딸은 어머니가 활달하고 적극적인 사람에서 '하루아침'에 늙은이로 변했다고 기술했다. H 부인은 어머니와 같은 동네에 살지는 않지만 아버지가 돌아가신 후 첫 1년 동안은 일주일에 서너 번씩 어머니를 방문하였다. H 부인은 어머니가 정신이 나간 사람 같고, 계속 불평하며, 살고 있는 집이나 자신의 외모를 돌보지 않는다는 것을 알게 되었다. O 부인이 너무 자주 자신에게 소리를 지르게 되면서 마침내 H 부인은 어머니를 정기적으로 방문하는 것을 그만두게 되었다. H 부인은 때때로 장보는 데 어머니를 데리고 가곤 했지만 가정부를 고용하여 집안일과 장보기 등 대부분의 집안일을 하도록 하였다. H 부인은 어머니를 부정기적으로 방문하기는 하지만, 자신과 오빠가 지난해에 O 부인의 모든 생활비를 담당했으며 어머니가 자기 자신과 타인에 대한 흥미를 잃어가고 있는 것을 관찰했다고 보고한다.

**특정 원인** : H 부인은 어머니가 아무도 모르게 넘어진 경험이 있을지도 모른다고 생각하지만, 어머니의 질병이나 신체적 외상에 대해서는 모르고 있다. 또한 어머니의 약복용이나 영양상태는 다른 사람에 의해 감독되거나 도움을 받아 본 적이 없다. 남편, 역할, 그리고 딸과의 관계성의 상실이 명백히 드러나고 있다.

**인상** : O 부인의 정신적 상태와 삶의 질에 영향을 주는 요소로 약물의 과용 또는 부족, 영양실조, 우울, 사회격리, 가족 그리고 다른 사회적 접촉의 상실 등을 들 수 있다.

**계획** : 7월 14일에 T 씨(O 부인의 가정부)와 면담이 예정되었다. 이 면담 이후 F 의사와 만나 이러한 발견들과 인상에 대해 의논할 것이다."

사회력 작성과정은 기관이나 프로그램의 책무성 구조, 클라이언트 집단, 실천 현장, 사명에 따라 달라진다. 이 과정은 누가 정보를 사용하느냐, 어떤 목적으로 사용하느냐에 따라서도 영향을 받는다. 예를 들어, 학교에서 사회복지사는 학생 가족의 배경과 사회적, 발달적 역사에 대해 철저히 검토하고 수집하며 평가하고 기록한다. 사회복지사, 교사, 가족원, 행정가, 기타 사람들은 아동이 서비스 수혜 자격이 있는지를 결정하고 특수교육 및 관련 서비스에 대한 아동의 욕구에 따라 계획을 세우는 데 기록을 활용할 수도 있다.

어떤 기관들은 정보의 선택과 구성을 사회복지사의 재량에 맡기는데, 이 경우 사회복지사는 시간별이나 주제별로 기록을 할 수 있다(예시 2.3 참조). 그러나 많은 기관들은 이런 방법이 매우 시간 소모적이며 표준화되어 있지 않다고 생각한다. 따라서 책무성을 위해 필요한 정보를 기록하고 이에 쉽게 접할 수 있도록 하기 위해 배경 정보를 수집하고 분석하며 기록하는 것을 안내해 주는 개요, 양식, 스크린을 사용하고 있다(예시 2.4 참조). 다른 기관들은 아동이나 노인 학대 및 방임에 대한 **위험 사정**을 안내해 주는 결정 나무(decision trees)나 기타 프로토콜을 사용하기도 한다. 예를 들어, 정신보건 진단에서는 **특별 사정**을 위해 미국정신의학협회(American Psychiatric Association : APA)의 **진단통계편람**(Diagnostic and Statistical Manual : DSM)의 최신 버전을 사용한다. 이런 것들의 목표는 사회력에서 모든 필요 영역을 탐색하고 기록하며, 기관의 지침과 업무처리 모범관행에 따라 사정하도록 하기 위함이다.

예시 2.3과 2.4는 한 사례에 대해 서로 다른 형태의 양식을 사용하여 기록한 것을 보여 주고 있다. 예시 2.3에서 사회복지사는 개방형 이야기체 스타일을 사용하고 있으며, 예시 2.4에서는 기관이 제공한 간략한 사회력 양식을 사용하고 있다. 탐색 과정은 동일하지만 기록은 상당히 상이하다.

예시 2.3과 2.4는 정신분열증을 겪고 있는 클라이언트에 대한 사례를 기록하고 있다. 사회력이 작성될 시기에 진단은 이미 내려져 있었다. 사회복지사의 책임은 클라이언트가 지역사회에서 자립해 나갈 수 있도록 돕는 서비스 계획을 개발하도록 지원하는 것이었다. 사회복지사는 이 과정에서 정신분열증 클라이언트의 지역사회 참여를 지원하거나 방해하는 것으로 알려져 있는 요인들과 클라이언트의 욕구와 한계점뿐만 아니라 강점, 능력, 자원에 초점을 두었다. 사회력 작성 과정은 다음의 내용을 탐색하였다.

- 초기의 사회적 발달과 적응
- 심각한 역기능의 첫 번째 증상이나 에피소드가 나타난 나이와 단계
- 교육력과 경험
- 사회적 기술, 직업 기술
- 직업력과 경험
- 가족력
- 현재와 과거의 가족관계의 질
- 스트레스, 만족감, 사회적 지지의 원천
- 병원입원, 치료, 약물복용의 경력
- 지역사회 참여력

 **예시 2.3  만성적 중증 정신장애를 가진 클라이언트의 사회력(개방식 이야기체)**

**배경 정보 :** 본 지역사회 정신건강센터는 현재 29세인 C 씨를 그가 22세였을 때(20××년 8월) 처음 알게 되었다. 그는 로랄주립병원에서 4개월간의 입원 후에 퇴원하여 이 지역에 보내졌다. 그는 부모를 침실에 가두고 집을 방화한 후에 입원조치 되었다. 퇴원 시에 그의 병명은 '편집적 정신분열증' 이었고, 토라진(Thorazine)으로 치료를 받았다. 그는 지역사회로 돌아오자 큰 누나의 농장 지하방으로 이사했다. 그는 누나(W 부인)와 누나 가족들과 몇 주를 산 후 그 집에서 이사 나왔다.

그 이후 3년 동안 그는 누나, 두 이모와 함께 또는 보호주택(supervized housing)이나 거리에

서 번갈아 살았다. 그는 SSI 보조금을 받았는데, 이 돈은 누나 집주소로 전달되었다. 그는 투약 체크와 사례관리자와의 상담을 위해 비정기적으로 병원에 다녔으며, 네 번 재입원 조치를 당했다. 사례 노트는 그가 퇴원하자마자 투약 클리닉과 사례관리자와의 면담에 참석했음을 보여 주고 있다. 하지만 두세 달 만에 그의 참석은 부정기적이 되었고, 그의 행동은 점차적으로 불안정하고 다루기 힘들어지게 되었으며, 결국은 클리닉에 오지 않게 되었다. 그러고 나서는 주로 레인저병원의 응급실을 통하여 (한 달에서 세 달 동안) 로랄병원에 재입원되는 것으로 이어졌다. 20××년 6월 이후 그는 클리닉에 오지 않았다. C 씨는 로랄병원에 재입원한 이후(20××년 8월~20××년 10월) 일주일간은 누나 집에 있었으나, 다투고 난 후 그 지역을 떠났다. 그 이후 무슨 일이 있었는지는 확실하지 않다. 그는 '극 서부'를 여행했다고 했으며, 두 번 단기간으로 입원했었고, '길에서 살았다'고 보고하고 있다. 그는 3월에 이 지역으로 다시 돌아왔다.

**현재 상황** : C 씨는 20××년 4월 28부터 20××년 5월 19일까지 레인저병원에서 치료를 받았으며 퇴원하여 보호주택과 외래치료 프로그램에 들어가게 되었다. 그는 누나가 마을 내에 있는 자신을 '봤다고' 확신함에도 불구하고, 마을로 돌아온 이후 누나나 어머니와 접촉하지 않았다. 그의 아버지는 이제 돌아가시고 안 계신다.

**가족력과 발달력** : 그가 처음 클리닉에 왔을 때 수집된 광범위한 자료에 의하면, C 씨는 다섯 자녀 중 넷째로서 외아들이다. 그는 장애를 가진 농장 노동자인 아버지가 57세, 어머니가 38세일 때 태어났다. 그의 바로 손 위 누나(W 부인)는 그보다 14세 위였다. C 씨의 아버지에 따르면, 그의 부인의 부모, 자매 그리고 조카 모두가 '정신박약적'이거나 '신경쇠약에 걸려 있었다'고 한다. 가족 모두가 C 씨를 부끄러움을 잘 타고 두려움을 잘 느끼는 성격이라고 묘사했다. 그는 아동기 내내 아버지에 의해 신체적으로 학대를 당했다. 그는 9세 때 크리스마스 선물로 BB 총을 받았는데, 그 후 숲 속에서 새나 작은 동물을 쏘면서 많은 시간을 보냈다. 그는 친구들을 집에 절대 데려오지 않았으며 친구 집에 놀러가지도 않았다. 그가 아동기 동안 유일하게 중요한 친구관계를 맺었던 것은 사촌들뿐이었는데, 여러 명의 사촌들이 같은 지역에 살고 있다.

C 씨는 9학년 때인 16세 때까지 학교를 다니다 그만두었다. 학교 성적은 저조했고 4학년, 6학년 때 두 번이나 유급 당했다. 학적부에 따르면, 그는 '외톨이'였으나 교실에서 문제아도 아니었으며 또래 집단이나 지역사회와 마찰을 빚지도 않았다. 그는 잘 읽고 쓰지 못한다. C 씨가 직업을 가졌었는지에 대한 정보는 거의 없다. 이것은 C 씨가 얘기하기를 아주 꺼리는 민감한 주제이다. C 씨는 V 씨(직업상담가)가 첫 번째 그룹홈 모임에서 프로그램에서의 그의 역할을 설명할 때 눈에 보이게 화가 나 있었다. C 씨는 중간에 모임을 떠나려고 했으나 모임이 끝날 때까지 남아 있어야 한다고 이야기해 주었다.

## 심층 탐구를 위한 영역

1. 직업에 대한 C 씨의 느낌과 경험은 어떠한가?

2. C 씨를 W 부인, C 부인과 다시 연결시켜 주는 것이 적절한가? 어떻게 W 부인과 C 부인이 C 씨를 위한 자원이 될 수 있는가?

3. 투약과 서비스를 거부하게 만드는 원인이 무엇인가?

4. C 씨는 어느 정도까지 읽을 수 있는가? 그가 직업을 가질 수 있는 잠재력은 어느 정도인가?

**초기 인상** : C 씨는 투약 거부와 퇴화, 그리고 양호한 적응과 투약에 대한 순응을 순환적으로 되풀이해 왔다. 누나는 지난 3년간은 접촉이 없었지만 과거에는 큰 도움이 되었다. 그는 사회적 기술과 언어 기술이 매우 제한적이기 때문에 직업적 발달에도 문제가 있을 수 있다. 아마도 더 중요한 것은 그가 직업에 대한 대화조차도 스트레스로 받아들인다는 것이다.

사회복지사, M. Grover

20××년 5월 20일

 **예시 2.4   만성적 중증 정신장애를 가진 클라이언트의 사회력(간략형)**

### 웨슨 카운티 정신건강센터(WCMHC)
### 간략한 사회력 양식

**클라이언트 성명** : 다릴 C          #83-4291          **생년월일** : 20××년 3월 12일

**날짜** : 20××년 5월 20일                              **기록자** : 사회복지사 M. Grover

**정보 출처** : 다릴 C, WCMHC의 기록

**초기진단** : 편집적 정신분열증, 20××년 8월
로랄주립병원 의사, B. 벤튼

**입원 경력** : 로랄주립병원, 19××, 19××, 19××, 19××
레인저병원, 19××, 19××, 20××, 20××

**WCMHC**

**현재** : 보호주택

투약 클리닉(토라진)

사례관리

**과거** : 아홉 번 재개, 19×× ~ 20××

**서비스** : 투약 클리닉, 토라진 유지, 사례 관리

종료 시의 상태 : 오지 않음, 약물 투여 거부

**보조금** : SSI _____ 재신청 _____ DPA _____ DVR _____

**개략력**

아버지 : 볼프강 C., 돌아가심, 농장 노동자, 상해를 입었음

아내와 나이 차가 많음, 아동기 동안 클라이언트를 학대한 경험이 있음

어머니 : 마이라 C., 67세, 친정 쪽에 '정신박약'과 '신경쇠약'을 가졌던 가족이 있었음

20xx년 이후 접촉이 없음

형제자매 : 세 명의 누나와 한 명의 여동생, 클라이언트의 바로 손위 누나인 그레타 W는 (14세 연상) 과거에 C 씨가 그녀의 가족과 살도록 허락했었음, 20××년 이후 접촉이 없음

학교 : 9학년인 16세 때 학교를 그만둠, 학교 성적은 불량, 4학년과 6학년 때 유급 당했었음, '외톨이', '열등한 학생' 등으로 묘사되었으나 학칙을 어기는 문제는 없었음

직장 : 직업력은 수집 불가능

결혼 : 미혼

자녀 : 없음

주거 : W 부인 및 그 가족과 짧은 기간 동안 동거, 그렇지 않을 때는 거리, 임시 보호소 또는 병원을 전전함, 현재는 보호주택인 '천국'에 거주

의료, 정신보건, 법, 사회적 서비스, 교육, 직업, 기타 조직 및 전문가들과의 과거 및 현재 진행 중인 관계

사회복지서비스를 스스로 찾거나 수동적으로 제공받는 대부분의 클라이언트는 보건, 정신보건, 법, 사회적 서비스, 교육, 직업, 기타 특수 욕구나 문제들로 인해 그들을 돕고자 했던 서비스 기관이나 전문가들과 과거 또는 현재에 관계를 갖고 있다. 확인된 욕구나 문제, 그리고 제공되거나 실제로 받은 서비스를 세심하게 탐색하고 기록에 문서화해야 한다. 이런 정보는 다음의 경우에 사용될 수 있다.

- 과거 및 현재의 욕구와 자원을 확인하는 데
- 정보 출처를 확인하는 데
- 서비스를 계획하고 실행하는 데
- 서비스의 중복을 피하는 데

- 서비스와 제공자들 사이의 조정 가능성을 확인하는 데
- 현재의 클라이언트-욕구-상황에 대한 클라이언트의 인식을 이해하는 데
- 서비스와 실천가에 대한 클라이언트의 견해와 경험을 이해하는 데

### 자원, 장애, 충족되지 못한 욕구

사회복지사와 클라이언트는 탐색과정 동안 확인된 문제와 욕구를 위해 필요하고, 사용 가능하고, 접근 가능한 자원과 서비스가 무엇인지 고려하게 된다. 잠재적 장애와 충족되지 못한 욕구뿐만 아니라 자원도 기록에 조심스럽게 문서화해야 한다. 클라이언트는 교회, 자조집단, 사회적 서비스 기관과 같은 공식적, 비공식적 자원들과 이미 관계성을 확립하고 있을 수도 있다. 사회복지사와 클라이언트는 사회복지사가 근무하는 기관에서 제공하는 서비스 이외에도 클라이언트가 이미 고려하고 있거나 시도해 본 일부 다른 서비스 선택들에 대해서도 논의할 수 있다. 또한 비용, 교통, 자격요건, 대기자 목록과 클라이언트 자신 또는 타인의 경험과 같은 장애들도 고려되어야 한다. 이용할 수 있는 자원이 다른 기관에 있을 때 사회복지사는 클라이언트 동의하에 다른 기관으로 의뢰할 수 있다. 사회복지사는 새로운 자원을 개발하거나, 기존 또는 새로운 서비스 관계성 속에서 클라이언트를 옹호할 필요가 있을 수도 있다. 어떤 기관과 서비스를 고려했는지, 어떤 의뢰를 시작했는지, 어떤 서비스가 존재하지 않거나 접근 가능하지 않은지, 클라이언트가 과거에 어떤 서비스를 시도했거나 거절하였는지, 어떤 다른 장애들이 기존의 서비스 이용을 방해하는지에 대해 문서화하는 것도 중요하다.

이런 정보는 다음의 경우에 유용하다.

- 서비스 계획과 실행에 클라이언트를 관여시키는 데
- 클라이언트와 조직에 대해 책무성을 이행하는 데
- 서비스 목표와 계획의 근거를 제공하는 데
- 서비스 영향을 이해하는 데

● 새롭게 발생하는 욕구와 지역사회 서비스의 부적합성을 문서화하는 데

다음의 예는 필요한 자원에 대한 장애에 대해 기술하고 있다.

"미키를 위해 적절한 서비스를 구하려는 L 부부의 시도는 지난주 여러 번 실망에 부딪히게 되었다. 메리몬트라는 지역사회 외래치료 프로그램은 재원을 잃게 되어 무기한으로 새로운 클라이언트를 받지 못하게 되었다. (기존의 클라이언트 중 반은 서비스가 종료되거나 80마일 떨어진 콜드리버 지역으로 가게 될 것이라고 한다.) L 부부는 임시간호도 4달가량 기다려야 한다는 것을 알게 되었다."

## 사정

기록에서는 관찰, 기술, 배경 정보, 클라이언트–욕구–상황과 서비스 제공에 관한 업데이트가 이루어진 다음에 일반적으로 제공된 정보에 대한 사정이 뒤따른다. 사정에서 사회복지사는 구체적이며 명시적인 준거틀이나 기준들을 사용하여 클라이언트–욕구–상황이나 서비스 교류에서의 중요한 요인들을 분석한다. 사정은 사회복지사의 사고과정과 서비스 결정 및 행동의 근거를 보여 준다. 사정은 다음의 경우에 활용된다.

● 서비스를 계획하고, 실행하고, 평가하는 데
● 슈퍼비전, 동료 검토, 서비스 질을 확보하는 데
● 클라이언트, 조직, 인가단체 및 재원 제공단체에 대해 책무성을 보여 주는 데
● 클라이언트에게 서비스를 제공하는 다른 조직의 사람들과 의사소통하는 데

좋은 기록에서 사회복지사의 견해는 기술이나 관찰과 분명히 분리되며, 사회복지사의 견해는 사회복지사의 평가나 견해를 반영하고 있다는 것을 보여 주기 위해 별도의 제목을 갖는다. 사정을 하는 데 사용되는 정보출처 또한 항상 명확해야 한다. 예를 들어, 클라이언트의 자기 보고, 사회복지사의 직접 관찰, 의료

기록, 법정문서, 가족 모임, 타 기관이나 서비스 제공자가 정보출처가 될 수 있다. 사정에서는 전문적 판단을 위한 근거로 사용하는 기준을 분명하게 명시해야 한다. 이런 기준들은 사회복지사 자신의 지식이나 기술뿐만 아니라 기관의 정책, 절차, 실천을 반영하고 있으며, 다음으로부터 도출된다.

- 사회환경 속 인간행동에 관한 이론(예를 들면, 사회체계의 행동)
- 실천에 대한 특정 접근방법을 강조하는 가정(예를 들면, 집단발달 단계, 또는 강화의 개념)
- 특정 클라이언트 집단에 사용하기 위해 개발된 행동분류(예를 들면, *DSM*에서와 같이)
- 사회정책과 기관절차(예를 들면, 요양시설의 의료보험 비용 환급 지침, 의료보호 신청 절차와 자격기준)
- 유사한 문제, 욕구, 상황을 가진 다양한 클라이언트들과의 과거 경험

결국 사회복지사가 내리는 클라이언트-욕구-상황과 이용 가능한 자원의 정보에 대한 평가는 철저하고 공정하며 비판단적이다. 클라이언트-욕구-상황에 대한 평가는 문제나 충족되지 못한 욕구뿐만 아니라 강점이나 자원도 알려 준다. 마찬가지로 서비스 과정에 대한 평가는 언제 진전과 개선이 이루어지는지 뿐만 아니라 언제 클라이언트-욕구-상황이 퇴보되는지, 언제 서비스 계획이 작동하지 않는지, 언제 클라이언트의 동기가 시들해지는지도 확인시켜 준다.

좋지 못한 기록에서는 기술과 사정이 혼합되어 있으며, 이런 경우 사회복지사가 관찰한 것과 그렇다고 믿거나 추론하는 것이 독자들에게 분명하게 구분되지 않는다. 정보 출처도 주의 깊게 문서화되어 있지 않다. 판단이 전문가적 용어로 표현되어 있을지라도 관찰한 내용과 기타 정보들을 판단하기 위한 기준이 명시적이지 않다. 평가는 모호하고 판단적이거나 제공된 정보와 관련성이 없다. 평가는 가끔 '패니 아줌마(Aunt Fanny)' 사정(Kadushin, 1963)이라고 할 만큼

지나치게 일반적이다. 즉 사정이 너무 보편적이어서 어느 누구에게도 적용될 수 있으며 심지어 나의 '패니 아줌마'에게도 적용 가능할 정도이다.

다음에 좋지 못한 사정의 예가 있는데, 사회복지사의 인상과 그것이 근거하고 있는 정보를 분리시킴으로써 개선될 수 있다.

### 좋지 못한 예

"F 씨는 랜디가 절도로 체포되었다는 것을 처음으로 설명하였다. F 씨는 직장에서 전화를 받고 즉시 경찰서로 향했다. 랜디와 F 씨는 F 부인이 화나지 않도록 하기 위해 F 부인에게 이 사실을 알리지 않기로 결정했다. 이번 경우도 F 씨가 랜디에게 엄마가 모르면 만사 오케이라고 암묵적으로 제안하면서 랜디와 결탁한 많은 경우들 중의 하나였다. F 씨는 이런 상황에서 자신이 할 수 있는 모든 것을 다했다고 느꼈다. F 씨는 '랜디에게 폭력적 행위를 일러 주고' 이런 행동이 나오면 자신이 직장에서 곤란을 겪을 것이라고 말했다."[분석과 기술이 혼합되고, 기준이 명시적이지 않음]

### 나은 예

"F 씨는 랜디가 절도로 체포되었다는 것을 처음으로 설명하였다. F 씨는 직장에서 전화를 받고 즉시 경찰서로 향했다. 랜디와 F 씨는 F 부인이 화나지 않도록 하기 위해 F 부인에게 이 사실을 알리지 않기로 결정했다. F 씨는 이런 상황에서 자신이 할 수 있는 모든 것을 다 했다고 느꼈다. F 씨는 '랜디에게 폭력적 행위를 일러 주고' 이런 행동이 나오면 자신이 직장에서 곤란을 겪을 것이라고 말했다.

인상 : 이번 경우도 F 씨가 중요한 비밀을 F 부인이 모르게 하기 위하여 랜디와 결탁한 많은 예의 하나로 보인다. F 씨는 랜디를 그의 행동의 결과들로부터 보호하고 있다고 생각하고 있는 것으로 보이며, 랜디의 행동이 F 부인을 화나게 할 정도로 심각한 것은 아니라고 암시하고 있다. F 씨와 F 부인 사이에 존재할지도 모르는 문제들을 탐색할 필요가 있다.[기술과 사정을 분리함] F 씨와 랜디 사이의 결속이 F 씨와 F 부인 사이의 어려움의 결과이고, 이것이 가정의 일반적 구조를 해치고 있는 것으로 보인다."[기준을 명확히 하고 있음]

다음은 지나치게 일반화된 사정의 한 예이다. 이것은 클라이언트-욕구-상황에 대해 적절히 기술하지 못하여 이에 대한 우리의 이해를 돕지 못하고 있다. 책무성, 명확성, 효율성의 관점에서 볼 때, 이 예는 수정되거나 삭제되어야 한다.

### 좋지 못한 예

"인상 : 클라이언트는 사회복지사를 처음 만나러 오는 대부분의 다른 클라이언트들보다 더 긴장하지는 않았더라도 첫 면담 동안 긴장한 것 같았다. 클라이언트는 15분이 지나자 긴장이 완화된 듯했다." [과잉 일반화됨]

### 나은 예

[제외시킴, 외면적 관찰을 피함]

## 체계적 사정

좋은 기록의 중심은 체계적 사정에 있다. **체계적 사정**은 해당 사례에서 내려진 결정과 행동에 대한 정당성을 제공하며 클라이언트-욕구-상황의 중요 요소들, 가용 자원, 서비스 과정 및 진전 상황을 부각시킨다. 또한 클라이언트-욕구-상황과 서비스 과정에 대한 실천가의 전문적 평가뿐만 아니라 평가를 내리는 데 사용된 관찰, 정보출처, 기준을 기록한다.

불행히도 매우 자주 실천가들은 치밀하고 체계적으로 사정을 기록하지 못하고 있다. 대신 클라이언트-욕구-상황이나 서비스 과정에 대한 자신이나 타인의 견해, 신념 또는 판단을 기록하고 있다. 실천가들은 판단을 내리는 데 사용한 관찰, 정보출처, 기준을 확인하는 데도 실패하고 있다.

다음에 부적절한 기록의 예시들이 있다.

"K 씨는 좋은 부모다."

"교사가 조셉의 방해적 행동을 조장한다."

"간호사에 따르면, V 부인은 의사가 보고 있을 때만 협조적이다."

"J 가족은 곤란에 처해 있다."

"라퀼라는 우울하다."

"라퀼라는 지난번 방문 때보다 덜 우울하다."

"치료가 잘되고 있다."

위의 예들에서 실천가와 타인들의 견해가 마치 체계적이며 전문적인 사정인 것처럼 제시되어 있다. 하지만 그렇지 않다. 사회복지사가 그런 판단을 내리게 된 근거들이 빠져 있다. 사회복지사는 이런 판단을 '직감'에 근거해 내렸는가, 아니면 이용 가능한 정보에 대한 체계적 검토에 근거했는가? 더군다나 이런 판단을 내리는데 사용한 기준이 기록되어 있지 않다. '좋은 부모'란 무엇인가? 어떤 행동이 가족이 어려움에 처해 있다고 판단하도록 했는가? 기록이 판단이 근거한 정보나 기준을 문서화하고 있지 않기 때문에 어떻게 이런 결론에 도달했는지가 분명하지 않다. 견해들이 전문적으로 들리는 용어들로 표현되어 있다고 할지라도 이러한 기록은 책무성 기대를 충족시키지 못한다.

체계적 사정은 클라이언트-욕구-상황, 서비스 환경 또는 해당 사례에서의 결정과 행동에 대해 중심이 되는 기타 내용 요소들에 대한 관찰과 함께 시작된다. 이런 체계적 사정은 구체적이며 적절한 기술을 포함한다.

"K 씨는 바키리에게 저녁을 해 주고 목욕을 시키기 위해 보통 저녁 6시에 N 부인 댁에 도착한다."

"나는 오늘 30분간 교실에서 조셉을 관찰했다. 조셉은 독서시간에 적어도 네 번 뛰어다녔고 조용히 앉아 있는 다른 아이들에게 돌아다니며 떠들었다. 교사는 조셉에게 '타임아웃'을 주겠다고 여러 번 경고했지만 실제로 그렇게 하지는 않았다."

"라퀼라는 울다 말다 하다 한참 동안 울음을 멈췄다. 그녀는 다른 여자애들, 특히 T와 V가 얼마나 자기에게 못되게 굴었는지 이야기하기조차 어렵다고 말했다. 그

녀는 학교에는 갔지만 수업을 빼먹고 그 애들을 피하기 위해 화장실에 숨어 있었
다고 말했다."

　체계적 사정은 사정에 사용된 다른 정보출처도 기록한다. 어떤 사정을 위해,
사회복지사는 다음과 같은 정보를 사용할 수도 있다.

- 클라이언트 또는 클라이언트의 사회망 속의 타인들이 제공하는 정보
- 해당 서비스 기관 안팎에 있는 다른 서비스 제공자들이 제공하는 정보
- 기록, 보고서, 기타 문서에서 발견되는 정보

정보출처들이 어떻게 기록되는지에 대한 예시들이 다음에 있다.

　"J 씨가 자신이 더 이상 술을 마시지 않는다고 이야기하고 있었을 때 아이들은 마
루를 응시하고 있었다."

　"오늘 크리스 씨는 전화를 걸어, 마이클이 늘 그러하듯이 어젯밤 '맥주와 담배 냄
새를 풍기며' 집에 돌아왔다는 사실을 내가 알기를 원한다고 말했다. 또 '내가 이
야기한 것을 알면 마이클이 나를 가만 놔두지 않을 거예요.' 라고 말했다."

　"P 의사의 기록은 지난번 검사 이후 V 부인의 상태에 변화가 없음을 보여 준다."

　체계적 사정은 이용 가능한 정보를 평가하고, 평가를 내리는 데 사용된 기준
에 대한 근거도 포함해야 한다. 사회복지사가 사용하는 기준들에는 다음과 같은
것들이 있다.

- 사회 정책, 기관 절차, 사회적 자원의 이용 가능성에 대한 지식
- 인간 발달, 건강과 질병, 정신건강에 대한 지식
- *DSM*과 같은 분류체계
- 사회환경 속 인간행동에 대한 이론
- 실천 개념, 원칙, 개입에 대한 지식

- 실천 및 업무처리 모범관행에 대한 기준
- 클라이언트–욕구–상황에 대한 특정 개입의 긍정적 효과에 대한 증거
- 전문적 가치와 윤리
- 클라이언트 자신의 자원뿐만 아니라 클라이언트의 서비스에 대한 접근성, 선호

사용된 기준을 공식적으로 기록할 수도 있는데, 그 예가 다음에 있다.

"*DSM-IV-TR*에 따르면 라퀠라는 주요 우울증의 기준을 만족시키지는 못하지만 간헐적 정신장애를 겪고 있는 것으로 보인다."

"교사는 자신이 '작동이 안 되는' 행동 원칙을 사용하고 있다고 말한다. 그녀는 조셉에게 경고는 주지만 조셉이 제자리에 앉아 있지 않을 때 타임아웃과 같은 결과 조치를 취하지는 않는다. 그녀의 경고가 긍정적 강화가 되어 조셉의 행동을 조장하고 있는지 모른다."

기준은 다음과 같이 비공식적으로 언급될 수도 있다.

"적어도 내 경험에 따르면, K 씨는 법적으로 자식에 대한 친권이 없는 부모지만 예외적으로 세심하고 믿을 만하다."

"아동들의 (마루를 응시하는) 비언어적 행동은 그들이 J 씨가 말하고 있는 것, 다시 말해 그가 더 이상 술을 마시지 않는다는 것에 동의하지 않는다는 것을 암시했다."

체계적 사정은 제시된 정보에 대한 통합과 분석에 해당하는 사회복지사의 평가로 끝을 맺는다. 초기에 내려진 결론은 새로운 정보가 나타날 때 수정될 수 있기 때문에 사회복지사의 평가는 적어도 초기에는 잠정적으로 기술되어야 한다. 평가는 반대되는 정보, 서로 다른 관점, 대안적 가설을 고려해야 하며, 초기 사정에 대한 확고함을 제시하거나 초기 사정을 수정하기 위해서 추가적 정보를 수집하는 동안 취해진 단계들도 확인해야 한다.

"아들이 사고로 사망한 후 17개월 동안 M은 수면장애를 겪어 왔으며 악몽과 어쩔 수 없이 떠오르는 생각 속에서 아들의 사고를 반복 경험하고 있었다. M은 최근 이러한 것들이 악화되어 왔다고 말한다. 그는 일을 계속하고는 있지만 몸만 움직이고 있는 것이라고 말한다. 교회에 가지 않고 있으며 목사와 신에 대해 화가 나 있다. 최근에는 대부분의 시간을 혼자 지내며 직장에 가는 것 이외에는 밖에 나가지 않고 가족들과 함께 식사하기보다는 TV만 보며 지낸다. G가 그에게 교회에 함께 가자고 귀찮게 하곤 했지만 이제는 그녀도 그를 혼자 놔두고 있다고 말한다. '내가 알고 있는 사람들을 보면 화가 나고 펄쩍 뛸 것 같아 누군가를 마주칠지도 모르는 장소에는 가지 않는다.' 초기 두 회기 동안 M은 의약, 술, 약물의 사용에 대해 이야기하기를 거절했다. 이런 쟁점들은 3회기의 초점이 될 예정이다. 4회기 때는 M에게 G를 초대하도록 제안할 계획이다.

초기 사정 : 외상 후 스트레스장애(PTSD). 무감각, 회피, 수면장애가 관찰되었다. 그러나 M이 과잉경계나 플래시백(flashback : 똑똑하게 회상되는 과거사)을 경험하고 있는지는 분명하지 않다. 물질남용의 가능성 있음."

"85세의 B 부인은 심각한 복부통증, 혼란, 체중감소로 입원하였다. 그녀는 위암 진단을 받았지만 몸이 허약한 상태라 수술은 고려되지 않았다. 그녀는 와상 상태이며 24시간 간호보호를 요한다. P 의사는 가족과 진단 및 예후에 관해 의논하면서 퇴원하여 호스피스 케어가 있는 요양시설로 갈 것을 제안하였다. B 씨는 강력히 반대하였다. B 씨는 부인을 (침실 1개가 있는 아파트인) 자기 집으로 데려가 자신이 돌보길 원하고 있다. 그는 부인도 그것을 원하며 부인도 B 씨가 이러한 상황에 처하면 그렇게 할 것이라고 느끼고 있다.

사정 : B 씨는 정신적으로 명확하나 몸이 허약하다. 그의 아들, 간호사들, 의사는 B 씨가 부인을 들 수도 없으며 그가 부인을 집으로 데려가면 부인의 상태가 악화될 것이라는 사실을 B 씨에게 설득시킬 수가 없었다. B 씨는 부인의 상태, 예후, 집에서 부인을 돌볼 수 있는 자신의 능력의 심각성을 인정하지 않았다."

체계적 사정을 마무리하기 위해서는 며칠 또는 몇 주에 걸쳐 클라이언트 및 다른 사람들과 여러 번 만나야 한다. 따라서 사정이 아직 미완성이며, 클라이언트 및 다른 사람들과의 추가적 만남이 계획되어 있다는 것을 기록에 명시해야한다. 이에 대한 예시가 다음에 있다.

"사회복지 의뢰 사유 : 교사가 가족 상황에 대한 평가를 요청하였다. 학생은 학교적응문제를 가지고 있다.

배경 : 제임스는 지난 10월 메트로폴리탄 고등학교로 전학 왔다. 제임스와 어머니는 시카고 지역에서 직장을 구하고자 지난 5월 세인트루이스를 떠났다. 어머니가 직장을 찾지 못하자 그녀는 디트로이트로, 다시 클리블랜드로 이사하였다. 제임스와 어머니는 임시적으로 이모와 이모의 다섯 자녀가 살고 있는 곳으로 거처를 옮겼다. 제임스는 그곳에 먹을 것이 없고 너무 시끄럽다고 말한다. K 부인과 그녀의 동생은 자주 싸운다. 20××년 3월 11일에 태어난 제임스는 그 나이 또래보다 2살 아래 학년으로 배치되었다. 교사는 제임스가 불결하게 옷을 입고 먹지 못한 채 학교에 온다고 말한다.

사정 : 제임스와 어머니는 노숙자이거나 거의 노숙자인 것으로 보인다. 그들은 이 도시에는 처음이기 때문에 K 부인은 이 지역사회의 이용 가능한 서비스에 대해서 알지 못할 수도 있다. 그들이 이용할 자격이 있는 위기 서비스로는 가족쉼터, 학교 조식 프로그램, 푸드뱅크, 식권, 직업 서비스가 있다.

계획 : 2월 2일에 K 부인과 약속이 되어 있다. 시급한 욕구를 해결한 후 제임스의 교육력과 교육성취에 대해 어머니와 이야기를 나눌 예정이다. 이번 주에는 교실에서 제임스를 관찰할 것이다."

## 강점 사정하기

Weick과 동료들(1989), Saleeby(1996, 2002)와 기타 학자들의 연구에 따르면, 사회복지사들은 클라이언트의 문제, 욕구, 도전을 언급하는 데만 그치지 않고 클라이언트의 강점을 사정하고 개발해야 하는 것의 중요성을 인식해 왔다. 실천가들이 실천에서 '강점 관점'을 채택하든 안 하든 기록은 가족, 사회, 지역사회의 자원뿐만 아니라 클라이언트의 **자산과 능력**(abilities) 및 성취, 동기와 참여, 역량과 **능력**(capacities), 긍정적 관계와 대인관계 **기술**(skills)에 대한 기술 (description)과 사정을 포함해야 한다.

## 서비스에 영향을 주는 문화적 요인들에 대해 사정하기

문화적 요인들은 클라이언트가 신과 다른 사람들에 대해 어떤 견해를 갖는지, 그리고 욕구와 상황을 어떻게 정의 내리는지에 중요한 역할을 한다. 문화는 가족, 지역사회, 사회망, 자원과의 관계, 서비스를 찾고 서비스를 받고자 하는 기꺼움, 서비스와 그 성과에 대한 기대, 서비스 제공자들과의 상호작용과 의사소통, 그리고 그 이외의 많은 것들에 영향을 준다. 문화적 요인들은 클라이언트-욕구-상황이나 서비스 목적, 과정, 영향과 관련성이 있을 때마다 기록되어야 한다. 예를 들어, 인종, 성, 출신민족, 종교와 영성, 장애, 성적 오리엔테이션, 종교적 관습은 클라이언트와 타인들이 그들의 문제나 욕구를 어떻게 정의하는지, 그들이 어떤 서비스 선택들을 수용 가능하다고 볼 것인지에 강한 영향을 준다.

*DSM-IV-TR*(APA, 2000)은 정신보건 영역에서 문화가 행사하는 중요 역할에 대해 인식하면서, Appendix I 안에 '문화적으로 정확한 어구표현과 문화 관련 증후 용어사전에 관한 개요(Outline for Cultual Formulation and Glossary of Culture-Bound Syndromes)'를 포함시키고 있다. 이 개요는 실천가가 클라이언트를 위한 문화적으로 정확한 어구표현을 개발하고 문화가 진단 및 치료에 미치는 잠재적 영향을 사정할 수 있도록 지원한다(Munson, 2001). 이 개요는 몇 가지 약점도 있는데, 서비스 전달과 효과성을 향상시킬 수 있는 문화 및 문화적 요인들 내에서 개인 정체성의 범위를 인식하지 못한다는 것이다. 그럼에도 불구하고 이 개요는 정신보건 및 기타 실천 분야에서 문화적 사정을 시작하기 위한 좋은 지점이다. 건강보건조직 인가 공동위원회[The Joint Commission Accreditation of Healthcare Organizations(2001)]는 현재 영성(spiritual) 사

정에 대한 특정 평가기준을 보건 표준 안에 포함시키고 있다. 영성 사정은 그 범위가 제한적이기는 하지만 실천가와 클라이언트가 중요한 영적, 문화적 쟁점들에 대한 대화를 시작할 수 있도록 유도해 줄 수 있다.

클라이언트–욕구–상황에 영향을 주는 문화적 요인들에 덧붙여, 서비스 과정의 여러 시점에서 드러나는 실천가와 클라이언트 사이의 문화적 차이를 기록하는 것도 중요하다. 기록은 이런 괴리를 메우고 오해나 불신을 낳을 수 있는 선입견이나 고정관념을 차단하려는 사회복지사의 노력도 문서화해야 한다.

사회복지사는 다음과 같은 활동들을 통해 자신의 기록에서 문화적 역량을 보여 줄 수 있다.

- 클라이언트–욕구–상황에서 문화의 역할 인식하기
- 클라이언트의 문화, 지역사회, 전통, 가치에 대한 지식과 존중 보여 주기
- 욕구–상황에 대한 클라이언트의 정의, 수용 가능한 서비스 선택들, 가용 자원에 대해서 문화가 담당하는 역할에 대해 개괄하기
- 언어나 기타 의사소통 장벽을 극복하기 위한 특별 노력에 대해 기술하기
- 관계성, 기관, 환경 안에서 문화적 장벽을 극복하기 위한 특별 노력 기술하기
- 클라이언트가 자신의 선호나 가치를 이야기할 기회를 언제 가져왔었는지 기록하기
- 클라이언트의 선호와 가치가 어떻게 서비스 준비, 목표, 계획, 의뢰 속에 통합되어 왔는지 보여 주기
- 문화적 편견과 강점을 위해 서비스를 모니터링하고 문화적 장애와 자산을 확인하는 지속적 노력 기술하기

위험 사정

사회복지사는 법, 기관정책, 윤리적이며 유능한 실천 표준을 준수하는 데 있어 위험이나 위해의 위험성은 없는지 클라이언트를 사정한다. 설사 그러한 위험이

기관의 사명이나 클라이언트에 대한 서비스 목적 범주 내에서 발생한 것이 아니라고 할지라도, 사회복지사는 취약한 클라이언트들이 직면하는 위험을 사정하고 이에 대응할 윤리적, 때로는 법적 의무를 진다. 예를 들어, 주택 지원을 찾는 클라이언트에게 서비스를 제공하는 사회복지사는 클라이언트가 **자살**이나 **가정폭력**의 위험에 처해 있다는 사실을 발견할 수도 있다. 위험 사정을 하는 것이 기관의 사명도 아니고 클라이언트에게 서비스를 제공하는 목적도 아니라 할지라도 사회복지사는 이런 위험을 사정하고 계획을 세우고 실행하는 데 클라이언트와 함께 일해야 한다. 모든 50개 주에서 사회복지사들은 어떤 세팅에서 일하느냐와 관계없이 의심되는 **아동 학대 및 방임**을 사정하고 보고할 법적 책임을 갖고 있다.

가끔 기관 프로토콜은 특정 특성을 가진 모든 클라이언트에 대해 인테이크 시에 위험 사정을 하도록 하고 있다. 예를 들어, 보건 현장에 있는 사회복지사는 신체적 상해를 입은 모든 노인 클라이언트에 대해 부양제공자에 의한 **노인 학대**나 **방임**의 위험은 없는지 스크리닝할 수 있다. 아동복지 분야 사회복지사들은 종종 가정폭력의 위험성에 대해 부모를 사정한다. 아동 학대나 방임에 대한 의무적 보고자들뿐만 아니라 사회복지사들도 학대나 방임의 위험성을 확인하기 위해 학교, 보건조직, 지역사회조직 내에서 아동들을 사정한다. 가끔은 초기 사정 때 확인된 '제시된 문제'나 쟁점들이 잠재적 위험을 보여 준다. 예를 들어, 클라이언트는 우울에 대한 도움을 청하거나 면담 동안 절망의 징후를 보여 줄 수 있는데, 이는 자살 위험성을 사정할 필요성을 보여 줄 수 있다.

"P 양은 20××년 2월 15일에 우리 위기라인(Crisis Line)으로 전화했다. 그녀는 남자친구와 방금 헤어졌으며 자살을 생각하고 있다고 말했다. 수잔 R이 그녀와 1시간 넘게 이야기를 나누었으며, 즉각적인 자살 시도의 위험이 있는지를 사정한 후에 응급실을 통한 입원이 필요한 것 같지는 않다고 결론지었다. P 양은 20××년 2월 16일에 약속 날짜를 잡고 내원할 것과 만약 상황이 나빠지면 즉시 다시 전화할 것에 동의하였다."

　때로는 과거나 현재 진행 중인 서비스에 대한 기록이 위험 잠재성을 지적해준다. 예를 들어, 클라이언트의 기록이 **물질남용** 경력을 보여 줄 수도 있다. 가끔 위험 또는 위해의 위험성은 사회복지사와 클라이언트가 지속적 관계성을 확립한 후에야 나타난다. 예를 들어, 클라이언트는 불법적 약물 사용이나 위험한 성적 행동에 대해 사회복지사와의 신뢰감이 형성된 후에야 밝힐지 모른다. 가끔 위험은 사회복지사가 클라이언트의 개인적 상황이나 사회 환경을 직접 관찰하여 가족의 빈곤이나 노숙 또는 지역사회 내의 폭력 잠재성을 발견한 후에야 명확해지기도 한다.

　강점과 보호요인 함께 위험이나 위해에 대해 사정할 때는 세심하고 개별화된 면담을 보충하기 위해 가능할 때마다 입증된 표준화 진단 도구나 프로토콜을 활용하는 업무처리 모범관행을 따라야 한다. 예를 들어, 물질남용의 위험에 대한 기록은 MAST(Michigan Alcohol Screening Test : 미시간 알코올 스크리닝 테스트)나 기타 스크리닝 도구를 포함할 수도 있다. 자살 위험에 대한 기록은 과거의 시도, 중요한 촉발 사건(실업, 건강 악화), 물질 사용, 사회적 고립, 무망감, 계획과 의도, 수단의 사용 가능성을 포함하면서 치명성과 관련된 요인들에 대한 철저한 검토를 포함해야 한다. 스트레스를 주는 생활사건들이나 병원 입원으로부터 외래 정신보건 치료로의 중요 전환 후에 오는 자살 위험에 대해서도 사정해야 한다(Bongar, 2001). 실천가들은 위험의 수준에 대한 자신들의 평가를 기록하고, 취해진 모든 행동들과 선택되지 않거나 미뤄진 행동들에 대한 근거를 조심스럽게 기술해야 한다.

　예를 들면 다음과 같다.

　"L 씨는 우울과 자살 상상의 오랜 병력을 가지고 있다. L 씨는 자신의 트럭을 나
　무에 들이받는 충동적 생각을 하지만 실제로 자살 시도를 한 적은 없다고 말한다.

우울증 약을 먹지 않기로 결정한 후에 발생한 2주간의 입원 이후 L 씨는 다시 약을 먹고 있다. 나는 면담과 BSSI(Beck Scale for Suicide Ideation : Beck의 자살 상상 척도) 결과에 근거해 그의 위험은 현 시점에서 중간 정도임을 발견했다. 치료는 취업 좌절, 가족의 어려움, 자살 상상에 초점을 둘 것이다. 나는 현 시점에서 그의 재입원이 필요하지는 않다고 생각하지만, 그의 상황과 위험을 계속 사정할 것이다."

아동 학대 및 방임, 가정폭력, 기타 위험이나 위해에 대한 위험 사정을 기록할 때는 다음의 내용을 포함해야 한다.

- 관찰과 기술
- 사회복지나 기타 개입에 대한 이전 기록을 포함한 정보출처
- 표준화된 프로토콜의 사용
- 정보를 판단하기 위한 기준
- 사회복지사의 평가
- 취한 행동과 취하지 않은 행동에 대한 정당성
- 다음 단계를 위한 제언
- 계획되고 실행된 행동

모든 위험을 매우 심각하게 다루어야 한다. 위험을 면밀히 사정하고, 다양한 선택들을 조심스럽게 고려하고, 행동 계획을 수립할 때까지 기타 다른 활동은 유보해야 한다. 물론 이런 정보도 기록에 즉시 남겨야 한다. 슈퍼바이저나 기관을 대표하는 사람은 가능할 때마다 실천가의 책무성뿐만 아니라 기관의 책무성을 보여 주기 위한 계획에 날인을 하여야 한다.

### 특별 사정
사회복지기록은 가끔 실천분야, 클라이언트-욕구-상황이나 개입방법과 관련된

특별 사정을 포함한다. 이런 사정은 공식 면담 프로토콜, 표준화된 체크 목록, 직접 관찰, 클라이언트의 자기 보고, 기타 출처를 통해 수집된 정보에 근거하며, 특정 분야나 실천 방법에 대한 실천가의 특별 지식과 전문성에 의존한다. 특별 사정은 사회복지 목적과 계획의 수립에 직접 기여하며, 기관 내 다른 전문가의 결정과 행동에 영향을 미친다.

예를 들어, 정신보건기관에서 근무하는 실천가나 정신건강문제를 가진 클라이언트를 다루는 실천가는 미국심리학회(APA)의 **정신장애 진단 및 통계편람**(*DSM*)을 사용하여 사정과 진단을 기록할 수도 있다. 최근에 와서 관리케어와 기타 공적, 사적 보험 프로그램하에서 제공되는 서비스에 대한 승인과 비용 상환을 위해서는 *DSM* 진단이 자주 의무적으로 요구되고 있다. 실천에서 행동주의 접근을 활용하는 실천가는 특정 행동의 우발성을 포함하는 **행동사정**을 실시하고 기록할 수도 있다. 가족치료사는 가족의 언어적, 비언어적 의사소통 유형을 관찰하고 사정하면서 **가족 역동성**을 사정할 수도 있다. 학교사회복지사는 특수욕구를 가진 아동을 위해 **기능적 행동사정**(functional behavioral assessment : FBA)을 수행할 수도 있다(Witt, Daly, & Noell, 2000).

대부분의 기록에서 실천가들은 자료수집 과정의 마지막에 초기 사정을 문서화한다. 이때, 서비스 과정의 초기 단계 동안 수집된 정보에 대해 사회복지사가 **평가와 판단을 내리는 데 사용한** 기준을 기록한다. 그러나 실천가는 중간노트, 서비스 검토, 종결 요약 등 기록 전반에 걸쳐 추가적 사정을 기록해 나가는 것이 중요하다. 진행 중인 사정이 체계적이기 위해서는 실천가는 클라이언트-욕구-상황과 서비스 과정에 대한 자신의 평가뿐만 아니라 평가를 내린 근거가 되는 정보, 관찰, 출처, 기준도 기록에 포함시켜야 한다.

## 초기 사정에서 나온 결정과 행동

### 취해진 결정과 행동

기록은 초기 사정에서 확인된 각 쟁점에 대한 대응도 문서화해야 한다. 이런 쟁점들의 일부는 긴급하며 즉각적인 행동을 요구할 수도 있다. 예를 들어, 아동이나 노인 학대 또는 자살 위험에 대한 지표가 표면화되었다면 실천가는 학대를 보고하거나 자살을 예방하기 위한 행동을 취할 것이다. 초기 사정에서 확인되는 위험, 위기, 긴급 상황은 관련 정책, 법, 실천 기준에 의거한 어떤 행동(또는 행동을 취하지 않는 결정)을 요구하게 된다. 물론 그런 상황이 서비스 과정 중의 다른 시점에서 확인되어도 유사한 행동과 문서화를 요구될 것이다. 기록은 타 기관에 대한 보고나 의뢰, 클라이언트와 타인을 보호하기 위한 개입, 이미 제공하거나 계획하고 있는 서비스에 대한 기술을 포함하여 모든 결정과 행동을 충분히 문서화해야 한다. 결정이나 행동이 준수해야 할 정책이나 절차와 차이가 있거나 특수 상황이나 잠재적인 기관 책임을 포함하는 경우, 실천가는 기관 행정가의 자문을 얻고 서비스 결정, 행동, 계획에 대한 기록에 그들의 날인을 받아두어야 한다. 예를 들어, 클라이언트의 비밀에 대한 공개가 기관 정책에 명시화되어 있는 경우가 아니라면, 실천가는 '타라소프 경고(Tarasoff warning)'[1](Kagle & Kopels, 1994; Kopels & Kagle, 1993)를 위해 클라이언트에 대한 비밀보장을 해제하기 전에 기관 관리자와 필요시 법적 변호사에게 자문해야 한다.

---

1) 역자 주 : '타라소프 경고'란 환자가 타인에게 심각한 해를 입힐 가능성이 있는 경우 이런 피해의 대상이 되는 확인된 피해자에게 정신과 의사나 정신치료사가 이를 경고해 줄 법적 의무를 의미한다. 피해자 타라소프가 가해자가 재학 중이던 버클리주립대학교를 상대로 낸 법정소송에 대한 1976년 캘리포니아 주 대법원 판결에 의해 이 의무가 보편화되었다.

## 서비스 계획

### 서비스 선택

초기 사정에서 확인되는 기타 쟁점들로 인해 사회복지사와 클라이언트는 가용 자원을 확인하고 다양한 서비스 선택들을 고려하는 정교한 과정을 거치게 된다. 기록은 그동안 고려했던 서비스 선택, 다양한 선택 사이에서 특정 서비스를 선정한 이유와 함께 모든 서비스 결정과 행동의 근거를 문서화해야 한다. 다양한 서비스 선택들을 평가하고 선택하는 과정에서 클라이언트가 어떤 역할을 수행했는지를 문서화하는 것도 중요하다. 미국사회복지사협회(NASW) 윤리강령은 "사회복지사는 전문적 관계성 속에서 법적으로 유효한 고지된 동의에 근거해 서비스를 제공해야 한다(1.03[a])."고 명시하고 있다. 사회복지사는 "서비스 목적, 서비스와 관련된 위험, 제삼자인 비용부담자의 요구로 인해 발생하는 서비스 제약, 관련 비용, 적절한 대안들, 그리고 클라이언트가 '비자발적으로 서비스를 받게 될' 경우라도 동의를 거절하거나 철회할 수 있는 권리에 대해 클라이언트에게 고지(1.03[a], [d])"할 것이 기대된다. 증거기반 실천은 이런 윤리적 의무에서 한 단계 더 나아가도록 해 준다. 클라이언트에게 서비스에 대한 고지된 동의를 요청해야 할 뿐만 아니라, 클라이언트는 '의사 결정과정에 능동적 참여자로 관여'해야 하며, 클라이언트의 선호와 기대가 우선되어야 한다(Gambrill, 1999, p. 346). 증거기반 실천에서 실천가들은 클라이언트-욕구-상황의 맥락에서 다양한 개입들의 효율성, 적합성, 영향력에 대해 활용 가능한 증거를 찾고 평가한다. 실천가들은 어떤 증거는 불충분하다는 사실을 알려 주면서 이러한 정보를 클라이언트와 공유한다(Gambrill, 1999).

클라이언트가 확인된 문제를 가지고 특정 서비스를 받기 위해 자발적으로 기관을 찾아오는 경우에도, 실천가는 비용, 제약, 대안, 잠재적 위험과 혜택, 가능한 성과에 대해 클라이언트와 이야기 나눌 책임이 있다. 더 나아가 사정을 통해 클라이언트가 초기에 추구했던 서비스와 함께, 그와 다르거나 추가적인 서비스들을 필요로 한다는 것을 알게 될 수도 있다.

스크리닝은 클라이언트가 특정 프로그램의 자격 기준을 만족시키지 못한다는 것을 보여 줄 수도 있다. 어떤 서비스 선택들은 고려되지 않거나 거절될 수도 있다. 예를 들어, 기관이 신규 클라이언트를 받지 않을 경우, 원하는 서비스를 이용할 수 없는 경우도 있다. 교통문제나 기관이 물리적으로 접근하기 어렵기 때문에 서비스 이용이 어려울 수도 있다. 이런 모든 정보와 이런 정보에 대한 클라이언트의 반응을 다양한 선택들 사이에서 특정 서비스를 선정하는 데 사용한 기준과 함께 기록해야 한다.

물론 여러 서비스 선택들 중에서 특정 서비스를 선정하는 일차적 기준은 사정된 문제나 욕구를 줄여 줄 수 있는 서비스의 질, 효과성, 잠재성이 되어야 할 것이다. 이용 가능성, 접근 가능성, 클라이언트의 자격 요건, 서비스가 클라이언트의 보험에서 커버되고 비용 상환이 되는가의 여부에 따라 각 선택을 평가해야 한다. 실천가나 타인들의 제언들을 기록해야 하는 것과 마찬가지로, 클라이언트가 특정기관이나 실천가의 명성, 문화적 가치, 편리성이나 친숙성에 따라 특정기관이나 실천가에 대해 갖게 되는 선호도 기록해야 한다.

> "S 가족의 상황은 위급 상황으로 분류되지 않기 때문에 두 가지 선택—(6~8주 걸리는) 순서 기다리기와 NCH 외래 프로그램으로의 의뢰—이 제안되었다. 그들은 순서를 기다리기로 결정했지만 위급상태가 발생하거나 다른 서비스를 받기로 결정하면 전화를 주기로 하였다."

> "H 양은 기독교 상담가에게 의뢰해 달라고 요청하였다. 그녀는 철거되기 이전에 제퍼슨 교구 목사에게서 상담을 받아 왔다."

서비스 선택들에 대한 정보는 다음의 용도로 사용된다.

- 서비스 계획, 실행, 평가
- 슈퍼비전

- 클라이언트, 인가 단체, 재정 지원처에 책무성 보여 주기
- 서비스 성과와 영향 평가

### 서비스 목적, 목표, 계획

사회복지기록은 클라이언트와 함께 그리고 클라이언트를 위해 전달되는 모든 서비스의 목적, 목표, 계획을 문서화한다. 서비스 목적은 서비스를 제공하는 이유이며, 클라이언트의 선호와 기대를 고려하면서 클라이언트-욕구-상황과 가용 자원에 대한 사정으로부터 도출되어야 한다. 서비스 목표와 계획은 서비스가 무엇을 성취하고자 의도된 것인지, 그리고 서비스가 어떻게 진행될 것인가에 대한 보다 구체적인 진술이다. 서비스의 목적, 목표, 계획뿐만 아니라, 서비스를 받고 목표를 인식하고 계획을 실행하는 것과 관련된 예상 이득과 의도되지 않은 어떤 가능한 결과나 위험에 대해서도 기록하는 것이 중요하다. 기록은 클라이언트에게 제공되는 서비스의 종류, 양, 질에 영향을 미칠 수 있는 모든 요인들을 기록해야 한다.

이런 정보는 다음의 경우에 활용된다.

- 서비스를 실행하고 서비스 영향을 평가하는 데
- 인정된 기준과 절차를 준수하는지를 문서화하는 데
- 서비스의 연속성을 향상시키는 데
- 책무성, 슈퍼비전, 동료 검토에

### 서비스 목적

서비스 목적이 명확해야 서비스 교류와 기록에 구조를 제공할 수 있다. 서비스 목적이란 서비스의 전반적인 목표들에 대한 기술이다. 책무성을 보여 주기 위해 사회복지사는 서비스 목적이 프로그램과 기관의 영역 및 사명 안에 속한다는 것

을 확인시켜 주어야 한다. 서비스 목적에 도달하는 것은 클라이언트, 클라이언트 환경 속에 있는 영향력 있는 사람들, 기관, 재정 지원처, 지역사회 사람들의 견해를 조정하는 일을 포함할 수도 있다. 이는 어떤 자원이 클라이언트에게 이용 가능한지에 대한 다양한 견해들을 조정하는 것을 포함할 수 있다. 이때 서비스 목적은 클라이언트-욕구-상황의 맥락과 기관 또는 프로그램의 사명 안에서 무엇을 달성할 것인지를 기술하게 된다.

목적에 대한 진술은 기록에 통일성을 부여하고 다음을 위한 근거를 형성한다.

- 개입의 적절 시점과 접근법을 알아내는 데
- 서비스 계획을 수립하는 데
- 서비스 전달과 관련되어 있는 다른 전문가들과 의사소통하는 데
- 서비스의 영향을 평가하는 데

불행히도 사회복지기록에는 종종 이런 기록 요소들이 빠져 있다. 심지어 이런 요소들이 포함되어 있는 경우에도, 모호한 용어로 진술되거나 서비스를 제공하는 과정을 기술하는 형태로 되어 있을 수 있다.

### 좋지 못한 예

"사회적 기능을 향상시킨다."[모호]

"땅주인이 시의 명령에 따르도록 하기 위한 클라이언트의 노력을 옹호한다."[과정]

"가족치료를 활용하여[과정] 가족성원들 사이의 의사소통을 향상시킨다."[모호]

### 나은 예

"클라이언트의 취업과 관련된 잠재성과 확대 가족과의 관계성을 향상시킨다."

"클라이언트의 주거환경을 향상시킨다."

"가족이 보다 직접적인 의사소통 유형을 채택하도록 돕는다."

**목표**

목표는 의도한 성과에 대한 구체적 진술이다. 목표에 대한 진술은 명료하고, 의미 있고, 달성 가능해야 한다. 목표 진술은 가능할 때마다 클라이언트의 우선순위를 반영해야 하며 클라이언트 자신의 언어로 진술되어야 한다.

"W의 목표는 직장을 찾는 것이며 그의 꿈은 식당에서 요리사로 일하는 것이다."

"W의 목표는 어머니와 누나와의 관계성을 재정립하는 것이다."

"목표 : M이 2개월 내에 적절한 주거에 정착하는 것이다. M의 땅주인이 시의 명령을 따르거나, M이 더 나은 장소를 찾는 것이다."

"전형적으로 비난적이고 위축시키는 가족의 의사소통 유형을 명확하게 요청하고 반응적으로 경청하는 형태로 변화시킨다."

**계획**

서비스 계획은 사회복지사, 클라이언트, 타인들이 서비스 목적을 달성하고 진술된 목표를 실현시키기 위해 취하는 행동들을 구체화해 준다. 기록은 계획이 어떻게 기관 실천으로 인정받고 전문적 케어 표준에 부합하는지 설명해 줄 수 있어야 한다. 계획 안에 다른 기관이나 서비스 제공자들에게로의 의뢰도 들어갈 수 있으며, 가족이나 지역사회 성원들뿐만 아니라 다른 기관들과 협력하여 계획을 수립할 수도 있다. 계획에 대한 자세한 진술은 사회복지사가 없거나, 다른 서비스 제공자가 사례를 넘겨받을 때, 또는 서비스가 지연되거나 간헐적으로 이루어질 때, 서비스의 연속성을 유지하는 데 특히 유용하다.

계획은 다음의 경우에도 활용된다.

- 기관의 정책과 절차를 준수하고 있는지 보여 줄 때
- 슈퍼비전, 자문, 동료검토를 원활히 하는 데
- 클라이언트에게 서비스를 제공하는 다른 사람들과 의사소통하는 데

● 서비스 실행을 평가하는 데

예를 들어 서비스 계획은

● 기관이나 프로그램 의뢰를 기술할 수 있다.

"가사보조 서비스를 받을 수 있도록 T 부인을 가족서비스 기관에 의뢰한다."

● 탐색과 개입을 위한 쟁점들을 제안할 수 있다.

"K 부인과 존의 현재 발달상황과 부모지도에 대한 변화하는 욕구에 대해 의논한다."

"다음 면담에서, 칼이 급우들과의 갈등을 어떻게 해결해야 할지에 대해 제안을 해 달라고 집단에 요청할 수 있도록 권장한다."

"레이첼과 학교 상황에 대해 깊이 있게 논의한다. 그리고 직접적인 대면은 피하되 다른 사람들이 레이첼이 무엇을 하기를 원하는지를 탐색하고 이를 레이첼이 원하는 것과 비교한다."

"탐이 M 씨 부부에게 짜증을 낼 때마다 어떻게 타임아웃을 사용해야 할지에 대해 교실에서 성공했던대로 가르쳐 준다."

● 사회복지사, 클라이언트, 다른 사람들이 취한 일련의 단계들을 개괄할 수 있다.

a. T 부부를 만나 T 씨의 장기보호 욕구에 대한 인식을 사정한다. 필요하다면 Q의사를 만난다.

b. T 씨가 집에 돌아오면, 재정 및 취업상황, 주거환경, 이용 가능한 인적, 물적 자원들을 탐색한다.

c. T 씨 부부와 퇴소에 대비한 가능한 준비와 원하는 것에 대해 논의한다.

d. 요양시설과 가정간호기관을 면담하고 물리치료사와 간호사를 만나 볼 것을 제안한다.

"N 씨는 다음 면담 때까지 아파트 주민들이 집주인과 문제를 갖고 있는지, 주민들이 모임에 참석할 의향이 있는지를 알아보기 위해 주민조사를 실시할 것이다. 사회복지사는 모임 장소를 물색하고, 불만을 보고하기 위하여 아파트 규약과 절차를 확인할 것이다."

● 만약의 경우들에 대해 제시할 수 있다.

"나는 P 씨와 8월 28일에 다시 만날 것에 합의하였다. P 씨가 그때까지 직장에 복직되지 않으면 훈련 프로그램에 등록할 것이다."

"만약 그룹홈에 자리가 있다면 이사 준비를 시작한다. 자리가 없으면 대기자 명단에 이름을 올려놓고 일시위탁보호(respite care), 가족구성원, 그리고 교회로부터 임시 지원을 찾아본다."

어떤 개입과 실천 접근은 자세한 계획을 유도하지만 다른 것들은 그렇지 않다. 예를 들어, 서비스가 환경 속에서의 행동, 집단 활동이나 인지행동적 개입을 요구할 때, 기록은 과정의 각 단계를 언제, 어떻게, 누가 담당했는지 분명하게 보여 줄 수 있다. 반대로 정신역동이나 통찰력 중심 접근을 사용하는 서비스에 대한 계획은 사회복지사와 클라이언트가 시간이 지남에 따라 탐색하게 될 중요한 쟁점들간을 기술할지도 모른다.

서비스 계획에 대한 기록은 다음의 조건을 갖추고 있을 때 가장 유용하다.

● 최신의 정보로 구성되어 있으며
● 서비스의 현재 진행 중인, 그리고 이에 수반되는 국면을 다 포괄할 때
● 필요시 다른 서비스 제공자에 의해 수행될 수 있을 정도로 충분히 구체적일 때
● 검토와 평가에 대해 개방되어 있을 때

계획을 완성하고 목표를 실현시키는 방향으로의 움직임에 대한 지표

사회복지사와 클라이언트는 서비스를 시작하는 시점에서 서비스가 가야 할 방향과 서비스가 의도된 방향으로 나아가고 있는지의 여부를 사정할 방법을 결정하는 것이 중요하다. 사회복지사에게는 클라이언트–욕구–상황의 변화나 움직임을 평가할 수 있는 특정 지표를 확인해야 할 중요한 책임이 있다. 이러한 지표들을 사례의 특정 목적, 목표, 계획에 따라 맞춤형식으로 만들어야 한다. 지표들은 서비스의 의도된 성과를 정확하게 측정하고, 서비스 과정에 기여하며, 클라이언트에게 의미 있고 실행 가능하며 수용 가능해야 한다. 클라이언트와 클라이언트 환경 속에 있는 타인들도 사용할 목표와 측정도구를 선정하는 데 참여하며 시간의 흐름에 따라 지표들을 문서화하는 중요한 역할을 수행할 수도 있다. 예를 들어, 클라이언트와 사회복지사는 우울을 감소시키는 데 있어서의 움직임을 사정하기 위해 클라이언트의 생각, 행동, 감정을 모니터링하기로 할지도 모르며, 클라이언트는 사회복지사와의 매주 만남 이전에 자기설정척도(Self-Anchored Scale)를 완성해 놓을 수도 있다. 학교는 장애학생들을 위한 교실환경을 향상시키고 싶어 할 수도 있고, 이럴 경우 2학년 담임교사는 특정 주제에 관한 교육과정을 시작하기 전과 끝낸 후에 장애를 가진 급우에 대한 다른 아동들의 행동과 수용 정도를 모니터링할 수도 있다. 사회복지사와 가족원은 병원에서 퇴원하게 될 클라이언트를 위한 적절한 주거를 찾고 서비스를 지원하는 계획이 어떻게 진행되어 가는지 모니터링할 수도 있다.

특정 서비스나 개입이 이득뿐만 아니라 위험을 내포하고 있는 경우에, 실천가들은 목표를 성취하는 방향으로의 움직임뿐만 아니라 잠재적 문제들을 모니터링할 수 있는 특정 지표들이 적절하게 위치해 있도록 해야 한다. 예를 들어, 항우울제 처방을 받고 있는 아동이나 청소년에 대해서는 자살 위험을 정기적으로 모니터링해야 한다. 움직임에 대한 지표들을 중간노트에 체계적으로 문서화해야 한다. 이런 지표들은 서비스 진전 상황을 평가하는 데 사용되기 때문에 실천가

들은 지표가 원래 측정하고자 의도했던 것들을 실제로 측정하는지, 지표들이 일관성 있고 솔직하고 공정하게 문서화되고 있는지 사정하는 것이 중요하다.

때때로 클라이언트는 모든 클라이언트에 대하여 유사한 목표나 움직임에 대한 지표가 설정된 프로그램이나 서비스에 참여하게 된다. 예를 들어, 물질남용 치료 프로그램에서는 알코올이나 기타 약물의 사용을 없애고 재발을 예방하는 것이 모든 클라이언트에 대한 목표가 될 수 있다. 그러나 그런 프로그램에서조차 각 클라이언트의 개별적인 목표를 설정하고 각자의 특정 상황을 반영하는 움직임 지표를 선정하는 것이 중요하다. 예를 들어, 한 클라이언트는 자신의 부모 양육기술을 향상시키기를 바라는 반면, 다른 클라이언트는 취업 코칭을 필요로 할 수도 있다.

지표들을 선정할 때는 다음을 포함시키면 유용하다.

- 각 목표를 위한 2개 이상의 지표
- 2개 이상의 정보 출처
- 궁극적 성과뿐만 아니라 중간 변화도 확인할 수 있는 측정
- 서비스 계획을 실행하는 데 있어서의 이정표

다양한 지표와 정보 출처를 사용하게 되면 복잡한 클라이언트-욕구-상황 속에서의 움직임이나 안정성을 다양한 시각에서 포착하는 데 도움이 된다. 지표들에 다음을 포함시킬 수 있다.

- 특정 환경 속에서의 클라이언트의 행위에 대한 직접 관찰(예를 들어, 수업 내에서의 아동 행동에 대한 교사의 관찰, 클라이언트의 집단 모임 참여도에 대한 지도자의 관찰)
- 생각, 감정, 태도에 대한 클라이언트의 자기 보고
- 특정 증상이나 행동 유형(예를 들어, 사회 상황 속에서의 불안 수준)에 관한

질문들에 클라이언트가 응답하도록 되어 있는 간략한 도구

- 자연적 환경 속에서 클라이언트가 갖는 사고, 감정, 행동에 대한 기억(예를 들어, 가족구성원 각자가 가정 사건에 대한 반응 기술하기)
- 클라이언트의 반응(예를 들어, 클라이언트의 통찰력 향상)에 대한 실천가의 견해

또한 다양한 지표의 활용은 서비스 진전에 따라 도움이 될 수 있다. 한 지표는 서비스 과정의 한 국면에서 보다 중요할 수 있고, 다른 지표는 또 다른 국면에 보다 유용할 수 있다. 예를 들어, 안녕에 대한 주관적 감정 척도는 과정의 초기에 중요한 변화를 보여 줄 수 있지만 사회환경 속에서의 특정 행동, 사회적 기능이나 변화에 대한 척도는 나중에 더 중요해질 수 있다(Lueger et al., 2001).

계획을 실행할 때 중간 목표와 이정표들을 모니터링하는 것은 서비스를 지속하거나, 계획, 일정, 접근방법, 궁극적 목표를 수정하기 위한 방향을 제공해 줄 수 있다. 물론 실천가가 지표들을 확인하고 움직임과 변화를 모니터링하고 평가하는데 적극 관여한다. 그러나 기록이나 기타 서류들을 검토함으로써 과정과 성과를 모니터링하는 데 직접 관여하는 클라이언트도 여러 면에서 도움이 된다. 자신들이 중간 목표를 달성하고 있다는 증거를 보는 클라이언트들은 보다 긍정적일 수 있으며 궁극적 목표를 위해 노력하는 데 더 헌신할 수 있다. 예를 들어, 자신의 인지 유형을 변화시키는 데 성공적이라는 것을 아는 클라이언트는 다른 오래된 유형들을 변화시키는 데도 보다 헌신적일 수 있다. 유사하게, 서비스 계획 실행에서 이정표에 도달하는 클라이언트는 그것을 달성하는 데 보다 동기화될 수 있다. 동시에 자신의 상황이 변화하지 않거나, 더 나빠지고 있거나, 진전을 방해하는 장애물에 직면해 있다는 증거를 목격하는 클라이언트들은 기존 목표와 계획의 달성을 위한 자신들의 노력을 새롭게 하거나 이를 재고하도록 동기화될 수도 있다.

### 서비스 종결에 대한 동의

종결에 관한 초기 및 지속적 논의와 동의도 기록에 문서화해야 한다. 종결에 대한 논의는 클라이언트에게 서비스가 얼마나 오랫동안 제공되며 어떻게 종결될 것인지에 대한 중요한 정보를 제공한다. 그러한 논의는 클라이언트가 서비스를 조기에 종결해 버리는 것을 예방해 준다. 서비스는 제삼자 부담이나 프로그램 기간 때문에 시간 제한적일 수도 있으며, 어떤 서비스에서는 계획이 전개되고 목표가 달성되어 감에 따라 종결에 대한 결정이 변경 가능할 수도 있다. 종결에 대한 동의는 목표나 계획이 변화될 때는 언제라도 수정될 수 있다. 예를 들어, 클라이언트가 보다 제한적인 목표에 초점을 두거나, 계획을 완수하지 못한 채 그만두는 결정을 내릴지도 모른다. 상황이 서비스 과정을 방행할 수도 있으며 클라이언트가 추가적 서비스를 필요로 할 수도 있다. 클라이언트가 집단모임에 갈 교통편이 없을 수 있고, 제삼자 커버리지가 끝난 다음에 추가적 서비스를 원할 수도 있다. 이럴 경우 사회복지사는 이런 상황을 무시해서는 안 되는 윤리적 책임을 가지며(NASW, 1999, 1.16[b]) 클라이언트가 대안적 혹은 추가적 서비스를 받을 수 있도록 지원할 의무를 갖는다. 불행히도 클라이언트가 서비스를 받으러 나타나지 않기 때문에 서비스가 조기에 종결되는 경우도 너무나도 자주 있다. 종결에 대한 논의와 동의, 그리고 성취 가능한 단기적 목표에 대한 계약은 클라이언트가 중도 탈락하는 것을 막는 데 도움을 줄 수 있다(Kagle, 1987a).

> "B 가족은 6주 동안 매주 수요일 오후에 가족면담을 받으러 오기로 동의했다. 우리는 부모양육기술, 특히 훈육과 M의 학교 출석에 대해 다룰 예정이다. 여섯 번째 회기에는 어떤 진전이 있는지를 살펴보고 서비스를 지속할지 종결할지 결정할 것이다."

### 클라이언트-사회복지사 계약

서비스 목적과 과정에 관한 상호 간 결정은 가끔 클라이언트-사회복지사 계약에 공식화된다(Barker, 1986; Hepworth, Rooney, & Larsen, 2004). 보통 계약은 목표, 계획, 서비스 방법에 관한 일반적 동의뿐만 아니라 만남 일정, 비용, 과제, 사회복지사와 클라이언트가 취할 행동들에 관한 특정 동의도 포함한다. 계약은 가능한 한 잠재적 위험뿐만 아니라 서비스의 이득과 고려되어 온 대안들도 포함해야 한다. 계약을 문서로 할 때는 사회복지사와 클라이언트가 날인한 사본이 기록파일에 들어가야 한다. 계약을 구두로 할 경우는 주요 내용에 대한 개략적 진술을 기록하고, 해당사항이 있는 경우 다음을 포함시킨다.

- 누가 의사결정에 참여했는지
- 어떤 결정을 했는지
- 무엇을 언제 할 것인지에 누가 동의했는지
- 계약이 어떻게 수정될 수 있는지

## 중간노트

일단 서비스 계획이 수립되면 중간노트가 클라이언트-욕구-상황과 서비스 교류를 정기적으로 기술하고 사정하게 된다. 중간노트는 얼마나 많은 새로운 정보가 표출되어 왔느냐, 얼마나 많은 변화가 일어났느냐, 얼마나 자주 클라이언트-욕구-상황이 모니터링되는가, 그리고 얼마나 자주 정보가 기록에 입력되는가에 따라 간략할 수도 있고 광범위할 수도 있다. 많은 기관들에서 중간노트에 기록할 정보를 선정하는 중요한 기준이 그 정보가 서비스 과정에서의 움직임과 클라이언트-욕구-상황에서의 개선을 제시해 주는가 하는 것이기 때문에, 중간노트는 진전노트라고도 불리고 있다. 역사적으로 볼 때, 중간노트의 내용에 대한 다른 지침은 거의 존재하지 않았다. 주로 슈퍼비전에 사용할 목적으로 기록을 하는 사회복지기관들에서, 중간노트는 주로 서비스 과정과 사회복지사-클라이언트 관계의 발전에 초점을 둔 긴 이야기체 기록으로 구성된다. 중간노트는 가끔 면담이나 집단모임의 과정기록을 포함하기도 한다. 기록 업무를 계속 수행해 나가는 것이 어렵다는 것을 알고 있는 실천가들은 가끔 기록파일에 남길 기록하기를 미루고 자신의 노트를 계속 적어 나간다. 그 결과, 진행 중인 사례에 대한 어떤 기록에는 개시 요약만 있고 실천과 슈퍼비전을 지원해 줄 수 있는 시기적절하게 작성된 의미 있는 업데이트는 부족하다.

1970년대에 재정지원자들로부터 책무성에 대한 요구가 증가하면서 실천가들은 중간노트를 서비스 성과와 클라이언트-욕구-상황의 변화에 초점을 맞추기 시작했다. 일부 정신보건 기관들은 목표성취척도(Goal Attainment Scaling) (Kiresuk & Sherman, 1968)를 채택한 반면, 일부 의료 및 보건 관련 기관들은 중간노트를 위해 SOAP(Subjective-Objective-Assessment-Plan : 주관적-객관적-사정-계획) 형식을 사용하는 문제중심기록을 채택하였다(Weed, 1968) (목표성취척도와 문제중심기록의 예시를 통한 논의는 제4장 참조).

보다 최근에 와서는 모든 실천 영역의 실천가들, 기관들, 재정지원자들은 서비스 전 과정을 통한 움직임과 변화의 지표들을 정기적으로 문서화하는 것이 중요함을 인식하게 되었다. 이런 동향이 중간노트를 보다 구조적으로 만들어 주고 보다 큰 의미를 부여하게 되었다. 서비스 과정과 진전에 대한 중요한 정보가 기록에 정기적으로 업데이트되면, 이런 정보는 다음의 용도로 사용할 수 있게 된다.

- 클라이언트-욕구-상황에서의 변화를 모니터링하고 평가하는 데
- 서비스 과정에서의 움직임을 모니터링하고 평가하는 데
- 서비스 계획을 실행하는 데 있어 이정표를 인식하는 데
- 서비스 종료 여부 및 언제 종료해야 하는지를 결정하는 데
- 승인된 실천을 따르고 있다는 것을 보여 주는 데
- 슈퍼비전, 자문, 동료 검토를 하는 데
- 행정적 의사결정을 하는 데

중간노트는 다음에 제시된 정보들의 전부 또는 일부를 포함해야 한다.

- 클라이언트-욕구-상황에 관한 업데이트 및 최신 정보
- 움직임의 지표
- 클라이언트-욕구-상황 상태에 대한 사정
- 서비스 활동에 대한 기술
- 서비스 목적, 목표, 계획, 과정, 진전에 대한 사정
- 서비스 목적, 목표, 계획 및 움직임의 지표에 대한 모든 변화

중간노트는 클라이언트-욕구-상황에 관한 정보를 정기적으로 업데이트해야 한다. 새로운 정보가 드러날 수도 있는데, 서비스 개입이나 다른 원인들로 인해 발생하는 클라이언트-욕구-상황의 변화를 문서화할 필요가 있다. 중간노트는 과거 기록을 정정 또는 수정하거나 이전 가정들을 실증하거나 반박하는 것일 수도 있다. 중간노트는 클라이언트-욕구-상황에서의 변화나 이에 관한 새로운 정보를 문서화해야 한다. 서비스를 위한 새로운 자원이나 장애물, 계획했거나 또는 예측하지 못한 서비스 결과, 추가적 서비스나 상이한 서비스에 대한 욕구를 강조해 주어야 한다. 업데이트된 이런 내용은 서비스 목적이나 목표 또는 계획에서의 변화를 초래할 수 있는 사정의 근거가 될 수 있다.

중간노트로부터 발췌된 다음의 예는 클라이언트의 목표와 선호되는 서비스 계획의 실행 가능성에 영향을 미칠 수 있는 클라이언트의 환경 변화를 기술해 주고 있다.

"Q 부인과 딸 Q 양, 사위 N 씨와의 3월 30일자 면담에서, 딸의 집으로 이사하고자 하는 Q 부인의 바람은 현재로서는 가능하지 않은 것이 명백해졌다. N 씨는 현재 임시해고 상태에서 영구해고된 상태이며 딸 Q 양은 직장을 갖게 되었고, 딸의 아들 대런은 보육시설에 간다. N 씨는 다른 주에서 직장을 찾아볼 계획이다."

중간노트는 **움직임의 지표**를 문서화하게 되는데, 이 지표들은 클라이언트-욕구-상황에서의 진전, 혹은 변화의 부족이나 퇴행을 보여 주고자 한다. 이 지표들은 클라이언트-욕구-상황에 초점을 두고, 예를 들면 행위나 사고, 활동이나 행동, 신체적 기능이나 정서적 상태를 문서화한다(Lueger et al., 2001). 또는 서비스 과정에 초점을 두고 서비스 계획의 실행을 모니터링할 수도 있다. 움직임의 지표들은 가끔 특정 지표를 모니터링하고 변화를 보여 주기 위한 **차트**나 양식형태로 기록에 들어가게 된다. 예를 들어, 클라이언트의 학교 출석이나 자기효능감척도 점수는 그래프로 표시될 수 있다. 실천가들은 때때로 그저 변화를 기술하거나 예시들을 제시할 것이다. 예를 들어, "L 부인은 이제 어떻게 제이콥에게 되는 것과 안 되는 것의 한계를 지어줄 수 있는지 알겠다고 말한다. 제이콥은 이제 제시간에 집에 오며, 모자는 예전만큼 싸우지 않는다." 중간노트는 가끔 클라이언트-욕구-상황에서 예측하지 못했던 변화들을 문서화한다. 예를 들어, 가족치료에 참여하고 있던 10대 청소년이 가출을 한다. 중간노트는 변화에 대한 장애물이나 서비스 목표나 계획을 수행하는 데 있어서의 클라이언트 관여의 변화를 기술하기도 한다. 예를 들어, 클라이언트가 취업 인터뷰에 계속 나타나지 않는다는 사실을 문서화할 수도 있다. 중간노트는 향상에 대해 기록하기도 하지만 단기적 혹은 장기적 해나 퇴행, 재발을 보여 주기도 한다.

다음 예에서 사회복지사는 클라이언트가 통찰력을 발전시켜나가는 것을 기록하고 있다.

> "내가 G 양의 행동을 성취와 성공에 관한 양가감정의 한 예라고 해석한 뒤로, G 양은 최근 이것에 대해 많이 생각했었다고 말했다. 그녀는 자신이 '지나치게 성공적'이 되는 것을 피하려 했던 직장에서의 여러 상황들을 생각할 수 있었다. 그녀는 열심히 일했지만 최고 지위에 있는 상급자들의 관심을 끌어들일 수 있는 '과시적인 과업'은 하려고 하지 않았다. 하지만 자신이 모든 일을 해야 하는 것과 부변호사가 아닌 조수로 취급당하는 것에 대해 분개했다."

사회복지사는 다음에서 클라이언트의 일기 내용을 정보출처로 활용하여 클라이언트의 불안 수준을 기록하고 있다.

"20××년 11월 15일부터 20××년 11월 29일에 걸친 마사의 일기는 네 번의 중도 불안 증세와 한 번의 공황발작을 보여 주었다. 그녀는 다섯 번 모두의 경우에 긴장이완 기술을 사용하였으며 30분 후에 불안은 감소되었다.

변화 : 이러한 사건의 발생빈도는 10% 감소되었다. 긴장이완을 실시한 시간에는 변화가 없었다.

계획 : 긴장이완 훈련을 계속한다."

또 다른 중간노트에서 사회복지사는 서비스 과정의 시작 전과 중간에 결혼만족도 척도에 대한 부부의 응답점수를 기록하고 있다.

"L 씨 부부는 서비스가 시작되기 전(20××년 9월 19일)과 여섯 번째 면담 후에 (20××년 10월 30일) 각자 결혼만족도척도(Hudson, 1982)를 완성하였다.
점수는 다음과 같다.

|  | 20××년 9월 19일 | 20××년 10월 30일 |
| --- | --- | --- |
| L 부인 | 88 | 65 |
| L 씨 | 70 | 66" |

사회복지사가 얼마나 자주 기록을 업데이트해야 하느냐에 대한 엄격한 기준은 없다. 이상적으로는 각 서비스가 이루어진 직후 업데이트하는 것이 좋을 것이다. 하지만 대부분의 기관에서 이러한 기대는 비현실적일 수 있다. 때때로 서비스 종결 이전에 기록을 업데이트할 수 있는 기회조차 없을 정도로 서비스가 매우 짧은 기간 동안 제공되기도 한다. 때로는 실천 업무가 과중하여 기록을 정기적으로 업데이트하는 것이 불가능해지기도 한다. 그러나 실천가들과 기관들은 다음의 지침들을 적용하도록 권장되고 있다.

• 모든 위급상황 및 중요한 사건들은 24시간 내에 완전한 형태로 기록해야

한다.

- 클라이언트-욕구-상황과 서비스 교류에서의 모든 중요한 변화들은 가능하면 빠른 시간 내에, 그러면서도 확실히 3일 이내에 기록해야 한다.
- 목표와 계획에서의 움직임 지표들은 정기적으로(예를 들면, 매 세 번째 서비스 제공 이후) 기록해야 한다.
- 다른 서비스 제공자들과 기관들을 포함하는 현재 진행 중인 사례에 대한 기록은 주별로 업데이트해야 한다.
- 중간노트는 정기적으로, 그리고 매 세 번째 서비스 접촉 이후나 적어도 한 달에 한 번은 기록해야 한다.
- 원래 계획된 사회복지사의 부재, 사례 이전, 정보의 방출, 사례 검토 전에도 기록을 업데이트해야 한다.

중간노트는 흔히 특정 시기의 클라이언트-욕구-상황의 상태에 대한 사정을 기록한다. 이때, 사회복지사는 직접 관찰, 변화를 보여 주는 선택된 지표, 기타 정보 출처에 근거해서 클라이언트-욕구-상황에서의 변화(혹은 무변화)를 평가한다. 사회복지사의 목적은 서비스의 목적을 달성하는 방향으로의 움직임이 있었는지, 목표나 계획을 수정할 필요는 없는지, 의도된 성과를 달성할 수 있을 것 같은지를 평가하는 것이다. 평가에 도달하는 데 사용된 기준뿐만 아니라 사정을 하는 데 근거가 된 정보도 문서화해야 한다.

"20××년 3월 21일 : 나는 B 회사의 인적자원 부서로부터 S가 지난 금요일 인터뷰에 나오지 않았다는 메시지를 받았다. 지금까지 그녀는 인터뷰 약속을 세 번이나 어겼으며 이번에는 약속을 취소하는 전화도 하지 않았다. B 회사는 이제 그녀를 인터뷰하지 않겠다고 한다. 나는 S에게 전화로 연락을 취하려 하였으나 그녀는 답신을 주지 않았다.

**사회복지사 견해** : 나는 B 회사의 인적자원 부서로부터 얻은 것 이외에는 다른 정보를 가지고 있지 않다. S가 왜 약속에 나타나지 않았고 나에게 연락하지 않는지 알

수 없다. 그녀가 무엇인가를 회피하고 있는 것일 수도 있고 내가 모르는 어떤 일이
나 위기가 그녀에게 일어나고 있을 수도 있다."

중간노트는 항상 서비스 활동을 기술해야 한다. 전문직 발전 초기에 사회복지
사들은 기록에 구체적인 서비스 활동들을 남기지 말라고 가르침을 받았다.
Bristol(1936)는 이런 활동들을 "내가 얼마나 바쁜지 봐라" 내용이라고 불렀다.
왜냐하면 그녀는 이런 활동들이 사회복지사의 진단적 사고를 돕기 위한 기록의
목적과 관련이 없다고 간주하였기 때문이다. 그러나 오늘날에 와서는 클라이언
트와 함께 또는 그를 위해 행하는 모든 활동을 기록하는 것은 책무성의 중요요
소가 되고 있다. 예를 들어, 클라이언트의 자격요건이나 서비스의 이용 가능성
을 확인하기 위해 타 기관에 전화 접촉을 하는 것도 기록에 문서화되어야 할지
모른다. 간략한 서비스 활동이라도 만약 그것이 책무성을 보여 주거나 서비스
결정, 행동, 성과를 설명해 줄 수 있다면 기록에 포함되어야 한다. 이런 문서화
는 노력의 수준, 클라이언트가 받는 서비스의 종류와 질을 보여 주는 데 유용하
다. 중간노트는 재원 출처에 비용 상환을 청구하기 위한 필요 때문에, 혹은 법정
의 보강 진술에 중요하기 때문에 사회복지사가 근무하는 기관에 의해 요구될 수
도 있다.

중간노트는 클라이언트와 함께 또는 그를 위해 수행하는 모든 활동들에 대한
자세한 기록을 포함해야 할 필요는 없다. 이렇게 하는 것은 너무 시간 소모적이
며 비용이 많이 든다. 차라리 기록은 논의된 주제와 이루어진 결정뿐만 아니라
날짜, 장소, 관여한 참가자들을 언급하면서 모든 서비스 접촉을 표로 제시해야 한
다. 가능할 때마다 이런 정보들을 각 면담, 회기, 전화 접촉, 클라이언트나 클라
이언트 가족 또는 사회적 관계망 속의 사람, 그리고 다른 서비스 제공자들과의
만남 이후에 기록해야 한다. 물론 실천가들은 일상적인 기록 업무조차도 지속해
나가기 어렵다. 따라서 많은 기관과 실천가들은 이런 업무를 단순화하기 위해

표, 양식, 전산화된 약속 잡기 소프트웨어를 사용하고 있다. 또 다른 기관들은 이런저런 기본적인 기록 업무를 사무직원에 의존하고 있다.

서비스 활동들에 대한 보고는 보다 광범위한 노트로 보충될 수도 있다.

"20××년 9월 23일 : K 씨 부부와 사무실에서 면담. 20××/4/17에 시작된 결혼상담의 마지막 면담. 두 사람 간의 관계와 이 둘과 K 씨 아버지와의 관계에서 일어난 변화를 검토함. 상태와 상담 재개시에 대한 욕구를 사정하기 위해 20××년 10월 20일에 추후 전화면담을 하기로 계획함."

"20××년 3월 18일 : 레빈의 담임인 G 부인을 만남. 그녀는 최근 2주 동안 레빈의 학습 참여와 전체적 성취가 다소 개선되었음을 지적하고 있다. G 씨는 특히 가넷과 에텔과 같은 학생들이 레빈을 빗나가게 하고 있다는 것을 알게 되었다. 나의 제안으로 G 부인은 ① 가넷과 에텔을 레빈에게서 분리시키고 ② 그들이 학교가 지도하는 활동들을 하도록 긍정적으로 북돋우어 주고 ③ 이번 주에 레빈이 독서집단에서 지도자 역할을 하도록 할 것이다."

오늘날 기록은 서비스 과정에 대한 완전한 기술이나 클라이언트와의 만남으로부터 나온 축어적 발췌를 포함하는 일은 거의 없다. 오히려 기록은 서비스의 실제 과정이나 실천가, 클라이언트, 타자들 사이의 상호작용을 자세히 문서화하지 않고, 접근법(예를 들어, 인지-행동 개입)이나 방법론(예를 들어, 체계적 둔감법), 또는 전략(예를 들어, 취해야 할 단계들에 대한 논의)에 대한 특성들을 기술한다. 그러나 어떤 경우 실천가는 다음의 내용을 보여 주기 위해 특정 상호작용을 어느 정도 자세히 기록할 수도 있다.

● 서비스 계획 실행에서의 진전 상황
● 치료과정의 연속적 단계를 통한 움직임
● 클라이언트-욕구-상황에 대한 서비스의 영향력

다음의 발췌는 진전을 보여 주기 위해 집단발달 과정 중의 한 단계를 기록하고 있다.

> "20××년 12월 1일 : 레슬리는 지난주에 있었던 세 번째 집단 회합에서 집단을 '우리 집단'이라고 불렀다. 이어 사라는 한 아이가 그녀에게 수학시간에 어디에 갔었느냐고 물어봤을 때 '나의 집단'에 갔었다고 말했다고 했다. 그녀는 '나의 집단'이 '내가 피할 곳'이라고 말하는 것보다는 낫다고 생각했다. 모든 성원들이 웃으면서 서로서로 그리고 사회복지사를 바라보았다.
> 사회복지사 견해 : 집단에 정체성과 응집력이 생겨나고 있다."

중간노트는 사회복지사의 서비스 과정과 진전에 대한 사정도 포함한다. 이 사정은 서비스 과정에 대한 클라이언트의 관여, 클라이언트-욕구-상황에서의 변화, 서비스 계획을 실행하는 데 있어서와 목표 성취를 향한 움직임의 지표들을 포함하여 다양한 요소들에 근거할 수 있다. 사회복지사는 다음과 같은 질문에 대답하기 위해 사정을 활용한다. 클라이언트-욕구-상황이 향상되고 있는가? 서비스는 앞을 향해 시기적절하게 움직이고 있는가? 클라이언트-욕구-상황에서의 변화는 이전과는 다른 접근이나 추가적 서비스를 필요로 하지는 않는가? 기존의 목적, 목표, 계획은 여전히 현실적이며 의미가 있는가? 클라이언트-욕구-상황은 적절한 시간과 노력에도 불구하고 악화되거나 변화가 없지는 않는가? 새롭거나 추가적인 문제가 발생하지는 않았는지 혹은 예측하지 못했던 서비스 결과나 기타 성공의 방해요인이 있는가?

서비스 과정과 진전에 대한 사정은 항상 선정된 지표에 대한 평가나 '성과' 측정을 포함해야 한다. 그러나 서비스가 클라이언트-욕구-상황에서의 변화(또는 무변화)를 가져오기 위해 수행하는 역할을 사정하는 것은 쉽지 않다. 물론 실천가들은 사회복지개입이 움직임이나 변화 부족을 유발하는 클라이언트-욕구-상황에 대한 다양한 영향 중의 단지 하나일 뿐이라는 것을 인식해야 한다. 예를 들어, 클라이언트 환경의 다른 요인들과 타 서비스 제공자들도 서비스, 목표, 성과에 영향을 미칠지 모른다(Kagle, 1982b). 실천가들은 가능할 때마다 서비스에 기여하거나 서비스를 방해하는 요인들을 확인하기 위해 클라이언트와 함께 일해야 한다. 이런 정보도 움직임의 지표들과 함께 기록에 문서화해야 한다.

다음 예에서는 수잔의 학교 출석을 서비스 효과의 한 측정으로 사용하였다. 잦은 결석 때문에 수잔의 학교 성취가 하락하였다.

> "4월 4일 : 3월 한 달 동안 수잔의 학교 출석 저조(6번 결석)는 채드와의 지속적 관계에 기인하였다. 그러나 오늘 수잔은 자신의 어머니가 3월 초에 병원에서 재입원하였다고 밝혔다. 수잔은 2월에도 동생 레리(9세)가 독감에 걸렸을 때 1주 동안 집에 있었다."

만약 기록이 그녀의 출석에 영향을 주었던 참작할 수 있는 상황을 문서화하지 않았다면, 이러한 지표들은 서비스가 비효과적이었거나 수잔이 학교에 출석하고자 하는 동기가 부족하다는 징표로 해석될 수도 있었다.

서비스 과정에 대한 사정은 사회복지사와 클라이언트가 서비스의 **목적, 목표, 계획,** 혹은 움직임을 측정하고 평가하기 위해 사용하는 지표들을 변화시켜야 한다는 것을 암시할 수도 있다. 이러한 결정을 변화에 대한 근거와 함께 기록문서에 메모하고 강조해야 한다. 서비스 전달과 목표 성취에 대한 장애물도 이런 장애물을 극복하기 위한 노력과 마찬가지로 기록해야 한다. 그리고 만약 사회복지사-클라이언트 간에 계약이 존재한다면 이 또한 업데이트하고, 기록을 읽는 사람이 새로운 중요 정보와 서비스 목적, 목표, 계획 혹은 움직임 지표들의 변화를 찾아볼 수 있도록 중간노트로 안내해 주는 주석을 기록 어딘가에 남겨놓는 것이 중요하다.

## 특별 자료

사회복지기록은 법적 서류, 기관 양식, 사회복지사-클라이언트 계약서, 동의서, 정보의 방출이나 전달에 관한 서류, 타 기관이나 실천가의 보고서와 기록 또는 클라이언트로부터 온 편지와 메시지와 같은 다양한 특별 자료를 포함할 수 있다. 이러한 특별 자료의 일부는 실천가들이 준비하며 책무성에 중요하다.

### 동의서

기록은 기관이나 실천가가 수행할 행동에 대해 클라이언트(혹은 클라이언트를 대신하는 타자의)가 인가한 것을 문서화한 양식을 포함한다. 이러한 양식을 보통 '고지된 동의' 또는 '인가'라고 부른다.

동의가 '고지'되기 위해서는 다음의 표준을 따라야 한다.

- 클라이언트는 판단을 내려 동의할 수 있는 능력이 있어야 한다. 어린 아동이나 그러한 결정을 내릴 수 있는 능력이 없는 장애 성인의 경우, 부모, 법적 후견인 또는 기타 인가된 결정자가 양식에 날인할 수 있다.
- 취할 행동을 완전하게 설명해 주어야 한다.
- 클라이언트(또는 기타 의사결정권자)는 기관이나 실천가가 특정 행동을 취할 수 있도록 인가해 준다.
- 클라이언트(또는 기타 의사결정권자)에게 동의가 어떻게 번복될 수 있는지를 고지해야 한다.
- 클라이언트(또는 기타 의사결정권자)에게 동의하거나 혹은 동의를 유보하는 결정이 초래할 수 있는 모든 결과에 대해 통지해야 한다.

오늘날 많은 기관과 실천가들은 클라이언트가 서비스를 받겠다는 동의서에 날인한 후에야 서비스를 개시한다. 환자의 '치료 동의서'를 받는 의료계의 선례에 따라 사회복지사들도 탐색과정을 시작하기 전에 클라이언트로부터 '서비스 개시를 위한 동의'를 받고 있다. 이 동의는 사회복지사–클라이언트 간의 계약과는 다르다. 계약은 탐색과정 이후에 이루어지며 특정 목표, 계획, 성과를 약술하는 반면, 서비스에 대한 수혜 동의는 기관이 무엇을 제공하며, 그들로부터 무엇을 기대하고, 그 과정이 무엇을 수반하게 될 것인지에 대한 클라이언트나 기타 의사결정자들의 일반적 이해를 문서화한다.

서비스 제공을 위한 서면 동의를 구하기 이전에, 기관과 실천가들은 클라이언트에게 다음의 사항들을 고지하여야 한다.

- 문제, 욕구, 클라이언트의 유형
- 제공되는 구체적 프로그램과 서비스
- 비밀보장의 정도와 한계
- 비용, 비용청구 방식, 자격 요건에 대한 지침
- 기관의 소속과 실천가의 자격
- 서비스 접촉의 기간 및 빈도
- 면담을 약속하고 취소하는 방법
- 서비스를 받는데 있어서의 잠재적 혜택과 위험

실천가는 클라이언트가 서비스 과정에 들어올지에 대한 결정을 하는 데 도움이 될 수 있는 기타 정보도 제공해야 한다. 클라이언트는 서비스 인가에 날인하기 전에 의문사항에 대해 질문하고 신중히 결정하도록 장려되어야 한다. 기록은 인가를 얻기 위해 사용한 절차를 문서화해야 한다. 이때 적절한 단계들을 밟고 있으며 문서화를 제대로 하고 있음을 확실히 하기 위하여 체크리스트나 양식을 사용하는 것이 유용할 수 있다. 물론, 클라이언트나 클라이언트를 대신하는 사람이 동의를 하지 않으면 서비스를 개시해서는 안 된다.

외부 기관이나 실천가들에게 정보를 공개할 때에도 유사한 과정이 문서화와 함께 인가에 수반되어야 한다. 이 경우에도 고지된 동의는 클라이언트가 그러한 결정을 할 능력이 있으며(또는 보호자나 다른 결정권자가 클라이언트를 대신해 행동하고 있으며), 이들이 과정 자체와 그 과정의 잠재적 효과에 대해 충분히 고지를 받았고, 기관과 실천가가 특정 행동을 취하는 것을 인가해 주었음을 의미한다. 정보 공개에 동의하기 위해서 클라이언트는 다음 사항을 알고 있어야 한다.

- 어떤 정보가 공개될 것인가?
- 누구에게 공개될 것인가?
- 정보가 어떻게 사용될 것인가?
- 정보를 공개하거나 공개하지 않을 경우의 잠재적 혜택과 위험

오늘날 기관과 실천가는 기관이 마음대로 외부 관계자에게 아무 정보나 공개하는 것을 허락해 주는 만능문서인 '포괄적 동의서'를 더 이상 사용해서는 안 된다. 오히려 클라이언트가 각 상황에서 정보를 갖고 판단을 내리도록 충분한 정보를 제공하고 각 공개에 대해 개별적인 동의를 받도록 해야 한다. 또한 클라이언트에게 어떤 내용이 공개될 것인지에 대한 자세한 정보를 제공해야 하며, 클라이언트(또는 그들을 대신해 행동하는 자들)가 기록을 직접 볼 수 있도록 해 주어야 한다. 정보가 클라이언트의 사전 동의 없이 공개되는 매우 드문 경우(예를 들면 위급 상황의 경우)에 그 상황과 클라이언트의 동의 없이 정보를 공개한 근거를 완전하게 기록해야 한다. 가능하다면 기관의 슈퍼바이저 또는 다른 관리자가 특정 사전 인가 없이 정보를 공개하기로 하는 결정에 참여하거나 승인에 서명하여야 한다.

### 정보 공개에 대한 설명

'보험이 적용되는 단체'로 간주되는 건강보호와 그 밖의 서비스 제공자들은 HIPAA 사적 권리 보호 규정을 따르기 위해서는 보호되어야 하는 건강정보(protected health information : PHI)를 외부 개인이나 조직에 공개하는 것에

대해 문서화해야 한다. 보험이 적용되는 단체는 적어도 6년 동안 이러한 공개에 대한 설명을 가지고 있어야 한다.

- 공개 날짜
- 정보를 수령한 개인이나 기관의 이름과 주소
- 공개된 정보의 사본이나 기술
- 공개 요구 사본이나 공개 이유에 대한 진술서

비록 HIPAA가 명시적으로 요구하지는 않지만 기관과 실천가들이 동의 포기에 대한 문서뿐만 아니라 정보 공개에 대한 동의 사본을 보관하도록 조언하고 있다. HIPAA, PHI, 사적 권리 보호 규정, 그리고 기록과 관련 정보의 보관에 대한 보다 완전한 기술과 분석을 위해서는 제8장과 제9장을 참조하라.

## 중요 사건과 위급 상황

클라이언트에게 충격을 주고 서비스에 영향을 주는 급박한 상황들은 완전하고도 즉각적인 문서화를 요구한다. 어떤 급박한 상황은 중요 사건으로 정의된다. 즉, 클라이언트가 생명위협적 또는 잠재적 상해 상황에 직접적으로 결부되는 경우를 말한다.

중요 사건의 예는 다음과 같다.

- 클라이언트가 타인을 위협하거나 공격할 때
- 클라이언트가 위협 또는 공격받거나 부당하게 대우받을 때
- 클라이언트가 자살행동을 하겠다고 위협할 때
- 클라이언트가 본인이 아동 학대의 피해자 또는 가해자라고 보고할 때

어떤 급박한 상황들은 위급 상황으로 정의되는데, 이 경우는 상황이 심각하고 클라이언트 또는 서비스 계획에 중요한 영향을 미칠 소지는 있으나 클라이언트

나 다른 사람에게 즉각적인 위협을 주지는 않는 경우이다.

위급 상황의 예는 다음과 같다.

- 클라이언트가 절도로 체포될 때
- 클라이언트가 자동차 사고에 관여되어 있을 때
- 보육서비스 제공자가 자신의 면허증을 분실했을 때
- 가족이 사는 집으로부터 퇴거당했을 때

가능한 한 실천가는 이러한 상황을 다루기 위해서 정책과 절차를 재검토하고 타당한 표준에 따라서 취해진 결정과 행동을 문서화해야 한다. 예를 들어 모든 주의 사회복지사는 아동 학대 가능성에 대해 모두 보고하도록 되어 있다. 발생 가능성이 표면화되면, 기록은 주정부와 기관의 기대와 요구에 따라 대응하여 이루어진 모든 결정과 행동의 근거를 문서화하고 제시해야 한다. 중요 사건과 위급 상황은 항상 완전하고 즉각적으로 기록에 문서화해야 한다. 예를 들어, 기관은 클라이언트의 자살 위협에 대응하는 표준 절차를 갖고 있을 수 있다. 사회복지사는 그 위협에 즉각적으로 대응하고, 완전한 사정을 실시하며, 모든 필요한 행동을 취하고, 그 사건을 기록해야 한다. 또한 사회복지사는 기관의 표준에 따라 특별히 취해진 결정과 행동의 근거를 제시해야 한다. 기관 절차가 달리 요구하지 않는 이상, 실천가는 중요 사건을 자신의 슈퍼바이저나 다른 관리자에게 보고하고 취해진 결정과 행동에 대한 승인을 받도록 해야 한다.

위급 상황은 자주 사회복지사나 클라이언트에 의한 빠른 결정과 행동을 요구한다. 이 상황들은 서비스 목표의 변화나 계획 실천과 성과 달성의 연기를 필요로 할 수도 있다. 예를 들어, 클라이언트가 약물치료 후 집에 오는 도중에 절도죄로 체포가 된다. 이 경우 사회복지사는 그 상황과 이에 대응하여 취해진 행동뿐만 아니라 이와 연관된 서비스 목표와 계획의 변화도 문서화할 것이다. 한 보육서비스 제공자가 자신의 면허증을 잃어버려 직업훈련 프로그램에 들어가 있는 클라이언트의 아기 돌보기에 영향을 줄 수도 있다. 기록은 위급 상황과 클라이언트의 변화된 상황 그리고 그것이 클라이언트가 프로그램과 목표를 달성하는 능력에 미치는 잠재적 영향을 문서화할 것이다.

중요 사건과 위급 상황 보고는 최소한 다음의 정보를 포함해야 한다.

- 날짜, 시간, 장소, 관련자
- 사건의 전말에 대한 상세한 기술과 정보출처에 따른 다양한 견해
- 상황에 대한 평가와 평가에 활용된 기준
- 취해진 결정과 행동, 그리고 대안
- 추후계획과 지속적 검토
- 급박한 상황이 해결될 때까지의 정기적 업데이트

예를 들면 다음과 같다.

"20××년 12월 22일 오전 8시 : R 부인이 전화하였다. R 부인은 R 씨가 밤새 술을 마시고 '미쳐 날뛰었으며' 자신과 딸 메리(7살)를 엽총으로 위협했다고 말했다. 나는 R 부인에게 20××년 12월 16일에 그녀의 전화를 받았던 제임스 경관에게 전화하여 그 경관이나 다른 경찰관과 함께 그녀의 집으로 가겠다고 말했다. 우리는 오전 8시 40분경에 도착하였다. R 부인과 메리는 차고에서 기다리고 있었다. 나는 R 부인과 메리를 20××년 12월 16일과 마찬가지로 여성임시보호소에 데려다 주었다. 제임스 경관은 R 부인의 집에 들어갔고, 나는 후에 경관이 R 씨를 체포하였음을 알았다. 론다 F 씨(보호소의 사회복지사)와 나는 오늘 (세 번째로) R 부인과 법정 보호명령을 받는 것에 대해 이야기를 나눌 예정이다. 우리는 또한 VV(가정 폭력) 쉼터로 이사 가는 것과 안전 확보를 위한 그 외의 다른 선택들에 대해 의논할 예정이다."

"20××년 10월 13일 : 라미카의 위탁모인 G 부인은 그녀의 보호하에 있는 세 아동 모두 다음 주까지 자신의 집에서 나가줄 것을 요구하였다. G 씨가 지난 주말에 죽

없기 때문에 더 이상 그녀 혼자 아이들을 돌볼 수가 없다. G 부인과 나는 오늘 라미카와 다른 아이들의 상황에 대해 논의하였다. 라미카는 9살 때부터 3년 동안 G 부인의 보호하에 있었기 때문에 이 상황에 대해 매우 화가 나 있었다. 나는 이들이 10월 16일에 N 위탁가정으로 옮겨가도록 배정하였다. 이 집은 G 부인 집에서 네 골목 떨어져 있으며 같은 학교 구역에 위치해 있다. G 부인은 라미카와 계속 접촉하기로 하였으며 라미카가 자신의 집에 방문하도록 하였다. 나는 이 과도기 동안 라미카를 매주 만날 예정이며 N 가정과 학교에서의 상황도 모니터링할 예정이다."

## 정기적인 서비스 검토

수 주 이상 지속되는 사례의 경우, 기록은 클라이언트-욕구-상황과 서비스 활동에 대한 정기적 검토를 일정 간격을 갖고 문서화할 수 있다. 어떤 기관은 일정 기간 동안 진행 중인 사례에 대해 행정적 또는 동료 검토를 거치도록 요구하는 절차를 갖고 있다. 예를 들어, 노인 재가서비스를 제공하는 기관은 서비스가 클라이언트의 변화하는 건강 욕구와 사회적 환경을 충족시키는가를 확인하기 위하여 6개월마다 검토를 요구할 수 있다. 어떤 검토는 공공정책에 때문에 이루어진다. 예를 들어, 장애 아동을 위한 모든 개별화교육프로그램(IEP)은 매년 검토를 거친다. 때로 정기적인 서비스 검토는 흥미롭거나 문제가 있는 사례에 대해 새로운 관점을 얻고자 실천가나 슈퍼바이저에 의해 시작된다. 어떤 검토는 병원 사회적 서비스 부서 내의 질 보장 프로그램에 의해 시작될 수도 있는데, 이런 경우 예를 들어 특정 클라이언트 집단이나 장애 형태가 정기적 동료 검토를 위한 주제로 선택될 수도 있다. 이러한 검토는 종종 사회복지사와 사례를 관리하는 슈퍼바이저만을 포함하지는 않는다. 다른 실천가와 전문가, 행정가, 외부 상담가 그리고 클라이언트와 클라이언트의 대리자도 참여할 수 있다.

사례에 대한 사회복지사의 지속적인 관찰과 사정을 문서화하는 중간노트와는 달리, 정기적인 서비스 검토는 서비스 결정과 행동에 대한 좀 더 공식적인 재심사를 문서화하고 추가적인 아이디어와 관점을 통합시킨다. 이러한 검토는 클라이언트-욕구-상황의 사정과 서비스의 접근 방향과 계획에 초점을 맞추게 된다. 이 검토 과정에 관여하는 사람은 클라이언트의 기록, 특별히 중간노트에 반영된 서비스의 목적, 계획과 진전을 참조하게 된다. 서비스 검토는 책무성을 목적으로 기록에 문서화된다. 일반적으로 그 내용은 다음을 포함한다.

- 날짜, 참여자 이름, 제기된 주제
- 서비스 활동과 움직임에 대한 검토
- 클라이언트-욕구-상황의 사정과 관련하여 필요한 변화에 대한 제안
- 고려해야 할 대안적 서비스 선택
- 목적, 목표, 계획 또는 서비스 성과 측정과 관련하여 필요한 변화에 대한 제안
- 참여자들 사이의 합의 수준
- 그 밖의 제안 사항이나 계획

예를 들면 다음과 같다.

### 위탁보호 6개월 검토, 팀 회의

"이름 : 타냐 N, 8세 4개월, 리날도 N, 6세 6개월

날짜 : 20××년 5월 12일

참석자 : 위탁모 R 부인, 타냐의 담임교사 P 씨, 중앙사무실의 T 씨,

　　　　리날도를 위한 학교연락자 L 씨, 위탁보호 슈퍼바이저 A 부인,

　　　　아이들의 할머니 N 부인, 개별사회복지사 M 씨

불참석자 : 타냐와 리날도의 엄마인 N 양, N 양에게 모임 날짜를 우편과 전화로 알려 주었다. 모임시간에 사회복지사 M 씨는 N 양에게 전화를 걸었다. N 양은 아파서 모임에 참석할 수 없다고 말했다.

회의기록 : 이 사례에 대한 사회복지사의 검토가 발표되었다. R 부인은 타냐의 엄마가 타냐와 리날도를 딱 한 번 방문하였다고 진술하였다. R 부인은 아이들에 대한 방문이 정해지면 N 양은 전화하여 자신이 아파서 갈 수 없다고 말한다고 하였

다. 타냐는 학교에 잘 적응하고 있다. 리날도는 위축되어 있고 자기 학년 아이들보다 뒤떨어져 있다. R 부인은 타냐는 집에서도 잘 지내고 있지만 리날도는 다시 침대에 오줌을 싸기 시작했다고 말한다. N 부인은 그녀의 딸이 집세를 낼 돈이 필요하거나 음식이 떨어졌을 때에만 집에 들른다고 말한다. N 양은 '함께 잘 해 나가거나' 아이들을 다시 찾아가는 데 관심이 없는 것 같다. N 부인은 자신이 아이들을 찾아가고 싶지만 너무 나이가 많고 아프다는 점을 상당히 길게 이야기하였다.

계획 : 현재 계획은 방문을 독려하는 것이고 목표는 연말까지는 집으로 돌아가는 것이다. N 양이 지난 3개월 동안 타냐와 리날도를 단 한 번만 방문한 이상, 사회복지사는 N 양 집으로 방문하여 건강, 교통편, 가정 상황, 약물사용, 직업 상태를 살펴볼 것이다. 목표와 계획을 재고하기 위해 9개월째에(20××년 8월 14일) 검토가 예약되어 있다. 앞으로 2주 안에 학교 심리학자와 의사가 지날도를 평가할 것이다."

## 종결 요약

기록은 서비스 종결 이유와 종결 시 사례의 상태를 문서화하는 종결 요약을 포함해야 한다.

- 시작부터 종결까지의 클라이언트-욕구-상황에 대한 간략한 기술 및 분석
- 목적, 과정, 목표, 활동에 대한 간략한 검토
- 서비스 과정과 성과 그리고 서비스가 클라이언트-욕구-상황에 미친 영향에 대한 심층 분석
- 의뢰 또는 추가적 서비스를 위한 계획
- 추후 지도

종결 요약은 서비스가 마무리된 후에 준비된다. 그 결과 많은 사회복지사들이 이를 기록하는 가치를 보지 못하여 작성을 미루거나 거의 주목하지 않는다. 사회복지사들은 왜 종결되는 사례 파일에 들어갈 문서를 기록하는 데 시간을 써야 하는지 의문을 갖는다. 따라서 종결 요약이 종종 피상적이고 불완전하거나 제외

되는 것이 놀랄 일이 아니다. 그러나 종결 요약은 실제적으로 가치가 있을 수 있다. 이 요약은 종종 기록 어디에도 나타나지 않는 중요한 정보를 포함한다. 이는 후에 그 사례가 다시 개시되거나 클라이언트가 다른 곳에서 서비스를 원해 다른 서비스 제공자에게 정보의 공개를 승인할 경우 특히 유용하다. 종결 요약을 준비하는 것은 실천가가 그 사례와 자신의 실천에 대한 평가를 내리는데 도움을 줄 수 있다. 더군다나 서비스 과정과 서비스가 클라이언트-욕구-상황에 미친 영향을 분석하는 것은 사회복지사와 그 기관의 책무성을 보여 준다. 종결 요약은 서비스가 장기적이고 기록이 매우 길 때 유용할 수도 있다. 기록 전체로부터 두드러진 정보를 발췌하는 데 사용될 수 있으며, 이는 내부, 외부 검토를 위해 클라이언트-욕구-상황과 서비스 전달에 대한 정보에 쉽게 접근할 수 있도록 해 준다.

## 서비스 종결 이유

일반적으로 서비스를 끝내는 이유를 종결 요약에 간략히 문서화하게 된다. 서비스는 계획에 따라 종료되거나, 또는 클라이언트의 독립적 행동, 서비스 환경 내의 타인의 결정, 혹은 클라이언트, 사회복지사, 서비스 교류에 영향을 미치는 예측하지 못한 상황에 의해서 끝맺을 수도 있다. 서비스는 클라이언트가 목표를 달성하고 계획을 완수했거나, 독립성과 대처능력을 보여 주었거나, 신체적 기능 또는 정신적 안정을 회복했거나, 또는 기타 개인적 혹은 환경적 이정표를 성취했기 때문에 종료가 된다. 클라이언트가 더 이상 서비스 받기를 원치 않거나, 프로그램을 완수했거나, 혹은 프로그램에서 나가게 될 때 종결될 수도 있다. 클라이언트가 이사를 가거나, 서비스 과정에 대한 흥미를 잃거나, 실천가에게 분노 혹은 환멸을 느끼거나, 또는 더 이상 지속할 자원이 없기 때문에 끝맺을 수도 있다.

> "서비스는 8회기를 끝으로 20××년 4월 8일에 종료되었다. G 씨의 보험은 이 당시 추가적 회기를 승인하지 않았으며 G 씨는 다른 곳으로의 의뢰를 거절하였다."

"T 부인은 7월 1일, 11일, 30일의 약속을 지키지 않았다. 우리는 전화나 우편으로 그녀에게 연락을 취할 수 없었다."

"서비스는 20××월 9월 15일 S가 매디슨에 있는 재활센터의 입원치료로부터 퇴원했을 때 종료되었다."

## 종결 시 사례의 상태

종결 요약은 종결 시의 클라이언트-욕구-상황에 대한 간략한 기술을 포함하여야 한다.

"P 씨는 부인과 별거 중이다. 그는 자신이 때로는 편안하기도 하고 어떨 때는 화가 나거나 슬프기도 하다고 묘사한다. 그는 현재 동생과 살고 있는데 아파트를 찾기 시작하였다. 그의 직업 상황은 안정되었으며, 슈퍼바이저와의 갈등을 해소하였고,  아주 나쁘지는 않은 출석 기록을 보이고 있다. 그는 우울증 치료약을 복용은 하고 있으나 계속 술을 마시고 있으며 때로는 아주 많이 마신다고 보고하고 있다. 그는 자신의 알코올 문제를 인식하지 못하고 있어서 AA 모임에 출석하기를 거절하고 있다."

## 시작부터 종결까지의 클라이언트-욕구-상황에 대한 검토

종결 요약에 시간 경과에 따른 클라이언트-욕구-상황에 대한 간략한 검토 내용을 포함시키는 것이 유용하다. 이것은 특히 클라이언트-욕구-상황이 서비스 과정 동안 많은 변화를 겪은 경우에 중요하다.

"E 씨는 그의 결장암 치료를 담당하고 있는 내과의사 N으로부터 의뢰되었다. 42세의 그의 아내 E 부인은 지난해에 죽었다. 그들에게는 자녀가 없으며 그의 살아 있는 유일한 친척은 다른 주에 살고 있는 조카이다. 그는 사회적 관계를 거의 갖고 있지 않으며 교회나 서비스 집단과도 연계되어 있지 않다. 여러 차례의 설득 후 E 씨는 수술 후 보호를 받을 수 있고 자신의 절개된 결장을 돌보는 것을 배울 수 있도록 요양원에 갈 것에 동의하였다. 그다음 그는 집에 돌아갈 것을 계획하고 있다."

## 서비스 목적, 과정, 목표, 활동에 대한 검토

서비스 결정과 행동에 대한 간략한 검토는 특히 서비스가 길고 복잡할 때 매우 가치가 있다.

"P 씨의 우울증에 대한 의학치료와 더불어 여섯 번에 걸친 상담회기가 서비스로 승인되었다. 우리는 다음의 세 분야에 집중하기로 동의하였다 ─ 결혼 생활의 난관, 직장에서의 문제, 그리고 음주. 나는 상담회기 동안 매주 P 씨를 만났으며 P 부인은 세 번째 회기에 참석하였다. 그 이후에 P 씨 부부는 결혼 상담을 위해서 K 목사(P 부인의 담임목사)를 만났다. 서비스 종결 시 P 씨와 P 부인은 이미 이혼을 했으며 더 이상 결혼 상담을 받고 있지 않았다. P 씨는 직장에서의 문제를 해결하고 슈퍼바이저를 만나고 출석률을 개선하는 데 상당한 진전을 보였다. 그러나 그는 자신이 음주 문제를 갖고 있다는 것을 여전히 부인하며 AA 모임에 참석하기를 거부하고 있다. P 부인은 음주자 가족모임(Al-Anon)에 의뢰되었다."

"T 양은 20××년 1월 12일에 응급전화를 걸어 자신이 '벼랑 끝에 있다'라고 말했다. 그녀는 1월 13일에 면담을 하러 왔는데 즉시 개별, 집단, 약물치료 참여가 허락되었다. 그녀는 개별 회기가 끝난 4월 18까지 일주일에 한 번씩 개별 회기와 집단 회기에 참석하였다. 그녀는 여름휴가로 인해 집단 모임을 종결했던 6월 22일까지 집단 회기에도 참석하였다."

"개별 치료는 정체성 문제, 자기 파괴적이고 자살충동적인 행동, 그리고 그녀가 졸업을 하면 무엇을 할 것인가 결정하는 데 초점을 두었다. 그녀는 자신의 우울증이 여자 친구로부터 '버림' 받은 것에 기인한다고 하고 있으나, 이는 미래에 대한 불확실과 과거의 실패한 관계에 기인한 좀 더 광범위한 것으로 보인다. 그녀는 자신의 우울증, 부모의 이혼, 자신의 '동성애 공개', 관계의 모순 사이의 연관성을 이해할 수 있었다. 집단 치료에서, 그녀는 집단 내에서 새로운 친구 관계를 발전시켰으며 그녀를 불안하게 하거나 화나게 하거나 자기 파괴적 또는 우울하게 만들었을 사건들(예를 들어, B가 그녀의 물건을 가지러 아파트에 들르는 일)을 예상하고 제대로 다루는 법을 배웠다. 집단은 폭식하고 이를 토해내고 알코올에 의존하고 그 밖의 자기 파괴적인 행동을 보이는 자신을 그녀에게 직면시켰다."

## 서비스 성과와 영향에 대한 평가

클라이언트-욕구-상황에 대한 서비스의 성과와 영향을 평가하는 것은 종결 요약의 가장 중요한 요소이다. 목표를 이루고 계획을 실현하기 위한 움직임을 면밀히 모니터링해 온 실천가와 클라이언트는 이러한 것뿐만 아니라 서비스가 클라이언트-욕구-상황의 중요 문제에 어느 정도 영향을 주었는지를 사정하기 위한 다른 정보도 검토하고 분석할 수 있다.

> "T는 개별 치료, 약물치료, 그리고 집단 치료의 도움으로 우울증세가 점진적으로 약해지는 것을 경험했다. 이는 그녀의 진술, 모습, 그리고 심리 테스트에 반영되어 나타났다. 그녀는 사회적 소외와 정체성과 같은 진행 중인 문제도 극복하였다. 그녀는 가을에 직업을 찾는 것을 도와주는 직업알선센터를 이용할 계획이다. 그녀는 지금 훨씬 강해졌음을 느끼나 여름 동안 모든 것이 '흐트러질까 봐' 두려워한다. 사회적 소외, 성적 정체성, 동료와 가족과의 관계, 섭식 장애, 알코올 의존과 자살 충동을 포함한 몇몇 심각한 문제는 남아 있다."

> "E 양은 일곱 번 중 네 번의 부모교육 교실에 참석하였고 감독하에 이루어지는 아켈로에 대한 방문을 한 번도 빠지지 않았다. 그녀는 아직도 근처에 얼씬거리는 V가 접근하지 못하도록 보호 명령도 받아 냈다. 이제 아켈로는 집으로 돌아 왔으며, E 양은 아동발달 전문가에게 협조적이며, 영양과 훈육을 개선하기 위한 제안들에 잘 반응하고 있다. 상황은 안정적으로 보이나, 나는 이 사례가 종결되면 V가 돌아올까 봐 걱정이 된다."

## 의뢰 또는 다른 계획된 활동

서비스를 종결하는 수단과 이유와 관계없이 사회복지사는 자신의 클라이언트를 단념하지 않을 윤리적 의무가 있다(NASW, 1999). 서비스가 계획에 의해 종결될 때 실천가는 클라이언트가 관계를 끝맺는 것을 도와주고 클라이언트와 함께 목표와 계획을 유지하고 클라이언트가 지금 또는 미래에 추가적인 서비스를 어떻게 그리고 어디서 찾을 수 있는지를 알려 주어야 한다. 서비스가 너무 조기에 종결될 경우에 사회복지사는 이러한 정보를 갖고 클라이언트들을 아웃리치할 수 있도록 특별한 노력을 기울여야 한다. 종결 과정에서 클라이언트를 돕는 한 방법은 추후지도를 위한 접촉을 계획하는 것이다. 추후지도 접촉은 클라이언트를 안심시키고 현재 진행 중이거나 종결 후에 발생할지도 모르는 새로운 문제를 표면화시킬 수 있다. 의뢰 계획, 추후지도 접촉 그리고 기타 클라이언트 대신에 행한 행동들을 기록에 문서화해야 한다.

"T와 나는 여름 동안 매주 전화를 할 예정이다. 그녀는 자살 충동이 일어나면 나 또는 응급라인에 전화하기로 하였다. 그녀는 가을에 집단으로 돌아가고 싶다고 말한다(비록 우리가 충분한 인원을 갖게 될지 모르겠지만). 만일 집단으로 돌아오지 못할 경우 개인 치료 또는 집단 치료를 찾기 위해 그녀를 만날 예정이다."

"우리의 마지막 회합에서 나는 E 양에게 기관이 사례를 종결하자마자 V가 돌아올까 봐 걱정이라고 말했다. 그녀는 만일 그가 돌아오면 경찰에게 전화하겠다고 말했다. 나는 그녀에게 나 또는 기관에 전화할 수도 있다고 말했다. 그러나 그녀가 아켈로를 다시 잃을지도 모른다는 두려움 때문에 전화를 하지 않을 것이라는 생각이 든다."

"나는 P 씨에게 우리가 여전히 함께 해야 할 일이 많지만 더 이상 계속할 수 없어 유감이라고 말했다. 나는 그가 추가적 회기를 승인하지 않는 그의 보험회사의 결정을 따라서 이 서비스를 종결하고자 하는 자신의 결정을 재고하기를 바랐다. 나는 그를 린치 정신건강센터에 의뢰했으며 AA가 어떤 곳인지 알기 위해서라도 AA에 참석해 볼 것을 그에게 다시 제안했다. 그는 우울증 치료를 위해 내과의사는 계속 만나고 있으나 결혼 상담을 위해 P 부인과 함께 K 목사에게 더 이상 가지는 않고 있다."

## 추후지도

몇몇 실천가와 기관들은 우편, 이메일 또는 전화를 이용하여 종결 사례에 대해서 일상적으로 추후지도를 한다. 추후지도 접촉은 종종 서비스 전달에 참여해본 적이 없는 기관 직원에 의해서 수행되며, 클라이언트의 만족도와 기관 및 실천가의 성과를 사정하는 데 사용된다. 일반적으로 이러한 추후지도 접촉은 클라이언트의 기록에 문서화되지 않는다.

전화나 이메일 대화를 통한 추후지도 접촉이 실천가나 클라이언트에 의해서 이루어질 때, 이 접촉은 서비스 과정의 중요한 부가물이 될 수 있다. 이 접촉은 자신이 받아 온 서비스를 유지하고 확장하려는 클라이언트의 지속적 노력을 지원해 줄 수 있다. 실천가가 서비스의 장기적 영향을 측정하도록 도울 수도 있다. 더군다나 실천가가 클라이언트와 직접적으로 접촉하는 동안 실천가는 새롭거나 지속적인 문제나 욕구를 찾아낼 수도 있다. 그들은 서비스 계획이 잘 이루어지지 않거나 서비스에서 얻은 이득이 사라지거나 클라이언트-욕구-상황이 예상치 못한 방향으로 변하는 것을 발견할 수도 있다. 이러한 접촉은 실천가로 하여금 더 심각한 문제가 표면화되기 전에 개입하도록 해 준다. 실천가는 서비스의 재개시를 제안하거나 클라이언트가 도움 받도록 다른 곳에 의뢰할 수도 있다.

클라이언트, 실천가, 그리고 기관 사이의 추후지도 접촉에 대한 문서는 다음과 같은 목적으로 사용된다.

- 클라이언트에 대한 실천가의 윤리적 관여를 보여 주기 위하여
- 실천가와 기관의 책무성을 보여 주기 위하여
- 서비스 계획과 목표의 성과를 평가하기 위하여
- 클라이언트-욕구-상황에 대한 서비스의 영향을 평가하기 위하여
- 클라이언트가 기관 또는 다른 곳에서 추가적 서비스를 필요로 하는 경우 그 서비스의 연속성을 지원하기 위하여

추후지도에 대한 보고서는 접촉을 시작한 사람, 클라이언트-욕구-상황의 현재 상태, 서비스의 초점이었던 계획 또는 목표의 상태, 추가적 서비스에 대한 제고, 그리고 클라이언트와 함께 또는 그를 위하여 취해진 행동에 대한 정보를 포함해야 한다.

종종 추후지도 접촉은 실천가가 시작한다.

"20××년 6월 15일자 3개월 후의 추후지도 : 나는 P 부인이 병원에서 퇴원하여 집에 돌아간 후 3개월이 되는 오늘 R 부인에게 전화하였다. R 부인은 가정방문 건강간호 서비스를 받음에도 불구하고 그녀의 어머니를 집에서 돌보는 것이 불가능하였다고 보고했다. 그녀는 지난달 P 부인을 애플벨리 회복기 환자요양소로 이송시켰다."

때로는 클라이언트가 추후지도 접촉을 시작한다. 이 상황에서 사회복지사는 클라이언트가 단지 간단한 접촉만을 원하는지 아니면 계속적인 관계나 추가적 서비스를 찾고 있는지를 사정해야 한다.

"20××년 4월 25일 : J 양은 L에 대한 소식을 들으면 연락하기로 했었다. 그녀는 전화하여 L이 감옥에서 나와 마리아를 보러 집에 왔었다고 말했다. 그는 원할 때면 언제든지 마리아를 보러 다시 오겠다고 했으며 J 양은 그를 제지할 수가 없었다. J 양은 오늘 오후 보호소로 이사 중이며 보호 명령을 요구할 것이다. 사례가 재개시됨."

## 기록에서 제외되어야 할 것

이 장은 기록을 위해 정보를 선택하는 지침을 제안하고 있다. 어떤 정보를 포함할 것인가의 결정은 여러 기준에 근거한다. 첫째, 책무성을 보이고 서비스를 지원하도록 정보를 선택해야 한다. 둘째, 효율성의 측면에서, 그리고 클라이언트의 사생활을 보호하기 위해 기록 내 정보는 책무성의 표준을 충족시키고 동시에 서비스를 지원하는 데 필요한 내용으로 제한해야 한다. 셋째, '서비스 중심'적인 기록은 서비스의 근거, 내용, 그리고 영향을 문서화하여 책무성에 대한 경쟁적인 요구들과 서비스 지원, 효율성, 그리고 사생활 보호를 충족시킨다.

어떤 재료들은 사회복지기록에 포함되어서는 안 된다. 흥미롭지만 서비스 목적에 직접적으로 관련이 없는 정보는 생략해야 한다. 사회복지기록이 최근 폭넓은 독자들에게 접근 가능해지면서 클라이언트의 사생활을 잠재적으로 해칠 수 있다. 게다가 기록 내 정보는 한 번 전산 시스템 또는 데이터베이스에 입력되면 수정되거나 삭제되기 어렵다. 이러한 이유로 인해 실천가의 육감, 추측, 직감적 반응 그리고 지지받지 못하는 가설뿐만 아니라 확정적이지 않고 오해를 불러일으킬 수 있는 다른 정보는 생략해야 한다. 오직 사회복지사가 확신을 가질 수 있고 실천의 결정과 행동에 대한 근거를 형성하는 정보만을 문서화해야 한다. 실천가는 판단적인 언어와 클라이언트와 다른 사람들을 폄하하는 묘사는 피해야 한다. 클라이언트나 다른 사람을 폄하하는 것은 사회복지사의 체면을 손상시킬 뿐만 아니라 만일 그 정보가 클라이언트에게 알려지거나 다른 관계 당사자에게 유출되면 중요한 전문적인 관계가 손상될 수 있다.

특별히 사회복지사와 학생의 전문적 발전을 지원하기 위해 만들어지는 과정기록과 기타 기록은 클라이언트의 기록에 보존되어서는 안 된다. 이 정보는 개인 기록이나 현장교육 학생기록에 보존하는 것이 더 적절하다. 서비스 과정에 대한 자세한 정보 또한 생략되어야 하는데, 그 이유는 그것을 문서화하는 것이 비효율적이고 클라이언트의 사생활을 불필요하게 해칠 수 있기 때문이다. 실천가의 개인 노트, 예를 들어 클라이언트와의 회기 동안 적어 놓아 기록 시에 기억 도움용으로 사용하는 내용들 역시 공식적인 기관 기록과는 분리하여 보관해야 한다. 만일 그러한 노트가 기관 기록 내에 있게 되면 클라이언트의 영구 파일의 일부분이 되어 접근 가능하고 공개될 수도 있다. 실천가들은 공식적 기록에 보존되지 않아 자신이 '개인 노트'라고 간주한 것조차도 소환의 대상이 되어 법정 소송에 사용될 수 있음을 명심해야 한다(Polowy & Gorenberg, 1977; Reamer,

2005). 이 주제들은 제9장에서 자세히 다룬다.

제3장, 제4장 그리고 제5장은 기관 실천, 개업 실천 그리고 실천을 위한 교육에서 사회복지사가 사용하는 기록 구조의 다양한 예들을 제공하고 있다. 이 장들은 그 구조가 어떻게 기록의 내용에 영향을 미치는가도 보여 준다. 어느 특정 양식이나 형식의 채택이 정보가 어떻게 표현되느냐 하는 것뿐만 아니라 어떤 정보가 기록에 포함되는가도 결정할 수 있다.

# 사회복지교육에 활용되는 기록

이 장은 학생에게 사회복지실천을 교육시키는 데 활용될 수 있는 세 가지 기록 구조의 예를 기술하고 평가하며 제시한다. 그러면서 실천과 기록에 대한 현 교육의 실태를 분석하고 개선 방안을 제시하면서 결론을 맺는다.

기록 활동 통해 실천을 교육시키는데 가장 자주 활용되는 첫 번째 접근방법은 과정기록(Process Record)이다. 이 접근법은 사회복지에서 20세기 초반까지 거슬러 올라가는 오랜 역사를 가지고 있다. 사회복지사는 원래 클라이언트가 처해 있는 사회적 상황을 문서화하기 위해 과정기록을 만들었다(Burgess, 1928). 그러나 Mary Richmond(1917)가 그녀의 개별사회복지(social casework) 연구에 과정기록을 사용한 이후 과정기록은 기록의 중요한 방법이 되었고 클라이언트, 실천, 실천가에 대한 정보 자원이 되었다. 오늘날 과정기록은 현장을 배우고 있는 학생을 돕기 위해 주로 준비되고 활용되고 있다.

여기에 제시되고 있는 두 번째 기록 구조는 1982년에 Kagle[1]에 의해 개발되

---

1) 이 책의 저자

고 『사회복지기록』 제1판(Kagle, 1984b)에 게재되었던 교수/학습기록 (Teaching/Learning Records)이다. T/L기록은 과정 양식이 아닌 이야기체 요약을 사용함으로써 전형적인 기관기록보다 서비스 교류와 의사결정 과정에 대한 훨씬 더 많은 내용을 통합시키고 있다. 교수/학습기록은 요약기록 기술과 더불어 대인적, 인지적 실천기술을 발전시키는 것을 돕도록 의도되었다.

이 장에서 제시되는 세 번째 기록 구조는 Kagle에 의해 개발되고 『사회복지기록』 제2판(Kagle, 1996)과 다른 책(Kagle, 1991)에 게재된 핵심기록(Essential Recording)이다. 사실상 핵심기록은 연속적으로 사용되는 셋 또는 네 가지 기록 구조의 조합이다. 핵심기록에서 학생들은 클라이언트와 진행하는 회기를 녹음하거나 영상으로 촬영하여 학생과 슈퍼바이저에게 서비스 교류에서 무엇이 일어났는지 직접 접할 수 있게 해 준다. 학생은 녹음된 테이프나 그것을 풀어 쓴 대본을 활용하여 각 회기의 요약을 준비한다. 그리하여 학생은 공식적인 기관기록을 위한 이야기체 기록을 준비할 때 자신이 준비한 회기 요약을 자원으로 사용한다. 이 방법은 학생에게 기록하기 위해 클라이언트-욕구-상황과 서비스 교류의 핵심을 꺼낼 수 있도록 가르치기 때문에 핵심기록이라고 불린다. 핵심기록은 학생에게 요약기록 기술을 발전시키도록 돕고 슈퍼비전에 유용한 기록을 만들어 낼 수 있도록 지원한다. 테이프, 대본, 회기 요약, 이야기체 기록은 모두 검토와 슈퍼비전을 위한 용도로 이용된다. 그리하여 핵심기록은 학생에게 요약기록 기술뿐만 아니라 인지적, 대인적 실천기술을 발전시켜 나가도록 돕는다 (Kagle, 1991).

일반적으로 학생에게 임상실천과 기록업무를 가르치기 위해 활용되는 기록은 클라이언트의 공식적 기록의 일부가 되어서는 안 된다. 다른 기록과 마찬가지로 임상실천과 기록업무를 가르치기 위한 기록은 어떠한 법적 보호도 받지 못하기 때문에 소환장을 받을 수도 있다. 클라이언트의 사생활을 보호하려면 교육목적으로 준비된 기록을 기관이나 실천가가 보관해서는 안 된다. 이들을 검토하고 평가한 후에는 가능하면 빨리 폐기해야 한다. 이런 것들은 사용되고 있는 짧은 기간 동안에도 사회복지전공 학생이나 현장실습지도자의 파일에 잘 보관되어야 한다. 이것이 클라이언트의 파일에 보관된다면 공식 기록의 일부가 되어 버릴 것이고 기록의 다른 부분과 마찬가지로 규제를 따라야 한다.

클라이언트의 사생활 보호가 우선시되는 쟁점이 아니라고 하더라도 학생에게 임상실천과 기록업무를 교육시키기 위한 기록은 기관의 기록으로 사용되기에는 적합하지 않다. 여기에는 여러 가지 이유가 있다. 전문적 발전의 초기 단계에 있는 학생이 만들어 내는 기록은 사실에 대한 의도되지 않은 왜곡이나 미성숙한 판단이 포함될지도 모른다. 중요 정보나 대안적 관점을 빠뜨리거나 피상적 관심만을 줄지도 모른다. 그러한 자료가 클라이언트 기록의 일부가 된다면 클라이언트, 학생, 서비스 관계, 또는 기관에 해를 입힐 수도 있다. 오도된 정보는 기관 안팎에 유포되어 클라이언트에게 해를 입히는 수준에까지 이를 수 있다. 타 전문가가 그러한 정보를 사용하여 잘못된 결정을 내릴지도 모르며, 정보가 옳게 수정되지 않을 경우 차후에 실천 결정에 계속 영향을 미칠 수 있다. 이런 기록을 읽거나 기록의 내용에 대해 알게 되는 클라이언트는 사회복지사에 대해 신뢰를 잃거나 서비스를 종료하거나 심지어는 기관을 상대로 행동을 취하는 등 부정적으로 반응할 수 있다. 이러한 기록은 학생의 능력에 대한 타인의 견해와 사회복지 프로그램의 전문성 수준에도 나쁜 영향을 미칠 수 있다. 심지어 교육적 목적 위주로 준비된 기록이 정확하고 공정한 경우에도, 이런 기록은 일반적으로 책무성을 위해 필요한 정보보다는 학생의 행동과 견해에 더 초점이 맞추어져 있다. 그 결과 클라이언트-욕구-상황과 서비스 목표, 계획, 성과에 관한 중요 정보가 누락되거나 찾아보기 어려울 수도 있다.

실천기술을 발전시키는 데 주로 초점을 둔 과정기록물과 기록은 사회복지전공 학생들이 신입 실천가로서 만들어 내도록 기대되는 기록과는 사뭇 다르다. 불행히도 많은 기관은 자신의 기관에서 근무하는 전문 교육을 받은 직원이 이러한 과업을 위해 적절히 준비되지 못했음을 발견하였다. 이런 상황에서, 사회복지 전공생이 현장실습 기간 동안 기관기록, 특히 요약 보고서 준비를 경험해 보도록 하는 것은 중요하다. 실습지도자나 슈퍼바이저는 학생이 기록기술을 발전시킬 수 있도록 돕고, 학생이 준비한 기록 초안을 검토하고 피드백을 제공하며, 학생 기록이 클라이언트 기록의 일부가 될 수 있을지를 결정함으로써 학생 기록이 기관의 기준을 충족시킬 수 있도록 돕는다.

## 과정기록

과정기록은 실천가가 사회복지사와 클라이언트 간의 면담이나 회합에서 무슨 일이 일어났는지를 가능한 한 정확하게 재구성하기 위한 시도이다. 과정기록은 보통 대본(scripts)의 형태를 띠며 사회복지사와 클라이언트가 행동한 것, 말한 것을 포함한다. 과정기록은 사회복지 역사에서 중요한 위치를 차지해 왔다. 과정기록은 사회복지실천의 중요한 목적이 사회조사(social investigation)였던 시기에 클라이언트와 상황을 연구하기 위해 처음 사용되었으며, 이의 사용은 전문성의 발전과 함께 변화해 왔다. 초창기에 사회복지사는 클라이언트가 말한 것과 행동한 것, 사회복지사 자신이 말한 것과 행동한 것, 사회복지사가 관찰한 것, 믿는 것, 추측한 것에 관하여 기억할 수 있는 모든 것을 기록하였다. Hamilton (1936)이 『사회복지 사례기록(Social Case Recording)』을 저술했을 시점까지, 과정기록은 사회조사의 목적으로 사용되었을 뿐만 아니라 더 중요하게는 '치료적 경험 동안 한 사람이 다른 사람과 관계하는 방법을 나타내기(p. 92)' 위하여 사용되었다. 관심의 초점 또한 클라이언트-욕구-상황으로부터 서비스 교류로 확대되었다. 비록 Hamilton이 기술한 기록이 서비스 과정에 대해 대단히 많은 정보를 포함했다고 할지라도 서비스 과정에 관한 모든 정보가 과정 양식으로 기록되지는 않았다. 사회복지사는 교류에 관하여 기억할 수 있는 모든 것을 재생산하지는 않았다. 대신 클라이언트를 특성화하고 개별화하는 데 중요한 특정 정보만을 과정기록용으로 선택하였으며 그 나머지는 요약하였다. 시간이 지나감에 따라, 사회복지사가 '과정화하는' 정보의 양은 줄어들었고 요약하는 정보의 양은 늘어났다. 오늘날 과정기록은 일상의 실천에서는 거의 사용되지 않는다. 기록은 여전히 서비스 과정에 관한 정보를 포함하지만 과정 양식보다는 요약 형태를 취한다.

그러나 과정기록은 여전히 사회복지교육에서 광범위하게 사용된다. 학생은 클라이언트와의 면담이나 회합의 전부 또는 일부를 과정기록할지도 모른다. 준비, 문서화, 검토는 모두 학습경험에 기여한다. 과정기록을 준비하기 위해 학생은 면담 내내 클라이언트가 무엇을 이야기하는지, 어떻게 행동하는지에 집중해야 한다. 학생은 자신이 하는 말, 감정, 행동, 자신이 클라이언트에게 어떻게 반응하는지에 대해 기억해야 한다. 문서화는 학생이 연속된 사건을 검토하고 서비스 교류를 재경험하도록 해 준다. 마지막으로, 문서화된 기록을 검토하는 것은 학생이 클라이언트–욕구–상황, 서비스 면담, 자신의 성과에 대해 보다 잘 이해할 수 있도록 해 준다.

과정기록은 학생의 사정기술, 자기 인식, 개인 및 집단 역동성에 대한 지식, 서비스 면담에서 자신을 사용하는 방법을 발전시키기 위하여 현장지도에서 활용될 수 있다. 학생이 자신의 실천을 평가하는 첫 경험은 과정기록의 내용을 만들고 검토하고 반영하는 행위일 수 있다. 이런 행위의 초점은 두 가지인데, 클라이언트–욕구–상황에 대한 이해와 학생의 지식과 기술의 발전이다. 학생은 과정기록을 만들고 어떤 경우에는 무엇이 일어났는지에 대한 분석을 문서화한다. 실습지도자는 이에 대해 구두로 또는 문서로 반응한다.

오늘날 많은 학생과 실습지도자는 과정기록에만 의지하기보다는 클라이언트와의 상호작용을 간략하게 또는 광범위하게 축어적 설명으로 변환하여 반응하는 특별 형식으로 과정기록을 보완한다. Wilson(1980)은 과정 내용을 지면의 중앙에 쓰고, 학생의 '직감적 반응'과 실습지도자의 코멘트를 위해 지면의 왼쪽과 오른쪽에 여백을 남겨두라고 제안하였다. 많은 저자가 과정기록과 연계해서 사용할 수 있는 추가적인 기록하기 구조를 이야기해 왔는데, 이런 것의 목적은 학생이 서비스 과정의 특정 요소를 반영하도록 하기 위한 것이다. 예를 들어, 이런 것들은 상호작용에서 학생의 역할을 분석하고(Urbanowski & Dwyer, 1988), 활용한 개입 기술을 확인하는 것(Fox & Gutheil, 2000)을 포함한다. 집단과 함께 일하는 학생은 집단 과정과 발달단계에 관심을 둘 것이다(Cohen & Garrett, 1995). 실습지도자는 일반적 혹은 구체적인 학생 학습 목적에 대해 학생의 관심을 집중시키는 이런 저런 형식으로부터 이득을 얻을 수도 있다. 예를 들어, Neuman & Friedman(1997)은 초점, 역할, 의사소통 오류에 대한 과정기록물을 검토하기 위해 Matarazzo의 체크목록과 같은 표준틀을 사용할 것을 제안하였다. 다른 저자들은 과정기록이 실천에 대한 과학적 접근을 권장하는 데 활용될 수 있다고 주장하였다(Fox & Gutheil, 2000).

과정기록은 시간이 너무 많이 걸리기 때문에 기관이나 개업 실천가에게는 비용 면에서 효과적이지 않다. 반면 보다 많은 시간을 할애할 수 있는 학생 실습 과정에서 가장 자주 활용되고 있다. 시간이 있는 경우에도 과정기록은 학생과 실습지도자에게 그리고 어떨 때는 사무직원에게까지도 너무 많은 노동을 요구하며 자원의 좋은 활용이 아닐 수 있다. 과정기록에는 다른 중요한 제한점도 있다. 과정기록은 정확한 기술(accurate accounts)이 아니라는 것이다. Timms (1972, 부록)가 말했듯이, 과정기록은 축어적(말 그대로의) 보고가 아니라 서비스가 이루어진 것을 선택적으로 재구성한 것이다. 그렇기 때문에 만약 학생과 실습지도자가 실제 서비스 과정을 연구하고자 하는 경우 녹음 또는 녹화테이프를 사용해야 어떤 일이 일어났는지에 대한 보다 정확한 그림을 얻을 수 있을 것이다. 테이프 녹음은 면담을 재생할 수 있고 학생이 자신을 관찰할 수 있게 해 준다. 테이프에 녹화나 녹음을 하는 것이 방해적인 것 같고 학생과 클라이언트를 자기 의식적으로 만들 수 있기는 하지만, 서비스 질을 향상시키기 위한 수단으로 대부분의 서비스 만남에 자연스럽게 도입될 수 있다. 또한 과정기록은 학생이 실천에서 사용하게 될 요약기록 기술을 준비시켜 주지는 않는다. 실제 과정기록으로 훈련된 실천가는 흔히 요약기록으로 전환하는 데 어려움을 겪으며 상당한 슈퍼비전 지원을 필요로 할 수도 있다. 그러므로 가능한 한 현장에서의 학생 경험이 과정기록의 사용에 한정되어서는 안 되며 요약과 다른 보고 형태를 준비시키는 연습을 포함해야 한다. 예시 3.1과 3.2는 학생의 과정기록으로부터의 발췌이다.

---

 **예시 3.1   학생 과정기록으로부터의 발췌 : 정신건강 위기라인**

                                                      **사회복지사 코멘트**

사회복지사 : 위기 라인의 메리입니다.
클라이언트 : 여보세요, (침묵) 거기가 문제가 있을 때
            도와주는 … 장소입니까?
사회복지사 : 네, 그런데요. 도움이 필요하세요?
클라이언트 : 글쎄, 잘 모르겠어요. (침묵)                나는 매우 긴장되었다.
사회복지사 : 저희는 전화주시는 모든 분들을 돕고 있습니다.   내가 사회복지를 하고 있는
            문제가 크거나 작거나 상관 없습니다.            것이 아니라 물건을 판매를
                                                      하고 있는 것 같다.
클라이언트 : 젊은 사람 같군요. 그렇죠?                    이 말 때문에 화가 났다. 내가
                                                      이것을 올바로 다루었는가?
사회복지사 : 네, 그렇습니다. 그것이 문제가 되나요?
클라이언트 : 그렇지는 않지만. (침묵) 문제가 있는데 …       너무 빨리 들어갔다.
            도움을 받을 곳이 전혀 없네요.
사회복지사 : 그래서 저희 같은 기관이 있는 것입니다.
클라이언트 : 그렇군요.
사회복지사 : 이야기를 시작하기 쉽지 않으시지요.            이것은 내가 한 것 중에 아
            지금 선생님이 느끼시는 것을 말씀해 주세요.      마도 최고일 것이다.

| | |
|---|---|
| 클라이언트 : 글쎄요… 상실감이 들고… 피곤하고… 외롭고. | |
| 사회복지사 : 그러세요? | |
| 클라이언트 : 나에겐 정말로 더 이상 아무도 없어요. | 그녀에게 그녀 자신에 대해 질문할 수 있었는데… . |

사회복지사 : 지금 매우 외로우신 것 같네요.

클라이언트 : 네, (침묵) 오늘 밤에 많이 울었어요. 단지 TV를 보고 울었어요. 정말 슬픈 드라마를 보고 있었는데 그 때 살 필요가 없다고 느끼기 시작했어요.

사회복지사 : 슬픈 드라마를 보고 울기 시작하셨군요.

클라이언트 : 네, 그것은 온갖 종류의 문제들을 가지고 있지만 서로 뭉쳐 있는 한 가족에 관한 것이었어요. 아버지는 실직했고, 어머니는 암에 걸리고요. 아버지는 어머니가 병원에 있는 동안 애들을 돌봤죠. 어머니는 정말 견디기 힘들었지만 자신이 얼마나 행복한지 인식했고… 결국 모두 같이 행복하게 살았죠.

| | |
|---|---|
| 사회복지사 : 이런 일이 선생님께도 일어난 적이 있나요? | 매우 좋다. |
| 클라이언트 : 아니요. 그게 내가 울었던 이유예요.<br>그들은 모두 서로 사랑하는데… 나는 혼자이기 때문에. | |
| 사회복지사 : 혼자이고 외롭군요. 갖고 있는 또 다른 문제들이 있나요? | 나는 그녀가 얼마나 외로운지 듣고 싶지 않던 것 같다. |
| 클라이언트 : 다른 문제도 많죠. 말하자면 직장, 건강 같은 것이요. 나는 항상 아픈 것 같아요. | |
| 사회복지사 : 증세를 좀 말씀해 주실 수 있겠어요? | 내가 의사가 되려고 하는가? |
| 클라이언트 : 항상 피곤해요. 침대에서 일어날 수가 없어요. 직장에 늦거나, 결근하기도 하죠. | |
| 사회복지사 : 아파서 집에 있는 것이 직장에 영향을 주고 있군요. 하지만 우리가 뭔가 도울 수 있을 것이라고 생각했기 때문에 전화하셨잖아요. 왜 전화하기로 결정하셨는지 좀 더 말씀해 주시겠어요? | 나는 그녀의 직장, 질병에 대해 이야기하려 하고 그녀의 외로움에 대해서는 이야기하려 하지 않는다. |
| 클라이언트 : 내가 많이 외롭기 때문이에요. 단지 이야기라도 할 사람이 있다면 지금처럼 이렇게 외롭게 느끼지는 않을 거예요. | 그녀는 외로움에 대해 다시 이야기를 꺼내고, 나는 주제를 또 바꾸었다. |
| 사회복지사 : 이야기를 조금 나누기는 했지만, 선생님 자신에 대해 좀 더 이야기해 주시겠어요? | |

클라이언트 : 얘기할 것이 별로 없네요. 나는 이혼했고, 45세예요. N(백화점)에서 일하고, 애들은 다 자랐고, 친척들은 죽고. 밤에 빈 집으로 돌아오지요.

사회복지사 : 때론 누군가에게 이야기하는 것이 도움이 되지요.

클라이언트 : 맞아요. 선생님께 이야기하고 있으니 덜 외로운 것 같아요.　　　　　　　　　　　　　그녀가 흥미를 보인다.

사회복지사 : 우리가 조금 더 이야기를 나눌 수는 있지만, 상담가에게 선생님 문제를 이야기하는 것에 대해 생각해 보신 적이 있으신지요?

클라이언트 : 글쎄요, 이혼할 때 상담가를 만나 봤죠. 그러나 결혼이 이미 끝난 상태였는 걸요.

사회복지사 : 그렇군요.

클라이언트 : 상담가에게 가는 것도 계속 생각해 봤고, 오늘 전화하기 전에도 생각해 봤어요.

사회복지사 : 전에 만났던 그 상담가를 만나 볼 생각도 해 보셨나요?

클라이언트 : 다른 도시에 있는 걸요.

사회복지사 : 제가 이곳에 있는 다른 상담기관에 의뢰해 드릴 수 있는데요.

클라이언트 : 그래요?

사회복지사 : 네, 제게 이름과 전화번호를 주시면, 그 기관의 인　　나는 너무 열성적이다.
　　　　　　테이크 사회복지사가 전화드려 약속시간을 잡도록 해 드릴 수 있습니다.

클라이언트 : 모르겠어요.

사회복지사 : 물론, 아무런 의무감도 가지실 필요 없고요. 직장,　　다시 판매행위를 한다!
　　　　　　건강, 외로움 같은 어떤 것이든 이야기하실 수 있습니다.

클라이언트 : 글쎄요. 잘 모르겠어요.

사회복지사 : 아니면 제가 그 기관 이름을 드릴 테니 직접 전화하　　나는 그녀를 잃을까 봐 겁
　　　　　　셔도 됩니다.　　　　　　　　　　　　　　　　이 났다. 나머지 면담 내내
　　　　　　　　　　　　　　　　　　　　　　　　　　　걱정되었다.

클라이언트 : 제 이름을 드릴 테니 선생님이 그들에게 전화해 저에게 연락해 달라고 하는 것이 낫겠네요. 그렇지만 그들이 직장으로는 전화하지 않았으면 좋겠어요.

사회복지사 : 그렇지 않을 것입니다. 그들이 언제 선생님 댁으로
　　　　　　연락드리는 것이 좋을지 말씀해 주세요.

클라이언트 : 글쎄, 그것이 괜찮을 것 같군요. 직장의 어느 누구도
　　　　　　모르는 한에는요. 비용이 많이 들까요?

사회복지사 : 글쎄요. 정확히 얼마가 드는지는 말씀드릴 수 없네　　　　불분명하다.
　　　　　　요. 그 기관은 클라이언트별로 프로그램도 다르고 비
　　　　　　용도 다르지요. 신축적 비용 산정 방식(sliding scale:
　　　　　　재정 상태에 따라 비용이 오르내리는 방식)을 적용하
　　　　　　고 있지요.

클라이언트 : 그게 무슨 뜻이지요?

사회복지사 : 선생님이 얼마나 지불할 수 있느냐에 의해 비용이 결
　　　　　　정된다는 말이지요.

클라이언트 : 괜찮은 것 같군요.

사회복지사 : 그러면 선생님 이름과 전화번호를 주십시오. 그리고　　클라이언트에게 의향이
　　　　　　기관이 언제 전화하기를 원하는지도 말씀해 주세요.　　있는가? 아니면 내 의향
　　　　　　(정보를 적는다.) 상담을 고려하기로 하셔서 정말 잘　　인가?
　　　　　　되었습니다.

클라이언트 : 저도 생각하고 있었던 것인 걸요.

사회복지사 : 알고 있습니다.

클라이언트 : 감사합니다. 도움이 많이 되었습니다. 안녕히 계십시오.

사회복지사 : 안녕히 계십시오. T 부인.

 **예시 3.2　학생 과정기록으로부터의 발췌 : 발달장애아를 가진 부모집단**

**11번째 회합**

날짜 : 11월 11일

참석자 : B 부인, W 부부, Z 부부, F 부인, C 부인

회합 목표 : 발달 장애 아동을 보살피는 가족의 욕구를 충족시키기 위해 지역사회의 자원 활용과
　　　　　추가적 자원의 필요성에 대해 논의한다.

나는 우리의 예정된 안건을 설명함으로써 회합을 시작하였다. 우리는 각 가정이 발달장애 아동
들을 보살피는 데 어떤 종류의 지역사회 서비스를 이용하는지, 그리고 추가적 서비스가 있다면

어떤 욕구가 충족될 수 있는지 의논할 예정이었다. 그들은 무엇을 이용하고 무엇을 필요로 하는 가? W 부인은 이 안건이 매우 중요한 주제이기 때문에 더 많은 부모들이 참석치 못해 유감이라고 했다. W 씨는 고개를 끄덕이면서 파티나 스포츠 활동이 아닌 더 '진지한 문제'를 위해 모임이 계획될 때마다 대부분의 부모가 나타나지 않는다고 했다. (모임의 안건은 W 부부에 의해 제안됐다.) Z 부인과 C 부인이 머리를 끄덕이어 이 말에 동의하였고, C 부인은 정규참석자들(오늘밤 참석자들)만이 이 집단을 저녁에 놀러 오는 장소 이상으로 여기는 유일한 사람들이라고 말했다. '그 외의 사람들'(즉 이 집단의 핵심 일원이 아닌 부모들)에 대한 논의가 몇 분 더 지속됐다.

나는 모든 부모에게 이 모임과 예정된 안건을 알리는 편지를 보냈었다고 말했다. 나는 다른 부모들이 이 모임에 참석하도록 권장할 수 있는 제안을 누가 갖고 있는지 물었다. W 부인은 자신이 제안할 수 있는 방법이란 중요 안건에 대한 모임을 따로 가질 것이 아니라 파티나 야구 경기가 있을 때에 이러한 회합을 갖는 것이라고 했다. B 부인은 왜 '다른 부모들'이 사교모임일 경우에는 참석을 하는지 이해할 수 있겠다고 했다. 사교모임은 '재미있고' 그들에게 저녁 동안 무언가 할 수 있도록 해 주니까. 어느 누구도 둘러앉아서 자신들의 자녀에 대해서 이야기를 나누는 것을 즐기지 않을 테니까. (그들은 사실상 자녀로부터 탈출하기 위해 모임에 참석한다.) W 씨는 다른 부모들이 책임감을 갖고 이 모임을 단지 사교 모임으로 볼 것이 아니라 자녀들의 삶을 나아지게 하는 방법의 일환으로 봐야 할 것이라고 생각한다고 말했다. 이후 이 집단은 모임의 목적이 사교냐 자녀에 대한 도움이냐에 관해 논의했다. B 부인은 각 사람은 각기 다른 이유로 이 모임에 참석하고 있다고 했으며 그것이 과연 옳은 것인가 물었다. W 부부는 "책임이지 재미가 아니다."라는 논지를 계속 굽히지 않았다.

W 씨는 과거에도 자주 언급했던 바와 같이 이 집단이 공식적 모임과 선출된 임원 등을 갖는 청년상공회의소 모임과 같아야 한다고 생각한다고 했다. B 부인은 매우 정떨어진다는 표정을 지으며 W 씨의 그러한 태도가 부모들이 토론 모임에 참석치 않는 이유인지도 모르겠다고 했다. W 씨는 부모들이 자녀들에 대하여 책임감이 없어서라고 반박했다.

나는 지금까지 우리가 토론한 것이 매우 중요한 것이지만 오늘 모임의 안건을 다루는 것 또한 중요하다고 말했다. 다음 모임에서 다시 이 집단에 대한 참여와 목적에 대해 논의하기로 하고 지역사회 자원 문제로 넘어갈 수 없을까요? 본 안건으로 넘어가야 한다는 데는 일반적으로 동의가 있었으나 참석과 목적의 문제를 어떻게 다루어야 할 것인가에 대해서는 의견이 분분하였다.

나는 다음 달 모임은 크리스마스 기념 파티지만 1월 모임은 아직 계획되어지지 않았다고 했다. 1월 모임은 집단의 2차년도의 시작을 뜻하는 것이니 그 모임을 지난 한 해와 미래에 대한 계획에 대해 의견을 나누는 기회로 삼으면 어떻겠습니까? 그러면 모든 분이 앞으로의 모임에 대한 안건뿐만 아니라 집단의 목적에 대해서도 토론할 수 있는 기회를 가질 수 있을 것입니다. 이 제안에 대한 약간의 토론이 있었다. W 부부는 그 제안은 좋으나 다른 부모들은 나타나지를 않거나 파티나 게임을 제안할 것이라고 생각했다. B 부인은 1월의 안건에 대해 투표를 해야 한다고 생각했으며 그 제안은 만장일치로 통과되었다.

자원에 관한 문제를 다루기까지 이미 모임 시간의 반 이상이 소모됐다. 앞서의 토론에서는 묵묵히 있던 F 부인은 어떤 종류의 자원이 활용되고 있는가라는 문제로 시작하기보다 곧바로 필요로 하는 자원 문제를 다룰 수 없는가 물었다. 집단 승인(실제로는 W 부부로부터의 승인)을 기다리지 않고, 그녀는 그녀가 정말로 필요한 것은 아들을 위한 경호원, 자신을 위한 가정부, 의사를 보러 갈 때 필요한 왕복 택시 서비스, 자신이 필요로 하는 모든 것을 지불할 수 있도록 은행을 털 총이라고 말을 이어갔다. 모든 사람들이 웃었으나 그녀는 농담이 아니라고 했다. 그녀의 아들 매뉴엘은 12살이고 나이에 비해 체격이 크고 버스에서 내려 집으로 걸어오는 동안 이웃 애들과 싸움을 한다고 했다. 그녀는 아들을 버스 정류장까지 마중나갔었는데 올해부터는 아들이 혼자 집에 걸어오도록 했다. 아들은 이미 충분히 성장했고 학교 선생님도 그렇게 하는 것이 그 아이에게 좋겠다고 했다. 그러나 동네 아이들이 아들에게 욕을 퍼부어 '화가 나서' 곧잘 싸우곤 한다. 물론 아들이 자신을 통제하는 법을 배워야겠지만 이웃 아이들이 아들을 가만 내버려 두지 않는다고 했다. 그녀는 최근에 자신이 직면하고 있는 다른 많은 문제에 대해서도 설명을 계속했다.

Z 부인도 새 프로그램까지 필요로 하는 큰 문제는 아니지만 계속 더해지는 작은 많은 문제들이 있다고 하였다.

나는 각 가정이 직면하는 모든 크고 작은 문제를 열거해 보면 어떤 공통의 주제를 얻어 낼 수 있을 것이라고 제안했다. 이 방법은 우리가 어떤 해답을 찾는데 도움을 줄 것이다. W 부인의 반대에도 불구하고 우리 집단은 문제를 열거하는데 모임의 나머지 시간을 보냈다. 이 문제는 앞으로의 모임에서 논의될 것이다. 나는 또한 매뉴엘의 문제로 F 부인과 면담하기로 약속을 정하였다.

## 요약 Summary

일차적 기능 : 사회복지교육

현재 활용 : 실습지도

기록구성의 원칙 : 사회복지사는 서비스 만남의 전부 또는 선택된 부분을 가능한 한 완전하게 기록한다. 기록은 클라이언트가 말한 것과 행동한 것, 사회복지사가 말한 것, 행동한 것, 느낀 것을 포함한다. 기록은 연극의 대본과도 유사할 수 있으며, "내가 말했다.", "(클라이언트의 이름)가 말했다."를 사용하는 문장으로 구성될 수도 있다. 사회복지사나 슈퍼바이저의 코멘트를 위해 넓은 여백을 남기면서 기록을 적는 것이 유용하다.

장점 : 실천가가 서비스 교류를 자세히 기억하는 것을 배울 수 있다. 기록은 유용한 학습도구이다.

제한점 : 시간과 비용이 많이 든다.

과정기록은 기관 실천에 필요한 기록업무 기술을 가르치지는 않는다.

과정기록은 선택적이며 사회복지사-클라이언트 상호작용을 그대로 복제하지는 않는다.

클라이언트의 사생활 보호를 위협할 수 있다.

## 교수/학습기록

교수/학습기록(T/L Record)은 실습기관에서 사회복지학생의 특수한 학습욕구를 충족시켜 주고, 학생에게 기관에서 이루어지고 있는 기록방법을 준비시킬 때 과정기록이 갖고 있는 한계점에 대응하기 위하여 1982년에 Kagle에 의해 개발되었다. T/L기록(Teaching/Learning Record)은 인지적, 대인적 실천기술과 이야기체 요약기록 기술을 가르치고 학습하는 것을 지원하도록 의도되었다. 학생은 대부분의 기관 기록에 포함되어 있는 서비스 과정에 대한 정보보다 훨씬 더 많은 양의 정보를 통합한 서비스 교류에 대한 광범위한 기록을 준비한다. 그리하여 이 기록은 실천기술을 발전시키는 기초로 사용될 수 있다. 기록을 준비하고 검토하면서 학생은 클라이언트-욕구-상황, 서비스 교류, 자신의 실천기술을 기술하고 사정할 기회를 갖는다. 동시에 실습지도자가 서비스 과정과 학생의 전문적 발전을 볼 수 있는 '창문'을 제공한다. 이러한 정보는 실습지도자가 학생과 협력하여 서비스에 관한 결정을 내리고 학생의 지식과 기술의 발전을 사정하고 원활히 해 줄 수 있도록 한다.

예시 3.3의 T/L기록은 대부분의 서비스 기관이 작성하는 기록보다 더 광범위하기는 하지만, 대부분의 기관이 기록하고 보고하는 데 사용하는 요약 형태로 준비되었다. 결과적으로 학생은 나중에 실천가로서 사용할 기록기술을 연습할 수 있는 기회를 갖게 된다. 이러한 글쓰기 기술의 습득은 전문적 발전에 필수적이다. 사회복지사가 이러한 기술을 갖도록 기대되지만 이러한 발전은 흔히 무시된다. 오늘날 많은 실천가는 글쓰기가 가장 어려운 작업이라고 본다. 그러므로 실습지에서 제공되는 집중적 슈퍼비전을 통해 요약기록 기술을 발전시키는 것은 학생들이 다양한 실천 역할에서 필요로 하고 있는 기록하기와 글쓰기 기술을 발전시킬 수 있도록 도울 수 있다. 예시 3.4는 T/L기록으로부터 발췌된 것이다.

 **예시 3.3   교수/ 학습기록**

| 기록의 내용 | 교수/학습의 쟁점 |
|---|---|
| **서비스 개시**<br>A. 서비스 요구, 의뢰, 제공의 이유<br>　클라이언트와 사회복지사를 함께 연결<br>　시키는 사람과 조직, 그리고 환경을 기술<br>　한다. | 사례를 발견하는 방법이 클라이언트와 사회<br>복지사에게 어떻게 영향을 미치는가? |
| B. 관련이 있는 클라이언트-상황의 요인에<br>　대한 기술<br>　클라이언트에 대해 기술한다. 다음의 내용<br>　을 확실히 기입한다.<br>　● 행동<br>　● 감정<br>　● 가치, 선호<br>　● 장점<br>　● 충족되지 않은 욕구 | 클라이언트는 누구인가?<br>클라이언트의 사회력은?<br>무엇이 더 포함되어야 하는가? |
| 　가족 및 자연적 사회 관계망 : 클라이언<br>　트의 대인적 환경 내에 있는 관련자들<br>　을 확인하고 기술한다. 클라이언트와<br>　서비스에 대한 그들의 기대는 무엇인<br>　가? 잠재적인 자원 또는 장애(예를 들<br>　어, 직업, 이웃)가 되는 개인 및 집단을<br>　확인한다. | 타인들이 어떻게 느끼고 있는가를 어떻게 확<br>인할 수 있는가? 이 사례에서 문화 또는 인종<br>이 요인인가? |
| 　물리적 환경 : 자원 또는 장애(예를 들<br>　어, 공공교통수단으로부터 떨어져 있는 | 물리적 환경이 이 사례와 관계가 있는가? |

거리)로 작용하는 환경의 여러 측면을 확인하고 기술한다.

공식적 사회조직 : 현재의 상태를 낳은 사회조직(예를 들어, 학교, 공적 구호)과의 현재 및 과거의 관계를 확인하고 기술한다. 클라이언트-상황에 영향을 줄 수 있는 기관이나 공공정책을 확인한다.

조직들이 장애와 자원이 될 수 있는가?

C. 정보가 어디서 누구로부터 얻어졌는지를 포함한 자료수집 과정을 기술한다. 요약형태로 다음의 질문에 답함으로써 각 면담의 성격을 규정한다.

- 어떻게 면담을 시작했는가? 면담의 목적이 명시되었는가? 누가 주로 이야기했는가?
- 정보제공자가 이야기하도록 만들기 위해 어떤 기술이 사용되었는가?
- 관심, 수용 등을 보여 주기 위해 어떤 기술이 사용되었는가?
- 정보제공자가 어떤 감정을 보였는가?
- 사회복지사가 어떤 정보를 공유하고 있었나? 미래를 위해 어떤 결정 또는 계획이 수립되었나? 어떻게 면담이 종결되었는가?
- 면담의 강점과 약점은 무엇이었나?

당신은 면담 전, 도중, 후에 어떻게 느꼈는가? 클라이언트에 대한 당신의 가정은 무엇이었나? 어떻게 그 가정들을 실제로 시험해 보았는가?
온화함, 감정이입, 진실성을 어떻게 보여 주었나? 클라이언트는 이 면담으로부터 무엇을 얻었는가? 어떤 정보가 결여되었고, 그것을 어떻게 알 수 있는가?

D. 다음의 질문에 요약형태로 답함으로써 현재의 클라이언트-상황을 사정한다.

- 클라이언트에게 가장 중요한 욕구, 문제, 강점, 선호하는 것은 무엇인가?
- 자연적, 사회적, 물리적 환경 내에 존재하는 관련 자원은 무엇인가?
- 존재하는 관련 장애는 무엇인가?
- 사회조직과 현재 어떤 타당한 관계를 갖고 있는가?

무엇이 중요한지 어떻게 아는가? 무엇이 중요하지 않은지 어떻게 아는가? 세팅이 초점에 어떻게 영향을 미치는가? 어떻게 요약을 구성하는가?

E. 개입, 서비스, 자원의 범위를 탐색한다. 다
음에 대해 목록을 작성한다.
- 문제와 욕구
- 적절한 개입, 서비스, 자원

필요로 하는 자원을 어떻게 발견하는가? 필
요한 자원(예 : 자격 요건)에 대해 무엇을 알
필요가 있는가?

---

## 목표(와 계약) 설정

A. 다음의 질문에 요약형태로 답함으로써 목
표를 명확히 수립하는 과정을 기술한다.
- 어떻게 면담을 시작했는가?
- 면담의 목적을 명시했는가? 가능한 목
  표와 서비스 영역을 어떻게 제시했는
  가?
- 클라이언트의 견해와 선호는 무엇이었
  는가? 사회복지사와 기관의 견해는 어
  떻게 제시하였는가? 어떤 목표를 선택
  했는가?
- 클라이언트가 어느 정도까지 목표에 전
  념하고 있는가?(말이나 행동의 예를 제
  시한다.)
- 어떤 계획을 세웠는가?
- 어떤 개입, 서비스, 자원을 포함시켰
  는가?
- 클라이언트의 책임은 무엇인가? 이러한
  책임성을 어떻게 설명하는가?
- 사회복지사의 책임은 무엇인가?
- 면담을 어떻게 종결했는가?
- 면담의 강점과 약점은 무엇이었는가?

이 단계와 자료수집은 어떻게 구별되는가?
사회복지사와 클라이언트의 가치가 목표와
계획에 어떻게 영향을 미치는가? 기관정책이
목표와 계획에 어떻게 영향을 미치는가? 클
라이언트의 동기는 얼마나 중요한가? 의뢰를
할 것인가? 이득은 무엇인가?

어떤 행동을 취할 것인가? 책임을 적절히 분
배했는가?

B. 계약을 간략하게 기술한다. 클라이언트와
함께 혹은 클라이언트를 위해서 이루어진
모든 결정의 근거를 제시하고 기술한다.

계약이란 무엇인가?

C. 계획을 수행하고 목표를 달성하는 데 대한
장애를 기술한다. 장애를 어떻게 최소화할
수 있는가?

**중간노트**

A. 클라이언트와의 면담

  1. '서비스 개시 C부문'에 있는 질문을 요약 형태로 대답함으로써 면담을 기술한다.

  2. 지난번 보고 이후의 사회복지사와 클라이언트의 활동을 기술한다.

  3. 다음에서 보여 주는 클라이언트-상황, 다른 사람들, 환경의 변화를 모두 기술한다.

    • 목표를 향한 움직임

    • 장애

    • 새로운 문제, 욕구

  4. 클라이언트와 함께 혹은 클라이언트를 위해서 이루어진 모든 결정의 근거를 제시하고 기술한다.

  5. 목표와 계획에 있어서의 모든 변화를 간략하게 기술한다.

B. 자원이 되는 다른 사람들과의 면담

  1. 면담한 사람과 세팅을 확인한다.

  2. 면담의 목적을 기술한다.

  3. 다음의 질문에 요약형태로 답함으로써 면담의 내용을 기술한다.

    • 어떤 정보를 알게 되었는가?

    • 어떤 정보를 공유하였는가? (자료 공개를 승인한 정보를 포함시킨다.)

  4. 목표와 계획에 관련해 무엇을 성취했는가?

시간의 경과에 따라 관계가 어떻게 변화했는가?

이 국면을 이전의 국면과 비교한다. 클라이언트-상황 또는 서비스 환경의 어떤 요소들이 목표와 계획에 영향을 주고 있는가?

사적 권리 보호란 무엇인가? 비밀보장이란? 이러한 가치들이 클라이언트 또는 타자와의 접촉에 어떤 영향을 미치는가? 다른 전문가들 또는 다른 조직이 서비스에 영향을 미치고 있는가?

---

**서비스 종결 또는 서비스 이전**

A. 다음의 질문에 요약형태로 답함으로써 서비스 과정을 간략하게 검토한다.

  • 서비스가 개시되었을 때 클라이언트-상황은 어떠했는가?

  • 서비스 목표와 계획은 무엇이었는가? 어

서비스 과정을 검토하는 이유는 무엇인가? 의도된 혹은 의도되지 않은 서비스의 이득은 무엇인가? 이 국면을 과정의 다른 국면과 비교한다.

떤 개입, 서비스, 자원이 포함되었는가?
- 서비스가 무엇을 성취했는가?
- 현재의 클라이언트-상황은 어떠한가?

B. 종결 또는 이전의 사유를 기술한다.          지난 면담 동안 당신은 무엇을 느꼈는가?

---

 **예시 3.4**    **교수/학습기록으로부터 발췌 : 가출청소년 쉼터, 개별 서비스**

**서비스 요청의 이유 :** 낸시는 이곳에서 40마일 떨어진 D에서 경찰에 의해 붙잡혔다. 주 고속도로 순찰대가 그녀를 발견했을 때 그녀는 히치하이크를 해서 고속도로를 가다가 토요일 오전 12시 반경 또 다른 차를 붙잡기 위해 고속도로를 따라 걸어가고 있었다. 집에 가기 싫다고 하여 그녀는 지내던 쉼터로 다시 보내졌다. 그녀의 어머니 R 부인은 오전 7시 반경 낸시가 쉼터에 있음을 통보받았으나 낸시가 쉼터를 이탈했었다는 사실을 알지 못하고 있었다.

**클라이언트-상황에 대한 기술 :** 낸시 R은 신체적으로 성숙한 14세의 중3 학생이다. 낸시는 고속도로 근처의 작은 집에서 어머니와 두 남동생, 그리고 어머니의 남자친구와 함께 살고 있다. 그녀는 지난주에 3일간 학교를 무단결석했다. 그녀가 종종 학교를 결석했던 금년까지 그녀의 성적은 평균(C)이었다. 지금은 거의 모든 과목에서 낙제점을 받고 있다.

낸시는 매력적이며 외모에 매우 많은 관심을 갖고 있다(짙은 화장을 하고 머리에는 무스를 바른다). 그녀가 학교와 자신의 가정환경에 대해 이야기할 때는 매우 지루해 하고 무관심한 듯이 보였다. 하지만 쉼터에서 다른 아이들과 있을 때는 매우 수다스럽고 적극적이다. 내가 그녀에게 감정, 계획 등에 대해 물으면 모른다고 대답한다. 학교에 대해 묘사해 보라고 하니 학교가 지루하고 감옥 같다고 말했다. 가족에 대해서 묘사해 보라고 하니 빌(어머니의 남자친구)이 이사 오기 전까지는 모든 것이 좋았다고 대답했다. 그는 그녀에게 이래라 저래라 하고 모든 사람들에게도 그렇게 한다고 한다. 그녀는 빌이 집을 떠나기 전에는 집으로 돌아가지 않을 것이라고 말한다. 그녀에게 어디로 가는 것이 좋겠냐고 물었더니 쉼터에서 생활하고 싶다고 했다. R 부인은 매우 피곤한 여자처럼 보인다. 그녀는 낸시가 '계부'와 항상 싸워 왔다고 말했다. 빌은 낸시에게 훈련이 필요하고 그래서 자신이 그녀를 훈련시키고 있었다고 말한다. 낸시는 집안일을 도와주거나 정해진 시간을 지키지 않는다고 했다. 빌은 낸시가 도와주고 정해진 시간에 집에 들어오도록 만들려고 한다. 낸시는 이런 것들을 싫어한다. 지난주에 낸시와 빌은 서로 소리 지르며 싸웠고 결국 때리는 싸움이 되어 버렸다. 싸움 후에 낸시는 집을 나갔다. R 부인은 다른 때에 함께 지내 왔던 라나의 집으로 갔을 것이라고 생각했다. 이것이 바로 낸시가 D

에서 잡혔을 때 그녀가 행방불명이 되었다는 사실을 R 부인이 몰랐던 이유이기도 했다. 그녀는 낸시가 라나네 집에 있다고 생각했다. R 부인은 S 병원에서 저녁에 간호보조사로 일하고 있다. 낸시는 R 부인이 일하는 동안 어린 동생들을 돌보곤 했다. 낮 동안 일하는 빌은 R 부인이 일하는 동안 집에 있기 때문에 낸시와 빌의 싸움의 대부분은 이 시간대에 일어나는 것 같다. R 부인은 낸시를 때린 것에 대해 빌이 미안하게 생각하고 있다고 말하지만 빌은 낸시가 그의 셔츠를 찢어 그를 정말로 화나게 했다고 한다. R 부인은 낸시가 집에 오기를 바라지만, 앞으로 낸시가 빌과 사이좋게 지내야만 할 것이라고 말한다.

낸시의 학교상담가는 낸시의 학교행동이 올해까지는 그다지 문제되지 않았다고 말했다. 많은 학생들이 중학교 또는 고등학교에서 성적이 떨어지는 '나쁜 해'를 거친다. 상담가는 낸시가 수업을 빼먹기 시작하던 몇 주 전까지만 해도 별 이상한 점은 발견하지 못했다고 했다. 낸시는 학교상담가의 사무실로 불려갔고 출석에 대한 특별 보고서를 매일 상담가에게 제출하도록 지시 받았다. 비록 지난달에 낸시가 6일 동안 학교를 결석하긴 했지만 상담가에게 출석보고를 시작한 이후 수업에는 계속 잘 참석해 왔다.

다른 기관들이 이 가족에 대해 추가적 행동을 취하고 있지는 않다. 그러나 경찰은 이번 상황에 대해 기록으로 남겼기 때문에 낸시가 다시 가출하게 되면 이 사례는 소년법원으로 넘겨지게 된다. 낸시는 일주일 동안만 쉼터에 더 머무를 수 있으며 떠날 때까지 다른 계획이 수립되어야 한다.

**낸시와의 면담(4일째) :** 나는 낸시가 학교에서 돌아온 후 나의 사무실로 오도록 부탁하는 메모를 그녀의 방문 위에 남겨 놓았다.(이날이 그녀가 학교로 돌아간 첫날이었다.) 면담의 목적은 그날 저녁에 계획되어 있던 가족면담에 대해 낸시와 의논하고자 하는 것이었다.

우리는 그녀가 학교로 돌아갔을 때 어떤 일들이 있었는지에 대해 이야기를 시작하였다. 그녀는 모든 아이들이 그녀가 가출했고 쉼터에 머물러 있었다는 것을 알고 있는 것 같다고 말했다. 그녀는 그날 학교에서 아이들과 있었던 많은 사건들을 장황하게 이야기했다. 전반적으로 그녀가 '모험'으로 인해 다른 학우들의 상당한 주목을 끌고 있는 것으로 보인다. 그녀는 '겁이 나서' 집에 가지 말아야 할 것 같다고 가장 친한 친구인 라나에게 말했다고 했다.

그 후 가족면담 건에 대해 언급했다. 내가 전에 몇 번이나 그것에 대해 언급했음에도 불구하고 그녀는 가족면담에 대해 놀라는 것 같았다. 나는 시간적 제약에 대해 설명했고 이를 위한 준비가 주말까지(3일 남았음) 이루어져야 한다고 말했다. 나는 그녀의 어머니가 면담을 위해 직장에 가지 않고 하루 집에 있을 것이라고 설명해 주었다. 그녀는 빌이 올 것인지 물었다.(나는 이 부분을 잘 다루지 못했다.) 나는 그가 그녀의 가족과 함께 사는 한 참석하는 것이 중요하다고 말했다. 낸시는 그가 오면 자기는 참석치 않을 것이며 그는 자신의 아버지가 아니라고 말했다. 나는 그가 얼마나 문제 해결을 원하며 그녀의 어머니가 낸시와 빌이 문제를 함께 해결하는 것을 얼마나 중요하게 생각하는지 자세히 설명하였다.

**약점 :** 나는 이 면담에서 내가 대부분을 이야기했다는 것을 깨달았다. 낸시는 정말로 자신의 입

장에서 이야기할 기회를 갖지 못했다. 낸시는 자신이 감정을 표현할 때 내가 지지해 주리라는 것을 알지 못한 채 가족면담에 참석했다. 나의 진짜 목적은 그녀를 지지해 주고 옹호해 주는 것이었지만, 그녀가 나라는 사람을 그녀가 원하지 않는 것을 하도록 강요하는 또 다른 한 사람으로 여겼다고 해도 나는 놀라지 않을 것이다. 면담 시 일어났던 것들을 되돌아 보건데, 그녀가 학교에 관해 중요하게 생각했던 것은(친구들의 반응) 내가 중요시한 것(가족면담, 그녀의 학교 공부)이 아니었던 것 같다. 또한 그녀의 태도가 이해가 된다.

강점 : 그다지 많지 않다. 낸시가 얼마나 화가 날 수 있는지에 동정한다. 나는 낸시가 가출함으로써 특권을 얻고 있다는 것을 알고 있다. 내가 매우 중요하다고 생각하는 시간 요인은 그녀에게는 전혀 중요치 않은 것 같다.

| 클라이언트 욕구와 문제 | 서비스, 자원 및 개입 |
|---|---|
| 1. 주거지 | 어머니의 집으로 되돌아가기 |
| | 확대가족 |
| | 위탁가정 |
| | 그룹홈 |
| 2. 가족과의 문제 | 상담기관 |
| 3. 학교문제 | 학교사회복지사 |
| | 상담기관 |
| | 방과 후 프로그램 |
| 4. 가출 | 상담기관 |
| | 경찰 |
| | 소년법원 |

**가족면담(4일째) :** 면담의 목적 : 계약을 수립하는 것. 낸시와 나는 R 부인의 집에 약 15분 일찍 도착했다. 그녀의 어머니(목욕가운을 입고 있었다)와 형제들에게 인사한 후, 낸시는 자기 방으로 가고, 어머니는 옷을 갈아입기 위해 나갔다. 나는 빌과 거실에 앉아 있었는데 빌은 그때 TV를 보고 있었다. 그는 내가 거기에 앉아 있었던 30분간 나에게 한마디도 하지 않았다.

집은 깨끗했으나 작고 초라했다. 남자애들이 한방을 사용했고 R 부인과 빌이 1층에 있는 방을 같이 쓰고 있었다. 낸시의 방은 지하실에 있었다. 집은 깔끔하고 임금노동자들이 사는 지역에 있었다.

드디어 면담을 시작했다. R 부인과 낸시는 소파에 앉았다. 나는 맞은편 의자에 앉았다. 빌은 여전히 켜져 있는 TV 앞에 앉았다. 나는 이번 주말까지는 계획을 세워야 하는 필요성에 대해 먼저 설명했다. 나는(면담을 받으면서) 집에 돌아오기, 위탁가정, 그룹홈과 같은 가능한 방법들을 설명했다. 뜻밖에도 R 부인이 대부분 이야기를 했다. 그녀는 많은 것을 생각했었노라고 말했다. 그녀는 낸시가 집으로 돌아오기를 원했다. 그러기 위해 낸시는 그다지 힘들지 않은 몇 가지 규칙을 지켜야 한다고 했다. 감정을 억누르고 있던 낸시는 그 규칙이 무엇인지 물었다. R 부인은 귀가시간 엄수, 집안주변 정리, 동생 돌보기 등을 이야기했다. 낸시는 그것들은 괜찮다고 했다. 그녀는 무언가 일을 해야 할 것으로 기대하고 있었다. 그러나 빌에 대해서는?

빌은 그때까지 계속 TV를 보고 있었다. 그는 낸시와 더 이상 문제를 만들기를 원치 않는다고 말했다. 그는 과거에도 R 부인에게 이것을 여러 번 이야기했었다고 했다. 그에게는 낸시가 제멋대로 지내고 있는 것이었다. 그러나 이 집은 R 부인의 집이고 그녀는 낸시가 하고 싶은 대로 하길 원했다. 그것은 그녀의 권한이었다. 그는 더 이상 문제를 원하지 않는다고 여러 번 말했다.

우리는 오늘 밤 낸시가 쉼터로 돌아가는 것에 대해 동의했다. 나는 내일 방과 후 그녀를 다시 집에 데려다 줄 것이다. 떠나기 전 나는 계약에 대해 다시 언급했다. 즉 낸시가 몇 가지 집안일을 하고 우리가 동의한 규칙들을 따르겠다고 동의한 것과 R 부인이 낸시의 훈육자가 될 것에 빌이 동의한 것, 모든 사람은 어떤 어려움이 생기면 나에게 전화할 것 등을 언급했다. 또한 이 세 사람은 다음 달부터 시작하는 가족기관 상담에 참여할 것이다.

**강점** : 낸시와 R 부인은 함께 대화를 할 수 있을 것으로 보인다. 낸시는 어머니가 그녀를 진실로 아끼고 있음을 재확인했다. R 부인은 내가 처음 생각했던 것보다 훨씬 더 강한 사람이다. 그녀는 문제를 해결하고 결정을 내릴 능력이 있다. 우리는 더 이상 낸시와 빌과의 관계에 대해 다루지 않았다. 그들은 상담 받기로 동의했고 상담에서 이들의 관계가 깊이 있게 다루어질 것이기 때문에 더 이상 여기서는 이 둘의 문제를 다루지 않은 것이 계획의 일부였다.

**약점** : 낸시가 집으로 돌아갔을 때 생길 수 있는 일들을 좀 더 구체적으로 생각했어야 하지 않았을까? 모든 것을 제대로 해 나갈 수 있을 것이라는 R 부인의 능력을 너무 믿었던 것 같다. 그녀가 일하러 가고 빌과 낸시가 함께 집에 있게 되면 무슨 일이 일어날 수 있을까? 지금 당장 아동학대 신고를 했어야 하지 않았을까? 나는 현장 슈퍼바이저인 G. 에드워즈와의 면담 후 즉시 20××년 3월 9일에 신고하였다.

**사정** : 이 시점에서 낸시는 자신이 여전히 가족의 한 성원임을 알 필요가 있다. R 부인은 어머니로서의 역할에서 매우 강인함을 보여 주었다. 그러나 그녀가 낸시를 훈련할 수 있을 것인가? 낸시와 빌 사이의 싸움에서 시작되어 낸시가 가출하게 된 이 위기 상황이 어떤 긍정적 결과를 가져온 것 같다. 다시 말해 R 부인이 일련의 행동을 취하게 된 것이다. 빌은 그 동안 낸시에게 보였던 분노를 자제하고 있는 것으로 보인다. 어떤 진짜 변화가 일어날지를 알기는 어렵다. 빌과 낸시는 서로 상대방이 변화하기를 원하고 있다.

낸시의 학교에 관해서는, 학교상담가가 낸시 가족의 상황을 알고 있고 낸시의 학교출석을 계속 확인하고 있다. 나는 학교상담가와 정기적으로 상담할 것이다. 낸시는 학교 교육에 관심이 없다. 그녀가 학교수업과 학교 다른 활동에 참여하도록 하는 계획이 수립되어야 한다.

**요약** Summary

일차적 기능 : 사회복지교육

현재 활용 : 실습지도, 실습세미나

기록구성의 원칙 : 학생은 제공되어 있는 개요(왼쪽 단)에 따라 이야기체 요약 방식으로 기록한
다. 실습 슈퍼비전이나 실습세미나에서 토의될 만한 교수/학습 관련 이슈도 포함된다(오른
쪽 단).

장점 : 학생은 대인적, 인지적 실천기술의 교수와 학습을 원활히 해 주는 과정에 관해 충분한
정보를 기록한다. 학생은 많은 기관에서 기록과 보고에 사용하는 이야기체 요약 양식을 사
용한다.

제한점 : 시간과 비용이 많이 든다. 선택적이며 실제로 서비스 교류를 그대로 보여 주지는 않는
다. 과정을 연구하기 위해서는 학생과 지도자가 녹음이나 녹화를 해야 한다.

## 핵심기록

사회복지학과 학생은 반세기 이상 클라이언트와의 면담을 녹음해 왔다(예 :
Itzin, 1960). 교실에서의 연습을 녹음하고 촬영하는 것은 학생이 기초적인 면담
기술을 따라해 보고 모니터링하는 것을 도우며(Ivey, 1987), 특히 가족치료와 같
이 발전된 임상실천을 가르치고 학습하고 지도하는 데도 사용된다. 녹음과 촬영
은 실천가, 슈퍼바이저, 교육자에게 실천을 '수행하는 것'을 관찰할 기회를 제공
한다. 테이프 검토는 학생실천가가 자기 자신과 클라이언트에 대해 더 깊이 이
해할 수 있도록 돕고 사회복지사-클라이언트 교류에서 일어난 것들을 슈퍼바이
저가 직접 보거나 들을 수 있도록 해 준다. 테이프는 인지적, 대인적 실천 기술들
을 발전시키고 실천가가 자기 성찰을 발전시키는 데 사용할 수 있는 강력하면서
도 역동적인 도구이다.

테이프는 기록기술의 발전을 돕는 데도 사용된다. 좋은 기록은 분명하고, 함
축적이며, 문장력이 좋을 뿐만 아니라 클라이언트-욕구-상황과 서비스 교류에
관한 가장 중요한 정보에 초점을 맞추고 있다. Kagle(1991)은 학생이 클라이언

트와의 만남에서 일어난 것으로부터 '사례의 핵심을 어떻게 도출해 내야' 하며 어떻게 문장력 있고 의미 있는 이야기체 기록을 준비할 수 있는지 가르치는데 도움을 주는 핵심기록(Essential Recording)을 개발했다. 핵심기록에서 학생은 클라이언트와의 회기를 녹음하고, 그 테이프를 검토하고, 슈퍼비전에서 사용할 수 있도록 각 회기에 대한 요약을 준비한다. 핵심기록 과정을 통하여 학생은 자신의 클라이언트를 면밀히 관찰하고, 자기 자신과 클라이언트 사이의 상호소통을 반영하며, 서비스의 내용과 과정에 대한 면밀하고 완전한 분석에 근거하여 요약을 기술하는 방법을 배운다.

핵심기록은 과정기록에 비해서 많은 장점을 가지고 있다. 학생은 핵심기록 과정을 통하여 중요한 요약기록 기술을 배우며 자기 자신과 클라이언트를 테이프 상에서 관찰할 수 있는 기회를 갖는다. 테이프는 클라이언트가 자기 자신의 행동에 대해 좀 더 잘 인식할 수 있도록 서비스 과정에서도 사용될 수 있다. 물론 어떤 클라이언트는 녹음을 거부하고 또 어떤 클라이언트는 처음에 불편하게 여긴다. 어떤 실천가는 사회복지사나 클라이언트 모두가 녹음기의 존재에 반응하기 때문에 녹음기가 서비스 과정에 영향을 미칠까 염려한다. 그러나 사회복지사가 허락하는 한 클라이언트도 보통 일상적인 녹음을 허락한다. 더군다나 시간이 흐름에 따라 사회복지사나 클라이언트 모두 녹음기의 존재를 잊게 되거나 무시하게 된다. 이와는 대조적으로 과정기록은 학생이 자신과 클라이언트와의 상호작용에 대하여 기억하는 것에 근거한다. 숙련된 실천가조차도 복잡하고 감정적으로 고통스러운 대화를 자세하게 기억하는 데 어려움을 갖는다. 게다가 학생의 과정기록은 언어적 혹은 비언어적 상호교류를 잘못 이해하거나 제대로 인식하지 못할 뿐만 아니라 중요한 정보를 문서화하지 못하거나 잘못 해석할 수도 있다. 과정기록은 요약기록 기술의 발전에 도움이 되지도 않는다.

핵심기록은 다음의 5 또는 6단계를 포함한다.

① 학생은 클라이언트에게 회기를 녹음할 수 있도록 요청하고 허락을 얻는다.

② 학생은 클라이언트와의 회기를 녹음한다.

③ 학생은 테이프를 축어적 기록으로 옮긴다.(이 단계는 생략될 수도 있다.)

④ 학생은 비구조화 또는 반구조화된 형식을 사용하여(예시 3.5와 3.6을 참조) 각 회기의 요약을 준비한다.

⑤ 학생과 슈퍼바이저는 실천하기와 기록하기의 관점에서 테이프 또는 축어적 기록과 회기의 요약을 검토하고 토의한다.

⑥ 학생은 관례적인 기관 형식을 사용하여 공식적인 클라이언트 기록을 위한 이야기체 보고서를 준비한다.

핵심기록에서 학생은 클라이언트와의 회기를 기록하는 것으로서 시작한다. 테이프를 듣고 나서(어떤 경우에는 슈퍼비전에 사용하기 위한 축어적 원고를 준비한 후), 학생은 이야기체로 회기 요약을 준비한다. 그러고 나면 학생은 슈퍼비전 협의회와 클라이언트 기록을 위한 이야기체 보고서를 준비하는 데에 이 테이프, 원고, 회기 요약을 사용할 수 있다. 사회력, 개시요약, 중간노트, 종결요약, 기관의 지침에 따라 준비된 다른 이야기체 보고서는 클라이언트 기록의 일부가 되나, 회기 요약, 테이프, 축어적 원고는 제외된다. 과정기록과 같이 교육을 위한 기록은 클라이언트 기록이 아니라 학생 기록의 일부이며, 따라서 클라이언트의 이름과 그 밖의 신원을 밝히는 정보는 불분명하도록 해야 한다.

핵심기록은 슈퍼바이저에게 학생과 함께 테이프를 직접 듣고 테이프, 회기 원고, 회기 요약을 검토할 기회를 제공한다. 슈퍼비전을 위한 미팅은 이러한 자료로 인하여 풍요로워진다. 더군다나 학생이 이 과정의 각 단계를 완수한 후에는 공식적인 클라이언트 기록에서 글 쓸 준비가 더 잘된다. 그렇게 될 때까지 학생은 테이프를 검토하고 회기 요약을 준비하며 슈퍼비전을 통해 이런 자료에 대해 논의한다. 그 결과 학생은 사례를 더 잘 알고 문서화에 더욱 숙달된다.

핵심기록이 모든 사례에 적용 가능하지는 않을지도 모른다. 그러나 학생들이 개별 클라이언트, 집단 또는 가족과 함께하는 단지 한두 사례나 회기에만 핵심기록을 적용해 보아도 임상실천과 기록업무에 대해 많은 것을 배울 수 있다. 핵심기록을 채택하는 교육 프로그램이나 교수는 핵심기록이 클라이언트에 대한 서비스를 방해하지 않을 것이라는 것을 실습기관과 실습담당자에게 설득해야 할지도 모른다. 그들은 클라이언트의 반대, 비밀보장, 비용문제에 관해 걱정할 수도 있다. 기관은 클라이언트가 녹음과정에 참여하도록 어떻게 요청할 것이지를 알 필요가 있다. 학생은 녹음을 질 높은 서비스를 제공하기 위한 수단으로서 제안해야 하며 서비스를 받기 위한 필요조건으로 제안해서는 안 된다. 학생은 누가 테이프를 검토할 것이며 테이프를 어떻게 사용할 것인지 클라이언트에게 알려 주어야 한다. 학생은 클라이언트가 녹음을 허락하며 클라이언트, 집단 또는 가족이 테이프가 어떻게 사용될지를 이해한다는 것을 보여 주는 양식에 서명하도록 요청해야 한다. 추가로, 기관은 테이프의 비밀보장하에서의 사용 지침을 필요로 한다. 일반적으로 테이프는 오직 학생 슈퍼비전을 위해서만 사용해야 하며 적절한 시기에 삭제해야 한다. 클라이언트가 특별히 허락하지 않는 한, 이 테이프를 어떤 다른 목적으로도 사용해서는 안 된다. 테이프가 허락되지 않은 용도로 사용되는 것을 방지하기 위해 테이프는 안전하게 보관해야 한다. 마지막으로, 기관은 면담 또는 회기를 녹음할 장비를 갖고 있지 않을 수도 있고, 대부분 테이프를 대사본으로 전환하지도 않는다. 학생 자신이나 교육 프로그램이 녹음장비, 테이프, 대사본을 제공해야 할지도 모른다.

예시 3.5는 학생실천가와 학교사회복지사에 의해 상담이 의뢰된 가족 사이의 첫 회기를 녹음한 테이프의 대사본이다. 예시 3.6과 3.7은 이 면담에 대한 회기 요약이다. 예시 3.6은 비구조화된 개방식 이야기체이며, 예시 3.7은 반구조화 양식을 사용하여 유사한 정보를 제시하고 있다.

**예시 3.5   핵심기록의 예 : 가족서비스 기관, 재가상담 프로그램**

---

**녹음된 내용의 대사본 : 첫 번째 회기, 20××년 3월 30일**

**사회복지사 :** 자, 시작해 볼까요? 저는 대학에서 사회복지를 공부하고 있는 학생입니다. 여러분이 제게 맡겨진 한 가족의 일원이고요. 그리고 여러분을 의뢰한 사회복지사는….

**G 부인 :** 안젤라 마틴 선생님이죠.

**사회복지사 :** 맞아요. 맞습니다. 마틴 선생님께서 여러분이 서비스를 이용할 수 있을지도 모른다고 말씀하셨지요. 제가 녹음기를 갖고 있는 이유는 제가 학생인 관계로 슈퍼비전을 받아야 하기 때문이며, 이것은 결국 여러분과 저 모두를 위한 것입니다. 이해되시죠? 저는 제가 여러분께 최선의 서비스를 제공할 수 있으며 다음 주에 제가 여러분을 다시 만나기 전에 제 슈퍼바이저가 이 녹음내용을 듣고 조언을 해 주시리라는 것을 확실히 말씀드리고 싶습니다.

**G 부인 :** 아, 예. 알겠어요.

**사회복지사 :** 어머니께서 자신과 가족에게 지금 무슨 일이 일어나고 있는지 알려 주시면 도움이 될 것 같네요.

**G 부인 :** 네, 제가 안젤라 선생님을 찾아가 저와 메이에 대해 얘기하게 되었던 이유는 선생님도 알다시피 우리가 일종의 세대차를 겪고 있기 때문이었어요. 메이가 어렸을 때 얘기도 잘했는데 나이가 들수록 대화가 되질 않아요. 다시는 예전처럼 대화를 할 수 있을 것 같지도 않아요. 선생님도 아시는지 모르지만, 화를 참을 수 없을 때가 있어요. 중립적인 입장에서 우리의 얘기를 듣고 문제가 뭔지 알아낼 수 있는 사람이 있을 거라고 생각했죠. 선생님도 아시다시피 저는 제 딸의 험담을 하려는 것은 아니에요. 단지 저는 제가 딸애를 사랑하고 있다는 것을 그 애가 알았으면 해요. 그래서 제가 여기까지 와서 이렇게 얘기하고 있는 것이고요. 제 딸애가 나이가 들어 엄마가 필요할 때 언제나 돌아올 수 있도록 관계를 유지하기 위해서 말이죠.

**사회복지사 :** 메이야, 네 생각은 어떠니?

**G 부인 :** 그래. 얘기해 보렴. 네가 하고 싶은 대로, 네가 어떻게 느끼고 있는지 말해 봐.

**메이 :** 사람들은 언제나 다른 사람들에게 잔소리하고 험담하기를 좋아해요.

**사회복지사 :** 사람들이 험담하기를 좋아한다고?

**메이 :** (울먹이며) 제가 어디에 갈 때 엄마는 귀가 시간을 정해 주는데 그 시간을 잊어버리면 엄마는 언제나 나에게 고함을 질러요. 그리고 "네 오빠는 그렇게 행동하지 않아."라고 말씀하세요.

**G 부인 :** 음. 또 말하고 싶은 것이 있니, 메이야? 그래요. 그건 메이 말이 맞아요. 하지만

　　　　　　　오빠는 메이보다 나이가 많은데도 메이 같이 하지는 않아요. 선생님도 아시다시
　　　　　　　피 메이는 이제 겨우 12살이고 오빠는 14살이지만 7월에 15살이 될 거라고요.

사회복지사 : 도널드가 14살이라고요?

G 부인 : 　네.

사회복지사 : 그리고 메이, 너는 12살?

G 부인 : 　그래요. 저는 메이가 놀러나가는 걸 뭐라고 하지는 않아요. 하지만 그 애가 언제
　　　　　　　어디서 무얼 하고 있는지는 제게 알려 줬으면 하는 거죠. 메이가 어딜 간다고 했
　　　　　　　을 때 보내 줬지만 제가 가서 확인해 봤을 때 몇 번이나 거기에 없었어요. 저는
　　　　　　　왜 그랬는지 어디에 있었는지 알고 싶을 뿐이에요. 그래요, 그래서 메이에게 소
　　　　　　　리도 질러요. 메이는 제가 소리 지르는 것이 잘못됐다고 생각하고 있겠지요. 하
　　　　　　　지만 저는 아이들을 때리지 않기 때문에 제가 크게 잘못하고 있다고 생각하지는
　　　　　　　않아요. 하지만 제가 참지 못하고 메이에게 소리를 많이 지르기는 하나 봐요.

사회복지사 : 도널드, 가족 내의 이 일에 대해 어떻게 생각하니?

도널드 : 　별 생각 없어요.

사회복지사 : 그래? 메이, 조금 전에 자기만 너무 많이 야단친다고 했는데, 맞니?

메이 : 　제가 벽에 신발을 대고 있으면, 엄마는 제게 벽에서 발을 떼라고 소리를 질러요.

G 부인 : 　네가 벽에다 신발을 문지르고 있으니까 그렇지.

메이 : 　제가 TV를 보면서 어지럽히면 모두 저한테 소리를 지르죠. 저만 문제가 되죠. 이
　　　　　　　제는 아주 지겨워요. 저는 단지 사람들이 저를 못살게 굴지만 않았으면 좋겠어
　　　　　　　요.(울기 시작한다)

G 부인 : 　저… 애들에게는 결혼은 하지 않았지만 계부가 있어요. 클라렌스의 아버지 말이
　　　　　　　에요. 그래서 아마 메이는 그가 자신을 야단치고 있다고 생각하는지 모르겠어
　　　　　　　요. 단지 계부라는 이유로 말이에요. 하지만 벽에다 발을 대고 있는 것은 우리
　　　　　　　가족 중 메이뿐이라고요. 단지 메이뿐이에요.

사회복지사 : 그래서, 메이야, 모든 가족이 너만 나무란다고 생각하고 있는 거지? 그러니? 그
　　　　　　　것이 너를 기분 나쁘게 만드는 거지? 모든 가족이 너를 나무라지만 않으면 기분
　　　　　　　도 나빠지지 않을 것 같으니? 맞니? 메이야, 나는 단지 네가 무얼 얘기하고자 하
　　　　　　　는지 알고 싶을 뿐이란다.

메이 : 　그래요. 가족들이 저를 못살게만 굴지 않으면 저는 괜찮을 것 같아요. 하지만 모
　　　　　　　두 저를 너무 많이 못살게 굴고 야단쳐요.

사회복지사 : 타라, 너는 10살이지? 엄마가 메이에게 화를 내시면 언제? 타라는 어떻게 생각
　　　　　　　하니?

타라 : 　제가 보기에는 엄마가 그렇게 심하게 고함 지르는 것은 아니라고 생각해요. 엄
　　　　　　　마는 그저 틀린 것을 이야기해 주려는 것이에요.

사회복지사 : 메이야, 가족들이 너를 야단치기 시작한 것이 얼마나 됐다고 생각하니? 오래됐

니, 아니면 최근 일이니?

메이 : 오래됐다고 볼 수 있죠. 제가 10살 때부터 시작됐으니까요.

G 부인 : 그래요. 메이는 10대가 되기 시작하면서 삐뚤어지기 시작했죠. 처음에는 그 이유가 메이가 어울리는 친구들 때문이라고 생각했어요. 그리고 나서 메이가 그 애들과 어울리지 않게 되었고 그래서 모든 것이 괜찮았어요. 하지만 그때 문제는 변했고, 문제는 끊이지를 않고 그저 이 문제에서 저 문제로 옮겨질 뿐이었어요. 그렇지만 그 후로 지금은 메이와 두 달 전보다는 조금 더 대화를 나눌 수는 있어요. 그래서 저는 메이가 어울려 다녔던 친구들에게 문제가 있었다고 봐요.

사회복지사 : 아, 그래서 상황이 조금은 나아졌네요.

G 부인 : 조금은 그래요. 메이의 유일한 문제는 애가 계부 아래 있는 것이라고 말할 수 있어요.

사회복지사 : 그러니까 부인 말씀은 메이가 몇몇 친구들과 어울려 다니지 않기 때문에 점점 좋아지고 있다는 건가요?

G 부인 : 예.

사회복지사 : 그럼 어떤 일을 시도해 보셨죠? 메이를 다루기 위해 부인께서 특별한 어떤 일을 시도해 보신 적이 있으셨나요? 혹은 메이가 어떤 일을 시도해 본 적이 있나요?

G 부인 : 아니요. 저는 대개 딸애에게 얘기해 보려고 했죠. 왜냐하면 타라도 제 딸이고 타라가 메이의 행동을 주시하고 있고 메이가 잘못을 하는 것에 대해 제가 묵과하는지 보고 있는 것이 확실하기 때문에 저는 애들을 따로 떼어놓고 얘기를 해 보려고 시도했어요. 언젠가 한 번은 메이가 남자친구를 사귀겠다고 하더군요. 그래서 그 친구가 집에 들러 저와 자연스럽게 만나 보는 것이 좋겠다고 했죠. 숨어서 사귀지는 말고 말이에요. 메이는 노력하겠다고 했어요. 하지만 저는 누구도 만나보지 못했고 단지 메이가 누군가를 좋아한다는 소리만 들었을 뿐이죠. 저는 아직도 그 애가 누군지 몰라요. 하지만 저는 딸애가 태어나서 10살까지 제가 길렀기 때문에 믿고 있어요. 메이는 제가 자기를 지금 너무 심하게 다루고 있다고 생각할지도 모르지만 어렸을 때 제가 가르쳐 준 가치관들을 메이가 돌아볼 수 있기를 바랄 뿐이에요. 지금은 메이가 밖에 나가도 예전처럼 꼬치꼬치 캐묻지 않아요. 단지 메이가 집을 나갈 때처럼 무사히 집에 돌아오길 바랄 뿐이죠. 안전하게 상처 입지 않고 말이에요.

사회복지사 : 어머니의 관심은 진심으로 사랑하기 때문이군요. 메이야, 너는 언제까지 집에 돌아와야 하는지 확실하게 알고 있니? 아니면 그 시간이 너에게 분명하지 않니?

메이 : 알기는 알아요. 하지만 제가 때때로 친구 집에 있을 때 친구가 공원에 놀러 가자고 하면 갈 때가 있어요. 5시나 5시 30분에 공원으로 떠나죠. 5시까지 집에 돌아오게 되어 있지만 밤까지 공원에 있다가 친구가 집에 갈 때 친구 집을 들러서 와요. 친구가 6시에 집에 가면 저도 그래야 되요. 그리고 집에 오면 엄마에게 야단을 맞죠.

사회복지사 : 왜….

메이 :　왜냐하면 저는 몇 시인지를 확인하기 위해서 집에 들어가지는 못하니까요. 몇 시인지를 확인하게 위해 친구 집에 가는 거예요.

G 부인 :　지금 딸애의 친구들은 다들 괜찮아요. 지금 딸애가 어울리는 한 친구는 저도 마음에 들어요. 아주 좋은 아이죠. 하지만 저는 그 애의 가족배경에 대해서는 아는 것이 없어요. 하지만 애만 볼 때는 아주 좋은 아이로 보여요.

사회복지사 : 저는 나머지 가족들이 어머니와 메이만 주로 이야기하고 있다고 느끼는지 궁금하군요. 가족을 소개하는 첫 번째 만남이니까 여러분이 생각하는 가족이 무엇인지 그림을 그려 주실 수 있겠어요? 가까운 사람들도 좋아요. 꼭 가족구성원이 아니어도 됩니다. 대상은 여러분에게 아주 중요한 무엇인가도 될 수 있습니다. 메이, 너는 매우 중요한 아주 가까운 친구를 갖고 있는 것처럼 들리는구나. 도널드, 너도 아마도 아주 중요한 친구를 갖고 있겠지. 자, 그럼 여러분들이 그림을 그려 보기 바랍니다. 여러분의 집 안 또는 밖의 사람들을 그리실 수 있을 것입니다. 이것이 우리에게 뭔가를 말해 줄 것입니다. 가능한 한 창의적으로 그려 보도록 하세요.

메이 :　저는 그림을 잘 못 그리는데요.

사회복지사 : 잘 그리느냐는 상관이 없단다. 단지 가족 안에 누가 있는지, 중요한 사람들이 누구인지, 그리고 가족은 어떠해야 하는지를 보여 주는 그림을 그리면 된단다.

G 부인 :　자, 그럼 선생님이 말하는 그림을 그려 보려무나.

사회복지사 : 모두 그림을 그리는 동안에 어머니께서는 아이들과 자신 그리고 월터 씨에 대해서 말씀해 주세요. 월터 씨는 한 집에 사시나요?

G 부인 :　예. 한 집에 살고 있어요. 그리고 한 가지 더 말씀드릴 것은 지금 이혼수속을 밟고 있는 중이에요. 이런 상황이 메이를 힘들게 하고 있는 것 같아요. 제가 월터에 대해서 보호명령을 받고 있지만 그는 여전히 여기에 살고 있지요. 그 이유는… 저도 잘 모르겠어요. 저는 이 상황에서 벗어나고 싶어요. 하지만 제가 느끼고 있는 것과 마찬가지로, 그는 근처에 이모와 몇몇 사촌이 있기는 하지만 실제로는 갈 곳이 전혀 없죠. 그래서….

사회복지사 : 월터 씨에 대한 보호명령을 받고 계시다고요? 하지만 그가 아직도?

G 부인 :　예. 그는 여전히 한 집에 있어요.

사회복지사 : 아주 힘든 상황이네요.

G 부인 :　음음…. 아마 그것이 메이 자신이 말한 대로 느끼고 있는 이유인 것 같아요. 왜냐하면 메이가 남들이 자신만 나무란다고 할 때 주로 저에 대해서가 아니고 주로 그에 대해 말하고 있는 것이죠.

사회복지사 : 월터 씨가 클라렌스와 바이런의 친 아버지이신가요?

G 부인 :　예.

사회복지사 : 다른 아이들에 대해서는요?

G 부인 : 예…. 그들의 계부이죠.

사회복지사 : 그럼 친부는?

G 부인 : 그들은 친아버지는 없는 셈이에요. 월터가 계부이고 그가 그 애들이 아는 유일한 사람이에요. 그리고 메이는 그와 잘 어울리지 못해요.

사회복지사 : 다른 아이들은요?

G 부인 : 글쎄요. 바이런과 클라렌스는 아직은 어려서 월터에게 문제가 되지 않아요. 도널드는 밖에 나가 있는 시간이 많고, 타라는 다루기 쉬운 아이이고요. 주로 남편과 메이만이 부딪히는 거죠. 참, 우리가 집을 그리는 건가요? 가족을 그리는 거죠?

사회복지사 : 예. 집과 부인이 가족으로 여기는 모든 사람들 그리고 부인의 중요한 친구들을 그려 보세요.

G 부인 : 저는 도움을 요청할 수 있는 사람들이 많아요. 하지만 대체적으로 요즘 사람들은 예전보다 다른 사람들의 문제에 귀를 기울이지 않아요. 저는 열 형제 집안 출신이에요. 남자 형제 다섯, 여자 형제 넷이 있어요. 저까지 총 10명의 형제 중 저는 한 여자 동생하고만 가장 친해요. 그래서 저는 그 동생에게 기대고 얘기하고 그 애가 내 얘기에 귀를 기울일 거라는 걸 알죠. 하지만 어쨌든 저는 제가 하고 싶은 대로 하기 때문에 그녀가 조언을 해 줄 수 있는 일은 없어요. 그리고 힘든 상황에 있는 여자 친구가 하나 있는데 그런 면에서 서로 대화가 잘 통하죠. 그리고 어머니가 함께 계세요.

사회복지사 : 부인의 어머니와 여동생이 함께 계시군요?

G 부인 : 예. 두 명의 여자 형제와 두 명의 남자 형제가 근처에 함께 있지만 한 여동생은 아무 상관을 안 해요. 제가 정말로 얘기할 수 있는 상대는 제 여동생인데 그녀는 제 말을 들어 줄 것이라는 것을 알고 있죠. 그리고 어머니가 함께 있는데 어머니는 아주 외향적이에요. 저는 엄마와의 사이에 가까운 관계를 느끼지 못해요.

사회복지사 : 어머니와의 관계가 원래 소원했었나요?

G 부인 : 항상요. 어렸을 때부터요.

사회복지사 : 어머니께서 메이와 가까워지기를 매우 바라는 것으로 들리네요. 다음 시간에 그것에 대해 더 얘기해 보도록 하죠. 다음 약속시간을 정해야겠어요. 하지만 먼저 여러분의 그림을 보도록 할까요?

(면담을 10분 더 진행하였다. 사회복지사는 클라이언트와 그림에 대해 얘기했다. 그녀는 월터 씨가 다음 회기에는 참석하기를 부탁했고 그가 참석할 수 있는 시간으로 약속을 잡았다.)

**예시 3.6 비구조화된 회기 요약**

면담날짜 : 20××년 3월 30일

사회복지사 : T. 린다, 사회복지학전공 대학원생

첫 번째 회기

퀴니 G 부인과 다섯 아이 모두가 회기에 참석했다. 월터 G 씨는 참석하지 않았는데, 그는 G 부인이 이혼수속을 밟고 있지만 아직은 함께 지내고 있다고 말한다. 20××년 4월 5일에 있을 다음 회기에는 그가 참석하도록 요구했다.

G 부인의 가족 구조는 불분명하다. 지금까지의 정보에 기초해 만들어진 가족의 가계도는 아래의 그림과 같다.

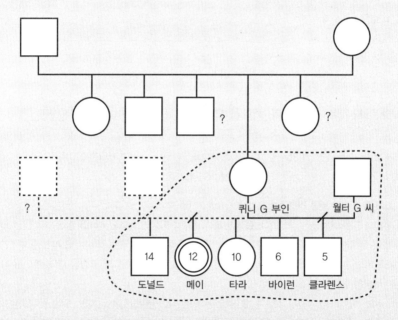

특수교육 학생인 메이와의 관계에 대해 학교사회복지사에게 도움을 청했던 G 부인이 면담 시간의 대부분을 얘기했다. 메이도 얘기를 했다. G 부인에 따르면, 메이는 규칙을 따르지 않는다. 귀가시간을 지키지 않으며 늦어질 때도 집에 전화를 하지 않는다. 면담 초기에 울먹이던 메이는 가족 모두 그녀만 나무란다고 했다. 메이는 제 시간에 귀가하는 것을 잊었을 때 혼나는 것이 마땅하다고 생각하지 못하고 있다. 그녀가 자주 문제를 일으킴에 따라 가족들 사이에서 소외되어 있는 것 같다. G 부인에 의하면, 메이가 G 부인 생각하기에 메이에게 나쁜 영향을 미치고 있는 친구들과 어울리는 것을 그만둔 후 지난 2개월 동안 모든 것이 나아지고 있다고 한다. G 부인은 메이가 친구들과 밖에 나가 있을 때 문제가 생길지 몰라 걱정하는 것으로 보인다. 하지만 G 부인은 메이의 많은 문제가 계부와도 연결되어 있다고 말한다.

안타깝게도 이 상황과 월터 씨에 대해 내가 아는 바가 별로 없다. G 부인은 월터 씨로부터의 보호명령을 받고 있다고 명확히 얘기했으나, 그는 아직도 같은 집에 살고 있다. G 부인에 의하면 월터 씨가 갈 곳이 없기 때문이다. G 부인은 월터 씨와 정식으로 결혼은 하지 않았다고 했으나, 다른 시점에서는 현재 이혼절차를 밟고 있다고 말했다. G 부인은 집에 긴장감이 돌고 있다고는 말하나 실제로는 무슨 일이 일어나고 있는지 나는 알지 못한다. 현재와 과거의 가족폭력, 메이와 다른 아이들과의 관계, 월터 씨와 G 부인과의 관계, 그리고 가족원이 직장, 학교, 집 등에서 가지고 있는 문제들을 포함해서 아직도 알아야 할 부분들이 많이 있다.

가족원 모두가 얘기하도록 격려되었더라면 면담이 좀 더 나아졌으리라고 본다. 또한 그림을 그리는 것은 좋은 아이디어였으나 나는 그것을 활용하는 법을 알지는 못했다. 마지막으로 나는 많은 산적한 질문을 연속적으로 했고(둘 또는 세 질문을 연속적으로), 몇 번이나 주제에서 벗어났던 것 같다.

## 예시 3.7  반구조화된 회기 요약

회기 날짜 : 20××년 3월 30일     사회복지사 : T. 린다, 사회복지학전공 대학원생
회기 : 첫 번째     사례 : G 씨 가족, #88028

### 1. 회기 중 일어난 일을 간략하게 요약하라

G 부인과 다섯 아이들이 참석했다. G 부인과 특수교육 학생인 메이는 메이의 행동으로 인한 갈등에 대해 얘기했다. 예를 들어, 메이가 항상 귀가시간을 지키지 않는 것이다. G 부인은 메이가 전화를 걸기 원하며 메이가 늦거나 친구들과 나가 있을 때 메이에 대해 걱정을 한다. 메이는 자신이 부당하게 혼이 난다고 생각한다.

월터 씨는 회기에 참석하지 않았다. G 씨 부부의 관계는 명확하지는 않지만 '이혼절차를 밟고 있는 중' 에 있다. 월터 씨는 바이런(6세)과 클라렌스(5세)의 아버지이기는 하나 도널드(14세), 메이(12세)와 타라(10세)의 아버지는 아니다. G 부인은 월터 씨로부터의 보호명령을 받고 있으나 그는 아직도 한 집에 같이 살고 있다.

### 2. 표출된 문제, 욕구와 쟁점을 열거하라.

월터 씨와 메이, G 부인과 메이, 월터 씨와 G 부인 사이에 갈등이 존재한다.

G 부인은 메이가 새로운 친구들을 만난 후 상황이 좋아졌다고 생각한다. G 부인은 메이가 계부 '밑에' 있음으로써 문제가 야기된다고 본다.

메이는 못살게 굶을 당한다고 생각한다. 그녀가 이 가정에서 확인된 환자(IP)이다. G 부인은 메이의 행동, 그녀의 친구 등등에 대해 걱정을 많이 한다. 가족 내에서의 그녀의 특별한 위치(장녀이고 특수교육 학생으로서)가 그녀를 상처받기 쉽게 만들고 있다.

월터 씨는 학대할 수 있는 소지가 있다.

### 3. 어떤 기술과 개입이 사용되었는가?

우리는 문제에 대한 G 부인과 메이의 관점은 탐색했으나 다른 가족원들에 대해서는 충분히 다루지 못했다.

각 가족원은 가족에 대한 그림을 그렸다. 나는 그림에 대해 얘기했으나 활용방법은 몰랐다.

나는 가능한 지지자로서의 G 부인의 가족망을 탐색했다.

나는 가족력에 대해 알아보고자 했으나 성공하지는 못했다.

### 4. 향후의 탐색이나 개입을 위한 영역을 제시하라.

- 월터 씨와 다른 가족원과의 관계
- 학대, 폭력에 대한 질문
- 모든 가족원의 참여
- 학교에서와 이웃과의 문제점

## 요약 Summary

일차적 기능 : 사회복지교육

현재 활용 : 실습지도

기록구성의 원칙 : 이 접근방법은 학생이 일련의 결과물을 생산하고 검토하는 과정에서 사용하는 기존의 기록하기 구조와 사례의 핵심을 추출하여 잘 쓰인 이야기체 보고서로 만들고자 하는 목적을 결합시키고 있다. 학생은 의례적인 기관기록을 준비하기에 앞서 녹음을 하고 회기 요약을 만든다.

장점 : 핵심기록은 학생이 실천가로서 사용하게 될 것으로 기대되는 이야기체 스타일을 사용하여 사례를 기술하고 분석하는 것을 가르친다. 이 과정은 서비스 교류에서 실제 무엇이 일어나는가에 대한 학생과 슈퍼바이저의 관심에 초점을 두며, 기록기술뿐만 아니라 인지적, 대인적인 실천을 발전시켜 준다.

제한점 : 이 과정은 시간이 많이 들며 어떤 기관이나 클라이언트에게는 적합하지 않을 수도 있다. 이러한 제한점은 학생이 다룬 사례 중 1~2개에만 핵심기록을 사용함으로써 극복될 수 있을 것이다. 비디오테이프 장비는 매우 비싸지만 음성녹음 장비는 비싸지 않다. 테이프는

비밀보장을 위반하기 쉽다.

## 기록업무 교육 향상시키기

사회복지학과 학생과 클라이언트 사이의 교류에 관한 기록은 실천을 가르치고 학습하기 위한 중요한 매체이다. 학생은 기록을 준비하고 검토할 때 클라이언트와의 회기에서 무엇이 일어났는지 상기하고 그것이 무엇을 의미하는지 숙고한다. 이때 기록 과정은 학생이 인식적이며 개념적인 기술을 개발하도록 돕는다. 기록은 슈퍼비전을 돕고 클라이언트-욕구-상황과 서비스 관계의 중요한 측면에 대한 토론에 초점을 두며 학생이 클라이언트와 자신에 대한 이해를 발전시키는 것을 원활히 해 준다.

학생의 기록은 기록의 개념과 기술을 가르치고 학습하는 데도 사용될 수 있다. 기록업무 교육은 이상적으로는 다음의 네 가지 법칙에 기초를 두어야 한다. 첫째, 기록업무 교육은 교실에서, 실습지에서, 초기 수준의 실천 등 교육과정 전반에서 이루어져야 한다. 둘째, 기록업무 교육은 일반적인 것으로부터 특수한 것으로, 즉 교실에서 배운 일반적인 개념으로부터 실습과 초기수준 실천에서의 특수한 적용으로 옮겨가야 한다. 셋째, 기술의 발전은 연속적으로 진행되어야 한다. 초기 단계에서 습득된 기술은 다른 기록접근법에 의해서 대체되어서는 안 되며 더 진보된 기술을 위한 기초가 되어야 한다. 마지막으로, 임상실천과 기록업무를 위한 교육은 서로 연계되어야 하며 연속적이어야 한다. 기록은 기관 실천의 필요악으로서가 아니라 학생의 학습 경험 내내 없어서는 안 될 실천의 일부분으로서 도입되어야 한다. 이를 위해 학생은 모든 실천 과정에서 기록과 기록업무의 개념을 접해야 한다.

그러나 현실은 이상과 매우 상반된다. 최근에 공부하는 학생은 다음과 같은 경험을 하지 못한다.

- 교실−현장−실천이라는 일련의 연속선상에서의 교실(또는 일반적) 부분
- 기술 습득과 기술 발전의 잘 고려된 연속성
- 초기부터 지속적으로 이루어지는 기록과 실천의 통합

이러한 결핍을 가져오는 가장 중요한 이유는 많은 학생이 수업 중에 기록문서와 기록업무에 관하여 학습하지 못하고 있다는 것이다. 사회복지 학생에게 기록문서와 기록하기에 관해 가르치는 일차적인 책임은 실습기관에게 있었다. 학생들이 수업에서 기록업무를 배우지 못할 경우 기관은 이 책임을 선택이 아닌 의무로서 떠맡았다. 실습 지도자가 특정 기록 정책, 실천, 절차를 가르치는 것을 예상한다 할지라도, 그들은 학생이 기록의 개념, 지식, 기술을 알고 있는 것으로 간주한다. 실습 경험은 이미 너무 빡빡하게 짜여져 있어 기록 이론에 대해 충분한 주의를 기울일 수 없다. 이런 내용은 실습 경험 이전이나 실습과 동시에 보다 폭넓은 수업 맥락에서 더 잘 가르칠 수 있다.

그러나 기록에 대한 교육을 실습기관으로 미루는 것은 사회복지교육에서의 기록하기 요소를 복잡하게 만들었을 뿐만 아니라 기록 교육을 일관성 없게 만들었다. 실습 경험은 실습지 슈퍼바이저와 실습기관에 의존적이기 때문에, 기록에 관한 실습생의 경험은 그 슈퍼바이저와 기관이 어떻게 문서화를 다루고 있는가를 반영한다. 어떤 슈퍼바이저는 기록에 세심한 주의를 기울이는가 하면 또 다른 슈퍼바이저는 그렇지 않다. 또한 상이한 기관은 상이하게 기록을 한다. 따라서 개별 학생의 기록업무에 대한 경험은 자신의 기관과 슈퍼바이저의 접근방법에 의해서 제한된다. 한 학생의 경험은 종종 다른 학생의 경험과 매우 다르다. 그 결과 기록업무에 대한 사회복지 교육은 다양하고 일률적이지 못하다.

수업에서의 부적절한 준비는 기술의 습득과 발전의 연속도 붕괴시킨다. 수업에서 기록업무의 이론과 개념을 배우지 못한 학생은 실습지에서 배운 특정 실천과 절차를 이해하여 적절한 맥락에 적용하는 틀을 갖지 못한다. 각각의 새로운

정책, 형식, 절차가 자신의 실천 지식과 기술의 지속적인 발전과는 관계가 없는 분리된 과업으로 보일 수 있다. 게다가 학생이 실천 관련 교과과정에서 기록의 개념을 배우지 못할 경우, 실천과 문서화 사이의 연계를 인식하고 이해하지 못할 수 있다. 기록업무를 실습 현장에서 처음 배우는 학생은 그 과업을 실천의 한 요소로 보기보다는 관료적 기능으로 간주하는 경향이 있다.

막 졸업하여 사회로 나가는 학생은 수업에서의 준비 부족 때문에 발생하는 비연속성에 더하여 학생 신분에서 발전시킨 기술이 실천가로서 필요로 하는 기술과는 다르다는 것을 발견할지도 모른다. 학생의 기록과 실천가의 기록은 목적, 내용, 스타일에 있어서 차이가 있을 수 있다. 예를 들어, 실습 현장에서 과정기록을 준비하는 데 대부분의 시간을 쓴 학생은 양식, 요약 보고서, 기타 기관 보고서를 준비하는 적절한 지도와 경험을 갖지 못할 수 있다. 신참 실천가는 종종 자신의 기록에 관심이 쏠리는 것을 알고는 놀라고 당황한다. 많은 실천가는 기록에 대한 지식, 경험, 기술 면에서 준비가 되어 있지 않음을 느낀다. 그들은 일상 실천의 얼마나 큰 부분을 기록하는 데 써야 하는지 인식하지 못할 수도 있다.

기록 교육을 향상시키려는 안건은 사회복지기록과 기록실무 개념을 사회복지 교육 중에서 중요한 위치로 올려 놓는 것과 함께 시작되어야 한다. 예시 3.8에 있는 교과목 계획은 이러한 목적을 달성하기 위한 길을 닦기 위한 것이다. 여기서 학생에게 수업에서 배우는 일반적 개념과 실습지에서의 특정 개념을 소개한다. 이 계획은 학부생이나 대학원생 모두에게 적용되는 핵심 내용뿐만 아니라 대학원생 수준의 임상과 관리 프로그램에 대한 특수 내용도 포함한다.

기록실무 교육을 향상시키고자 하는 안건의 두 번째 사항은 실천을 기록실무 기술과 통합시키고 연속성을 가지고 나아가는 접근법을 선택하는 것이다. 학생이 수업과 실습지에서 배우는 기술은 그들에게 초보적 실천(entry-level practice)을 준비시켜 줄 수 있어야 한다. 이는 학생이 자신의 기록 문서를 사용하는 실천을 배우고 실천경험에 근거한 기록을 배우는 것을 의미한다. 학생 때 준비하는 기록은 대인적 실천 기술과 후에 실천가로서 작성하게 될 이야기체 요약 보고서를 준비하는 능력을 함께 개발하도록 도울 수 있어야 한다.

그러나 불행히도 오늘날 많은 프로그램들이 채택하고 있는 접근(과정기록, 기관기록, 또는 이 둘의 결합을 사용하는)은 보통 이러한 목적을 달성하지 못하고 있다. 한편으로는, 학생은 후에 활용할 수도 없고 심지어는 방해가 되는 과정기록 기술을 발전시키는 데 과도한 시간을 사용하고 있을 수도 있다. 더군다나 과정기록은 면담 또는 회기에서 실제 일어나는 것을 반영하지 못하기 때문에 (Timms, 1972) 실천 기술을 가르치는 데 제한된 가치만을 갖는다. 다른 한편으로 기관기록은 보통 실천 기술을 가르치는 것을 원활히 해 주는 서비스 과정에 관한 충분한 정보를 포함하고 있지 않으며, 학생에게 이야기체 요약 보고서를 준비시키는 데 충분한 경험을 제공하지 못할 수도 있다.

과정기록을 사용할 경우 절제하여 사용해야 하며, 이야기체 요약 기술을 발전시키는 데 더 많은 시간을 투자해야 한다. 전통적인 접근 방법들의 한계하에서 교육자는 여기에 설명된 목표를 성취시키는 다른 접근을 실험하려 할지도 모른다. 이 장 앞에서 이미 그러한 두 가지 접근이 제시된 바 있다. 교수/학습기록은 전형적인 기관기록에 포함되는 내용 요소와 학생-클라이언트 상호작용, 학생의 사고과정에 대한 부가적 정보를 결합시켜 주는 이야기체 기록이다. 핵심기록은 오디오테이프나 비디오테이프로 시작하고 이야기체 요약 보고로 끝을 맺는다.

기록실무 교육을 향상시키는 문제에 대한 마지막 사항은 실천과 실천에 대한 문서화를 초기부터 지속적으로 통합시키는 것이다. 이 목표를 위해서는 기록물을 실천을 가르치는 수단으로 사용하고 기록업무를 실천의 일부로 가르쳐야 한다. 이 목표를 달성하기 위해 사용되는 테크닉은 다양하다. 학생들은 직접 실천에 관한 교과목에서 실천 원칙에 대한 토의를 준비하면서 기록 문서를 읽을 수도 있고, 자신이 수행하는 역할극 후에 기록을 할 수도 있다. 슈퍼비전, 책무성,

행정에 관한 교과목에서 학생은 다양한 기록 양식과 형식의 유용성과 효과성을 비교해 보고 특정한 기관 요구를 충족시키기 위한 양식을 디자인하거나 절차와 지침을 개발할 수도 있다. 기록하기 교육에서의 이런 모든 변화는 사회복지교육자가 기록의 개념과 기술을 실천 교과과정에 재도입하고자 하는 의지에 달려 있다. 그러나 많은 교육자는 기록업무를 임상실천과는 별개의 기관 기능으로 보기 때문에 이를 꺼린다. 따라서 수업에서 기록을 가르쳐야 하는 중요성을 교육자에게 설득하는 것이 실습지도자와 학생의 몫으로 남을 수도 있다.

 예시 3.8   교수/학습기록을 위한 교과과정 계획

| 일반적 내용 (수업) | 특정 내용 (실습지) |
| --- | --- |
| 핵심내용 | |
| 기록의 목적 | 기록에 대한 기관의 사용 |
| 　서비스 문서화 | |
| 　사례의 연속성 | |
| 　전문가 간의 의견 교환 | |
| 　평가 | |
| 　슈퍼비전 | |
| 　기관 관리 또는 기금 마련 | |
| 기록의 유형 | |
| 　교육적 기록 | 기관에 의해 보존되는 기록 |
| 　임상기록 | 사회복지 실천을 가르치고 학습하기 위한 기록 |
| 　관리기록 | 클라이언트의 사생활을 보호하기 위한 기관의 절차 |
| 　보고서, 편지 | |
| 　사생활 보호에 대한 원칙 | |

| | |
|---|---|
| 기록의 접근방법 | 내용과 유형에 대한 기관의 지침 |
| 　내용요소 | 기관의 양식과 개요 |
| 　구조 | 기관의 절차, 기록 작성을 위한 보조도구(속기 |
| 　기록과정과 절차 | 용 구술 녹음기, 컴퓨터) |

특별 내용

| | |
|---|---|
| 모델에 따른 기록하기(예 : 가족치료 기록) | 이러한 기록을 하는 실습 |
| 실천 장소에 따른 기록(예 : 정신건강에서 사 | 기관에서 사용하는 기록의 분석 |
| 용하는 기록) | |
| 책무성 체계 | 기관의 책무성 체계에 대한 분석 |

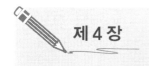

## 제 4 장

# 기록의 구조 I
## 이야기체 기록과 기타 임상 기록

사회복지기록에는 정보를 선택하고 구성하는 일을 안내해 주는 다양한 기록 구조가 있다. 기록의 구조는 몇몇 차원에 따라 다양한데, 이 차원은 각 구조의 장점과 단점을 이해하고 평가하는 데 유용하다. 기록의 구조는 **표준화**(standardization)에 차이가 있다. 즉 구조는 기록의 내용과 구성이 실천가의 재량에 얼마나 달려 있는지, 양식이나 형식에 의해 어느 정도나 미리 결정되어지느냐에 따라 다양하다. 표준화된 양식과 형식은 꼭 기록해야 할 정보가 기록될 가능성을 증가시키고 그 정보에 대한 접근 가능성도 증가시킨다. 클라이언트, 서비스, 사회복지사를 전형화시키고 기록업무를 일상화시킨다. 반면 덜 표준화되고 더 개방적인 형식은 실천가가 사례의 특정 이슈에 대해 자신의 시각을 반영할 수 있도록 클라이언트와 서비스를 개별화하도록 해 준다. 그러나 그러한 기록은 특이할 수 있고 독자가 접근 가능한 형태로 중요한 정보를 포함하는 데 실패할 수도 있다.

기록의 구조는 기록의 범위(scope)에 따라서도 달라진다. 즉 어떤 구조는 기록 전체에 적용되는 반면 다른 구조는 중간노트와 같이 내용의 특정 요소에만 사용된다. 기록의 구조는 무엇을 선택하느냐(selectivity)에 따라서도 달라진다. 즉 그 구조는 클라이언트-욕구-상황과 서비스 교류에 관한 폭넓은 정보를 문서화하도록 권장하는가 아니면 그 내용을 특정 관찰, 사정, 결정과 행동에 국한하는가의 정도에 따라 다양하다. 기록의 구조는 스타일에 따라서도 달라진다. 즉 그 구조는 사용하는 표현 방식에 따라서도 다양하다. 어떤 구조는 포괄적인 이야기체 보고서를 구성하는 데 사용되고 다른 구조는 특정 정보에 대한 간략한 요약을 요구하며 또 다른 구조는 주로 빈칸 메우기, 체크리스트로 구성된다.

마지막으로 기록의 구조는 근거(rationale)에 따라서도 달라진다. 즉 구조는 기록에 초점과 통일성을 부여하고 기록 과정에 의미를 부여하는 기본 원칙에도 차이가 있다. 어떤 기록 구조는 기능주의 원칙에 근거한다. 정보는 목적을 위해 기록되고 그 목적을 위해 구성된다. 예를 들면 전문가 사이의 의사소통을 지원하는 형태로 구성된다. 또 다른 구조는 개념적 원칙에 근거한다. 즉 인간행동에 관한 이론이나 실천 접근에 대한 가정이 기록을 위한 정보를 선택하고 구성하는 것을 뒷받침해 준다. 불행하게도 어떤 기관에서는 기록의 정보를 선택하고 조직하는 데 대한 근거가 명확하지 않다. 기관의 목적과 근거에 따라 여러 양식과 형식이 기록의 전반적인 근거와 구성을 훼손시키면서 시간이 지남에 따라 기록에 추가되어 왔다.

기록 구조는 종종 다음과 같은 이유로 선택된다.

- 기록을 작성하거나 변환하거나 저장하거나 재생하거나 활용하는 데 쓰는 시간을 제한하여 비용을 최소화한다.
- 외부의 책무성 요구와 실천의 표준을 충족시켜 준다.
- 의사 결정, 사례의 지속성, 슈퍼비전, 전문가 사이의 의사소통, 업무 기능, 또는 기관 관리를 원활히 해 주는 내부 정보 욕구를 충족시켜 준다.

- 실천 현장 내 다른 전문직이나 기관들에서 이루어지는 기록업무 실천과 일치한다.
- 정보를 문서화하고 기록을 활용하는 기관 내 인력 범위에 적합하다.

1960년대 이전에는 사회복지기록은 개방적이고 개별적인 경향이 있었다. 실천가는 실천에 대한 자신의 접근 방법을 반영하는 개인적 기록 접근법을 개발했다. 실천가의 전문적 발전은 전형적으로는 현장 업무에서의 과정기록과 함께 시작되었다. 이후 그들은 기관 실천에서 널리 유행한 기록 모델이었던 이야기체 기록으로 옮겨갔다. 기관 기록은 보통 시대 순으로 주제에 따라 구성되었다. 정보를 식별하기 위한 것을 제외하고는 기록의 내용은 표준화되지 않았다. 과정기록 훈련을 받은 실천가는 종종 이야기체 기록에 서비스 과정에 대한 자세한 설명을 포함시켰다. 1960년대에는 외부 책무성에 대한 강조가 증가되고 실천에 대한 좀 더 구조적인 접근이 출현하는 등 기록에 많은 변화가 있었다. 기관들은 클라이언트나 실천가를 넘나들면서 내용과 구조 면에서 더 많은 표준화를 가능하게 하는 양식과 형식을 개발하고 채택하기 시작했다. 기관에 따라 내용과 구조를 표준화하는 정도에 있어 차이는 있었지만 구조화되지 않은 이야기체에만 전적으로 계속 의존하는 곳은 거의 없었다. 다양한 배경과 서비스 양상, 클라이언트 집단의 특별한 문서화 욕구를 반영하는 새로운 양식과 형식에 대한 상당한 실험이 있었다. 행동주의와 같은 특정 실천 접근법에 대응하여 기록에 대한 새로운 접근들도 많이 개발되었다. 때로는 의료와 같은 다른 원칙의 실천에 근거한 새로운 형식들이 채택되기도 하였다. 1990년대에는 기관이 종이 양식과 형식에서 전산화된 기록으로 옮겨가기 시작했다. 전산화는 기관에 기록의 내용과 구성에 대한 보다 큰 통제력을 부여함으로써 기록의 표준화를 증대시켰다.

오늘날 기관은 표준화된 양식에서부터 이야기체 보고서에 이르기까지 여러 구조를 결합하여 사용한다. 어떤 실천가는 기록을 여전히 수기나 구술을 통하여 준비하나 대대수는 컴퓨터상에서 직접 준비한다. 기관이 자금 부족으로 곤란을 겪고 있으므로 실천가는 가능한 한 효율적으로 기록을 생산해야 한다. 실천가는 단지 다양한 기록 구조와 접근에 대해서만 친숙해서는 안 된다. 그들은 클라이언트-욕구-상황과 서비스 과정과 진전의 핵심을 포착하는 명확하고 간결하며 의미 있고 잘 조직된 이야기를 쓸 수 있는 기술을 발전시킬 필요가 있다. 제4장과 제5장은 오늘날 사회복지 기관과 기타 사회복지 환경에서 사용되는 여러 기록 구조의 전형를 검토한다. 실제 실천에서는 여러 구조를 결합하여 사용하고 있지만, 제4장과 제5장은 결합된 형태를 보여 주는 대신 비교를 위한 공통의 틀을 사용하여 다양한 기록 구조를 하나씩 보여 준다. 첫째, 양식과 형식을 기술하고 분석하며 개괄한다. 그 다음 각 구조를 일차적 기능, 이차적 기능, 현재 활용성, 기록구성의 원칙, 장점, 제한점이라는 여섯 차원을 기초로 평가한다. 마지막으로, 각 양식과 형식이 사용되는 예를 제시한다.

이 장에 포함되는 형식은 구조, 조직, 내용에 관한 어떤 특정 관례를 따른다. 동시에 각 형식은 다양한 조직, 프로그램, 실천 접근, 실천가의 문서화 욕구를 충족시키기에 충분하면서도 개방적이고 유연하다. 그러한 유연성은 장점이면서 동시에 잠재적 한계가 된다. 이 형식은 사회복지사에게 기록에 포함할 정보를 결정하는 데 상당한 자유를 허용하며 그 정보를 자신의 스타일과 관점에서 나타낼 수 있도록 해 준다. 사례의 특정 특성을 문서화하도록 해 주기 때문에 사례의 연속성을 유지하고 다른 실천가와 의사소통하고 서비스 전달을 모니터링하고 자문을 원활히 하는 데 특히 유용하다. 그러나 기관이 어떤 정보를 어떻게 문서화하느냐에 대한 최소한의 표준과 지침을 세우지 않으면 기록이 너무 많거나 또는 너무 적은 정보를 포함할 수 있다. 또는 너무 특이해서 사례 간에 비교를 할 수 없게 하고 행정적 검토를 원활치 못하게 할 수 있다.

## 이야기체 보고

이야기체 기록은 실천가로 하여금 클라이언트-욕구-상황과 서비스 교류를 자신이 가장 중요하다고 간주하는 쟁점을 강조하면서 자신의 말로 기술하고 사정하도록 해 준다. 이야기체 보고는 오늘날까지 기록과정에서 중요하게 남아 있으며 '종이' 기록뿐만 아니라 전산화 기록에도 포함된다. 오늘날 사회복지 기관들은 보통 이야기체 보고의 내용을 구성하기 위해 구조화된 형식을 사용한다. 실천가의 역할은 다음과 같은 것에 대하여 중요하다고 생각되는 정보를 선택하고 구성하며 문서화하는 것이다.

- 클라이언트-욕구-상황의 본질
- 서비스 목적
- 서비스에 영향을 주는 결정과 행동
- 서비스 과정
- 클라이언트-욕구-상황 에 대한 서비스의 영향

이야기체 보고는 기록의 가장 개별적이고 특이한 스타일이다. 이야기체는 클라이언트-욕구-상황과 서비스 교류의 특별한 본질을 반영할 수 있다. 따라서 개인, 가족, 집단과의 임상적 실천을 문서화하는 데 특히 적절하다. 이것은 인간 행동, 사회복지 이론과 실천, 서비스 선택과 제공, 서비스 평가, 기록에 대한 실천가의 지식을 반영한다. 그러나 이야기체 기록도 불완전하거나 지나치게 단순하거나 혹은 지나치게 길고 두서없을 수가 있다. 게다가 기록의 질이 제공되는 서비스의 질 자체보다 사회복지사의 글쓰기 능력과 기록을 위해 할애하는 시간에 더 의존적일 수 있다.

이야기체 보고의 내용에 초점을 맞추고 구성해 주는 구조화된 형식을 채택하면서 기록에 대한 이 접근법은 많은 한계점을 보완해 왔다. 구조화된 형식은 기록의 크기를 통제하여 정보에 더 접근하고 정보를 더 쉽게 재생할 수 있게 하며 클라이언트의 사생활에 대한 침해를 제한할 수 있다. 기록에서 이야기체 보고의 수와 길이를 줄이는 것은 기록을 준비하는 시간을 줄여서 결국 비용을 줄이는 데 도움을 줄 수 있다. 이는 실천가의 기록 업무를 줄여서 기록을 시간 내에 작성하고 정확하고 유용하게 하는 데 도움을 줄 수 있다. 물론, 이야기체 보고가 단순히 완성해야 할 무수한 양식으로만 대체된다면 실익은 없다.

기관은 여러 가지 방법으로 이야기체 기록의 장점을 최대화하고 한계점을 최소화할 수 있다. 이야기체는 복잡하고 개별화된 서비스에만 사용하고 단기적인 일상적 서비스에는 구조화된 양식을 사용할 수 있다. 사회력, 사정, 서비스에 영향을 미치는 중요한 결정과 행동과 같은 특정 내용 요소에만 이야기체 기록을 한정시킨다. 예를 들어 서비스 활동과 결과를 추적하는 데는 양식, 목록 또는 개요를 사용할 수 있다. 기관은 이야기체에 어떤 정보가 포함되어야 하고 어떤 정보는 제외되어야 하는지를 실천가에게 알려 주는 명확한 지침을 세우고 양식을 개발할 수도 있다. 예를 들어 다른 곳이나 다른 양식에 기록되는 내용은 효율성과 접근성 개선을 위해 이야기체 보고에는 포함시키지 말아야 한다. 예시 4.1과 4.2는 이야기체 보고의 예이다.

## 요약 Summary

일차적 기능 : 개별화된 서비스의 문서화

이차적 기능 : 임상 슈퍼비전

현재 활용 : 모든 실천 분야와 실천 형태

기록구성의 원칙 : 정보는 ① 시제에 따라 ② 주제별로 조직된다.

장점 : 기록이 표준화되어 있지 않기 때문에 클라이언트-욕구-상황과 서비스 교류의 특별한 특성을 포괄하고 잘 나타낼 수 있다. 따라서 개별화된 서비스 접근에 특별히 반응적이다.

제한점 : 시간 소모적이며 비용이 많이 든다. 정보 재생이 종종 힘들다. 기록의 질은 기록자가 얼마나 정보를 적절히 선택하고 명확하게 조직하고 정기적으로 기록할 시간을 갖으며 문장력 있게 쓸 수 있는가 하는 능력에 달려 있다.

**가족 사정**

외래 병동

환자 이름 : 찰스 M(41)

면담 : ××년 5월 7일,  앤 M(40)

　　　5월 8일과 5월 9일, 찰스 M, 앤 M, 칩 M(16), 캐롤라인 M(14)

기록 구술 : 5월 12일, 문서화 : 5월 14일

**제시된 문제 :** 찰스 M은 그가 지역 영업부장으로 고용되어 있는 고용주 T 회사에 의해 서비스가 의뢰되었다. M 씨는 T 회사에서 8년째 근무하고 있으며 4년 전에 현재의 직위로 승진되었다. 그의 직책은 많은 여행을 요구하여 보통 한 달이면 2주를 출장을 가서 고객과 만나고 지역 책임자들을 관리한다. M 씨는 이러한 출장 여행 동안 술을 심하게 마시기 시작했는데, 처음에는 고객들과 시작해서 차츰 혼자서 또는 다른 사람들과도 마시게 되었다. 회사에 따르면 지난해 동안 M 씨의 과업성과 및 고객들로부터의 신임과 직장 내 명성이 실추되었다. M 씨는 T 회사에서의 자신의 직위가 자신이 치료 프로그램을 성공적으로 마치는데 달려 있다는 것을 인식하고 있다. 그러나 그는 자신의 음주가 일차적 문제가 아니라고 믿고 있다. 그는 자신이 프로그램에 의뢰된 것과 직장 내에서의 자신의 문제는 회사의 정치성과 결부되어 있다고 느끼고 있다.

**가족 배경 :** 찰스 M의 원가족에는 심각한 음주 내력이 있다. 그의 아버지와 어머니가 모두 정기적으로 술을 마셨고 아버지는 과다하게 마셨다. M 씨는 자신이 청소년이었을 때 아버지가 금요일 밤마다 술에 취해 돌아오곤 하셨던 것을 기억하고 있다. 아버지는 45세에 자동차 사고로 돌아가셨다. 어머니는 '모질면서'도 '으스대는' 분이다. M 씨는 다른 주에 살고 있는 어머니를 거의 만나지 않는다. 그러나 그는 4명의 손위 형제들과는 접촉을 유지하고 있는데, 이 중 둘은 '음주 문제'를 가지고 있다. 그의 맏형은 단주집단(AA)에 10년 동안 참여하여 왔으며 최근 이혼한 누나도 현재 단주집단 모임에 참석하고 있다.

M 씨는 자신의 배경에는 '특별한' 문제가 없다고 말한다. 그는 고등학교를 졸업하고 대학을 2년 다녔다. 군대에서 4년 복무한 뒤 영업 경력을 시작하였다. M 씨와 부인은 대학에서 만났다. 부인은 M 씨가 대학을 중퇴한 후에 졸업하였다. 그들은 M 씨가 공군을 제대한 뒤 M 씨 부인 가족의 반대를 무릅쓰고 결혼하였다. M 씨 부인의 아버지는 결혼을 결코 인정하지 않았으며 M 씨를 '저질'이라고 생각하였다. 칩이 태어났을 때 M 씨 부인과 그녀의 부모 사이에 화해가 이루어졌으며 그녀는 5년 전 아버지가 돌아가신 후 어머니와 점점 가까워지게 되었다. 그러나 M 씨는 부인 가족과 접촉하고 있지 않다. 그는 부인의 가족 행사에 참석하지 않고 있으며 M 부인과 자녀들만이 참석하고 있다.

**현재의 가족 기능** : M 씨의 직장이 현재 '위기' 상태이지만 그는 여기서 치료 받는 기간 동안 임금 전액을 지급 받고 있다. M 씨 가족은 집을 소유하고 있는데 이 집은 고소득계층의 사람들이 사는 지역에 있다. 칩과 캐롤라인 모두 고등학교에 다니고 있으며 성적은 중간 이상이고 방과 후 활동에 참여하고 있다. M 씨 부인은 자신을 가정주부라고 기술하고 있으며 카드놀이, 테니스 등을 함께 하는 친구 집단을 가지고 있다.

M 씨 가족은 많은 시간을 함께 보내지 않는다. 칩과 캐롤라인은 모두 학교에 늦게까지 있으며 주말에는 운동과 다른 활동들에 참여한다. M 씨가 집에 있는 때에도 가족원들은 자주 각각 다른 시간대에 저녁을 먹는다.

M 씨와 부인은 수년 동안 인간적으로나 성적으로나 멀어져 있었다. M 씨 부인은 캐롤라인이 태어난 직후 M 씨의 혼외관계에 대해 알게 되었다. 그녀는 집을 나가겠다고 위협했지만 관계를 청산하겠다는 M 씨에 의해 설득 당했다. 그는 부인에게 다른 여자들을 사랑한 것은 아니라고 말했다. 그녀는 이것을 믿고 있고 그가 다른 여자를 필요로 하는 것은 그가 술을 필요로 하는 것처럼 그의 '나약함' 때문이라고 믿고 있다. M 씨 부인은 남편을 떠날 생각을 여러 번 했었지만 그럴 수 없었다고 말한다.

한 유형이 수년간에 걸쳐 발전되었다. 즉 M 씨는 '실수하여' 관계를 폭로한다. M 씨 부인은 떠나겠다고 위협한다. M 씨는 가지 말라고 애원하고 다른 여자를 청산하겠다고 약속한다(그는 잠시 동안 그렇게 한다). 결국 그 유형은 또 되풀이된다. 그녀는 그녀의 가족이나 교제하는 친구들이 M 씨의 '음주와 진탕 마시기'에 대해 알기를 원치 않는다. 그녀의 어머니는 그녀에게 경고한 바 있다고 말할 것이고 그녀의 친구들은 동정적이지만 그녀에게 등을 돌리게 될 것이다. 그녀는 그녀의 가족이 '완벽한 가족' 이라는 이미지를 유지하기 위해 노력해 왔다.

**사정** : 사정을 위한 면담과 그들의 일상 생활을 통해 볼 때 이 가족의 관계는 정서적 분리와 피상적 의사소통으로 특징지을 수 있다. 가족의 핵심인 M 씨와 부인의 관계는 매우 소원하다. 동시에 M 씨 부인을 가능케하는 배우자(enabling spouse)로 생각할 수 있는데, 그 이유는 그녀가 '사회적 이미지' 는 유지하는 가운데 개인적으로 M 씨로부터 멀어진 것이 M 씨로 하여금 계속 술은 마시게 하면서도 이것이 그 자신과 가족에 미치는 영향은 계속 부인하는 것을 가능하게 해 왔기 때문이다.

이 가족 전체를 관찰하면, 가족원들이 서로에게 이야기하지 않고 가족 밖의 활동과 관계에 몰두함으로써 M 씨의 음주를 계속 부인하고자 하는 가족원의 욕구를 즉시 감지할 수 있다. 각 가족원은 다른 가족원보다는 친구들과 더 잦게 그리고 더 중요한 의사소통을 하고 있다. 동시에 가족비밀에 대한 연대의식도 강하다. 칩과 캐롤라인 모두 이야기할 때 그들이 말한 것이 너무 많은 것을 노출시키지 않았는지를 확인하기 위해 계속 M 씨와 그 부인을 힐끗거렸다.

**제안** :

1. M 씨 부부를 위한 결혼상담을 즉시 시작할 것. 그들의 관계는 M 씨의 음주와 혼외관계가 발

생함에 따라 수년 동안 손상되어 왔다. 이러한 어려움은 M 씨의 음주행위에 의해 비롯되었지만 현재 M 씨의 음주행위를 지속시키는 원인이다. 이러한 어려움들이 가족 불화의 핵심이 되고 있다.

2. 다음 회기인 5월 14일에 칩과 캐롤라인을 위한 10대집단을 가질 예정이다. 이들은 또래들로부터의 지지와 경험 공유로 이득을 얻을 수 있을 것이다. 또한 이 집단을 통해 가족상담에서 취할 적절한 행동들을 보여 줄 것이다.

3. 결혼상담과 집단상담이 시작된 2주 후에 가족상담을 시작할 예정이다. 이때까지 M 씨에 대한 개별 치료 및 집단 치료, M 씨 부부의 결혼상담, 10대집단이 가족 문제에 대한 가족원들의 부정의 일부를 무너뜨리고 가족이 가족치료에 들어설 수 있도록 마음 문을 열게 해 줄 것이다.

## 가족치료 회기 3, 6월 6일

**계획된 개입** : 이 회기를 위한 계획은 각 가족원이 자기 자신에게 일어난 변화, 다른 가족원에게 일어난 변화, 가족 자체에 일어난 변화와 일어나지 않은 변화에 대해 토론하는 것이었다. 사회복지사는 어떤 변화는 그 가족이 포기할 수 없는 것을 포기해야 하는 것을 의미하기 때문에 일어날 수 없다는 것을 제시하면서 개입을 계획하였다. 사회복지사는 다음의 예를 사용하여 설명을 계획하였다. 만약 아버지가 계속 술을 마시는 것이 가족의 다른 성원들에게 중요하다면 아버지는 술 마시는 것을 포기할 수 없을 것이다.

**면담** : 칩과 캐롤라인은 회기의 초기에는 매우 적극적이었다. 둘은 모두 부모와의 관계에서 변화를 보았다. 칩은 이제는 친구들을 집에 데려올 수 있으며 가족 누구에게든지 자신을 괴롭히는 것이 무엇인지 이야기할 수 있다고 느꼈다. 캐롤라인은 부모가 변화하고 있다고 생각하였다. 전에는 그들이 서로 미워하는 것 같았고 그들이 이혼할까 봐 자주 걱정을 하였다. 지금 그녀는 더 이상 걱정하지 않는다. M 씨 부인은 자녀들이 행복해지고 있어 부담감을 덜었다고 느낀다고 말했다. M 씨는 전에는 자녀들이 문제를 가지고 있다고 생각한 적이 없었지만 지금은 그것이 사실이 아니라는 것을 안다고 말했다.

음주행동을 지속하는 데 관하여 중요한 사실이 밝혀졌다. 캐롤라인은 "어머니가 자기 자신이 계속 술을 마실 수 있기 위하여 아버지가 계속 술을 마시기를 원하는 줄 알았다."고 말했다. 처음에는 캐롤라인과 M 씨 부인 모두 이것이 사실이란 것을 부인했다. 그러나 면밀한 조사는 M 부인이 자신의 음주 행동에 대해서 말하도록 이끌었다. 비록 M 씨가 자기 아내의 비밀스러운 음주를 알아차리지 못한 것으로 보이지만 그녀는 알코올 의존적이고 이에 대해 칩과 캐롤라인도 알고 있는 것으로 보인다. M 씨 부인은 M 씨가 없는 저녁시간에 집에서 술을 마시고 어떤 때는 의자에서 잠든다. 자녀들은 학교에 등교하기 위해 아침에 일어나면 의자에 있는 어머니를 발견한다. 반면 M 씨의 음주는 집 밖에서 그리고 가족들 없는데서 이루어졌기 때문에 칩과 캐롤라인에게 덜 분명하였다. 그들은 M 씨 부인의 음주행위에 대해 잘 알고 있었지만 이 모임 이전까지는 이 사실에 대해 서로 또는 M 부인과 이야기를 나눈 적이 없었다.

향후 계획 : M 씨 부인은 자신이 알코올 의존에 대한 치료를 필요로 한다고 인식하고 있다. 그녀는 자리가 나는 대로 (1~2주 후) 환자로서 프로그램에 들어갈 것이다. 그때까지 그녀는 가족상담 및 결혼상담 모임에 계속 참석할 것이다. 그녀는 월요일에 M 씨와 함께 AA 모임에 참석할 것이다.

 예시 4.2  간략한 이야기체 보고의 예 : 병원 사회복지과

**사회복지 보고**

의뢰 : 조이 스미스는 ××년 9월 24일에 입원과 동시에 사회복지과로 의뢰되었다. 그는 응급실을 통해 입원했는데, 경찰이 그를 응급실로 데려왔다. 조이는 팔과 다리가 멍들어 있었을 뿐만 아니라 다리와 엉덩이에 화상을 입고 있었다. 아버지인 스미스 씨는 조이가 바지를 엉망으로 만들어 그를 목욕시키고 있었다고 응급실 간호사에게 말했다. 목욕을 시키면서 덴 상처를 발견하고 스미스 씨는 도움을 청했다. 스미스 씨는 조이의 멍이 오전에 공원에서 그네를 타다 떨어져서 생겼음에 틀림이 없다고 말했다. 스미스 씨는 조이가 매우 둔하며 항상 어디서 떨어지거나 부딪친다고 말했다.

배경 : 조이는 3살 5개월이지만 2살도 채 안 되어 보인다. 작고 연약하며 모르는 사람을 두려워한다. 병원직원이 그에게 하라는 대로 따르는 주지만 웃지 않고 대답도 하지 않는다. 조이는 스미스 씨 부인의 여섯 자녀 중 막내이다. 다른 자녀들의 나이는 5~14세이다. 조이보다 큰 다른 자녀들은 모두 학교에 다니며 이 중 셋은 특수교육 프로그램에 들어가 있다.

스미스 씨 가족과의 면담에서는 스미스 씨가 주로 이야기하고 스미스 부인은 거의 말을 하지 않았으며 질문을 받으면 고개를 끄덕이거나 고개를 젓거나 했다. 스미스 씨는 직장을 찾고 있지만 지난 2년간 취업하지 못했다. 그는 때로 일용직 일을 하지만 보통은 집에 있다. 스미스 씨와 부인은 인척 간이기 때문에 서로 평생을 알아왔지만 결혼기간은 단지 4년뿐이다. 스미스 씨는 조이를 '그애 엄마처럼 느린' 아이로 기술했고 조이가 대소변을 가리지 못하고, 말을 못하고, 둔하기 때문에 발달이 느린 것으로 알고 있다. 조이는 한 번도 의사나 교사의 평가를 받아본 적이 없다.

서비스 정보 : 내과의는 9월 24에 아동 학대를 신고하였는데 그는 조이의 화상이 매우 뜨거운 목욕물에 의한 것이며 멍은 조이가 저항하며 목욕통에서 나오려는 시도로 생긴 것이라고 진술하고 있다. 의사 P 씨와 나는 즉시 조이의 부모에게 학대신고 사실을 알렸고 의사 P 씨는 모든 의심스런 상해들을 보고해야 한다고 설명하였다. 스미스 가족은 조이를 병원에서 퇴원시키

겠다고 위협했으나 조이가 병원에 있어야 한다는 것에 결국 설득되었다. 나는 스미스 부부에게 다음 날(9월 25일) 나머지 5명의 자녀도 검진을 위해 데려오도록 요청하였다. 모든 자녀들이 검사를 받았는데, 몇몇 자녀는 치료를 요하는 건강상 문제를 가지고 있었지만 학대의 증상을 보이는 자녀는 없었다.

우리는 아동복지부의 서비스를 이용하도록 하였는데 아동복지부는 학대를 조사하고 그 증거를 발견하였다. 스미스 가족은 조이를 매일 방문하도록 권장되었지만 그들은 조이가 2주간 입원해 있는 동안 1주일에 1~2번만 방문하였다. 퇴원하면 조이는 집으로 돌아갈 것이고 우리 부서의 슈퍼비전을 받을 것이다. 조이는 10월 21일에 조기 아동 교육 프로그램(Early Childhood Education Program)을 위한 검사를 받을 예정이다.

사회복지사 E.H.
××년 10월 15일

# 문제 중심 기록

문제 중심 기록(Problem-Oriented Record)은 보건 및 정신보건 세팅에서 광범위하게 사용되는 형식이다. Weed(1968)는 이 형식이 모든 보건조직의 모든 분야에서 채택되어야 한다고 주장하였지만 우선적으로는 보건 세팅에서(정신보건에 반대되는 것으로서의) 훈련받는 의사들이 활용에 관심을 가졌다. 이 형식은 이러한 기원을 반영하기 때문에 정신보건 세팅 또는 그 밖의 세팅에서 일을 하는 사회복지 실천가가 사용하기 위해서는 일부 변형이 요구된다. Weed는 문제 중심 기록을 다음의 네 가지 주요 부분으로 나누고 있다 — ① 기초선 자료, ② 문제 목록, ③ 초기 계획, ④ 진행노트.

### 기초선 자료

기초선 자료는 인테이크 동안이나 입원 때 보건팀의 다양한 성원이 수집하는데 다음의 내용을 포함한다.

- 환자의 주요 불만
- 환자의 프로파일(일상적인 하루에 대한 기술)
- 사회적 정보
- 현재의 질병
- 과거력과 체계에 대한 검토
- 신체검사 결과
- 실험실 보고자료

## 문제 목록

서비스 제공자는 공동으로 또는 독립적으로 자료 수집과정 동안 정의된 모든 문제의 목록을 작성하여 번호를 매긴다. 문제목록은 기록에 대한 색인 역할을 하며 책무성에 관한 문서가 된다. 새로운 문제가 정의되면 이 문제에 번호를 매겨 목록에 추가한다. 문제가 해결되거나 재정의되거나 더 이상 서비스의 초점이 되지 않으면 이들의 상태 변화를 메모한다. 퇴원 시 문제 목록은 서비스 제공을 검토하기 위한 근거가 된다.

## 초기 계획

서비스 제공자는 목록으로 작성한 문제 각각에 대한 대응 계획을 공동 또는 독립적으로 세운다. 계획에는 관련 문제에 상응하여 번호를 매기고 제목을 부여한다. 필요시 각 계획을 진행노트에 업데이트한다. Weed는 계획에 환자에 대한 더 많은 정보, 부가적 치료, 교육을 포함시킬 것을 제안하고 있다.

## 진행노트

계획을 세우고 실행에 옮긴 이후에 진행과 변화를 상응하는 문제번호에 따라 메모하고 다음과 같이 제목을 부여한다.

① 이야기체 메모 : 이 메모는(종종 SOAP 메모라고 불리는데) 데이터 베이스에 있는 정보를 업데이트하고 초기 계획을 수정한다. 이 메모는 다음과 같은 내용을 포함할 수 있다.

S-문제에 대한 환자와 가족의 기술과 같은 주관적 정보

O-환자에 대한 실천가의 관찰과 같은 객관적 정보

A-사정

Rx-제공된 치료 또는 보호

P-계획

이 메모가 이와 같은 모든 카테고리의 정보를 다 포함할 필요는 없다. 예를 들어 새로운 주관적 정보와 과거 계획의 변화만이 기록에 추가될 필요가 있다면 중간노트는 S와 P, 즉 주관적 정보와 계획만을 포함하게 될 것이다.

② 흐름도 : 시간의 경과에 따라 환자에 관한 구체적 정보를 모으는 이 메모는 클라이언트의 현재 및 변화하는 상태에 관한 집중적 연구로서 활용된다. 순서도는 전반적인 건강 상태 또는 치료에 대한 반응을 나타내는 특별한 징후를 문서화하는 데 사용될 수 있다.

③ 퇴원 요약 : 서비스 제공자는 각각의 문제와 서비스 반응에 대해 검토한다.

POR 형식을 정신보건 세팅의 모든 분야에 채택하기 위해서는 몇 가지 수정이 필요하다. 우선 데이터베이스가 다음의 내용을 포함하도록 확대되어야 한다.

- 관련이 있는 현재의 개인적, 사회적, 환경적 요소
- 자세한 개인력 및 사회력
- 과거의 정신보건 서비스 이용 경력
- 정신상태 검사

- 심리테스트 결과

둘째, 문제목록은 다음의 내용을 포함해야 한다.

- 관련이 있을 경우 정신과적 진단(*DSM*)
- 일상생활에서의 문제점, 특히 다음의 내용을 포함해야 한다.
  - 자기 보호 및 자기 관리
  - 가족, 친구, 지역사회와의 관계 및 직장 환경에서의 관계

POR이 사회복지 서비스를 보건 및 정신보건 또는 기타 세팅에서 완벽하게 잘 문서화하려면 확장 및 재초점이 필요하다. 비록 POR이 사회복지의 쟁점 및 활동을 수용해 나갈 수 있게 충분히 개방적이고 융통성이 있다고 하더라도 POR의 초점은 다음을 지나치게 단순화하거나 왜곡시킬 수 있다.

- 사회복지적 관심의 폭 : 욕구, 자원, 장점보다는 문제를 강조함으로써
- 관련 현상의 복잡성 : 개인-욕구-상황보다는 개인 자체만을 강조함으로써
- 체계적인 영향 : 사회적, 생태학적 요소보다는 개인적 기능장애를 강조함으로써
- 사회복지활동의 특수한 본질 : 치료적 개입은 도외시하면서 사례관리를 강조함으로써

이러한 제한점은 사회복지사가 POR의 형식을 관련 심리사회적 정보, 사회복지서비스 쟁점, 사회복지활동에 관한 전 범위를 포괄할 수 있도록 확장하고 수정한다면 어느 정도 해소될 수 있다. 그러므로 데이터베이스는 개인과 문제에 초점을 두는 것을 넘어 다음과 같은 내용을 포함해야 한다.

- 관련된 상호 대인적, 사회적, 제도적, 물리적 환경 영향
- 클라이언트의 장점, 자원, 능력

● 클라이언트의 개인 환경 속의 이용 가능한 자원

　가능하다면 문제 목록을 '쟁점', '욕구' 또는 '목표'라고 재명명해야 한다. 목록은 개인적 견지에서 인식되는 문제뿐만 아니라 교류적 견지에서 이야기될 수 있는 욕구(예를 들면, '아동을 보호시설에 수용시킴에도 불구하고 아동과의 관계를 계속 유지하는')와 목표(예를 들면, '제한적인 취업으로 돌아가는')를 포함해야만 한다. 계획이나 관련된 서비스 쟁점에 관한 확장된 목록에 대응하는 사회복지 서비스 활동도 포함해야 한다. 치료적 개입과 조직 차원의 개입을 생략해서는 안 되며 사례관리 활동과 함께 자신의 위치를 확보해야 한다.

　마지막으로 진행노트의 형식은 수정할 수도 있다. 많은 사회복지 실천가는 진행노트를 SOAP 형식으로 구성하는 것이 중요한 사회복지 서비스 정보를 생략하며 환자와 가족이 제공하는 정보를 주관적이라고 치부함으로써 그 가치를 격하시킬 수 있음을 인식해 왔다. 사회복지 실천가는 기록 정보를 업데이트하기 위해 SOAIGP 형식을 채택하고 싶어할 수도 있다. 이때 내용을 재명명하고 새로운 차원의 정보를 추가해야 한다.

　　S－환자와 가족이 제공하는 부수적인 데이터 베이스 정보

　　O－사회복지사와 다른 서비스 제공자에 의한 관찰

　　A－클라이언트와 함께 수행하거나 클라이언트를 위한 활동

　　I－인상과 사정

　　G－목표

　　P－계획

　Tebb(1991)은 사회복지가 기록에 대해 좀 더 클라이언트 중심 접근을 채택할 것을 제안했다. 그녀의 견해에 의하면, POR은 실천가가 "객관적, 주관적 정보를 수집하고 나서야 사정을 하고 치료계획을 세운다."고 가정한다. 실천가는 계획

을 이행하고 "언제 문제가 해결되었는지를 결정할(p. 428)" 책임도 진다. 그녀는 SOAP 형식에 대한 대안으로서 실천에 대해 좀 더 공조적 접근을 권장하는 CREW 형식을 제안했다. CREW 형식은 이야기체 내용을 "상황 자체와 클라이언트와 사회복지사가 상호 간에 상황을 어떻게 보는가(p. 430)"에 초점을 둔다.

C−공헌 인자. 어떤 요소가 변화 욕구에 기여하는가?

R−제약 인자. 무엇이 변화에 대한 제약이나 장애를 구성하는가?

E−능력 인자. 어떤 요소가 변화를 일으키거나 이에 기여하는가?

W−방법. 어떻게 변화가 촉진될 수 있는가?

CREW 형식은 변화 과정을 강조하며 제2장에 설명한 바와 같이 서비스 중심 기록의 원칙과 일치한다. 그러나 제한된 초점 때문에 책무성에 대한 완전한 문서화를 충족시키지는 못한다. 더군다나 많은 보건 및 정신보건 기관은 CREW 형식을 SOAP 형식을 대체할 만한 것으로 받아들이지도 않는다. 그럼에도 불구하고 이 형식은 POR과 기록을 위한 기타 형식에 의미 있고 유용한 부가 기능을 제공한다. 예시 4.3과 4.4는 문제중심 기록의 발췌문을 보여 준다.

 **예시 4.3    문제 중심 기록으로부터의 발췌 : 병원 사회복지과**

**기초선 자료**

**사회적 정보 :** T 씨는 부인과 사별 후 혼자 사는 69세의 노인으로, 4월 4일에 충혈성 심장기능 부전으로 입원하였다. 그는 과거에도 비슷한 증상으로 3번 입원하였다. T 씨는 4월 7일에 사회복지 서비스에 대한 자문을 받기 위해 의뢰되었으며 T 씨와 딸인 V 부인을 4월 9일에 면담하였다. T 씨는 부인과 사별 후 지난 2년 동안 혼자 살고 있는 은퇴 배관공이다. 지난 39년 동안 살아온 그가 소유한 집은 시내의 낙후 지역에 위치해 있다. 그는 우유를 사러 그 지역 가게에 걸어간다고 기억하고 있지만 그 근처에는 더 이상 가게는 없다. 그의 일상 활동은 집안일, 식사 준비와 TV 시청 정도로 제한되어 있다. 그는 딸이 일주일에 한 번씩 가져다주는 인스턴트 식사인 'TV저녁'을 준비한다. V 부인과 T 씨는 T 씨에게 건망증이 시작되고 있음을 알게 되었다.

그들은 T 씨가 병원에 입원하게 된 것이 건망증 때문이라고 생각하고 있다. 그는 과식을 하거나 하루 종일 먹는 일조차 잊고 지낸다. 그는 아마도 약도 비정기적으로 먹고 있을 것이다. T 씨는 자신이 너무 아프고 피곤하다면서 집 밖으로 나가려 하지 않는다. 그는 딸이나 딸 가족을 방문하려 하지 않으며 의사를 만나거나 병원을 가는 일 이외에는 거의 집 밖으로 나가지 않는다. V 부인은 자신이 아버지가 약을 먹고 식이요법을 하고 운동을 하도록 하려고 해 왔지만 자신도 직장이 있고 가족에 대한 책임이 있는 사람이라고 말한다. 또한 그녀의 아버지는 그녀에게 협조하지 않으며 아버지와 싸우기보다는 그가 원하는 것(튀김 음식이나 단 음식 등)을 갖다 주는 것이 더 편하다고 한다.

T 씨와 V 부인 모두 T 씨가 집에 머물기를 원하고 있다고 말했다. T 씨는 집에 돌아가지 못할까 봐 매우 걱정하고 있는 듯하며 그래서 적절한 도움만 제공된다면 의료적 지시를 따를 것 같다.

## 통일된 문제 목록

| 번호 | 문제 | 진행 | 중단/해결 |
|---|---|---|---|
| 1 | 충혈성 심장기능 부전 | 4월 4일 | |
| 2 | 식이요법에 대한 수행 부족 | 4월 4일 | |
| 3 | 약 남용 | 4월 7일 | |
| 4 | 건망증 | 4월 7일 | 4월 12일 |
| 5 | 우울증 | 4월 12일 | |

## 초기 계획

4월 9일 : T.T., 사회복지 서비스

목록 2 — 식이요법에 대한 수행 부족

- 문제의 원인을 파악하기 위해 현재의 심리사회적 상황을 탐색하고 사정한다.
- 영양교육을 강화한다.
- 보다 나은 영양식 자원을 위해 환자와 딸과 함께 협력한다.
- 지역사회 지지망을 탐색한다. 예 : 식사배달 서비스

목록 4 — 건망증

- 정신상태 사정에 참여한다.
- 개인력, 사회력에 대한 추가적 정보를 수집한다.
- 정신상태가 목록 2와 목록 3에 미치는 영향을 사정한다.

## 진행노트

4월 12일 : T.T., 사회복지 서비스

목록 5 — 우울증

A — 사정 : 건망증은 부인의 죽음과 직장에서의 은퇴에 대한 정서적 반응에 관련된 것 같다.

P—슬픔과 상실에 관련해 T 씨를 상담한다. 입원 동안과 퇴원 후 신체적, 사회적 활동의 증가 가능성을 사정한다.

4월 17일 T.T., 사회복지 서비스

목록 2 — 식이요법에 대한 수행 부족

S—T 씨는 그가 집으로 돌아갈 때 자신의 식생활을 변화시켜야 할 필요를 인식하고 있음을 표현하기 시작했다. 그는 닭튀김으로 살아가곤 했으나 그것 때문에 죽을지도 모른다는 것을 알게 되었다고 말한다.

O—식이요법을 하도록 설득해야만 했던 T 씨의 입원 초기와는 대조적으로, 현재 T 씨는 매우 협조적이다. 그는 현재 수동적, 비협조적 자세가 아니라 능동적으로 관여하고 있다. 직원들은 그의 줄어든 요구와 '속임수'에 대해 긍정적으로 반응하고 있다.

A—우울증이 호전됨에 따라 T 씨는 자신의 과거 습관들은 버려야 할 필요성을 인정할 수 있을 것으로 보인다. 좀 더 많은 지지와 교육을 통해 그는 집에서도 계속 호전될 것 같다.

P—퇴원해 집에 돌아감에 따라 식이요법의 변화를 계획하고 실행하는 데 딸을 관여시킨다.

## 예시 4.4　문제 중심 기록으로부터의 발췌 : 지역사회 정신보건 센터, 장기보호

배경 : (과거 입원 기록에서 요약)

R 씨는 다음의 경력을 가진 32세의 환자이다.

16~18세 : 지역병원의 정신병동에 3차례 입원. 정신병적 에피소드.

18~29세 : 4주부터 18개월간을 주기로 B주립 정신병원에 반복 입원.

진단명 : 정신분열증, 편집증적 타입

퇴원 후 재입원할 때까지의 기간 동안 R 씨는 지역사회로 돌아와 누이와 그녀의 다섯 자녀들과 함께 살았다. 그는 본 센터의 집단모임과 의사와의 치료 만남에 부정기적으로 참여하였다. 정신과 의사는 그가 센터의 프로그램에 부정기적으로 참여했던 것처럼 처방해 준 정신병 치료약도 부정기적으로 먹었다고 보고했다. 그는 센터직원들 및 다른 환자들에 대해 공격적이거나 철회적이었다. 그는 퇴원하면 몇 달 안에 자신의 누이 곁을 떠날 것이고 (아마도 마을을 떠나고) 오랫동안(몇 달간) 누이 집이나 센터로도 돌아오지 않을 것이다. 결국 그는 B 주립병원으로 돌아가게 될 것이고 위에 기술한 행동패턴을 되풀이할 것이다.

3년 전 R 씨는 다시 집을 떠났다. 이 경우가 누이나 B 주립병원과 접촉 없이 가장 오래 떠나 있던 경우였다. 5개월 전 그는 T 시(여기서 400마일 떨어진)의 경찰관에 의해 발견되었다. R 씨는 B 주립병원으로 돌려보내 줄 것을 요구하였다. R 씨는 이번 주에 누이의 '집'으로 돌아왔다. B 주립병원의 퇴원 요약문에 의하면 R 씨는 심한 고통으로 병원에 입원하였다. 그는 혼란 상태에 있었고 도전적이었고 심한 망상적 증상을 보였다. 그는 피해망상 상태를 보였다. 약물치료(Thorazine)가 시행된 후 정신병적 증상은 줄어들었다.

**사례 재개 :** 20××년 8월 18일. 의사 K에 의해 8월 22일에 정신상태 점검. 8월 23일 모임에 R 씨와 누이가 참석했으며 다음의 문제 목록을 작성함.

1. 정신병치료 약을 불규칙하게 먹음
2. 편집증적 관념 (의심)
3. 자기 관리 불량
4. 다른 환자와의 관계가 전투적
5. 누이와의 갈등
6. '도주'를 예방한다.

**누이와의 갈등 :** 20××년 9월 1일

S － R 씨의 누이는 R 씨가 그녀를 위해 무엇인가를 해 주고(가사 돌보기, 심부름) 그녀에게 돈을(장애연금) 지불한다면 R 씨가 함께 사는 것을 상관치 않는다고 말한다. 그녀는 R 씨가 '게으른 것이지 미친 것은 아니라고' 생각하고 있다.

A － R 씨가 누이의 요구를 충족시켜 줄 수 있는 능력이 있는 동안에는 R 씨와 누이는 서로의 욕구를 만족시키는 관계성을 갖는다. R 씨가 누이와 함께 살았던 지난 기간 동안 이런 유형은 계속되었다. 그가 퇴원한 직후에 누이는 R 씨가 그녀를 돕고 동무가 되도록 하는 것이 즐거웠다. 그러나 그녀의 욕구를 충족시키려는 R 씨의 의지(또는 능력)가 줄어듦에 따라 그녀는 그에게 더 많은 요구를 하게 되었고 그러면 그는 그 상황으로부터 도망쳤다.

P － 도주를 유발시키는 기존의 갈등 유형을 '끊어버리기' 위해서는 R 씨와 누이가 서로 집에서의 책임부분을 타협하도록 가르치고 누이를 가족집단에 참여시킨다. 이는 그녀에게 지지를 제공하고 정신분열증에 대한 지식을 증가시킬 것이다.

개별사회복지사 K. N.

**요약** Summary

일차적 기능 : 책무성

이차적 기능 : 다분야 간 의사소통과 의사들을 위한 교육

현재의 활용 : 보건 및 정신보건 조직

기록구성의 원칙 : 의료 모델−현재 발생한 문제를 중심으로 구조화된다. 문제는 질병명을 포함
하지만 이에 제한되지는 않는다.

장점 : 책무성을 원활화함−실천가나 보건팀은 목록화된 문제에 반응해야 할 책임이 있다. 동료
검토, 의료교육, 다분야 간 공조를 원활하게 해 준다.

제한점 : 시간과 비용이 많이 든다. 보편적인 사회복지의 쟁점들과 개입을 포괄하도록 수정되어
야 한다. 이 기록방식은 ① 목록화된 문제가 중요한가 또는 적절하게 명명되었는가, ② 중
요한 문제가 간과되었는가에 대해서는 설명하지 않는다.

# 움직임 모니터링하기

확인된 서비스 목표들을 완수하는지에 대한 움직임 지표를 문서화하는데 사용
되는 여러 기록 양식과 형식이 있다. 이 형식들은 예를 들어 시간의 흐름에 따라
사회복지 개입의 초점이 되는 행위, 행동, 태도 또는 관계에 대한 정보를 기록하
는 데 사용된다. 또한 실천가, 클라이언트, 기타 사람들이 서비스의 방향과 효과
를 결정하는 데 도움을 주는 의미 있고 접근 가능한 방법으로 정보를 나타낸다.
단일사례연구를 위한 데이터를 기록하는 데 사용될 수도 있다. 그러나 이러한
연구에서 사용된 디자인, 실행방법, 해석에 대한 복잡한 설명은 이 장의 영역을
넘어선다(예 : Bloom & Fischer, 1982; Jayarante & Levy, 1979; Nugent,
2000 참조).

움직임을 모니터링하는 과정은 서비스 목적이 수립되고 목표가 정해지고 지
표가 선택되자마자 시작된다. 어떤 정보를 문서화하고, 언제 얼마나 자주 그 정
보를 기록하고, 누가 기록할 것인가를 결정하고 나면 기록은 비교적 간단하다.
예를 들어, 집단 사회복지사는 특별히 수줍어하는 클라이언트가 집단 모임 동안
말을 한 횟수를 메모한다. 다른 실천가는 통증제어 프로그램에 참석한 클라이언

트의 통증치료 약물투여 일일 요청 횟수를 메모한다. 어떤 기관은 지역사회 교육 프로그램이 시작되기 전과 프로그램 종료 후 한 달 동안 매일 보고되는 아동학대의 새로운 사례 횟수를 메모한다. 어떤 클라이언트는 면담 전에 지면 설문지에 답한다. 가족의 각 구성원은 가족 갈등을 기술하고 서비스 전과 후에 어떤 갈등들이 일어났는지를 기술하는 일지를 계속 적는다. 어떤 클라이언트는 일기를 쓰고 1부터 10까지의 눈금자를 사용하여 "내가 오늘 얼마나 화가 났었나?"를 평가한다. 어떤 사례에서는 개입을 시작하기 전부터 기록을 시작한다. 예를 들어, 보조 교사는 하루 동안 짧은 간격으로 학급에서 무슨 일이 일어나는지를 관찰하고 기록한다. 사회복지 개입 전, 개입 중, 개입 후에 수집되는 정보는 행동문제를 갖고 있는 학생의 행동과 학급의 다른 학생과 교사의 행동에 미치는 서비스의 영향을 평가하는데 사용될 수 있다.

정보를 수집하고 기록하는 방법에 관계없이 몇몇 일반적 원칙이 적용된다. 첫째, 어떤 지표를 문서화하고, 누가 문서를 작성하며, 언제 그리고 얼마나 자주 정보를 수집하고 문서화하는가에는 일관성이 있어야 한다. 정보를 기록하기 위하여 양식 또는 형식을 사용하는 것이 일관성을 촉진할 수 있다. 양식과 형식은 기록자가 정보를 구성하는 것뿐만 아니라 어떤 정보를 수집하고 기록할 필요가 있는지를 상기하는 데 도움을 준다. 이것은 시간이 많이 경과했거나, 다른 실천가가 서비스를 전달하거나 움직임의 지표를 기록하는 책임을 떠맡았을 때 특히 도움이 된다.

또한 시간이 경과함에 따른 움직임의 지표를 기록하기 위하여 사용되는 양식과 형식은 최소한 다음의 정보를 포함해야 한다.

- 양식의 사용을 위한 설명(누가, 언제, 어디서, 무엇을)
- 지표에 대한 정보(설명, 출처)
- 언제, 얼마나 자주 그리고 누가 정보를 수집하는가?

● 정보의 수집 또는 지표 자체에 영향을 줄 수 있는 사람이나 상황에 대한 특별 요소

마지막으로, 움직임을 모니터링하기 위해서는 가능한 한 하나 이상의 지표와 정보 출처를 사용해야 한다. 복잡한 클라이언트-욕구-상황에서 다양한 지표를 사용하는 것은 미세한 변화, 예상치 못한 반응, 다양한 견해를 표면화하는 데 도움을 준다. 자가보고 지표를 결합(예를 들어, 클라이언트의 재활 프로그램 참여에 대한 다른 사람의 관찰과 함께 삶의 질 척도에 대한 클라이언트의 자가 응답 사용)하여 사용하는 것이 어느 지표 하나만을 사용할 때보다 서비스에 대한 클라이언트의 반응에 대해 더 나은 그림을 제공한다. 일반적으로 상이한 지표에 대한 기록이 혼합되어서는 안 된다. 명확성과 신뢰성의 목적을 위해 각 지표에 대해 그 자체의 양식이나 형식을 사용하여 개별적으로 문서화해야 한다.

움직임을 모니터링하는 데 가장 도전이 되는 요소는 진전 상황과 영향을 평가하는 것이다. 클라이언트-욕구-상황은 개선되었는가, 변화가 없는가, 아니면 악화되었는가? 어느 정도의 개선이면 충분한가? 서비스 계획이 작동 중이고 목표들이 성취될 것 같은지를 결정하기 위해서는 어느 정도의 시간이 지나야 하는가? 서비스가 계속되어야 할지, 변화되거나 또는 종결되어야 할지를 결정하기 위하여 어떤 기준을 사용해야 하는가? 결정은 때때로 사회복지사와 클라이언트 간의 면담에서 이루어진다. 예를 들어, 어떤 가족은 다른 영역에서는 별 변화가 없음에도 불구하고 아동의 학교 행동에 개선이 있기 때문에 서비스를 계속 받을 것에 동의할지도 모른다. 때로는 척도가 표준을 제공한다. 예를 들어, 우울증, 삶의 질, 자아존중감 지표가 평가를 위한 기준을 제공한다. 때때로 서비스를 지정된 회기 수에 제한한다는 것과 같이 클라이언트와 제삼자 사이의 사전 합의에 따라 결정이 이루지기도 한다. 때론 기관 또는 프로그램의 정책에 의해서 결정이 이루어진다. 예를 들어, 클라이언트는 약물 사용에 관한 규칙을 어김으로써

입원치료 프로그램으로부터 종결될 수도 있다. 그러나 결정이 움직임의 지표에 대한 시각적 분석에 주로 의존할 경우, 그 결정이 항상 명확하지는 않다. 어떤 지표는 한 방향으로 분명한 경향성을 보일지 모르나 다른 지표는 다른 결과를 보일 수 있다. 때때로 클라이언트-욕구-상황이 예상치 못하게 변하거나 서비스 과정이 새로운 방향으로 움직인다. 선택된 지표가 서비스 목적 또는 목표를 정확히 반영하지 못하거나 발생한 변화를 적절히 나타내지 못할 수도 있다(Kagel, 1982b; Thomas, 1978). 결정 과정에 참여하는 실천가, 클라이언트, 기타 사람들은 클라이언트-욕구-상황, 클라이언트의 선호와 자원, 서비스의 이용 가능성, 서비스의 과정과 영향을 평가하는 데 중요한 역할을 하는 사람들의 견해에 대한 추가적인 정보에 의존해야 한다.

사회복지 서비스에서 움직임을 모니터링하는 기록의 몇몇 예가 다음에 있다. 예시 4.5는 진전 상황 일지를 보여 주고 예시 4.6은 행동 보고를 보여 준다. 예시 4.7은 보호작업 프로그램의 시간표를 보여 준다. 예시 4.8, 4.9, 4.10은 시계열 그래프를 나타낸다.

---

 **예시 4.5   움직임 모니터링하기 : 가족치료**

**진전 상황 일지**

**가족** : R

**가족원** : R 씨(38)          R 부인(38)

　　　　　 존 R(16)          클로디아 R(14)

　　　　　 R 부인의 아버지(77)

**분야** : 가족 치료

**목적 또는 과업** : IP(존)의 문제를 가족의 관점에서 재정의한다.

**측정** : '존이 문제를 갖는' 경우 또는 '가족이 문제를 갖는' 경우의 발생 빈도수

**방법** : 격주 회기 때, 사회복지사가 테이프에 녹음하여

---

| 회기 | 측정 | 변화 | 설명 |
|---|---|---|---|
| 1 | 8/0 | | 대부분의 이야기는 R 부인이 하였다. |
| 3 | 4/0 | + | R 부인이 계속해서 대부분의 부정적 이야기를 하였다. 클로디아는 존이 초점인 것에 대해 불편해하는 동시에 만족해하였다. R 씨는 거의 이야기를 하지 않는다. |
| 5 | 4/2 | + | R 씨는 가족 문제를 인정하는 두 가지 이야기를 했다. R 부인의 이야기는 덜 노골적이었지만 더 상처를 주는 것이다. |
| 7 | 2/2 | + | R 부인이 면담 중에 존에 관한 부정적인 이야기의 횟수를 줄였다. 그러나 그녀는 두 가지 부정적 이야기로 언성을 높였다. 그녀는 여전하지만 덜 노골적이다. R 씨는 가족의 어려움을 다시 한 번 인식했다. |

 **예시 4.6   움직임 모니터링하기 : 공립학교에서의 행동개입**

**행동보고**

이름 : 바비 L

나이 : 7세

학년 : 1학년

분류 : 터놓지 않음(말이 없음)

의뢰자 : '교실에서의 방해적이고 비훈육된 행동' 때문에 피터슨 씨가 의뢰했음

**측정계획** · 매일 무작위로 선택된 5분 동안 2번씩 바비의 행동을 관찰한다. ① 바비가 관찰하는 동안 기대되는 행동을 수행하는지, ② 순종적 행동 또는 비순종적 행동에 선행된 사건과 이후의 결과를 기록한다.

기록자 : N.R.

| 날짜 | 관찰시작시간 | 선행된 사건 | 순종 | 비순종 | 결과 |
|---|---|---|---|---|---|
| | | | 순종 여부 | | |
| 11월 1일 | 09:10 AM | 교실에서 이야기를 소란스럽게 함. 그만하라고 지시됨. 3명의 남학생을 제외한 모든 학생이 이야기를 그만둠 | | X | P 씨가 바비만 나무람 |
| | 11:30 AM | 해당 사항 없음 | | X | 타임아웃 |

| 날짜 | 관찰시작시간 | 선행된 사건 | 순종 여부 | | 결과 |
|---|---|---|---|---|---|
| | | | 순종 | 비순종 | |
| 11월 2일 | 11:05 AM | 음악교사가 노래를 시작함 | X | | — |
| | 02:20 PM | 운동장에서의 활동 | | X | 게임에서 제외됨 |
| 11월 3일 | 08:55 AM | 독서를 시작 | | X | — |
| | 02:10 PM | 놀이할 준비가 됨 | | X | 밖으로 나가기 전에 못 나가게 잡힘 |
| 11월 6일 | 09:10 AM | 독서 | X | | — |
| 11월 7일 | 11:00 AM | 음악교사가 결근, 자유시간. 혼자 앉아 있음 | X | | |

## 예시 4.7　움직임 모니터링하기 : 만성 정신질환을 경험하는 사람들을 위한 작업 프로그램

이름 : Lark　　　　　　　　　　달 : 9월

| 요일 | 출석 여부 | 작업량 | 외모 | 비고 | 기록자 |
|---|---|---|---|---|---|
| 월 | 출석 | 10 | 불량 | 루실과 다툼 | M. G. |
| 화 | 출석 | 21 | 양호 | 혼자 지냄 | R. R. |
| 수 | 출석 | 18 | 불량 | 점점 아프다고 함 | M. G. |
| 목 | 결석 | | | 아파서 전화함 | M. G. |
| 금 | 결석 | | | | |
| 월 | 결석 | | | | |
| 화 | 출석 | 10 | 불량 | 위축되고 혼자 중얼댐 | M. G. |
| 수 | 출석 | 8 | 불량 | 사회복지사에게 전화함 내일 만날 약속을 잡을 예정 | M. G. |
| 목 | 결석 | | | 사회복지사와의 약속 | |

예시 4.8    자기설정척도(Self-Anchored Scale)를 보여 주는 시계열적
기록의 예 : 정신보건센터

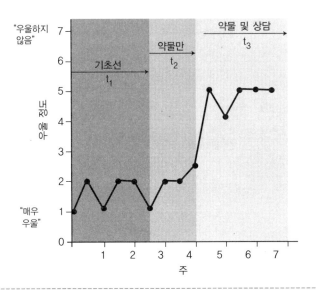

예시 4.9    복수 기초선을 가진 시계열적 기록의 예 : 아동의 투정부림을 감소시키기
위한 '타임아웃'의 사용

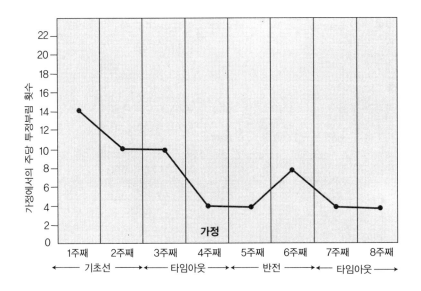

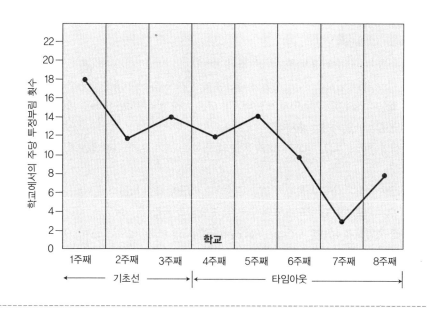

예시 4.10 시계열적 기록의 예 : 아동복지 지역사회 교육 계획의 효과성 측정

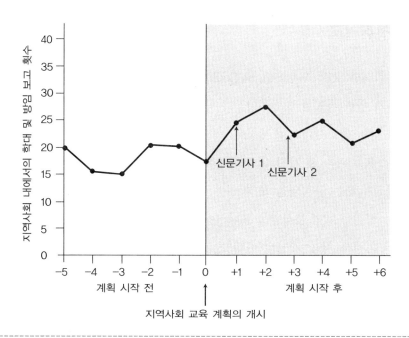

**요약** Summary

일차적 기능 : 시간 경과에 따라 서비스 효과 문서화

이차적 기능 : 클라이언트-욕구-상황에 대한 지속적 사정. 실천에 대한 연구

현재의 활용 : 인지행동 개입에서 보편적이다. 다른 실천 영역에서는 아직은 제한적으로 사용되
　　　지만 활용이 증가하는 추세이다.

기록구성의 원칙 : 시간 경과에 따라 지표의 변화를 보여 주기 위해 정보를 그래프로 제시
　　　한다.

장점 : 기록 형식이 매우 사용하기 쉽고 유용하다. 기록에 대한 내용과 절차를 상술한다. 중간노
　　　트 형식으로 사용할 수도 있으며 다른 기록 방법과 통합시킬 수 있다. 시간 경과에 따라 지
　　　표를 확인하고 정보를 수집하는 것이 사회복지사와 클라이언트로 하여금 목적을 정의하고
　　　성취하는 데 초점을 두도록 해 준다.

제한점 : 서비스 과정에 영향을 미치는 지표에만 너무 좁게 초점을 맞추도록 하여 지표 사용
　　　이 서비스 과정 자체에 영향을 줄 수도 있다. 지표가 변화 과정의 복잡성을 적절히 반영
　　　하지 못하고 복잡한 클라이언트-욕구-상황에 무엇이 일어나는지를 표면화시키지 못할
　　　수도 있다.

# 목표성취척도

목표성취척도(Goal Attainment Scaling : GAS)는 움직임과 결과를 기록하고
평가하기 위한 특별한 방법이다. 이 방법은 정신건강이나 행동에 장애가 있는
아동과 성인에게 서비스를 제공하는 정신보건기관과 기타 기관에서 주로 사용
된다. 기록은 다음 세 가지 요소에 초점을 둔다 — ① 목표의 구체화, ② 목표를
성취하고자 하는 움직임을 보여 주는 척도 선택하기, 그리고 가장 중요하게는
③ 목표 성취를 향한 움직임을 모니터링하고 평가하기. GAS는 Kiresuk와 그의
동료에 의해서 처음 개발되어(1968, 1979), 사회복지실천에 적용되어 왔다
(Bloom & Fischer, 1983; Corcoran & Gingerich, 1992). 이것의 목적은 건강
보건 서비스 프로그램의 평가를 정량화하는 것이었다. 오늘날 GAS는 때때로 서
비스 소비자나 수혜자로 의뢰되는 클라이언트에 대한 개별화된 서비스를 모니

터링하는 데도 사용된다.

GAS의 첫 단계는 서비스 목표를 구체화하는 것이다. 아래의 예에서 사회복지사와 서비스 수혜자는 서비스 수혜자와 부모 사이의 관계성을 향상시키는 것으로 서비스 목표를 결정하였다. 두 번째 단계는 목표를 성취하는 방향으로의 움직임을 기록하는 방법을 선택하는 것이다. 이 예에서 사회복지사와 서비스 수혜자는 수혜자와 부모 사이에서 벌어지는 일일 논쟁 횟수를 수혜자가 기록하는 방식을 측정도구로 사용하기로 결정하였다. 세 번째 단계는 목표달성을 향한 움직임을 평가하기 위해 GAS를 개발하는 것이다.

GAS에는 다음과 같은 다섯 점수가 있다.

-2 = 생각할 수 있는 가장 바람직하지 못한 결과
-1 = 기대한 성공 수준보다는 낮음
  0 = 기대한 성공 수준
+1 = 기대한 성공 수준보다 높음
+2 = 생각할 수 있는 가장 바람직한 결과

예시 4.11에서, 사회복지사와 서비스 수혜자는 척도의 각 점수에 해당하는 결과로서의 클라이언트-욕구-상황에 대해 구두 기술(verval description)을 준비하였다. 이것을 '자기설정(self-anchored)' 척도라고 부르는데, 그 이유는 이것이 수혜자의 상황에 대한 특수한 성질을 기술하기 때문이다. 다음에 사회복지사와 수혜자가 가장 바람직하거나 가장 바람직하지 않은 결과를 기술하고 있다.

-2 = 클라이언트와 부모 사이의 1일 논쟁 횟수가 기초선 수준(3회)에서부터 5회 또는 그 이상으로 증가한다. 부모는 클라이언트에 대한 경제적 원조를 중단한다.
-1 = 클라이언트와 부모 사이의 1일 논쟁 횟수가 기초선 수준(3회)으로 유지

된다. 부모는 클라이언트에 대한 경제적 지원을 철회하겠다고 계속 위협한다.

 0 = 클라이언트와 부모 사이의 1일 논쟁 횟수가 기초선 수준(3회)에서부터 2회로 감소한다. 부모는 클라이언트에 대한 경제적 지원을 지속한다.

+1 = 클라이언트와 부모 사이의 1일 논쟁 횟수가 기초선 수준(3회)에서부터 2회 이하로 감소한다. 부모는 클라이언트에 대한 경제적 원조를 지속한다. 부모는 더 이상 경제적 지원을 중단하겠다고 위협하지 않는다.

+2 = 클라이언트와 부모는 드물게 논쟁한다(하루에 1회 이하). 부모는 클라이언트에 대한 경제적 원조를 지속한다. 클라이언트와 가족은 클라이언트를 원조하는 데 대한 장기계획을 논의한다.

위의 예는 하나의 목표에 초점을 맞추었다. 그러나 흔히 서비스는 하나 이상의 여러 목표를 성취하는 것을 목적으로 한다. 이럴 때는 각각의 서비스 목표를 향한 움직임을 평가하기 위해 별개의 척도를 개발하여 사용한다. 목표의 중요도에 차이가 있을 때에는 더 중요한 목표에 더 큰 점수를 줄 수 있도록 각 목표에 개별적으로 가중치를 부여한다.

공통의 목표와 결과를 추구하는 클라이언트 집단에 서비스를 제공하는 프로그램에서 GAS가 가장 자주 사용된다. 각 클라이언트의 진전 상황에 대해 같은 척도를 사용하여 개별적으로 모니터링한다. 그런 후 점수들을 프로그램에 따라, 클라이언트에 따라, 시간 경과에 따라 비교할 수도 있다. 그러나 GAS 척도에서 숫자적인 가치가 실제 나타내는 것이 무엇인지를 인식하여 그것이 잘못 해석되지 않도록 하는 것이 매우 중요하다. 첫째, GAS 상의 점수는 클라이언트의 기능 수준을 나타내 주지 않는다. 이 점수는 기대 수준에 대한 실제 목표 성취를 정량화할 뿐이다. 둘째, GAS 점수는 성과에 대한 초기 기대와 연결되어 있다. 예를 들어, +2 GAS 점수를 달성하는 클라이언트는 최적의 기능을 달성한 것이 아니

예시 4.11　목표성취척도의 예 : 지역사회 정신보건센터

내담자 : R. 레슬리　　　　　　　　기록일자 : 20××년 2월 18일
프로그램 : 외래환자 상담　　　　　사회복지사 : S. 킨다, BSW

| 측정 | 목표 1(가중치=3) 부모와의 관계 향상 | 목표 2(가중치=5) 우울 감소 | 목표 3(가중치=5) 약물 사용의 감소 |
|---|---|---|---|
| -2 | 하루 5번 이상 다툰다. 부모님이 돈을 주지 않는다. | 매일 몇 번씩 운다. 아침에 일어나지 않는다. 자신을 돌보지 않는다. 스스로를 쓸모없다고 여긴다. | 매일 약물 사용 또는 술을 마신다. 취해 있다. |
| -1 | 하루에 3번 다툰다. 부모님이 돈을 주지 않겠다고 위협한다. | 운다. 늦게 잠자리에 들기는 하지만 아침에 일어난다. 며칠은 자신에게 신경 쓰기도 한다. 약간 희망적이다. | 주당 3번 이상 약물 사용 또는 술을 마신다. |
| 0 | 하루 2번 다툰다. 부모님이 돈을 주신다. 위협이 없다. | 거의 울지 않는다. 9시까지는 일어난다. 규칙적으로 자신에게 신경을 쓴다. 희망적이다. | 일주일에 한 번 이하로 약물 사용 또는 술을 마신다. |
| +1 | 하루에 2번 미만으로 다툰다. 돈을 안 주겠다는 위협이 없어진다. | 좀처럼 우울해 하지 않는다. 9시까지는 기상한다. 깔끔한 외모를 유지한다. 활동을 시작한다. | 2주에 한 번 이하로 약물 사용 또는 술을 마신다. |
| +2 | 하루에 한 번 이하로 다툰다. 장기간 쓸 수 있는 돈에 대한 계획을 갖는다. | 긍정적 감정을 표현한다. 우울 표출이 거의 없다. 9시까지는 기상한다. 외모에 대한 자신감을 가진다. 의사를 결정한다. | 약물 사용 안 한다. |

라 최적의 기대 수준에서 기능하고 있는 것일 수 있다. 셋째, 낮은 기대가 높은 기대보다는 더 높은 점수를 생산해 낸다. 위의 예에서 기대하는 것이 1일이 아닌

1주일에 한 번의 다툼이라면, +2 점수를 성취하기가 훨씬 더 어려울 것이다. 마지막으로 목표, 측정도구, 기대치, 점수화가 서로 상이한 척도의 GAS 점수를 비교하기는 매우 어렵다.

왜 부정적 또는 긍정적 결과가 나오는지에 대해 GAS 점수가 이유를 설명할 수는 없다는 것도 기억해야 한다. 낮은 GAS 점수는 부적절한 목표 선택, 비현실적으로 높은 기대, 빈약한 지표, 불충분한 측정, 클라이언트 상황에서의 통제 불가능한 사건의 발생 또는 부적절한 서비스와 같은 다양한 요소에 기인할 수 있다. 마찬가지로 높은 GAS 점수는 긍정적인 서비스 경험, 또는 기타 다른 요소에 기인할 수 있다. 그 점수를 서비스의 효과를 사정하기 위해 사용하려면 클라이언트-욕구-상황과 서비스 환경에 대한 훨씬 더 많은 정보를 기록해야 한다.

## 요약 Summary

일차적 기능 : 책무성

이차적 기능 : 시간 경과에 따른 서비스 효과 모니터링하기, 연구

현재의 활용 : 정신보건

기록구성의 원칙 : 개별화된 목표와 목표 성취에 대한 측정은 기대되는 목표 성취라는 측면에서 볼 때 어느 수준의 목표가 성취되었는지를 정량화해 주는 척도를 위한 근거를 형성해 준다.

장점 : 사회복지사와 클라이언트가 성취할 수 있는 성과에 초점을 두도록 한다. 진전 상황을 평가하는 방법을 명시화 해 준다.

제한점 : GAS는 목표가 적절한지 또는 중요한지를 측정할 수는 없다. 또한 서비스가 효율적이고 효과적이었는지, 혹은 성취된 성과의 직접 원인이었는지는 결정하지 못한다.

제 5 장

# 기록의 구조 Ⅱ
## 양식

사회복지기관은 기록방식으로 개방적(open-ended) 양식이나 고정선택(fixed-choice) 양식을 많이 활용하고 있다. 어떤 양식들은 기록되는 정보의 양에 제한 없이 실제로 이야기체 개요를 담고 있는 경우도 있으나 대부분은 단답형이나 체크 표시를 하도록 설계되어 있으며, 부가적인 정보는 다른 곳에 기록하도록 되어 있다. 대부분의 양식은 간결하고 직접적이며 구체적인 응답을 하도록 구성되어 있다.

양식은 내담자, 서비스, 프로그램, 진행과정, 결과 등을 특성화하고 비교하는 데 필요한 특정 정보를 수집한다. 이야기체 보고서가 내담자-욕구-상황, 서비스, 서비스 제공자를 개별화하고자 하는 것이라면 양식은 그런 요소를 전형화하고 특정한 정보가 확실히 기록되도록 해야 한다. 기록을 표준화함으로써 양식은 의사결정과 서비스 전달에도 유사한 효과를 미칠 수 있다. 즉, 실천가는 무엇을 기록해야 하는지, 자료 수집은 어떻게 하는지 실천방향설정을 배우게 되는데 기록을 통하여 많은 도움을 얻게 된다.

양식은 또한 특정 정보에 초점을 맞추고 이야기체 보고의 필요성을 감소시킴으로써 기록을 더욱 효율적으로 만들 수 있다. 그러나 시간이 지나면서 기록을 위해 추가된 양식은 반대 효과를 가져왔다. 오늘날 많은 거대한 관료적 조직에서 직접적 서비스를 제공하는 실무자는 서비스를 제공하는 데 소요하는 시간보다 기록 작업에 더 많은 시간을 소비하고 있다는 연구결과가 있기도 하다(Edwards & Reid, 1989). 이러한 증대되는 문서화의 요구, 특히 양식기록에 대한 요구는 공적 혹은 사적 출연조직에서 증가하고 있는 책무성에 대한 요구에 부분적으로 원인이 있다. 또한 기관에서 컴퓨터를 비효율적이고 부적절하게 사용하기 때문인 경우도 있다.

## 양식 개발

양식을 개발하는 데는 계획과 설계라는 중요한 2단계가 있다. 새롭거나 최신의 양식을 구성하는 데 있어서 기관은 다음 사항을 고려해야만 한다.

- 전체 기록 보존체계에 대한 양식의 연관성
- 양식의 목적 혹은 기능
- 양식을 완성하는 데 어떤 정보를 포함시킬 것인가?
- 정보 기입, 사용, 검색의 용이성
- 효율적인 활용을 위하여 양식의 내용을 어떻게 제한시킬 것인가?

준비 단계에서 기관이 수집된 정보에 중복이나 누락이 있는지 여부를 평가하기 위해 그들이 가진 모든 양식을 분석하는 것이 도움이 된다. 기관은 모든 기관의 양식으로부터 수집된 정보의 색인표를 준비함으로써 어떤 양식이 서로 합쳐져야 하는지, 어떤 것이 다시 설계되어야 하는지, 또 어떤 것이 추가되어야 하는지를 알 수 있다. 항상 이러한 단계가 필요한 것은 아니지만 기관의 기록보존체계의 다른 양식과 계획 중인 양식과의 연관성을 분명히 밝히면서 계획절차를 시작하는 것은 중요하다. 이것은 양식에 있는 정보가 어떻게 사용될 것이며 언제, 어떻게 정보가 기록되어야 하는지를 분명하게 명시하는 것을 가능하게 해 준다.

일단 기관이 양식의 목적과 기능을 정의하고 나면 양식에 포함시킬 수 있는 모든 정보의 목록을 작성하는 것이 유용하다. 계획과정의 초기에서는 가능한 한 범위를 확대시키는 것이 양식의 포괄성을 높인다. 그 다음 단계에서는 양식과 내용을 조직이 의사 결정하는 데 필요한 정보로 한정 짓는다. 다른 기록보존 결정과 마찬가지로 효율성과 책무성의 균형을 맞춰야 한다.

새로운 양식을 개발하거나 오래된 양식을 최신화할 때 기관은 양식을 잘 조직화하고 양식을 잘 설계하는 것이 완벽하고 정확한 문서화를 가능하게 한다는 사실을 인식해야 한다. 양식을 잘 조직화한다는 것은 정보가 쉽게 기록될 수 있고, 정보가 수집되는 순서대로 문서화될 수 있음을 의미한다. 잘 조직된 양식이란 다음과 같다.

- 지시사항은 페이지나 스크린의 하단보다는 상단에 위치한다.
- 요청되는 정보를 기입하기 위한 충분한 공간이 있다.
- 체크목록이 포괄적이다.
- 체크목록의 문항 중 의미가 다양하거나 혹은 '기타'에 많은 응답이 들어가는 문항인 경우 수정되어야 한다.
- 질문은 분명하고 짧고 간결하게 답할 수 있다.
- 정보는 논리정연하게 기입할 수 있도록 배열되어 있다.
- 관련된 정보는 함께 묶여진다.
- 핵심 정보는 요약되고 부호화되기 전에 목록화한다.
- 응답 칸을 가능한 한 크게 하고 양식의 크기와 길이를 최소화하기 위해 제목은 작고 경계선은 가늘게 한다.
- 관련된 정보를 수집하기 위해 1개 이상의 양식을 사용하게 될 경우, 용어와

구성요소를 통일한다.

● 타자양식

　－수직선은 일반적인 한 칸 혹은 두 칸 폭으로 긋는다.

　－수직선은 동일한 수평적 위치에서 시작하고 끝난다.

　－가능하면, (도표를 위한) 모든 선의 마침은 동일한 수평적 공간에 위치

　　한다.

● 손으로 작성하는 양식에서, 가능하면 박스설계를 사용한다.

**좋지 못한 예 :** 생년월일 _____

**좋은 예 :**

| 생년월일 |
| :--- |
| |

**또는**

| |
| :--- |
| |

　(생년월일)

● 손으로 작성하는 체크리스트에서, 선보다는 괄호를 사용하고 괄호는 해당
　제목에 가까이 위치시킨다. 제목과 괄호 사이에 충분한 간격을 띄워 체크표
　시나 검게 칠하는 표시가 적절히 표시되고 쉽게 판독될 수 있도록 한다.

**좋지 못한 예 :** 성별 : 남 _____ 여 _____

　　　　　　 결혼상태 : 기혼 ___ 미혼 ___ 별거 ___ 이혼 ___ 사별 ___

**좋은 예 :** 성별 : ( 　) 남 　( 　) 여 　　결혼상태 : ( 　) 기혼

　　　　　　　　　　　　　　　　　　　　 ( 　) 미혼

　　　　　　　　　　　　　　　　　　　　 ( 　) 별거

（　　）이혼

（　　）사별

　요즘, 널리 사용되는 양식 유형은 상대적으로 쉽게 설계된 문서와 전산화된 양식을 가지고 있다. 다른 소프트웨어 또는 마이크로소프트 오피스, 기타업체에서 제공받거나 인터넷에서 다운로드 받은 양식 유형은 문서나 전산화된 양식의 설계에 사용될 수 있다. 컴퓨터 기록 시스템을 갖고 있는 기관은 실천가나 사무원이 온라인으로 양식을 작성할 수 있도록 소프트웨어 프로그램을 채택한다. 어떤 컴퓨터 소프트웨어는 자동으로 계산하고 요약하는 분석적 기능을 갖고 있다.

## 양식의 예

아래의 여러 페이지에 걸친 양식은 사회복지기관 및 관련 부서, 프로그램에서 사용되는 많은 양식 중 대표적인 것이다. 이 양식은 자동화된 기록보존체계뿐만 아니라 매뉴얼 양식으로 사용되는 예이다. 물론 다음에 제시된 예가 모든 양식을 총망라하는 것은 아니며 다양하고 상이한 양식이 많아 모든 예시를 보여 주는 것은 불가능하다. 사회복지사는 고용된 조직에서 기록을 위해 300종류 이상의 양식을 사용하고 있다. 각 조직이 서로 다르다는 것을 감안한다면 사회복지사는 수천 가지의 다양한 양식을 사용하고 있을 것이다.

　각 주 정부 및 연방 정부의 법률이 변화함에 따라 새롭게 요구되는 정보를 기술하는 것은 쉽지 않다. 예를 들면 양식 15는 2007년 건강보험·양도책임법(HIPPA)에 따라 만들어진 것이다. 정부 법률이 정보 공개에 대한 특별한 요구를 하기 때문에 기관과 실천가는 필수적으로 요구되는 정보를 포함하는 양식을 채택해야 한다. 이러한 양식 유형은 법과 규정이 변화함에 따라 업데이트 되고 실천분야의 필요에 따라 수정돼야 한다.

**요약** Summary

일차적 기능 : 체계적 정보 수집

이차적 기능 : 기록보존의 단순화 및 일상화

현재 활용 : 보편적

기록 구성의 원칙 : 각 양식은 목적에 따라 구성된다. 이야기체 개요를 제외하고는 문서화는 단
답형이나 체크 표시만을 요한다.

강점 : 잘 구성된 양식은 기록과정을 단순화할 수 있다. 책무성, 서비스 연속성, 의사결정을 지
원하기 위해 정보에 접근할 수 있어야 한다.

제한점 : 내담자, 서비스, 서비스 제공자를 전형화시키며, 따라서 이들을 개별화시키지 못할
수도 있다. 전문적 문서작업과 서비스 전달을 지나치게 관례화시킬 수도 있다.

## 양식 1

| 표지〈성인, 개인〉<br><br>**1면 : 개인자료**<br><br>펜으로 쓰거나 또는 타이프하시오.<br>해당되는 것에 모두 표시하시오. | (사례번호)<br><br>(서비스)<br><br>(개시/재개시일자) |
|---|---|

**내담자 성명**

(성)　　　　　　　(이름)

**주소**

(번지)　　　　　(시)　　　(주)　　　　(우편번호)

| 성별<br>남 (  )<br>여 (  ) | 생년월일 ＿＿ ＿＿ ＿＿<br>　　　(년)　(월)　(일) | 전화번호 ＿＿＿＿ ＿＿＿＿＿＿＿<br>　　　(지역번호) |
|---|---|---|

| 종교 | 인종 | 언어 | 결혼상태 | 재향군인 상태 |
|---|---|---|---|---|
| (  ) 천주교 | (  ) 흑인 | (  ) 영어 | (  ) 미혼 | (  ) 무 |
| (  ) 개신교 | (  ) 아시아인 | (  ) 스페인어 | (  ) 기혼 | (  ) 재향군인 |
| (  ) 불교 | (  ) 인디언 | (  ) 폴란드어 | (  ) 별거 | (  ) 재향군인의 자녀 |
| (  ) 무교 | (  ) 백인 | (  ) 중국어 | (  ) 이혼 | (  ) 재향군인의 부모 |
| (  ) 기타 | (  ) 기타 | (  ) 기타 | (  ) 사별 | (  ) 재향군인의 배우자 |
| (명시할 것) | (명시할 것) | (명시할 것) | (명시할 것) | (  ) 재향군인의 미망인 |

| 동거자 | | 월 수입 | 수입원 |
|---|---|---|---|
| (  ) 천주교 | (  ) 양로원 | 50만 원 미만 | (  ) 임금/급료/투자 |
| (  ) 부모 | (  ) 위탁가정 | 50~100만 원 | (  ) 사회보장금/연금 |
| (  ) 배우자 | (  ) 정신병원 | 100~150만 원 | (  ) 기초생활보조금 |
| (  ) 자녀 | (  ) 지역사회 | 150~200만 원 | (  ) 지방보조 |
| (  ) 친척 | 　　그룹홈 | 200~300만 원 | (  ) 기타 ＿＿＿＿ |
| (  ) 비친척 | | 300만 원 이상 | (명시할 것) |

| 최종학력 | 직업 | 취업상태 |
|---|---|---|
| (  ) 유치원 | (  ) 학생 | (  ) 실업 |
| (  ) 특수교육 | (  ) 전업주부 | (  ) 은퇴 |
| (  ) 초등학교 | (  ) 전문직/관리직 | (  ) 시간급 취업 |
| (  ) 중학교 | (  ) 사무직/판매직 | (  ) 임시직 취업 |
| (  ) 고등학교 | (  ) 숙련직/기술직 | (  ) 전일제 취업 |
| (  ) 대학재학/중퇴 | (  ) 미숙련직 | (  ) 자영업 |
| (  ) 대학졸업 | **장애여부** | **전업희망** |
| (  ) 대학원 | (  ) 예 | (  ) 예 |
| | (  ) 아니요 | (  ) 아니요 |

**양식 1** (계속)

| 표지〈성인, 개인〉 | *DSM* 진단 |
|---|---|
| 2면 : 서비스 자료〈정신건강〉 | 1. _____<br>2. _____<br>3. _____ |
| 펜으로 쓰거나 타이프하시오.<br>해당되는 것에 모두 표시하시오. | 4. _____ |

**의뢰/요청처**

| | | | |
|---|---|---|---|
| (　) 본인 | (　) 변호사 | (　) 학교 | |
| (　) 개인적 망 | (　) 법원 | (　) 고용주 | |
| (　) 의사 | (　) 경찰 | (　) 종교인 | |
| (　) 심리학자 | (　) 사회복지사 | (　) 기타 | |

_____　_____
(기관을 명시할 것)　(명시할 것)

**의뢰처와의 접촉**

(　) 예, 그들이 시작
(　) 예, 우리가 시작
(　) 아니요

**의뢰/요청사유**

| | | |
|---|---|---|
| (　) 우울/자살충동 | (　) 상황적 위기 | (　) 고용상 문제 |
| (　) 불안/스트레스 | (　) 정보/의뢰 | (　) 신체적 질병/장애 |
| (　) CMI/사고장애 | (　) 약물치료 | (　) 재정상 곤란 |
| (　) 반사회적 행동 | (　) 발달장애 | (　) 대인관계 곤란 |
| (　) 물질사용/남용 | (　) 정신지체 | (　) 기타 _____ |
| (　) 정신병적 에피소드 | (　) 교육상 문제 | (명시할 것) |

**서비스 계획**

| | | |
|---|---|---|
| (　) 정보/의뢰 | (　) 해독/물질 프로그램 | (　) 위기개입 |
| (　) 사정 | (　) 보호 작업장 | (　) 주거배정 |
| (　) 약물치료 | (　) 개별상담 | (　) 유년기 자극 |
| (　) 교육 | (　) 가족상담 | (　) 취업배정 |
| (　) 입원/환경치료 | (　) 부부상담 | (　) 기타 _____ |
| (　) 주간보호−생활유지보호 | (　) 집단상담 | (명시할 것) |

**서비스 검토**

_____
(사례개시/재개시 일자)

_____
(이전에 받은 서비스 일자)

_____
(이전의 주 서비스 제공자)

**계획승인**

_____　_____
(후견인, 서명)　(날짜)

_____　_____
(후견인, 서명)　(날짜)

_____　_____
(주 서비스 제공자, 서명)　(날짜)

**양식 2**

| 표지〈가족〉 | |
| --- | --- |
| | (사례번호) |
| **1면 : 개인자료** | |
| | (서비스) |
| 펜으로 쓰거나 또는 타이프하시오. | |
| | (개시/재개시일자) |

성명(성인)

| (성) | (이름) |
| --- | --- |

주소

(우편번호)

| 집전화번호 | 직장전화번호(성인 NO. 1) | 직장전화번호(성인 No. 2) |
| --- | --- | --- |
| _____ | _____ | _____ |

| 가족구성원 | 성별 | 생년월일 | 주소 | 직업 | 교육 정도 |
| --- | --- | --- | --- | --- | --- |
| 성인 | | | | | |
| 1. | | | | | |
| 2. | | | | | |
| 3. | | | | | |
| 4. | | | | | |
| 자녀 | | | | | |
| 1. | | | | | |
| 2. | | | | | |
| 3. | | | | | |
| 4. | | | | | |
| 5. | | | | | |
| 6. | | | | | |

| 가족수입 | 부채 | 보험/보조금 |
| --- | --- | --- |
| _____ | _____ | _____ |
| 종교 | 인종 | 언어 |
| _____ | _____ | _____ |

가족 특성(재결합, 위탁가정, 자녀 등)

_____

_____

_____

**양식 2** (계속)

| |
|---|
| **표지**〈가족〉     [_____]<br>(사례번호)<br><br>**1면 : 서비스자료**〈아동/성인〉     [_____]<br>(성)<br><br>펜으로 쓰거나 또는 타이프하시오. |
| 의뢰처/요청자                                  의뢰된 경우, 의뢰사유<br>_____      _____<br>_____      _____ |
| 가족의 문제/욕구에 대한 기록의 정의(상이한 견해를 포함하시오.)<br>_____<br>_____<br>_____ |
| 사회복지사의 초기 가족사정<br>_____<br>_____<br>_____ |
| 계약<br>서비스 목표 :<br>_____<br>_____<br><br>서비스 계획 :<br>_____<br>_____<br><br>클라이언트의 관여에 대한 사회복지사의 사정 :<br>_____<br>_____<br>_____ |
| 서비스 점검표<br><br>_____    _____        _____    _____<br>(날짜)       (주 화일)                (날짜)       (위탁 화일)<br><br>_____    _____        _____    _____<br>(날짜)       (사적 권리 양식)         (날짜)       (입양 화일)<br><br>_____    _____        _____    _____<br>(날짜)       (정보공개허락 양식)    (날짜)       (사고임신 화일) |

**양식 3**

---

## 사회력 양식

### 노인

_____          _____
(클라이언트 성명)                                    (생년월일)

정보 수집처 :
정보출처                                                              날짜 _____

_____

_____

_____


1. 기술(외모, 행동, 정서, 말씨 등)

2. 건강력(중요 질병, 장애)

3. 현재의 건강상태(이동능력, 자기 관리, 약물투여 등)

4. 가족력(청소년기, 결혼, 자녀 등)

5. 현재의 가족상황

6. 근무이력 및 상황

7. 사회 및 단체활동(현재 및 과거)

8. 특수재능 및 능력

9. 특히 필요로 하는 요구사항 혹은 문제점


_____          _____
(작성자)                                              (작성일자)

**양식 4**

---

## 면담요약-개인 혹은 부부

사례 :

날짜 :                              사회복지사 :

면담번호 :                          면담시간(분) :

참석자 :

---

1. 면담 중 일어난 일을 간단히 기술하시오.

---

2. 표출된 새로운 문제점, 욕구, 쟁점을 모두 적으시오.

---

3. 어떤 개입이 활용되었는가?

---

4. 어떤 새로운 제안, 의뢰, 계획을 하게 되었는가?

---

5. 이 사례의 현황은 무엇인가?

---

**양식 5**

| 면담요약−가족 | (1면) |
|---|---|

사례 :

날짜 :                          사회복지사 :

면담번호 :                      면담시간(분) :

참석자 :

---

1. 면담 중 일어난 일을 간단히 기술하시오.




2. 표출된 새로운 문제점, 욕구, 쟁점을 모두 적으시오.




3. 어떤 개입이 활용되었는가?




4. 어떤 새로운 제안, 의뢰, 계획을 하게 되었는가?




5. 이 사례의 현황은 무엇인가?

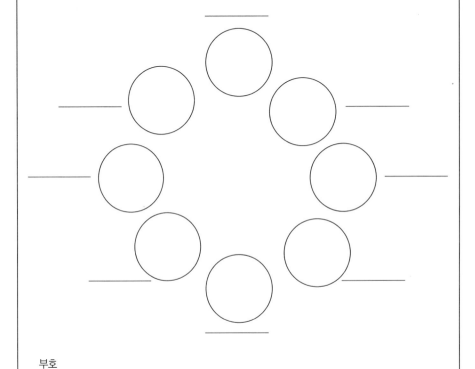

**면담요약 – 가족** (2면)

6. 참석자의 위치와 면담 중 일어난 가족원의 상호작용을 도표로 나타내시오(도표에 사회복지사도 포함시키시오).

부호

⟶ 일방향 의사소통

⟵⟶ 양방향 의사소통

══════ 빈번한 의사소통

∿∿∿∿∿ 갈등적 의사소통

⌒ 위치 변화

**양식 6**

| 면담요약−집단 | (1면) |
|---|---|

사례 :

날짜 :                              사회복지사 :

면담번호 :                       면담시간(분) :

참석자 :

---

1. 면담 중 일어난 일을 간단히 기술하시오.

---

2. 어떤 개입이 활용되었는가?

---

3. 새롭게 표출된 개인적 문제, 욕구, 쟁점은 무엇인가?

---

4. 향후 집단활동을 위해 무엇이 계획되었는가?

| 면담요약 – 집단 | (2면) |
|---|---|

5. 집단 상호작용을 도표로 나타내시오.

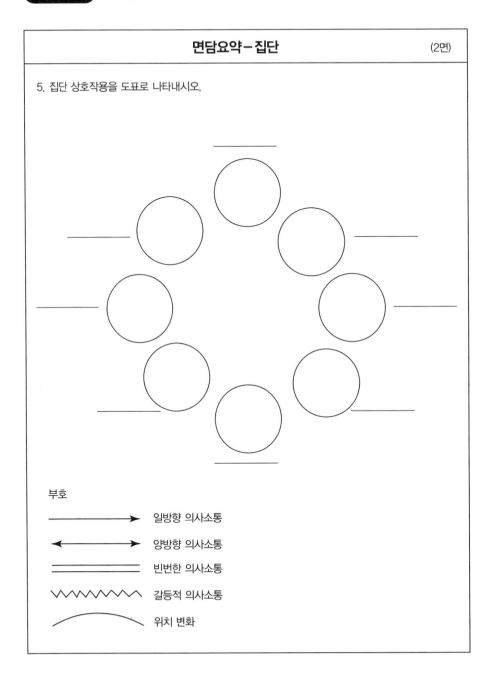

부호

⟶ 일방향 의사소통

⟷ 양방향 의사소통

═══ 빈번한 의사소통

〰〰〰 갈등적 의사소통

⌒ 위치 변화

## 서비스 순서표

| | 클라이언트 성명 |
| --- | --- |
| | 신원확인번호 |

의뢰 출처 (클라이언트가 아닌 경우)          의뢰사유

_____          _____

클라이언트의 표면화된 문제에 대한 기술

\_\_\_\_/\_\_\_\_/\_\_\_\_    \_\_\_\_/\_\_\_\_/\_\_\_\_          _____
(개시일자)        (종료일자)

| 사정된 문제/욕구 | | |
| --- | --- | --- |
| No. 1 _____ | No. 1 _____ | No. 1 _____ |
| \_\_\_\_/\_\_\_\_/\_\_\_\_<br>(확인일자) | \_\_\_\_/\_\_\_\_/\_\_\_\_<br>(확인일자) | \_\_\_\_/\_\_\_\_/\_\_\_\_<br>(확인일자) |
| _____<br>(의뢰처) | _____<br>(의뢰처) | _____<br>(의뢰처) |
| \_\_\_\_/\_\_\_\_/\_\_\_\_<br>(의뢰일자) | \_\_\_\_/\_\_\_\_/\_\_\_\_<br>(의뢰일자) | \_\_\_\_/\_\_\_\_/\_\_\_\_<br>(의뢰일자) |
| 기관활동<br><br>( ) 클라이언트 거절<br><br>( ) 서비스가 거부됨/<br>　　이용 가능하지 않음<br><br>( ) 서비스 계약 | 기관활동<br><br>( ) 클라이언트 거절<br><br>( ) 서비스가 거부됨/<br>　　이용 가능하지 않음<br><br>( ) 서비스 계약 | 기관활동<br><br>( ) 클라이언트 거절<br><br>( ) 서비스가 거부됨/<br>　　이용 가능하지 않음<br><br>( ) 서비스 계약 |

## 서비스 순서표

| 15분 이상 소요된 서비스 목록 |
|---|

| 월 | 일 | 코드 | 월 | 일 | 코드 |
|---|---|---|---|---|---|

코드　　　　　　　　　코드

a (　) 정보/ 의뢰만　　　d (　) 집단활동

b (　) 개인상담　　　　　e (　) _____

c (　) 결혼/가족상담　　　f (　) _____

　　　　　　　　　　　　g (　) _____

직원/검토

_____ / _____ / _____　　　_____

(날짜)　　　　　　　　　　　(내용)

_____ / _____ / _____　　　_____

(날짜)　　　　　　　　　　　(내용)

문서화 완료

_____ / _____　초기면접 요약　　_____ / _____　중간노트

_____ / _____　사회력　　　　　　_____ / _____　중간노트

_____ / _____　목표/계획　　　　　_____ / _____　중간노트

_____ / _____　계약　　　　　　　_____ / _____　종결요약

_____ / _____　정보공개　　　　　_____ / _____　추후관리

_____ / _____ / _____　　　_____

(종결일자)　　　　　　　　　(종결사유)

　　　　　　　1　　2　　3

해결/개선　　(　) (　) (　)　추가정보는

변화 없음　　(　) (　) (　)　뒷면에 기록하시오.

미해결/악화　(　) (　) (　)

정보 없음　　(　) (　) (　)

기록한 사회복지사

(사례가 배정된 경우에는 이름을 쓰시오.)

_____

(사회복지사)　　　　　　　　　(날짜)

_____

(사회복지사)　　　　　　　　　(날짜)

_____

(사회복지사)　　　　　　　　　(날짜)

_____

(사회복지사)　　　　　　　　　(날짜)

## 양식 8

**종결요약〈건강〉**

펜으로 쓰거나 타이프하시오.
해당되는 것에 모두 표시하시오.

(차트번호)
_____

(사회복지사)
_____

| 클라이언트 성명<br>_____ | 접수일자 _____ _____ _____ |
|---|---|
| 생년월일<br>_____ 성별<br>(월) (일) (년)  ( ) 남<br>( ) 여 | 서비스 개시일자 _____ _____ _____<br><br>서비스 종결일자 _____ _____ _____ |
| 일차진단(의료)<br>_____<br><br>이차진단(의료)<br>_____ | 퇴원 당시 건강상태<br>( ) 기능상실 없음<br>( ) 일시적 기능상실<br>( ) 영구적 기능상실 – 양호한 예후<br>( ) 영구적 기능상실 – 불량한 예후<br>( ) 사망 |
| 의사<br>_____<br><br>서비스분야<br>_____ | 지속적 간호<br>( ) 없음        ( ) 약물투여/보장구<br>( ) 가정간호    ( ) 기타 가정지원<br>( ) ECF/요양원  ( ) 호스피스<br>( ) 재활        ( ) 기타 _____<br>(명시할 것) |
| 의뢰인<br>_____ | 면담/협의 횟수<br>( ) 1   ( ) 2~5   ( ) 6~9   ( ) 10+ |
| 일차적 문제/욕구(사회적 서비스)<br>_____<br>이차적 문제/욕구(사회적 서비스)<br>_____<br>_____<br>_____ | 종결 시 상태<br>( ) 해결/ ( ) 변화 ( ) 악화됨 ( ) 무응답*<br>    향상      없음<br>( ) +   ( ) 0   ( ) —   ( ) N/A<br>( ) +   ( ) 0   ( ) —   ( ) N/A<br>( ) +   ( ) 0   ( ) —   ( ) N/A<br>*언급 안 됨 |

**서비스**

| ( ) 정보/의뢰 | ( ) 사정 | ( ) 부부, 가족상담 |
|---|---|---|
| ( ) 교통편 | ( ) 옹호 | ( ) 교육 |
| ( ) 지속적 간호 | ( ) 개별상담 | ( ) 기타 _____ |
| | ( ) 집단지도 | (명시할 것) |

## 9장

일과표〈직접적 서비스〉

지시사항 : 매 15분 간의 활동을 ×로 표시하시오. 일과 종료 시에 합계를 내시오.

| 사회복지사 | | | | | | | 사무처 | | | 소속 | | | | | 날짜 | | (년) / | (월) / | (일) |
|---|---|---|---|---|---|---|---|---|---|---|---|---|---|---|---|---|---|---|---|
| 시 간 | 클라이언트 성명(상태) | 클라이언트 서비스 | | | | | | | | 지원 서비스 | | | | | | | | | |
| | | 면담/회합 | 협 의 | | 기록/ 보고서 | 슈퍼비전 교육 | | | | | 회 합 | | | 조사계획 | 행정조치 | | | | |
| | | | 내부 | 외부 | | | | | | 사회복지사 | 기관 | 지역공동체 | | | | | | |
| 시 00~15 15~30 30~45 45~00 | | | | | | | | | | | | | | | | | | |
| 시 00~15 15~30 30~45 45~00 | | | | | | | | | | | | | | | | | | |
| 시 00~15 15~30 30~45 45~00 | | | | | | | | | | | | | | | | | | |
| 시 00~15 15~30 30~45 45~00 | | | | | | | | | | | | | | | | | | |

| 시 00~15 15~30 30~45 45~00 | | | | |
|---|---|---|---|---|
| 시 00~15 15~30 30~45 45~00 | | | | |
| 시 00~15 15~30 30~45 45~00 | | | | |
| 시 00~15 15~30 30~45 45~00 | | | | |
| 계 (각 칸의 ×수 총계) | | | | |

**양식 10**

일과표(행정)

지시사항 : 매 15분 간의 활동을 ×로 표시하시오. 일과 종료 시에 합계를 내시오.

사회복지사 _____ 소속 _____ 날짜 _____ (년) / (월) / (일)

| 시 간 | 면담/회합 | 사무처 협의 내부 | 사무처 협의 외부 | 기록/보고서 | 슈퍼비전 교육 | 회합 사회복지사 | 회합 기관 | 회합 지역공동체 | 조사계획 | 감독/보조금 | 기타 행정조치 |
|---|---|---|---|---|---|---|---|---|---|---|---|
| ___시 00~15 | | | | | | | | | | | |
| 15~30 | | | | | | | | | | | |
| 30~45 | | | | | | | | | | | |
| 45~00 | | | | | | | | | | | |
| ___시 00~15 | | | | | | | | | | | |
| 15~30 | | | | | | | | | | | |
| 30~45 | | | | | | | | | | | |
| 45~00 | | | | | | | | | | | |
| ___시 00~15 | | | | | | | | | | | |
| 15~30 | | | | | | | | | | | |
| 30~45 | | | | | | | | | | | |
| 45~00 | | | | | | | | | | | |
| ___시 00~15 | | | | | | | | | | | |
| 15~30 | | | | | | | | | | | |
| 30~45 | | | | | | | | | | | |
| 45~00 | | | | | | | | | | | |

(클라이언트 서비스: 면담/회합, 사무처[협의 내부·외부, 기록/보고서, 슈퍼비전 교육], 회합[사회복지사, 기관, 지역공동체] / 지원 서비스: 조사계획, 감독/보조금, 기타 행정조치)

| | | | | |
|---|---|---|---|---|
| 시 00~15 | | | | |
| 15~30 | | | | |
| 30~45 | | | | |
| 45~00 | | | | |
| 시 00~15 | | | | |
| 15~30 | | | | |
| 30~45 | | | | |
| 45~00 | | | | |
| 시 00~15 | | | | |
| 15~30 | | | | |
| 30~45 | | | | |
| 45~00 | | | | |
| 시 00~15 | | | | |
| 15~30 | | | | |
| 30~45 | | | | |
| 45~00 | | | | |
| 계 (각 칸의 ×수 총계) | | | | |

## 서비스 업무 일지 〈사례〉

지시사항 : 클라이언트와 함께 혹은 클라이언트를
대신해서 행한 활동을 기재하시오.

(클라이언트 성명)

(사회복지사 성명)

| 날 짜 | 시 간 | | 활동내용 | 함께한 사람 | 목적/내용의 개략적 기술 |
|---|---|---|---|---|---|
| | 시작 | 종료 | | | |
| | | | | | |
| | | | | | |
| | | | | | |
| | | | | | |
| | | | | | |
| | | | | | |
| | | | | | |
| | | | | | |

**서비스 업무 일지** 〈집단〉

지시사항 : 집단과 함께 혹은 집단을 위해 행한
활동을 기재하시오.

(집단명)

| 날 짜 | 활 동 | | 참석자 | 목적/내용 |
|---|---|---|---|---|
| | 집단모임 | 기타 | | |
| | | | | |

## 서비스 합의서

지시사항 : 사회복지사와 클라이언트는 세 번째 면담 종료 시까지 이 기록 양식을 완성해야 한다.
본 1부는 기관이 보유하여 클라이언트 기록과 함께 보관한다.
사본의 다른 1부는 클라이언트가 보유한다.


우리는 다음의 사항에 합의한다.

1. 서비스의 목적 혹은 목표 : ＿＿＿＿＿＿＿＿＿＿＿＿＿＿＿＿＿＿＿＿＿＿＿＿
＿＿＿＿＿＿＿＿＿＿＿＿＿＿＿＿＿＿＿＿＿＿＿＿＿＿＿＿＿＿＿＿＿＿＿＿＿＿＿
＿＿＿＿＿＿＿＿＿＿＿＿＿＿＿＿＿＿＿＿＿＿＿＿＿＿＿＿＿＿＿＿＿＿＿＿＿＿＿

2. 서비스 계획 : ＿＿＿＿＿＿＿＿＿＿＿＿＿＿＿＿＿＿＿＿＿＿＿＿＿＿＿＿＿＿
＿＿＿＿＿＿＿＿＿＿＿＿＿＿＿＿＿＿＿＿＿＿＿＿＿＿＿＿＿＿＿＿＿＿＿＿＿＿＿
＿＿＿＿＿＿＿＿＿＿＿＿＿＿＿＿＿＿＿＿＿＿＿＿＿＿＿＿＿＿＿＿＿＿＿＿＿＿＿

3. ＿＿＿＿＿＿＿＿은 다음과 같은 책임을 이행하기로 동의한다.
＿＿＿＿＿＿＿＿＿＿＿＿＿＿＿＿＿＿＿＿＿＿＿＿＿＿＿＿＿＿＿＿＿＿＿＿＿＿＿
＿＿＿＿＿＿＿＿＿＿＿＿＿＿＿＿＿＿＿＿＿＿＿＿＿＿＿＿＿＿＿＿＿＿＿＿＿＿＿
＿＿＿＿＿＿＿＿＿＿＿＿＿＿＿＿＿＿＿＿＿＿＿＿＿＿＿＿＿＿＿＿＿＿＿＿＿＿＿

4. 기관을 대신하여, ＿＿＿＿＿＿＿＿＿＿ 은 다음과 같은 책임을 이행하기로 동의한다.
　　　　　　　　　(사회복지사 성명)
＿＿＿＿＿＿＿＿＿＿＿＿＿＿＿＿＿＿＿＿＿＿＿＿＿＿＿＿＿＿＿＿＿＿＿＿＿＿＿
＿＿＿＿＿＿＿＿＿＿＿＿＿＿＿＿＿＿＿＿＿＿＿＿＿＿＿＿＿＿＿＿＿＿＿＿＿＿＿
＿＿＿＿＿＿＿＿＿＿＿＿＿＿＿＿＿＿＿＿＿＿＿＿＿＿＿＿＿＿＿＿＿＿＿＿＿＿＿

이 합의서는 ＿＿＿＿＿＿ 부터 ＿＿＿＿＿＿ 까지의 기간 동안 유효하다.
　　　　　　　(날짜)　　　　　(날짜)

서명　(클라이언트)＿＿＿＿＿＿＿＿＿＿＿　　(사회복지사)＿＿＿＿＿＿＿＿＿＿
　　　＿＿＿＿＿＿＿＿＿＿＿＿＿＿＿＿　　＿＿＿＿＿＿＿＿＿＿＿＿＿＿

# 정보공개 위임장

지시사항 : 이 양식은 3부가 작성된다. 사본들은 다음의 사람들에게 배부한다.

1. 클라이언트나 클라이언트의 후견인
2. 정보를 제공하는 측
3. 정보를 제공받는 측

본인 _____ 은
　　　　(성명)

_____ 소재의 _____ 가
　　(정보를 제공하는 측의 주소)　　　　　　　(정보를 제공하는 측의 성명)

다음의 정보 : _____ 를
　　　　　　　　　　(제공될 정보내용을 기술)

_____ 의 목적으로 활용하도록
　　(정보가 활용될 목적 기술)

_____ 소재의 _____ 에게
　　(정보를 제공받을 측의 주소)　　　　　　(정보를 제공받을 측의 성명)

제공하는 데 동의

본인 서명은 아래 사항을 확인함.

1. 본인은 위임장을 직접 읽었거나 타인이 읽는 것을 들었다. 본인은 이 내용을 이해하고 동의한다.
2. 본인의 서면동의 없이는 다른 어떠한 정보도 제공될 수 없음을 알고 있다.
3. 본인은 언제라도 이 위임을  서면진술서에 의해 해지할 수 있다는 사실과 본 위임은
　　_____ 일자에 자동으로 해지된다는 사실을 알고 있다.
　　　　(날짜)

서명

(클라이언트) _____　　(날짜) _____

(후견인) _____　　(날짜) _____

(입회인) _____　　(날짜) _____

# 건강정보 공개를 위한 위임장

나, _____ 는,
　　　(환자/클라이언트의 이름)

_____ 에게 이 문서 내에서 구체화된 바
　(개인 또는 기관 또는 제공자(제공기관)의 이름)

같이 _____ 에게 건강정보를 공개할 것을 요청한다.
　　　(개인의 이름 또는 유형)

나는 공개를 위해 권한을 위임한 정보의 유형에 체크하였다.(환자/클라이언트는 공개를 허락하는 각
항목에 반드시 체크해야만 한다.)

( 　) 입원 정보 　　　　　　　　　　( 　) 심리평가
( 　) 사정 　　　　　　　　　　　　( 　) 심리사회 평가
( 　) 집단 　　　　　　　　　　　　( 　) 치료 계획
( 　) 퇴원 진료요약 　　　　　　　　( 　) 과정노트
( 　) 간호/의료 정보 　　　　　　　　( 　) 정신 건강정보
( 　) 중독 보고/약물 검사 　　　　　　( 　) 약물 남용 정보
( 　) 인구사회학적 정보 　　　　　　( 　) 후천성 면역 결핍증(HIV)/에이즈(AIDS) 정보
( 　) 실험실 보고서 　　　　　　　　( 　) 기타 _____
( 　) 엑스레이 또는 방사선 영상 　　　( 　) 기타 _____
( 　) 식이요법 일지 　　　　　　　　( 　) 기타 _____

이 공개의 목적은 _____ 을 위해서다.
　　　　　　(서비스 자격 여부 결정/치료 조정/의뢰/기타)

이 위임은 _____ 또는 _____ 까지 유효하다.
　　　　　(날짜)　　　　　　　　　　(유효사건)

나는 언제든지 서면으로 된 알림 문서를 _____ 에게 보냄으로써
　　　　　　　　　　(개인 또는 기관 또는 서비스 제공자의 이름과 주소)

이 위임을 폐기할 수 있다는 것을 이해하고 있다.

나는 또한 이 위임의 폐기가 위임에 따라 이미 발생한 어떠한 행동에도 영향을 미칠 수 없다는 것을
이해하고 있다.

나는 자발적으로 위임에 서명하였으며 치료, 비용, 혜택, 또는 등록 자격을 위하여 서명할 것을 요구
받지 않았음을 이해한다.

그러나 나는 만약 내가 이 위임에 서명을 하지 않는다면, 다음에 따르는 결과가 발생할 수 있음을
이해한다.

_____
_____
_____

나는 이 위임하에 밝혀진 정보가 정보 수령인에 의해 재공개될 수 있고 더 이상 연방정부 법에 의해 보호받을 수 없음을 이해한다.

나는 이 위임장의 복사본을 받을 것을 알고 있다.

_____　　_____

　　　　　(환자/클라이언트 또는 클라이언트 후견인 서명)　　　　　(날짜)

_____

(이름)

_____

(주소)

만약 당신이 어떤 개인의 대변인으로서 이 위임장에 서명하고 있다면, 클라이언트를 대신하여 행동하기 위해서는 다음에 자신에 대한 신원을 밝히시오.

_____

(부모, 후견인, 위임자, 건강 보호 대리인, 기타)

_____

(대리인의 신원과 법적 지위를 확인해 준 사람의 서명)

_____

(이름)

_____

(주소)

제6장

# 기록실무의 쟁점

제6장과 제7장에서는 사회복지사와 사회복지기관이 기록과 관련되어 접하게 되는 제반문제를 응답형식으로 논하고자 한다. 제6장에서는 기록의 질, 실천가를 위한 기록의 이점, 클라이언트 기록의 보관, 개업 사회복지사의 기록보관, 관리의료에서 기록보관에 대한 질문을 포함한다. 제7장에서는 기록의 행정적 사용, 비용감소에 대한 질문, 보안, 컴퓨터, 조사에서 기록의 사용에 대해 논할 것이다.

## 기록의 질

기관에서 기록의 질을 어떻게 개선시킬 수 있는가?

기록의 질은 무엇보다도 서비스를 제공하기까지의 사고와 행동의 질에 달려 있다. 궁극적으로 기록이 실무보다 더 훌륭할 수는 없다. 그러나 사회복지기록의 질은 정보가 어떻게 선택되고, 보관되며, 읽는 사람에게 어떻게 제시되는가에 따라 달라진다. 대체로 기관의 기록의 질이 그 기관의 서비스의 질을 제대로 대변하지 못하고 있는 경우가 많다.

훌륭한 실천은 훌륭한 기록의 선행 조건이지만 훌륭한 실천가가 항상 훌륭한 기록을 남기는 것은 아니다. 실천가는 시간이 부족하다는 등의 이유로 기록을 적절하게 보관하지 못하는 경우가 있고 때로는 경험이나 교육의 부족으로 충분히 준비되지 못하는 경우도 있다. 때로는 기록에 대한 기대가 불명확할 때도 있다. 즉 사회복지사가 어떤 것이 훌륭한 기록인가에 대한 의견이 일치하는 것은 아니다.

사회복지사들이 서로 합의하지 못하는 문제 중 하나는 기록의 초점이다. 빠짐없이 기록해야 하는가, 선택적으로 기록해야 하는가? 객관적이어야 하는가, 주관적이어야 하는가? 묘사적이어야 하는가, 분석적이어야 하는가? 클라이언트 욕구에 초점을 맞추어 기록해야 하는가? 서비스 전달에 중점을 두어야 하는가? 사회복지사의 진단적 사고가 중심이 되어야 하는가? 이미 일어난 일에 대한 회고적 방법으로 작성해야 하는가, 미래의 계획을 세우기 위한 것인가? 이러한 논쟁의 많은 부분은 실천의 성격과 기록의 기능에 대한 의견의 차이를 반영한다. 사회복지사는 기록의 근본 목적뿐 아니라, 기록이 어떤 정보를 포함해야 하는지에 대해서도 개인에 따라 다른 입장을 가지고 있다. 이론적 배경이 서로 다른 사람들은 기록에 대한 서로 다른 접근을 놓고 논쟁해 왔다. 기록을 서비스 전달 과정에 대한 중요한 교육 방법이라고 믿는 사람과, 그것을 행정서류로 보는 사람은 서로 다른 접근을 해 왔다.

이 책에서 발전시킨 서비스중심 기록은 실천의 분야, 기금 조성, 이론적 관점, 서비스 접근법, 실천가와 클라이언트에 기반을 둔 다양성을 장려하면서 기록의 본질을 재규정하고, 기록의 내용에 초점을 맞추며, 기록을 구조화시킴으로써 이러한 논쟁을 해결하고자 한다. 서비스중심 접근법은 기록이 그 목적과 과정, 서비스가 주는 영향에 초점을 둘 때 기록의 중요한 목표(책무성, 지지적이며 개선된 실천, 효과성, 클라이언트 사적 권리보장)가 잘 조화될 수 있다는 가정에 기초한다. 이 접근법의 맥락에서 볼 때 잘된 기록은 다음과 같은 특징을 갖는다.

- 서비스 전달에 초점을 둔다 .
- 사정, 개입, 평가의 기초가 되는 클라이언트–욕구–상황과 이용 가능한 자원에 관한 정보가 들어 있다.
- 각 단계에서 서비스의 목적, 목표, 계획, 과정, 진행, 결과를 포함한 의사결정과 행동에 대한 정보가 들어 있다.
- 기술, 관찰, 출처, 근거가 되는 기준뿐만 아니라 사회복지사의 평가가 잘 기록되어 있고 제목이 붙여져 있다.
- 구조화되어 있어서 정보를 효과적으로 문서화할 수 있고, 쉽게 검색해 낼 수 있다.
- 책무성뿐 아니라 실천을 지원하는 데에도 활용된다(제1장에서 좋은 기록의 15가지 원칙 참조).

또 좋은 기록은 간결하고, 구체적이며, 타당하고, 명확하며, 논리적이고, 시기 적절하며, 의미 있고, 유용하며, 사실에 근거하고, 전문가적 윤리와 수립된 이론 및 연구를 기반으로 한다. 좋은 기록은 잘 조직화되고 잘 쓰여진 것이다. 좋은 기록은 클라이언트의 관점을 무시하지 않으면서, 다른 관계자와 전문가의 관점을 문서화한다. 반대로 좋지 않은 기록은 초점이 없고, 모호하며, 편견적이고, 추리에 의존하고, 정확하지 않으며, 필요한 사람에게 정보를 제대로 제공하지 않는다. 잘못된 기록은 정보가 너무 많거나 너무 적고, 조직화되어 있지 않거나 문장이 유연하지 못하다. 또한 좋지 않은 기록은 부정확한 사정, 잘못된 판단, 비윤리적 행동, 부적절한 개입, 클라이언트에 대한 무례, 최상의 실천과 관리의 기준을 잘 알지 못하는 경우에서 비롯된 결과일 수도 있다.

기록을 향상시키기 위해서는 다음과 같은 네 단계에서 개선이 필요하다.

① 실천가의 기술

② 기관의 지침

③ 지지적 자원

④ 기관의 풍토

## 실천가의 기술 향상

숙련된 실천가도 기록을 위해 체계적으로 준비하고 문장기술능력을 향상시키면 기록에 대한 기술을 향상시킬 수 있다.

사회복지사는 클라이언트와 만나기 전, 만나는 동안, 만난 이후에 각각 기록에 대한 체계적 준비를 해야 한다. 특히 서비스 관계를 형성하는 초기에 기록을 하는 데 필요한 정보에 대해 질문할 수 있도록 준비해야 한다. 사회복지사는 기관에서 사용하는 양식, 간단한 서식, 방침을 검토해서 어떤 정보가 필요한지를 이해해야 한다.

클라이언트를 만나는 동안이나 만난 직후에 사회복지사는 서비스를 제공하는 동안 얻어진 것과 밝혀진 것에 대해 짤막하게 메모해 두어야 한다. 중요한 단어와 문장은 사회복지사가 중요한 정보를 기억하는 데 큰 도움이 된다. 이렇게 간단히 메모하는 습관은 특히 서비스를 제공하고 하루나 이틀 후에 기록을 작성하게 될 때 실천가들이 정확하고 구체적인 기록을 준비하는 데 효과적이다. 노련한 사회복지사는 메모하는 것이 본인이 관찰한 복잡한 상황을 보존하여 복잡한 사례의 일련의 사건을 상세히 재형성하는 데 도움이 된다는 것을 안다. 학생이나 초심 사회복지사는 메모가 기록에 도움을 줄 뿐 아니라 관찰 및 사정기술을 구축할 수 있는 기초가 된다는 것을 알게 된다. 일반적으로 메모를 함으로써 기록의 내용이 강화되고 기록 과정에 도움이 된다.

서술형 기록은 사회복지사가 정보를 작성하기 전에 각 기입사항에 대해 간략하게 개요를 설정함으로써 향상될 수 있다. 사회복지사는 자신이 작성한 메모와 기관의 방침에 맞추어 각 기재사항을 연대별로 혹은 주제별로 정리할 수 있다. '개인력', '사정', '10월 17일 슬레이크 박사와 전화면담'과 같은 머리말을 사용하는 것은 내용을 구조화하는 데 도움이 된다.

또 기록은 실무 영역 및 실천 기술 전 영역에서 반복적으로 나타나는 글쓰기 문제를 제거함으로써 개선될 수 있다. 실제로 이러한 문제는 학생이나 사회복지사가 처음에 기관과 전문직에 접하면서 과거 기록을 통해 한 세대의 실천가로부터 다음 세대에 전달되는 것 같다. 이러한 문제 중에서는 기술적인 오류, 잘못된 단어 사용, 과잉단순화 등이다.

기술적 오류(technical erros)는 가장 해결하기 쉬운 문제이다. 대체로, 맞춤법이나 문법, 마침표의 오류는 사회복지사가 작성한 기록과 보고서를 교정하는 과정에서 최소화시킬 수 있다. 워드프로세서를 사용하면서 철자와 문법 오류는 쉽게 눈에 띄게 되었고, 반복적이거나 장황한 문구도 쉽게 수정할 수 있다. 일부 사회복지사는 문장 서술에 필요한 기술적인 능력이 부족한 경우가 있다. 이러한 사회복지사들은 문법 해설에 관한 책을 읽거나 글쓰기 수업에 참여하는 것이 도움이 될 것이다. 기술적 오류는 기록의 의미를 훼손시키지는 않기 때문에 심각한 문제는 아니다. 왜냐하면 읽는 사람이 쉽게 글 쓴 사람의 의미를 헤아릴 수가 있기 때문이다. 그러나 어느 정도 신경을 쓸 필요가 있다. 반복적인 기술적 오류는 읽는 사람으로 하여금 사회복지사의 능력과 전문성에 대한 의심을 하기 때문이다.

**좋지 못한 예** : B 부인의 신체적 욕구(영양 상태는 말할 것도 없이)는 불충분하다. 그 부분에 관심을 가지지 않고 있다.

**좋은 예** : 사회복지사의 견해 : B 부인은 신체적 욕구, 특히 영양 상태에 관해 적절한 관심을 가지지 못했다.

**좋지 못한 예** : T 씨와 T 씨 부인, 존과 린다, 그리고 할머니조차도 지난번 조셉이

집에 왔을 때(4월 4일이었는데), 그들이 부딪혔던 문제들에도 불구하고 조셉이 집으로 돌아오기를 얼마나 기대하는지를 여러 번 반복하여 이야기하였다.

**좋은 예** : 사회복지사의 지난번 방문(4월 4일)에서 조셉이 가족들에게 몇 가지 문제를 일으켰지만, 부모, 형제, 존, 누나인 린다와 할머니는 모두 그들이 조셉의 다음 방문을 고대하고 있다고 언급하였다.

어떤 실천가들은 기록을 하는 데 있어 **수동태를 과도하게 사용한다**(overuse the passive voice). 수동태는 어색한 문장 구조를 가져올 뿐만 아니라 읽는 사람이 주어나 행위자를 식별하지 못하기 때문에 모호해지기 쉽다. 실천가 중에는 공식적 기록에 '나'라는 용어를 사용하지 않는 것에 익숙해져 행동과 관점을 기술할 때 수동태를 사용한다. 비록 수동태를 일부 사용하는 것이 적절하고 필요할지라도 남용할 경우 전체적으로 활발성을 잃게 되고 동기를 숨기게 된다. 특히 사회복지사는 본인이 적극적인 참여자로서 결정하고 행동하는 것이 아니고 수동적인 수혜자로 보이게 되는 인상을 피하도록 유의할 필요가 있다. 수동태를 사용한 문장은 다음과 같다.

- 행위가 식별되지 않는 문장
- 동사 대신 피동사 사용 문장("제기되었다", "느껴졌다")

**좋지 못한 예** : ~에 대한 염려가 제기되었다.

**좋은 예** : 사회복지사는 ~에 대해 걱정하였다.

**좋지 못한 예** : ~라고 느껴졌다.

**좋은 예** : 의료팀은 ~을 결정했다.

용어 사용 문제는 사회복지기록의 질을 결정할 수 있다. 서비스 계약과 클라이언트-욕구-상황을 주의 깊게 평가하고 단어를 선택하는 것은 정확성, 전문성,

명료성과 함께 기록의 의미를 향상시킬 수 있다. 또한 워드프로세서 소프트웨어는 실천가가 언어를 정확하게 사용하고 정확한 단어를 선택하는 데 도움을 줄 수 있다. 또한 실천가는 의미 없는 단어나 비판적 용어, 중복적 용어는 삭제해야 한다.

**좋지 못한 예 :** K 씨의 환경적 지지망을 동원하고 활용하려는 온갖 시도는 모두 저항에 부딪쳤다. K 씨 부인은 모든 노력에 근본적으로 적대적이었다. 그녀는 지지해 주려는 나의 노력에 반응하지 않았다.

**좋은 예 :** K 씨 부인은 몇 번의 전화와 약속시간을 알려 주는 편지에도 응답하지 않았다. 간호사가 그녀에게 남편 퇴원문제로 사회복지사에게 연락하라고 말하자 그녀는 화를 냈다.
**사회복지사의 견해 :** K 씨 부인이 지지를 제공하려는 나의 노력에 대해 알고 있으면서도 반응하고 싶어 하지 않는 것이 분명하다. 그러나 그녀가 남편의 퇴원을 반대하는 것인지 사회복지서비스를 부정하고 있는 것인지는 명확하지 않다.

**좋지 못한 예 :** R 양의 모습은 대단히 남성적이다. 나는 그녀에게 드레스를 사 주겠다는 제의를 해 주고 싶은 때가 많지만 참는다.

**좋은 예 :** (생략)

문장서술에서 가장 문제가 되는 **과잉단순화**는 실무에서도 나타나는 문제이다. 클라이언트의 복잡한 상황, 서비스 전달과 관련된 문제, 관련 당사자의 상반된 관점을 서술하지 않고 지나치는 사회복지사는 사정, 개입, 평가를 하는 과정에서도 이러한 문제를 보지 못할 수 있다. 기록에서 클라이언트를 어떤 틀에 맞춰 버리는 사회복지사는, 실무에서도 클라이언트를 개별화하지 못한다. 예를 들면, 학생을 산만하다고 평가하는 교사의 입장만을 포함하는 기록은 아동의 행동을 충분히 묘사하지 못한다. 그것은 아동과 가족의 관점 그리고 교실에서의 사회복지사의 관찰을 포함하지 못하고 과잉단순화한 것이며, 편견이 섞인 것이다. 클라이언트-욕구-상황에 대한 과잉단순화된 관점에 근거하여 서비스를 계획하는 사회복지사는 서비스 전달에서 부적절한 결정을 하기 쉽다.

실천가는 클라이언트-욕구-상황의 평가를 정확하게 확인하고 관찰하지 못하여, 과잉단순화된 사정을 해 버린다. 제2장에서 논의했던 이러한 문제는, 인식하기 어려울 수 있다. 예를 들면, "클라이언트는 우울해 보인다"는 묘사인 것 같지만 실제로는 클라이언트를 사정하는 것이다. 반대로 "클라이언트는 종종 인터뷰 중에 울었다. 그녀는 엄마가 돌아가신 이후 다른 사람에 대한 관심과 식욕을 잃어버린 것에 대해 말했다."는 관찰이다. 실천가는 관찰, 정보의 출처, 기준, 사회복지사의 평가를 포함하는 체계적인 사정을 함으로써 이러한 실수를 교정할 수 있다. 사회복지 결정과 행동은 이렇게 관찰된 것과 그 결론 모두에 근거하여 이루어지기 때문에 각각의 욕구를 주의 깊게 기술하고, 제목을 붙이고, 기록해야 한다. 때로는 실천가가 묘사적인 구절에서 진단적 용어를 찾음으로써 과잉단순화를 인식할 수도 있다. 기록에서 이러한 정보가 기록될 때마다 그것이 사정인지, 진단인지, 가설인지, 판단인지 정확하게 구별해야 하며 근거가 되는 관찰이 무엇인지도 함께 작성해야 한다.

기록에서 과잉단순화는 다음과 같은 형태로 나타난다.

- 개인적 낙인의 남용("클라이언트는 산만하다")
- 결론을 뒷받침해 줄 수 있는 관찰 내용이나 기준 없이 결론을 내리는 것
- 클라이언트-욕구-상황에 대한 독단적인 견해의 표현, 특히 클라이언트에 대한 비난 또는 부정적인 낙인을 붙이는 것

**좋지 못한 예**: S 부인은 수동 공격적이고 고립되어 있으며, 타인을 조종하고 자기애적이다.

**좋은 예**: S 부인은 팔짱을 끼고 앉아서 5분 이상 말하기를 거부하였다. 다른 가족원이 그녀를 데리고 나가려고 했다. 마침내 남편은 그녀가 이런 방식으로 늘 본인

이 원하는 바를 달성한다고 말하였다. 남편은 S 부인이 말을 중단하는 이유는 본인을 기분 나쁘게 한 것이 무엇인지 가족들이 추측해 내기를 바라기 때문이라고 설명하였다.

**사회복지사의 견해** : S 부인은 전형적인 패턴을 이용하여 질병과 입원에서 받은 스트레스에 대처하고 있다. S 씨가 의식하고 있는 이 패턴은 가족에 의하여 받아들여지는 것으로 보이지만 병원에서는 이미 그녀를 타인에 대해 조작적이고 자기애적이라고 보고 있으므로 효과가 없다.

서술식 기록은 클라이언트-욕구-상황의 복잡한 측면을 탐색하고, 사회복지사의 평가가 완전히 문서에 기록되는 과정을 통해 향상될 수 있다. 사회복지사는 그들의 결론이 어떻게 나왔는지를 보여 주지 않은 채, 어떤 견해를 제시하거나 결론을 이끌어 내는 경우가 있다. 위의 예는 S 부인의 행동에 대한 부정적인 견해와 관련하여 추가적인 설명을 기술함으로써 보다 나아졌다. 보다 좋은 기록이 단지 사회복지사의 책무성을 높여 주는 것만은 것은 아니다. 그것은 그녀의 행동이 치료를 손상시키지 않는다는 것을 확신하도록, S 부인, 가족, 병원 직원이 함께 일해야 할 필요성과 같은, 실천에 대한 새로운 방향성을 제안한다.

그러나 실천가의 실천과 기록 기술의 향상만으로 기관을 위한 좋은 기록이 만들어지는 것은 아니다. 실천 기술과 기록의 기술은 명확하고 합리적이며 적절한 지침, 많은 자원과 협조적 환경이 함께 해 줄 때 질 높은 기록으로 반영될 수 있다. 이를 유념하여 많은 기관들은 그들의 기록 정책, 절차, 실천을 재평가하고 개선할 필요가 있다.

## 기관의 지침 개선

사회복지서비스의 자원은 줄고 문서화의 요구가 늘어감에 따라, 기록을 개선시키려는 기관과 부서에서 기록에 대한 현재의 방침을 발전시키고 개선할 필요가 생기게 되었다. 기관은 그들의 가장 귀한 자원인 전문가의 시간을 절약해야 하기 때문에, 기록의 내용, 구조, 절차를 명시하는 지침이 있어야 한다는 말은 설득력이 있다. 기록업무에 너무 많거나 너무 적게, 또는 너무 늦게까지 시간을 사용하는 것은 낭비이다. 지침은 기록과정을 단순화시킬 수 있다. 무엇을, 그리고 어떻게 기록해야 하는지에 대한 선택 중 많은 부분이 미리 명시되었기 때문이다.

그러한 지침이 전문가의 자율성을 손상시킨다는 반대 주장은 설득력이 떨어진다. 기록 지침은 실천가의 자율성이나 실천에 대한 책무성을 감소시키지는 않기 때문이다. 그러나 실천가의 관점이나 실천의 현실을 고려하지 않은 채 행정적인 부분에 초점을 맞춘 지침은 상당히 문제가 될 수 있다(Edwards & Reid, 1989). 비록 그러한 지침이 기록을 향상시키려는 의도를 가지고 있을지라도, 그 효과는 종종 반대의 결과를 가져온다. 지침은 실천가의 저항을 불러일으킬 수 있고 실천과 기록 간의 불일치가 생기기도 한다. 즉, 실천가는 기관의 요구 충족과 자신의 실천에 대한 지원이라는 기록의 두 가지 목적을 유지하지 못하거나, 이를 행정적 요구와 조화시키지 못하게 된다.

지침이 서비스 전달에 대한 책임이 있는 모든 관계자와 함께 개발되었을 때, 그 문서는 실제로 기록의 질을 보다 향상시킬 수 있다. 실천가는 지침이 행정적 기대를 충족시키면서 실천과 어울리고 합리적이라는 확신을 가지고 일할 수 있다. 그러한 지침은 기록보존을 위한 내용, 형태, 절차를 구체화시켜야만 한다. 모든 기록을 체계화하려고 하기보다는 지침을 통하여 최소한의 기준을 설정하고 구체적인 결정은 사회복지사에게 맡겨야 한다. 일반적으로 기관의 지침은 명문화되어야 한다.

- 기록의 형태와 목적
- 모든 상황에서 알릴 정보와 특별한 상황에서 알릴 정보
- 형식과 사용되는 체제, 그것을 사용하는 환경
- 언제 내용의 특정 요소가 제시되며, 얼마나 자주 기록이 검토되고 최신화

되는가?

## 자원의 개발

책무성과 효율성이라는 상충되는 목표는 기관이 기록을 준비하고, 복사하며, 저장하고, 색출하는 과업을 위한 충분한 자원을 가질 때에만 해결될 수 있다. 먼저, 사회복지사는 기록을 준비하기 위해 충분한 시간을 가져야 한다. 많은 기관에서 사회복지사는 면담이나 회의 시간 또는 계획된 기록 시간 동안에 기록을 할 수 있다. 그러나 기록을 할 수 있는 시간은 조금씩 줄어든다. 1980년대 후반에 진행된 기록Ⅱ 조사연구에 응답한 사회복지 관리자의 65%는 기록할 시간이 충분하지 않다고 답했으며 58%는 기록에 너무 많은 시간이 소모된다고 응답하였다(Kagle, 1993).

이후 수십 년이 흘렀으나 상황은 더 나빠졌다. 책무성의 기준은 과업을 위한 시간과 자원은 증가되지 않은 채 문서화에 대한 요구만을 증가시켰다. 때로는 기록을 위한 짧은 시간조차도 클라이언트 욕구에 반응하고 다른 업무를 수행하는 데 사용된다. 게다가 기록을 위한 시간을 줄이는 데 도움이 되는 장비나 개인의 도움을 받는 것도 쉽지 않다. 제한된 자원으로 인해 많은 기관이 컴퓨터나 관련 다른 장비를 수리하거나 새로 구입하는 것을 보류하고 사무직원을 줄였다. 컴퓨터를 사용할 수 없는 사회복지사는 개인 컴퓨터를 별도로 구입하거나 직접 손으로 기록했다. 요즘에는 기록을 직접 손으로 쓰는 실천가는 거의 없고 기록을 위해 사무직원을 두는 경우도 거의 없다. 전문성을 갖춘 직원을 유지하기 위해 다른 비용을 삭감한 것이 기록의 질을 떨어뜨렸고 실천가의 부담을 가중시켰다. 따라서 기록이 최신화되지 않은 것은 당연한 결과다.

예산이 부족하더라도 기관이 과업수행을 위한 자원을 재편함으로써 아직 정리되지 못한 기록을 줄여나갈 수 있다. 기관은 다음과 같은 선택 사항을 고려할 수 있다.

- 일상적이거나 단기 서비스의 기록을 위한 양식 개발
- 전문가의 실제적이고 적절한 시간 사용을 위한 기록실천 학습
- 컴퓨터 하드웨어와 소프트웨어, 시간 절약에 도움이 되는 최신장비 구입
- 담당사무원 변동 또는 추가배치
- 컴퓨터와 다른 시간 절약을 위한 장비에 대한 사용접근성 증가

**기관의 풍토 개선**

기록이 향상되려면, 기관의 문화 또한 변화될 필요가 있다. 관리자가 정확하고 적절한 기록을 방해하거나 실천가의 사기를 꺾는 경우가 있다. 예를 들면, 기록이 사회복지사 직무수행에 대해 평가하고, 사회복지사의 약점을 발견하며, 수정해 주는 수단으로 사용될 때 기록의 질이 떨어진다. 사회복지사는 기록을 하면 실무에서 잘못한 점이 드러나고, 기록을 하지 않으면 제때에 기록해야 하는 행정적 책임을 수행하지 못한 것이 되므로, 어떻게 하든 책임을 질 수밖에 없는 상황이 된다. 따라서 사회복지사는 기록하는 일을 피하고 미루거나 아예 그만두게 된다. 이러한 문제를 고치기 위해서 슈퍼비전의 초점과 분위기가 변화되어야 한다. 첫째, 평가를 위한 슈퍼비전은 사회복지사의 기록에만 의존하는 것이 아니라 사회복지사의 수행에 대한 다양한 정보를 통해 이루어져야 한다. 둘째, 기록의 내용은 실천가의 기록과 업무 습관에 대한 비평보다는 구체적인 실무방법을 논의하기 위한 자료가 되어야 한다. 셋째, 기록업무에 대한 논의는 비판적이기보다는 지지적이어야 하고, 업무상의 실책과 단점을 찾아내기보다는 장점을 강조하고 더 개선되기 위해 노력하도록 격려하는 데 초점이 맞추어져야 한다.

실천가 또한 기관의 분위기에 기여한다. 충분히 준비되지 않은 사람은 슈퍼비

전에서 안 좋은 경험을 하게 되거나 과업에 압도된다. 학생과 초심 실천가는 동료가 기록에 대해 분노, 경멸, 저항을 하는 것을 보며 놀랄 수도 있다. 물론 실천가는 문서작업을 좋아하지 않을 것이다. 그러나 기록을 개선함으로써 관리자와 일선 사회복지사가 사회복지사의 좌절과 불만족의 원인을 줄이고 이해할 수 있도록 협력할 수 있다. 문제는 이미 여기에 기술된 것처럼 업무량, 자원, 지침, 준비와 슈퍼비전을 포함한다.

기록은 또한 기관의 분위기에 기여한다. 만일 기록 업무가 실무활동으로보다는 행정적인 업무로만 인식되면 직접적인 서비스를 제공하는 사회복지사의 전적인 참여를 얻지 못할 것이다. 많은 사회복지기관에서 실천가는 기록업무를 관리자가 부과하는 무의미하고 짐스러운 업무라고 본다. 사회복지사 스스로 중요하다고 생각하지 않기 때문에 기록업무를 뒤로 미룬다. 기관이 사회복지사의 저항을 극복하려면 실천가의 일상 업무에서 기록의 역할에 대해 다시 생각해 보아야 한다. 기록이 실무에서 유용해야만 임상실무 사회복지사 사이에서 타당성을 충분히 인정받게 될 것이다. 기록의 내용은 실천결정과 행동, 사정, 개입 모니터링, 서비스의 연속성, 과정과 결과 평가의 중요한 정보에 초점을 맞추어야 한다. 기록의 과정은 실천가의 일상적인 활동에 적합해야만 한다.

## 기록과정의 장점

기록과 관련된 과정은 모두 실천가와 임상실무에 도움이 된다고 말한다. 하지만 실제로는 지루한 일이다. 어떻게 하면 임상실천에 도움이 될 수 있을까?

많은 실천가는 기록이 도움이 된다는 말에 대해 확신하지 못한다. 마치 쓴 약처럼, 기록업무가 유익하다고 들어왔지만, 그들이 '쓴 약을 먹고' 과제를 완수했을 때, 노력의 대가가 항상 명백하게 나타났던 것은 아니다. 이러한 경험 때문에 그들은 기록업무가 정말 도움이 되는지에 대해 의문을 가지게 되었다.

사실, 기록과정은 실천가에게 크게 도움이 되며, 궁극적으로는 클라이언트와 조직에 큰 도움이 된다. 일어났던 일에 대해 문서화하는 작업을 통해서, 사회복지사는 제공한 서비스의 내용과 맥락을 회상하여 다시 생각해 보게 된다. 이러한 검토는 사회복지사가 서비스의 목적, 목표, 계획을 재평가하고 수정하거나 확신하도록 한다. 기록은 사고과정을 돕는다. 그것은 사회복지사가 다시 생각하도록 하고, 미리 생각하도록 하며, 되돌아보도록 한다.

기록업무수행은 여러 가지로 사고를 명확하게 해 준다. 기록업무는 선택의 과정이다. 사회복지사는 클라이언트의 상황과 제공된 서비스에 대한 여러 정보 중에서 가장 중요한 사항을 문서화하기 위하여 정보를 골라낸다. 그리하여 기록은 사회복지사가 관심을 갖는 가장 특징적인 부분에 초점을 맞추는 것이 중요하다. 또한 기록업무는 조직화의 작업으로, 정보는 주제별로, 순서별로 정리된다. 따라서 문서화작업은 사회복지사가 논리적으로 사고하고 시간적, 공간적, 인과적 관계를 지각하는 데에 도움을 준다. 기록을 하는 과정에서 실제로 있었던 사실, 결정, 서비스 행위 등이 구체적으로 정리되어야 한다. 결과, 정보의 차이, 해석의 오류가 명확하게 보이는 경우도 종종 있다. 기록업무를 통하여 관찰과 추론을 이끌어 통합된 결론이 나오기도 하고, 전체를 부분으로 나누어 분석하기도 한다. 그 결과 사회복지사는 선택을 바꾸기도 하고, 관계에 대한 해석을 바꾸기도 한다. 또 기록업무를 통하여 분류가 이루어진다. 그러기 위해서 사회복지사는 클라이언트-상황을 이론, 가치, 경험적 증거, 수용된 실천의 측면에서 다른 사례와 비교하여 분류할 수 있다. 이런 과정을 통해 사회복지사가 특정 사례를 전문적 지식과 윤리에 연결시키는 데 도움이 된다. 마지막으로, 기록업무 수행에는 판단력이 필요하므로 비판적 사고를 촉진시킨다. 기록과정 중에 사회복지사는 가설을 세우고 검증하며, 서비스 행동과 그 결과를 평가할 수 있다. 사회복지사는 확실한 사실과 가정, 태도와 행동, 의도와 실행의 관계를 점검할 수도 있다. 사회복지사는 서비스의 영향과 방향을 사정하기 위해 서비스의 의도된 결과와 목적, 목표의 견지에서 이동의 지표를 탐구한다. 이러한 과정을 통해, 실천가는 클라이언트-욕구-상황과 서비스 제공에 대하여 새로운 이해를 하게 될 뿐 아니라 자기 인식과 전문적 기술도 얻게 된다.

기록은 실천을 반영하며, 기록업무를 통해 사회복지사는 실천에 대해 생각할 근거를 갖게 된다. 기록은 실천을 행한 후 얼마의 시간이 지나고 이루어지는데, 그때 사회복지사는 클라이언트-욕구-상황과 서비스 과정에 대한 새로운 관점을 얻게 된다. 최선의 기록은 사회복지사가 무엇이 발생했는지를 회상하고, 서비스의 과정과 영향을 재평가하는 데 도움을 주며, 미래를 위한 계획을 다시 생각하고, 조직되지 않은 아이디어를 구체적인 형태로 변화시키는 데 도움을 준다. 그렇다고 기록이 서비스 교류 중에 클라이언트와 해야 하는 생각과 계획을 대치하는 것이 아니며 도움이 된다는 것이다. 그럼에도 불구하고, 실천과 너무 멀리 떨어져 있는 기록이 아니라면, 서비스를 향상시키기 위한 방안이 될 수 있다. 기록이 실천을 풍성하게 하기 위해서는, 기록의 내용이 중요한 실천문제에 초점을 맞추어야 한다. 그리고 기록과정은 기록되어진 서비스에 밀접하게 연결되어야만 한다. 기록은 서비스 발생 이후에 간략하게 작성되어야 하며, 지속적으로 클라이언트 욕구상황을 모니터링해야 한다. 기록 작업을 서비스 결정이 행해지고 실행되어 클라이언트 욕구상황이 변화되고 난 후 시간이 한참 지난 후에까지 미루어서는 안 된다.


## 클라이언트가 작성하는 기록

나는 클라이언트가 기록한 보고서를 본 적이 있다. 어떻게 작성되는 것인가?

클라이언트는 자신의 사고와 행동을 기록함으로써 이익을 얻을 수 있다. 여기에서 클라이언트 메모(client memoranda)라고 부르는 것은 사회복지사가 준비하는 클라이언트 기록과는 다르다. 이러한 글쓰기는 클라이언트-욕구-상황에 대한 중요한 정보가 될 수 있으며, 서비스 과정에 기여할 수 있다. 일기나 일지를 기록하는 클라이언트는 자신의 감정, 사고, 행동과 결정을 회상할 기회를 갖게 된다. 클라이언트는 실천가와 그들의 메모를 함께 검토함으로써, 새롭고 의미 있는 영역을 발견할 수 있다. 클라이언트 메모는 어떤 실천 접근과 연결하여 사용될 수 있고 역량과 문제의 전체 범위에서 다양한 클라이언트의 욕구를 충족시키기 위해 채택될 수 있다.

사회복지사는 여러 가지 이유로 클라이언트에게 기록을 하도록 요청한다. 이러한 문서를 통해, 사회복지사는 클라이언트-욕구-상황에 대한 새로운 정보를 발견할 수 있고, 클라이언트의 가장 깊은 생각과 감정을 탐구할 수 있다. 클라이언트는 때로 얼굴을 맞대고 이야기하기 어려운 것들을 글을 통해 나타낸다. 그때, 클라이언트 메모는 서비스 과정에서 이전에 발견되지 않았거나, 여전히 드러나지 않은 정보를 끄집어 내는 데 유용하다. 클라이언트 메모는 또한 실천가와 세션을 하는 중에 클라이언트-욕구-상황을 모니터링 하는 데 유용하다. 예를 들면, 클라이언트에게 슬픈 감정, 가족 갈등에 대해 적도록 한다. 무엇이 일어났는지 뿐만 아니라 자신의 감정, 사고, 행동, 그 상황에서 다른 사람의 행동에 대해서도 적는다. 클라이언트 메모는 여러 가지 정보를 제공할 뿐만 아니라, 클라이언트를 위한 학습경험을 제공할 수도 있다. 관찰과 쓰기는 자아 인식을 향상시킬 수 있다. 세부적으로 특별한 경험을 기술함으로써, 클라이언트는 자신이 어떻게 느끼고 행동하고 생각하는지에 대해 배운다. 클라이언트 메모는 클라이언트가 자신을 말로 표현하고 자신의 지각과 반응을 표현하는 데 도움을 준다. 일기와 일지는 기록을 통해 클라이언트가 보다 적극적으로 정보를 구하고 의사를 표시하고 결정과 결론을 내리도록 격려하기 때문에 서비스 제공을 강화할 수도 있다. 클라이언트 메모는 클라이언트와 사회복지사가 함께 일하지 않을 때에도 둘 사이의 연결이 가능하도록 하며, 그들이 만날 때 토론의 초점과 연속성이 있게 한다. 기록의 과정은 클라이언트가 서비스 과정 전반을 통제할 뿐만 아니라 자신을 통제할 수 있도록 한다는 장점이 있다.

클라이언트 메모는 두 가지 기본 형태, 즉 일기와 일지로 구분된다. 두 형태에서, 클라이언트는 감정, 사고와 경험을 서술한다. 사회복지사는 클라이언트가 구체적인 사건, 반응, 환경에 대하여 쓰도록 함으로써 그 내용에 초점을 두도록 클라이언트를 돕는다. 또 사회복지사는 언제 어떻게 기록이 이루어져야 하는지를 제안할 수 있다. 일기와 일지는 구조가 다르다. 일기는 개방적이고 특이하다. 즉 일기를 통해 클라이언트는 어떤 자료들을 조직화하고 무엇에 대해 쓸지를 결정한다. 일기는 클라이언트가 마음에 떠오르는 것은 무엇이든지 말하도록 하는 표현적 문서이다. 일지는 더 구조적이다. 내용과 구조는 미리 계획된다. 일지를 쓸 때 클라이언트의 과제는 특정시간에 정해진 환경에서 준비된 양식을 이용하여 제한된 범주의 관찰을 기록하는 것이다. 일지의 내용은 서비스에 초점을 맞추는 어떤 행동, 감정, 사고에 대해 제한적으로 기록한다. 문서의 과제는 유사하게 초점이 맞추어진다. 일기와 일지는 매우 다른 목적을 가지고 있지만, 동시에 사용되기도 하고 순차적으로 사용될 수 있다. 사회복지사는 특정 사례에 더 적합한 것을 고려해야 한다. 클라이언트 일기는 매우 개인적이고 표현적이며 포괄적이다. 그것은 클라이언트-욕구-상황에 대해 더 많은 것을 드러내지만 직접적으로 문제에 초점을 맞추지는 않는다. 반면에, 일지는 특정 정보를 포함하지만 클라이언트의 순간적 사고, 감정, 인식을 포함하지 않는다.

예시 6.1에 제시된 것과 같은 일기나 일지를 준비하는 것은 클라이언트에게 의미 있는 경험이 될 수 있고, 사회복지사-클라이언트 관계와 서비스 과정에 기여할 수 있다. 그러나 실천가는 다음의 질문을 주의 깊게 고려하면서 일지를 신중하게 활용해야 한다.

**예시 6.1　내담자 메모 인용문**

**10대 소녀 일기 인용문**

나는 무엇에 대하여 쓸지 정말 모르겠다. "내가 누구인가"에 대하여 일기를 쓰는 것은 White 선생님이 내주는 숙제와 같다. 아무도 내가 누구인지에 대해서 정말로 알고 있는 사람도 없고 알려고 하는 사람도 없다. … 오늘도 역시 그런 날 중의 하나였다. … 무엇이 되려고 특별해 보이려고 … 애써 웃으면서 … 오두들 왜 그렇게 애써 행복한 척, 착한 척 하는지 … 내 기분은 도무지 …

**10대 소녀 일지 인용문**

**엄마와의 언쟁**

| 이전 | 때 | 장소 | 행사 | 감정 |
|---|---|---|---|---|
| 취침 | 8 : 30 | 침실 | 엄마가 일어나라고 재촉 | 피곤감, 분노, 재수 없다 |
| 식사, 신문 훑어봄 | 10 : 00 | 부엌 | 엄마가 부엌청소 시킴 | 피곤감, 분노, 나가야겠다 |
| 외출 | 7 : 00 | 부엌 | 하루종일 뭐했냐고 야단 | 피곤감, 미치겠다, 집에 괜히 들어왔다 |

**클라이언트 메모는 반드시 사용되어야 하는가?**

물론, 클라이언트 메모는 클라이언트의 동의하에서만 사용될 수 있다. 일기나 일지를 소개하기 전에, 사회복지사는 잠재적 이익과 일어날지 모르는 역효과 모두를 고려해야 한다. 일기나 일지를 사용함으로써 서비스 제공을 위한 정보가 생기며, 클라이언트에게 이로운 경험을 제공하고, 개입에 초점을 가져다 줄 수도 있지만 반면에, 집단이나 가족치료과정에 방해가 될 수도 있다. 생각과 감정에 대해 쓰는 것은 개인적 위기를 경험하는 클라이언트를 압도할 수 있다. 또 기록업무는 읽고 쓰는 능력이나 부족한 언어능력으로 심각한 스트레스를 겪는 클라이언트에게 불필요하고 어려운 과제일 수 있다.

　실천가는 또한 다른 요인을 고려해야 한다. 메모는 아직 사회복지사와 신뢰관계가 형성되지 않은 비자발적이거나 위탁 받은 클라이언트에게 적합하지 않을 것이다. 문화 역시 중요한 고려사항이다. 어떤 집단에서, '외부인'에게 민감한 정보를 드러내는 것은 심각한 규범 위반이다(Woolfolk, 2003). 글로 쓰는 것은 정보를 폭로하거나 배반하는 것에 대한 클라이언트의 염려를 증대시킬 수도 있다. 인지 손상 또는 다른 장애를 갖고 있는 클라이언트들은 참여하기를 원한다면 도움이나 지침이 필요할 것이다. 이들은 '쓰기'보다는 '말할 수' 있는 소형녹음기와 음성인식 소프트웨어와 같은 새로운 기술의 도움을 받을 수 있다. 실제로, 요즘 많은 클라이언트는 개인 홈페이지와 블로그, 문자 메시지, 채팅방을 통한 자기 노출과 문서 커뮤니케이션을 편안해 한다.

클라이언트 메모를 사용하는 것에 대한 결정은 일차적으로 그 메모가 클라이언트에게 의미 있을 것인지 그리고 서비스 과정에 기여할 수 있을지를 고려해 이루어져야 한다. 일지는 특별히 클라이언트 욕구상황과 서비스 효과에서 변화, 행동의 우연성을 사정하는 데 유용하다. 일기는 특히 클라이언트에게 중요하지만 대면상담에서 인정하기 어려운 표면적 문제에 유용하다. 그러나 클라이언트 메모는 책무성과 기록보존을 위한 실천가의 책임을 지지하는 데 있어 제한적 가치만을 가진다.

클라이언트 메모를 권유한다면, 사회복지사는 그것의 목적, 내용, 구조, 그리고 사용에 대해 명확하게 제시해야 한다. 클라이언트는 초기와 이후의 미팅에서 그 의견에 대해 논의하고 고려할 수 있어야 한다.

**좋지 못한 예 :** 일기를 써 오도록 하세요. 아시겠어요?

**좋은 예 :** 나는 당신의 경험, 생각, 그리고 감정에 관한 일기를 쓰는 것에 대해 당신이 어떻게 생각하는지 궁금합니다. 우리는 오늘 당신이 누구인지 그리고 당신이 어떻게 되었으면 좋을지에 대해 스스로 모르고 있는 점을 이야기했습니다. 당신은 변화하고 있고 당신의 생각과 감정까지도 변화하고 있습니다. 당신이 매일 밤 잠들기 전에 당신이 누구인지에 대한 본인의 생각과 느낌을 써 오면 다음 면담 때 그 자료를 가지고 이야기해 보도록 하지요. 당신이 좋아하는 양식으로 공상이 아닌,

당신의 감정과 생각을 적어오세요. 어떻게 생각하세요?

실천가는 무엇을 적어야 할지, 얼마나 자주 기록해야 할지, 누가 보는지, 무엇을 적어야 하는지에 대한 클라이언트의 질문에 답할 준비가 되어 있어야 한다. 실천가들은 클라이언트가 메모에 무엇을 포함시킬지에 대한 방향을 명확히 해주어야 하고, 그들이 작성한 모든 것을 공유하지 않고 선택하거나 그 과정에 참여하기를 거부할 수 있다. 실제로, 쓰고 공유하는 것에 대한 결정은 중요한 논의의 주제가 된다. 어떤 클라이언트는 처음에 일기나 일지 준비에 몰두하는 것을 내켜 하지 않는 경우도 있고, 어떤 클라이언트는 처음에는 메모하는 것에 동의했지만, 그것을 잊어버리거나 따르지 않기도 한다.

## 누가 일기나 일지를 쓰는가?

실천가가 부부, 가족, 집단 치료과정에서 일기나 일지를 쓰는 것을 제안했을 때, 상황은 더 복잡하게 된다. 실천가는 기록자가 기록자의 역할을 통해 권력을 가질 수 있다는 것을 안다. 즉, 기록을 작성하는 사람이 다른 사람들의 반응과 행동뿐만 아니라 상황을 규정할 수 있는 기회를 갖게 되는 것이다. 예를 들면, 학생의 행동에 대한 일지를 쓰는 교사는 그 행동을 규정하는 데 중요한 역할을 한다. 일기를 쓰는 한 가족구성원은 자신의 관점에서 가족을 표현한다. 일기나 일지는 사람과 환경 사이의 복잡한 상호작용과 대인관계 중 단지 하나의 관점을 나타낸다. 다양한 관점이나 균형 잡힌 권력으로 기술하고자 한다면, 한 사람 이상이 기록하도록 요청해야 한다. 예를 들면, 예시 6.1에서 제시된 일지는 클라이언트에 의해 준비된 두 가지 일지 중 단지 하나만을 보여 준다. 어머니와 딸은 각각 다툼에 대한 일지를 쓰도록 요청받았다. 이러한 방식으로, 사회복지사는 기록에 대한 권력을 둘 중 한 명에게 부여할 때의 잠재적인 부정적 효과를 최소화하면서 클라이언트의 관점을 각각 표현할 수 있도록 장려할 수 있다.

### 일기나 일지는 어디에 기록되는가?

실천가는 메모가 기관기록에 남겨지는지의 여부와 어떤 형식으로 남겨질 것인지에 대한 정보를 클라이언트에게 제공해야 한다. 보통 일기는 클라이언트가 가지고 있지만, 실천가가 일기의 내용 중 일부와 어떻게 기록이 서비스 과정에 사용될지를 기술할 것이기 때문에 일기는 기관의 기록에 포함되게 된다. 반대로, 일지의 경우는 보통 기록을 위해 일지를 준비할 것을 클라이언트에게 요청한다. 이러한 일지는 시간의 흐름에 따른 클라이언트-욕구-상황의 변화를 인식하기 위해 다른 정보가 함께 사용된다. 그것이 클라이언트 파일에 남겨져 있든 아니든, 사회복지사가 보유한 어떤 메모는 공식적 기록의 일부가 되고, 그것은 소환장에 의해 요청되거나 기관 내외부의 다른 사람들에게 공개되기도 한다(제9장 참조).

### 메모는 어떻게 사용되어야 하는가?

클라이언트 메모는 회의와 세션을 통해 규칙적으로 논의될 때, 실천 과정에서 유용하게 활용되고 클라이언트에게 의미가 있다. 클라이언트는 기록하고자 하는 것을 선택하고 함께 나누고 싶은 것을 가져온다. 그러나 실천가가 메모에 대해 질문하거나 이야기할 충분한 시간을 갖지 못한다면, 클라이언트는 치료과정에 흥미를 잃을 것이고 사회복지사의 헌신에 의문을 가질 것이다. 어떤 사회복지사는 인터뷰나 회의 과정 동안 비공식적으로 클라이언트 메모에 대해 논의하기도 하고, 어떤 사람은 더 공식적으로 검토, 논의, 메모 및 내용에 대한 평가를 위해 시간을 할애한다. 예를 들면, 사회복지사와 클라이언트는 정보를 입력한 차트를 만들어 과거 내용과 현재 내용을 비교해 볼 수 있다.

### 클라이언트 메모 활용의 제한점은 무엇인가?

클라이언트 메모가 정보의 중요한 자원이 될 수 있다고 할지라도, 그것은 본질적으로 주관적이다. 하나의 관점으로부터 쓰여졌기 때문에, 그것은 일기나 일지를 기록하는 개인의 행동, 감정, 사고에 대한 의미 있는 통찰을 제공한다. 그러나 클라이언트 메모는 사정, 개입, 평가를 위한 다른 정보들과 함께 사용되어야 한다.

## 개업 사회복지사의 기록 업무

개업한 사회복지사로서 나는 어떤 기록을 작성해야 하는가?

클라이언트가 서비스를 위한 비용을 지불하는 경우에도 기록은 실제적이고 윤리적 측면에서 중요하다. 기록은 관리자가 일정을 정하고 비용을 청하고 다른 행정적 과업을 하는 데 있어서 유용하다. 간단한 임상 기록도 실천가가 사례의 세부 사항을 회상하고 서비스의 연속성을 갖는 데 도움을 줄 수 있다. 특히 클라이언트가 간헐적이거나 오랜 시간이 지난 이후 서비스를 받을 때 도움이 된다. 이러한 이유 때문에 실천가는 클라이언트 삶에 나타난 사람, 장소, 사건과의 관계에서의 역동과 반복되는 주제, 개입 계획과 가설에 대한 비공적인 기록을 작성하기도 한다. 그들은 클라이언트와 상담을 진행하기 전에 이 자료들을 검토하고 지속적인 공감을 위해 중요한 문제를 되새긴다. 시간이 지나면서 이러한 기록을 통해 다른 것들에 나타내지 않는 유형과 발전을 가져온다는 것을 알게 된다.

개업한 사회복지사의 대부분은 지속적인 사정과 서비스 모니터링, 시간 경과에 따라 그들의 영향을 기록하는 등 더 포괄적인 기록을 한다. 그러한 기록은 특정 진단 또는 문제, 목적과 계획, 서비스 방향의 변경 또는 지속 여부, 클라이언트-욕구-상황이 개선돼야 하는지를 측정하기 위해 시간에 따른 특정한 지표 등을 확인케 한다. 서비스가 종결될 때 클라이언트의 만족, 서비스 결과와 효과에 대한 평가 역시 기록에 포함된다. 철저하고 체계적으로 기록하는 것은 관리 의료 및 제삼자의 지불자와 협상하는 실천가에게 중요한 과정이다. 클라이언트-욕구-상황과 서비스 과정, 서비스 종결에 관한 정보를 기부자에게 제공함으로써 실천가는 기부자의 양식, 형태, 개요, 소프트웨어를 사용해야 한다.

기록은 클라이언트가 법적 문제에 연관될 때 사회복지사의 책무성과 신뢰성에 중요한 부분이다(제9장 참조). 클라이언트가 법정에 가지 않을 것이라고 추측하거나 기록을 무시하고, 기록을 작성하지 않는 실천가는 어려움에 처할 것이다. 비록 어떤 클라이언트가 법정에 의해 의뢰되었고, 다른 사람이 시민적 또는 국가적 논쟁에 먼저 포함되었다고 하더라도 실천가는 기록이 현재 그리고 이전의 클라이언트에 대한 증언을 위해 법정에서 요청될 수도 있다는 것을 항상 미리 알 수는 없다. 실천가가 기록 없이 사람과 사건에 대한 기억에 의존하여 법정에서 증언할 때, 그들은 단순히 증언뿐만 아니라 전문적 명성 또한 의심받을 수 있다. 실제로, 어떤 주의 사회복지사 면허법은 실천가가 기록을 하도록 요청한다.

법적이고 윤리적 이유와 책무성 기준을 충족시키기 위해, 개업실천 사회복지사는 최소한 다음과 같은 것들을 기록에 포함시켜야 한다.

- 적절한 진단을 활용하여 클라이언트 욕구상황 사정
- 선택된 서비스 접근의 합리적 근거에 대한 기술
- 클라이언트, 사회복지사, 기부자, 다른 이해 당사자의 결정을 포함하여 클라이언트-욕구-상황이나 서비스에 영향을 미치는 행동을 취하고 결정
- 서비스 목표와 계획, 시간계획
- 선택한 방법에 대한 체계적 기록을 가지고 활동을 지시
- 변화를 위한 합리적 근거를 가지고 계획, 목표, 접근을 변화시킴
- 실천가의 반응과 취한 행동을 포함하여 폭력의 위협 같은 중요한 사건에 대해 기록
- 종결에 대한 합리적 근거하에 종결 시 클라이언트-욕구-상황의 상태와 의뢰 또는 추후관리
- 지속적인 서비스를 요청하는 클라이언트가 포기하지 않고 다른 곳에서 서

비스를 받을 수 있도록 클라이언트를 확신시키려는 노력

개업 실천가는 자신이 갑자기 죽거나 무능력하게 되었을 때를 대비하여 기록과 다른 전문적 문제를 다룰 수 있는 동료를 지정해야 한다. 어떤 실천가는 그들의 전문적 책임이 사망, 사고, 중대한 병에 걸린 상황에서 어떻게 다루어져야 하는지에 대해 세부적으로 기술한 '전문가 유언(professional will)'을 만들기를 원한다(Clemens, 2006; Firestein, 1993). 최소한 실천가는 위급한 상황에서 비밀스런 정보를 다루고 클라이언트를 도울 수 있는 다른 전문가와 사회복지사에게 도움을 요청해야만 한다. 실천가는 클라이언트의 비밀보장을 유지하기 위해, 면허를 가진 다른 사회복지사와 자문단을 구성해야 한다. 위급한 상황에서 그 자문단은 기록체계, 클라이언트 목록, 실천가의 사무실에 대해 쉽게 접근할 수 있을 것이다.

어떤 개업 실천가는 수기로 쓴 노트에 의존한 채 공식적 기록을 하지 않지만, 체계적 기록을 작성하는 대부분의 실천가는 임상적 기록과 비용청구를 단순화하고, 정보를 제3의 기부자에게 넘겨 줄 수 있도록 컴퓨터를 사용한다. 실천가는 다양한 워드 프로세스와 데이터베이스 소프트웨어를 선택할 수 있다. 워드 프로세서 소프트웨어는 실천가가 빨리 정보를 수정하고 오타 없는 기록을 작성하도록 한다. 사무관리 소프트웨어는 비용청구와 스케줄을 단순화하고 서비스 보고의 기한과 서비스 승인을 위한 마감일을 알려 준다. 사례관리 소프트웨어는 사정과 진단적 분류, 치료계획, 목표와 과정 기록, 보고서 작성을 지원한다. 많은 개업 실천가는 통합적인 경영과 실천 관리 소프트웨어를 사용한다. 그것은 이중의 노력 없이 서로 다른 기록 기능 간의 호환이 가능하고 필요한 정보를 포함하도록 한다. 게다가 대부분의 소프트웨어 패키지는 클라이언트의 건강정보를 보호하고, 권한이 없는 사용자에 대한 접근을 거부하는 보안체계를 갖추고 있다.

사회복지기관이나 부서가 아닌 곳에서 서비스를 제공하는 실천가는 새로운 의무에 부딪힌다. 개업을 하여 실무를 하게 될 경우, 제도적 제재로부터는 자유롭지만 제도적 합법성이 없는 상태에 남게 된다. 실천가가 면허나 자격증을 가짐으로써 어느 정도의 합법성을 찾을 수는 있다. 그러나 기록업무는 전문적 실천에서 중요한 기준이고 어떤 주에서는 면허법에 의해 요구된다. 철저하고 적절하게 기록을 하지 못하는 개업 실천가는 그들의 능력, 법률에 따르는 것, 최상의 실천을 고수하는 것, 클라이언트와 지역사회에 대한 책무성 등을 증명하는 것이 어렵다는 것을 알게 될 것이다.

## 기록과 관리의료

관리의료하에 있는 클라이언트를 위해 나는 어떤 종류의 기록을 해야 하는가?

점진적으로, 개업실천뿐만 아니라 기관과 병원의 사회복지사에게 서비스를 받으려는 클라이언트들이 관리의료 협정하에서 보호를 받고 있다. 관리의료는 한정된 자원을 더 효과적으로 사용하려는 의도를 가지고 있다(Austd & Berman, 1991; Van Dyke & Schlesinger, 1997). 이전에 건강과 정신건강 서비스에서 사용된 관리의료 협정은 지금 약물남용, 아동복지와 다른 실천영역에서 서비스 전달과 자원배분에 사용된다. 관리의료하에서, 비용은 서비스의 사용이나 제한적인 이익 제공, 의뢰요청과 지속적 검토, 낮은 지불 협상, 제공자와 '공유된 위험(shared risk)'을 포함할 것이다. 국가의 법안으로 만들어진 관리의료는 사회 서비스 프로그램이 행정화되고, 사회복지가 실천되고 기록이 작성되는데 주요한 영향을 미쳤다.

관리의료는 매일의 실천 결정을 하는 감독기관의 재정적 사회서비스와는 다른 메커니즘을 갖고 있다. '심사자'는 제한된 서비스에 의해 클라이언트가 받는 관리의 양과 수준뿐만 아니라 접근을 통제할 수 있다. '감시자'는 서비스의 비용효과성, 적절성, 질을 평가하고 검토한다. 때때로 관리의료조직(managed care organizations : MCOs)에 의해 고용된 사례관리자와 같은 외부 대리인은 서비스를 검토하고 권한을 부여하는 책임이 있다. 변제를 요청하기 위해, 사회복지사나 다른 기관은 최소한 사정, 서비스 목표와 계획, 서비스 계획, 서비스 과정 중 다양한 단계에 따른 그리고 종결 시의 클라이언트의 상태에 대한 양식이나 전자보고서를 제출해야만 한다. 그들의 기록은 관리의료조직(MCO)에 의해 공개적으로 검토된다. 때로 서비스는 달성되어야 하는 서비스 결과와 실천의 기준을 규정해 놓은 체결된 계약에 의해 비용이 책정된다. 때로 협회는 건강관리조직(health maintenance organizations : HMOs)처럼 자체적으로 의료관리 조직을 운영한다. 여기에서, 내부 심사위원은 예상되는 질과 효용을 검토한다.

관리의료는 의사결정과 실행에서 실천가의 결정권을 제한한다. 실천가는 클라이언트를 위한 서비스의 초점, 길이, 방법과 같은 것에 제한을 받는다. 그들은 규정된 문제를 변화시키기 위한 목적과 계획에 초점을 맞추면서 *DSM* 진단, 기능적 사정, 문제의 유사한 분류의 틀을 갖추어야 한다. 그리고 적절한 진단과 문제를 가지고 클라이언트에게서 서비스를 제공하기 위해 관리의료나 계약된 조직의 실천 지침과 기준을 따른다. 예를 들면, 우울증을 진단받은 클라이언트를 위한 서비스는 특정한 개입 접근(예 : 인지치료)을 가지고 미리 세션의 횟수를 결정할 때에만 인정받을 수 있다. 게다가, 그러한 서비스는 보통 단지 진단이 계약이나 보험에 의해 보장되고 서비스가 적절하고 필요한 것으로 생각될 때에만 인정된다. 서비스는 직접적인 목표를 가지고 진단적 문제나 징후에 초점을 맞추는 것이 기대된다. 클라이언트 욕구상황에서 다른 문제는 기술되지 않는다. 많은 관리의료체계는 서비스가 간단하고, 클라이언트가 이후에 추가 서비스를 받기 위해 오지 않을 것이라는 가정하에서 운영된다.

관리의료하에서 서비스는 문제와 증상을 축소시키려고 하며, 심리사회적 사정에서 규정되어진 문제의 전체를 교정하기보다는 나쁘지 않은 수준에서 기능을 향상시키게 된다.

관리의료하에서 사회복지사는 클라이언트의 복잡하고 체계적인 문제가 무시되는 것을 우려한다. 사회복지사는 비용 책정에 있어서 관리의료와 다른 형태들은 매우 값비싸며 부적절한 서비스 분배를 가져온다는 인식에도 불구하고 전통적으로 서비스를 받을 자격이 없는 집단이 실제로 관리 의료 혜택을 받을 수 있다는 데 의문을 제기한다(Davis, 2001; Perloff, 1996). 또한 서비스의 지연이나 부정을 가져올 수 있는 재정적인 인센티브하에서 운영되는 프로그램의 남용에 대해서 걱정하고 있다(Reamer, 1997; Strom-Gottfried, 1998). 사회복지사들은 클라이언트들이 적절하고 질 높은 관리에 대한 접근을 거부당할 때 소송할 수 있는 권리를 제한하는 법적 결정에 의해 방해를 받는다. 이러한 것들은 클라이언트가 건강 및 정신건강, 약물 남용 치료를 받을 수 없거나, 질이 낮은 서비스에 등록되거나, 혹은 선택을 거부당하는 것에 대해 경고한다(New York City Chapter, NASW, 1994; Warret, 1995). 다른 관리의료 전문가처럼 사회복지사 또한 서비스 제한과 시간 소모적인 검토 과정에 좌절한다. 또 사회복지사가 작성한 클라이언트에 대한 기록이 관리의료 조직의 데이터 베이스에 보관되거나 전화로 의뢰될 때 클라이언트의 사생활 보장에 대한 잠재적 위험성에 대해 우려하고 있다(Chambliss, Pinto, & MaGuigan, 1997).

그럼에도 불구하고, 관리의료는 서비스 분배와 자금의 다른 형태로 이익을 제공한다. 관리의료원칙의 채택은 이미 사회복지사들이 개념화하고 서비스를 전달하는데 있어서 중요한 향상을 가져왔다. 예를 들면, 관리의료의 한 부분으로, 현대의 서비스는 치료적 서비스뿐만 아니라 예방과 조기개입에 초점을 맞춘다. 서비스는 더 눈에 띄는 결과를 만드는 데 초점을 두고 최상의 실천에 기반할 것이다. 실천가 네트워크와 통합적 관리 체계는 서비스를 조정하고 서비스에 대한 접근을 향상시킬 것이다. 클라이언트는 그들의 서비스를 평가하고 그들이 받는 서비스에 대한 의사결정에 더 적극적으로 참여할 것이다.

관리의료 프로그램은 매우 다르지만, 대부분 다음과 같은 구성요소를 포함하고 있다 — ① 사람 머릿수에 따라 할당되는 인두세와 실행 계약, 그것에 의하여 더 좋은 공급자 네트워크나 관리의료에 포함된 실천가와 조직은 서비스 조정과 특별한 경제적 인센티브에 동의, ② 사전승인체계, 이용 검토, 클라이언트 궤적 심사를 위한 사례관리와 배분과 평가 서비스, ③ 제공자가 과도한 사용이나 낮은 수행에 대한 위험을 추정하는 데 있어서 재정적 파트너십, ④ 가능한 서비스를 제한하고 규정하는 복지 혜택(Shueman, Troy, & Mayhugh, 1994; Werner, 1999). 관리의료 계약은 가능한 서비스의 네트워크를 클라이언트에게 제공한다. 그러나 장소를 제한하거나 비용, 이용, 선택을 제한하기 위한 인센티브를 제공한다.

관리의료하에서, 클라이언트는 몇 가지 방법으로 사회사업 서비스에 접근할 수 있다. 클라이언트는 관리의료 네트워크에서 또다른 제공자나 해당 사례관리자에 의해 실천가에게 의뢰된다. 예를 들면, 의사의 제안을 받은 클라이언트는 사례관리자에 의해 관리의료 조직에서 승인한 사회복지사에게 의뢰되었다. 그 사회복지사는 사정을 완료하고 사례관리자에게 사정과 서비스 계획을 제출한다. 그는 대안을 제안하거나 정당성을 요청하는 등의 추가적 정보를 요청할 수 있다. 일반적으로, 서비스는 중요한 문제를 경감시켜야 하고, 그 문제에 대해 권한을 부여받아야 한다. 비록 모든 사회복지 사정이 많은 현재의 그리고 장기적 개인, 가족, 지역사회 문제를 인식한다고 하더라도, 관리의료하에서 사회복지사와 클라이언트는 서비스가 초점을 맞추어야 하는 특정한 문제를 인식해야 한다. 그 특정한 문제는 중요하고 민감하며, 클라이언트–욕구–상황을 파괴시킨다. 서비스는 요청되어야 하고 서비스 계획은 최소한 문제를 개선하거나 경감시킬 수 있는 증거에 의해 지지되고 시간제한적이어야 한다. 종종, 실천가는 권한을 위임받은 실천 접근과 특정 문제를 인식하기 위해 관리의료조직에 의해 작성된 실천지침을 사용한다.

일단 계획이 승인되고 세션의 횟수에 대한 승인을 받으면, 실천가는 지속적으로 계획의 수행과 목표 달성을 위한 과정에 대해 관리의료조직(MCO)과 의사소통한다. 사례관리자는 실천가와 클라이언트에 의해 제공된 다른 정보나 클라이언트의 기록에 대한 검토를 통해 추가적인 세션을 요구한다. 때때로 서비스는 상호 동의하에 종결된다. 그러나 때로 클라이언트는 관리의료를 통해 이용 가능한 비용을 다 쓴 이후에 추가적이 서비스를 원하거나 요청한다. 이러한 상황이 발생하면, 실천가는 서비스 제공을 지속하거나 또 다른 서비스를 찾아서 클라이언트를 도울 윤리적 의무가 있다(NASW, 1999, 1.16[b]).

클라이언트는 또한 공급기관과 직원, 공적 또는 사적 기관, 또는 관리의료 네트워크 사이에서 관리의료 계약의 일부로써 사회사업 서비스를 이용할 수 있다. 직원, 기관, 네트워크는 클라이언트 집단을 위한 특정 서비스를 수행하는 기관과 사전에 고정 비용에 대해 협상한다. 예를 들면, 큰 주의 아동복지기관에서 서비스를 받고 있는 가족구성원은 정신건강과 약물남용 치료 기관에서 의뢰되었다. 미리 협상되어진 관리의료 계획에 따라서, 그 가족은 필요하다고 생각되는 서비스는 무엇이든지 받게 된다.

마지막으로, 클라이언트는 건강관리조직을 통해 사회사업 서비스를 받을 수 있다. 고용보험, 의료보험, 의료보호 또는 다른 수혜 보험에 등록된 클라이언트는 HMO와 고용계약을 체결한 사회복지사로부터 서비스를 받는다. 사회복지사는 건강, 정신건강, 지역사회, 가족 서비스 등을 제공하며 HMO를 돕는다.

관리의료하에서의 실천에 있어 기록은 중요하다. 관리의료하에서 책무성은 기록이 전문적이고 유능한 방식으로 행해지는 서비스와 요청된 서비스를 제공하는 사회복지사를 확인하는 방법이라는 것을 의미한다(Callaham, 1996, p. 203). 관리의료와 계약을 체결한 조직은 의뢰인 또는 등록자에게 서비스의 기록을 기대한다. 그들은 관리의 수준과 필요성, 서비스의 전달과 이용, 그들의 효율성과 효과성에 대한 정보를 얻기 위한 기록을 세밀히 조사한다. 실제로, 계약이행은 종종 기록의 내용과 시간에 대한 기준을 포함한다.

기록은 제공자와 계약자나 감독기관 사이에 긍정적인 관계를 형성하는 데 도움을 준다(Browing & Browing, 1996). 실천가는 서비스 위임, 모니터링, 평가에 사용될 기록을 준비할 필요가 있다. 기록은 최신의 것이어야 하고, 관리의료 계약과 기준에 맞아야 한다. 기록은 또한 서비스 질과 효과성, 전문적 능력과 행정적 완벽을 보여 준다.

기록에서 서비스 중심 접근은(제2장에서 개요를 다루었고, 이 책 전반에서 발전시킨) 관리의료하에서 기록을 위한 최상의 기초를 형성한다. 게다가, 실천가와 기관은 관리의료 기록체계 내에 이러한 특징들을 포함시키는 것이 좋다 ― ① 실천지침에 부합, ② 기록된 특정 정보를 보증, ③ 기록체계의 전산화와 사무원 보조.

## 실천지침

실천지침은 특정 문제에 대한 가장 효과적이고 효율적인 방법으로 서비스를 제공하기 위한 내용이다. 관리의료조직(MCO)에서 제공하는 실천지침은 제한된 시간 내에 어떤 접근이 좋은 결과를 성취할 지에 대한 방향을 제공한다. 관리의료 조직은 실천지침을 가지고 서비스가 필요한지, 적절한지, 성공 가능성이 있는지 검토한다. 실천지침은 기계적 방법에 의해 따라오는 청사진이 아니다. 오히려, 서비스 중에서 걸러내야 할 것, 평가해야 할 것을 결정하는 기준이 된다. 즉, 실천지침을 통해 '맞춤형' 또는 '최상의' 실천을 묘사하려는 것이다.

실천지침은 기존 연구결과와 전문가 경험을 토대로 개발되었고 진단명 중심으로 기록되어 있다(Hetznecker, 1996). 예를 들면, '우울증' 진단을 받은 클라이언트에 대한 서비스의 실천지침은 다음과 같다 ― ① 클라이언트 과거력이나 병력에 대한 철저한 검토와 *DSM* 기준에 근거한 사정, ② 건강진단과 약처방을 위해 의사에게 의뢰, ③ 이용 가능한 서비스 접근을 위한 계획, ④ 필요한 세션의 빈도에 대한 합리적 계획, ⑤ 증상 감소와 행동 변화 관련 목표 세우기, ⑥ 주요 변화를 평가하는데 사용할 측정도구.

일반적으로 사례를 검토하고 평가하는 데 사용하는 특정 기준은 모두에게 제공되지는 않는다. 그러나 기관과 실천가는 서비스 질 관리위원회[National Committee on Quality Assurance(http://www.web.ncqa.org)]를 통해서 실천지침에 대해 더 많이 배울 수 있으며 인증기준과 서비스 질 관리지침도 여기를 통해 볼 수 있다. 그들은 또한 Cochrane(www.cochrane.org)과 Campbell Collaboration(www.campbellcollaboration.org) 웹사이트에는 특정한 클라이언트-욕구-상황을 위한 다양한 서비스의 효과성에 대한 증거기반 연구사례들을 소개하고 있다. 이러한 다양한 자원을 통해 기관과 실천가는 특정한 문제나 욕구를 가진 클라이언트에 대한 서비스 제공과 사정을 위한 활동과 결정에 대한 윤곽을 그리면서, '임상 경로' 또는 결정 과정단계라고 불리는 시행절차를 발전시킬 수 있다. 이러한 시행절차를 통해 기록관련 양식을 개발하게 되며 서비스 계약을 맺고 좋은 관계를 유지할 수 있게 된다.

## 포함되는 특정 정보

관리의료 체제 내의 기록은 인가받은 의료수가 수혜자의 검토를 받게 되어 있다. 기록은 클라이언트-욕구-상황과 서비스 과정에 대한 정보가 잘 드러날 수 있도록 만들어져야 한다. 사례관리자와 다른 검토자는 특히 진단의 투명성, 욕구에 대한 적절한 묘사, 서비스제공 계획의 적절성, 효율성, 가능성을 점검하고 서비스 수혜 이후의 영향, 등을 관심 있게 주목해야 한다.

클라이언트가 관리의료하에 있는 사회복지사는 그들의 기록에 다음과 같은 정보를 포함시켜야 한다.

## 책무성

- 클라이언트 신상 정보
- 기록의 각 페이지에 클라이언트의 이름 또는 접수번호
- 모든 기재사항에 실천가의 이름, 학위, 날짜를 적고 서명 날인할 것
- 서비스 계획과 치료에 대한 동의서
- 정보 공개 동의서
- 아동학대, 본인과 타인에게 위험한 상황 등 비밀보장의 한계에 대해 클라이언트에게 알렸다는 기록
- 접촉의 횟수와 날짜
- 결석이나 취소된 세션과 그 사유
- 종결계획과 종결날짜

## 위험사정과 반응

- 자살과 같은 고위험 상황에 대한 사정과 정기적인 업데이트
- 위험을 감소시키고 상황을 모니터링하기 위해 취한 조치

## 서비스 필요성

- 클라이언트-욕구-상황에 대한 관찰과 주요 문제에 대한 기술
- 표준화된 다른 사정 규약
- 서비스에 초점을 맞춘 문제 진술이나 진단
- 주요 문제의 수준, 예리함, 심각성에 대한 추가적 자료와 계획된 서비스의 강도와 유형에 대한 필요성

## 서비스 계획

- 정신건강, 행동, 또는 다른 기능 상태에 대한 사정
- *DSM* 진단이나 다른 진단 분류

- 효과성에 대한 인식과 서비스 접근 가능성
- 효과성의 증거와 서비스의 대안, 위험, 이익에 대해 클라이언트에게 알림
- 주요 문제나 증상을 감소시키기 위한 서비스 계획과 목표, 그러나 사정에서 나타난 모든 문제를 반드시 기술해야 하는 것은 아님
- 새롭거나 일반적이지 않은 서비스 사용에 대한 합리성
- 접촉의 빈도를 포함하여, 목표 달성을 위한 시간 계획
- 다른 서비스로의 의뢰와 연계(예 : 의료적 상태의 치료와 사정을 위한 의뢰와 연계)
- 종결 및 사후 점검을 위한 계획

### 실행

- 경험에 기반을 둔 실천지침, 관리 기준, 임상적 경로 엄수
- 서비스 과정과 클라이언트–욕구–상황이나 서비스 계획에서 어떤 변화에 대한 정기적 기록
- 목표를 향한 활동이나 변화에 대한 장벽 관찰
- 서비스 영향에 대한 반복적 측정
- 다음 만남까지 해 올 과제
- 외부 자원과 의뢰의 영향과 이용

### 종결

- 주요 문제에 대한 측정
- 종결시점에서의 문제
- 목표 달성을 위한 활동
- 기능적 상태(예 : 역할기능)와 삶의 질
- 사후점검과 의뢰 계획, 특히 지속적 서비스가 필요한 경우

- 클라이언트 만족에 대한 설문조사나 다른 측정

## 컴퓨터와 사무원 지원

컴퓨터와 사무원의 지원은 관리의료하의 사회복지실천에 있어 중요하다. 실제로, 요즘의 관리의료하에서 컴퓨터 없이 기록 시스템을 운영하는 것은 거의 불가능하다. 지금은 많은 양식과 파일이 온라인화되어 있다. 게다가 관리의료 뿐만이 아니라 전반적으로 문서화에 대한 요구도 증가하고 있다. 기관과 실천가들은 또한 단지 하나의 관리의료조직(MCO), 계약, 수입원으로부터 돈을 받는 것이 아니라, 각각이 자신의 기록 기준과 양식을 갖고 있다. 컴퓨터는 클라이언트와 서비스에 대한 중요한 정보가 잘 기술되고, 이러한 정보가 다양한 양식과 보고로 전환되는 데 사용될 수 있다. 실제로, 전자보고와 기록은 미래 지향적이다. 정보 이전과 전자 문서에 대한 주정부의 개입으로 관리의료 프로그램의 공공 기금을 받는 병원, 임상현장, 기관, 실천가는 기록체계를 전산화하도록 압력을 받을 것이다.

사무원의 지원 또한 기록 관리와 비용 효과를 개선할 수 있다. 개업실천가와 작은 기관은 비싸지 않은 개인 컴퓨터를 사용함으로써 기록을 관리할 수 있다. 그러나 비정규직 사무원의 지원조차도 실천가의 시간을 덜어 줄 수 있고 사례 흐름을 개선시킬 수 있다. 다양한 양식과 기준에 익숙한 사람은 실천가가 다른 관리의료조직의 실천을 따르는 것을 도울 수 있고 다양한 사례관리자, 기금제공자와 감독기관과 의사소통할 수 있다. 개업실천에서 개인 사회복지사가 기록을 준비하고, 관리의료조직과 의사소통하고, 사무원의 도움 없이 회계 관리를 할 수는 있지만, 그의 임상적 생산성은 고통스러울 것이다. 작은 기관에게도 사무원의 지원은 중요한 자원이 될 수 있으며, 관리의료 계약을 체결한 큰 기관 또한 사무원 지원은 필수적이다.

제7장

# 행정적 문제

## 기록에 드는 비용

어떻게 우리는 기록에 드는 비용을 줄일 수 있는가?

기록에 소요되는 비용은 다음과 같이 산출된다.

- 사무원, 직접 서비스 사회복지사, 슈퍼바이저, 행정가가 정보를 생산, 저장, 검색, 사용하는 데 소모되는 시간
- 실천가와 행정가가 기록내용, 구조, 절차를 평가하고 실행하고 개발하는데 소요되는 시간
- 장비(예 : 컴퓨터 하드웨어와 소프트웨어)
- 지급물품(예 : 종이)
- 시설(예 : 저장공간)
- 자문, 훈련, 지원

기관은 이러한 영역에서 보다 경제적인 방법을 통해 그들의 기록 비용을 줄일

수 있다.

　기록 비용에 대한 연구는 보통은 실천가가 기록을 작성하는 데 소요되는 시간에 초점을 맞춘다. 1980년대 이전에, 실천가는 기록을 받아 적거나 손으로 작성했다. 그들의 기록 중 대부분은 이야기체 기록과 보고서를 준비하는 것이다. 1953년에, Hill과 Ormsby는 가족사회복지기관에 있는 사회복지사 총 근무시간 중 32%(주당 40시간 근무 중 12.8시간)를 기록에 사용한다고 보고했다. 1964년에, Goldman은 아동 및 가족사회복지기관의 사회복지사는 총 근무시간 중 21%(주당 40시간 근무 중 8.4시간)를 기록에 사용하고 있다고 보고하였다. 어떤 기관의 사회복지사는 기록과 기록보관 업무에 그들의 시간 중 50% 이상을 사용한다고 보고하였다.

　1980년대와 1990년대 초기까지도 완전히 자동화된 기록체계를 갖춘 기관은 거의 없었으나 이후 기관들은 기록을 전산화하기 시작하였다. 컴퓨터는 기록의 질, 효율성, 접근성을 향상시키려는 목적을 갖고 있었다. 그러나 시스템은 비싸고 복잡하였으며, 많은 사회복지사는 시스템에 직접 접근하지 못하였다. 대부분의 실천가는 여전히 손으로 작성하고, 타이핑하거나 노트에 적었다. 1980년 기록 I 조사연구(Kagle, 1984)는 기록과 관련된 활동에 사용하는 시간의 양에 대해 사회복지사에 따라 주당 1시간에서 15시간 이상의 커다란 차이가 있음을 발견했다. 직접 서비스를 담당하는 사회복지사는 기록을 준비하는 데 평균적으로 주당 4~7시간을 사용하였다. 슈퍼바이저는 기록은 검토하는 데 3~5시간을 사용하였다. 1981년과 1982년의 자료에 근거해, Edwards와 Reid(1989)는 새로운 기록체계를 사용한 이후에 아동사회복지기관의 사회복지사가 전년도보다 일주일에 9.4시간 증가한 평균 23.5시간을 기록에 사용한다는 것을 발견했다. 상대적으로 클라이언트에게 서비스를 제공한 시간은 일주일당 24.1시간에서 15.1시간으로 감소했다. 이 기간 동안 컴퓨터 사용의 결과로 비용감소를 경험한 기관은 거의 없다. 장비, 훈련, 지원을 위해 비용을 들였지만 기록 측면에서 효율성을 얻지는 못하였다. 실천가는 이전보다 기록을 사용하고 생각하는 데 더 많은 시간을 사용했다. 컴퓨터 시스템을 직접 사용하는 실천가는 컴퓨터를 사용하는 것이 어렵고 시간이 소모된다는 것을 발견했다. 행정적인 목적으로 작성되는 보고서는 실천에 대한 정보를 포함시키지 않았다. 따라서 사회복지사는 전산화된 기관기록에 추가적으로 접근 가능한 정보를 기록하기도 했다.

1990년대 중반 클라이언트와 사회복지서비스에 대한 정보를 검색하고 저장하고 기록을 생산하는 다른 방법이 대부분 컴퓨터로 바뀌게 되었다. 그러나 실천가는 여전히 손으로 필기를 했으며 타자기나 녹음기에 의존하는 기관은 거의 없었다. 많은 기관은 행정적이고 임상적인 기록을 위해 컴퓨터를 이용했다. 이후 10년 동안 컴퓨터 하드웨어와 소프트웨어 비용은 감소했고 실천가와 사무 직원의 컴퓨터나 다른 전자 장치의 활용기술이 향상되었다. 그럼에도 불구하고, 어떤 기관의 기록 비용은 여전히 높다. 문서화에 대한 요구의 증가가 전산화로 인한 효율성을 압도한 것이다. 실천가는 더 많은 정보를 더 자주 기록해야 했다. 한편, 어떤 기관은 기록 비용을 줄이고 기록의 질과 시의성을 향상시키기 위해 컴퓨터를 사용할 수 있었다. 이러한 기관은 클라이언트 서비스를 위한 시간을 일정하게 유지할 수 있었고(Weaver, Moses, Furman, & Lindsey, 2003), 심지어 컴퓨터가 소개된 이후에는 클라이언트를 위한 시간이 증가되었다(Velasquez, 1992). 일반적으로 기관들은 컴퓨터가 복잡하거나 반복적인 과업(예 : 재정 적합성 계산)을 단순화시키는 데 사용되거나 간단한 대답을 요구하는 질문이나 기입, 체크리스트, 서술적 기록처럼 기록을 생산하기 위한 더 시간소모적인 방법을 대치하고, 또한 문서화에 대한 요청이 강요될 때, 사회복지사가 기록에 사용하는 시간은 감소하였다는 것을 발견했다.

물론 사회복지사가 실제로 기록에 사용하는 시간에 대한 정보를 얻거나 입증하는 것은 쉽지 않다. 대부분의 기관은 사회복지사의 활동 보고서, 즉 통계에 근거하여 정보를 얻는다. 많은 기관의 사회복지사는 대부분 시간별로 그들의 활동을 측정하는 것이 아니라, 1일 또는 일주일이 끝날 때 하루의 시간 사용에 대해 평가한다. 사회복지사는 서비스 활동과 회의, 기타 과업 사이에 '중단된 시간'을 기록을 위해 사용된 시간으로 기록함으로써 기록에 사용된 시간을 과대 측정할 수도 있다. 실천가가 기록과 관련된 활동에 그들의 시간 중 20~40% (일주일 중 하루나 이틀)를 쓰는 것이 드문 일은 아니다. 노력하면 이러한 비율은 반으로 줄어들 수 있다. 기관과 실천가는 기록 체계를 단순화하고, 그럼으로써 책무성을 유지하고, 클라이언트 서비스와 다른 가치 있는 활동을 위한 자원을 유지하면 비용을 절감할 수 있다.

　시간과 비용 절감을 위해서는 다음 사항에 초점을 맞추는 것이 좋다.

## 1. 중복을 피한다

어떤 기관에서 사회복지사는 같거나 유사한 정보를 포함하는 기록을 2개 또는 그 이상 작성한다. 그들은 같은 클라이언트의 의료기록과 사회복지 기록을 함께 보관하거나, 공식적 기록에다 서술형 보고서와 자세한 신상기록을 함께 쓰기도 한다. 그러한 경우, 공식적 기관이나 의료 기록에서 정보가 중복되지 않도록 신상기록이나 보충기록을 제한한다면 비용은 감소할 것이다.

　비용은 또한 기록에 장황한 말을 제거함으로써 감소될 수 있다. 사회복지사는 정보를 반복해서 기재할 때가 있다. 사회복지사는 이미 기록한 정보를 다시 작성하지 않고 이전 기재사항을 검토하고, 새 정보를 추가함으로써 반복을 줄일 수 있다. 이렇게 하면 최근의 기재사항만이 아니고 기록 전체가 유효하게 된다. 너무 긴 기록을 알아보기 쉽게 하기 위해서는 일정기간마다 이전에 기입한 것에 대한 간단한 요약을 하는 것이 좋다.

## 2. 과도한 기록을 피한다

기록을 위한 정보를 선택하기 위한 기준이 없거나 명확하지 않을 때, 사회복지

사는 과도하게 기록할 수 있다. 잘 짜인 정보의 개요는 서술형 기록에서 기록의
길이를 제한하는 데 도움을 준다.

간략한 질문과 답을 작성할 수 있는 공간이 있는 양식은 필요한 정보를 작성
하면서 각 기록내용을 조직화하는 데 도움이 된다. 게다가 기록 내용을 적을 수
있는 공간이 한정되어 있을 때, 실천가는 더 간단하게 대답하는 경향이 있다.

## 3. 서술형 문서 대신 간단한 양식, 목록점검표 문항별 서식을 사용한다

많은 기관이 기록보관 시스템으로 서식과 서술형 보고서를 함께 사용하지만, 개
방형 서술을 질문과 기입, 체크리스트로 대체하는 것에 대해 고려해 보아야 한
다. 이렇게 기록과정을 단순화하는 것은 중요한 정보의 문서화를 촉진시키고,
가장 많은 노력이 드는 서술형 기록을 최소화시킨다. 예를 들면, 서비스 과정과
초기면접에서 클라이언트의 사회적 네트워크와 자원의 이용에 관한 정보를 문
서화하기 위해 질문과 응답이 사용될 수 있다. 체크리스트는 의뢰정보, 가족환
경, 비밀정보를 노출하는 데 뒤따르는 절차 등을 문서화할 수 있다. 단순 기입 양
식은 서비스의 목적과 목표, 계획을 문서화하며, 제5장과 이 책의 다른 장에 제
시된 많은 양식과 틀이 여기에 사용될 수 있다.

## 4. 사정, 목표, 서비스 계획, 활동추적, 결과를 위한 양식을 제공한다

기록은 단지 겉장에 표시되는 공통의 특징뿐만이 아니라 이 사례에서 무엇이 특
별하고 구별되는지를 문서화함으로써 클라이언트 욕구상황을 개별화하기 위한
의도를 갖고 있다. 그럼에도 불구하고, 기관이 서비스의 각 단계를 문서화하기
위해 기관에서 서비스를 받는 클라이언트를 위한 최선의 실천과 공유된 특징에
따른 분류 견본을 가지고 기록을 단순화시킬 수 있을 것이다. 특정한 클라이언
트-욕구-상황에 따라, 실천가는 사례를 문서화하기 위해 양식을 따르거나, 수
정하거나 무시할 것이다.

예시 7.1은 자살위험을 위해 사정되어야 하는 항목의 견본이다.

## 5. 일상적 사례는 간소화하여 제시한다

대부분의 기관과 프로그램에서 사례의 복잡성이나 서비스 기간에 관계없이 모든 사례에 대해 동일한 기록 방식을 사용한다. 복잡하고 장기적인 사례에 사용되는 세부적이고 개방적인 기록 양식은, 서비스가 간략하고 한정된 일상적 사례에 사용하기에는 너무 복잡하고 비용소모가 많다. 사회서비스 기관이나 부서에서 제공되는 서비스의 25~75%는 일상적이고 시간 제한적이며, 다섯 번의 만남 이전에 종결된다(Kagle, 1987a). 기관은 그러한 사례에 대한 간단한 양식을 개발한다면 충분히 시간과 비용을 절약할 수 있다.

간단하고, 시간 제한적이며, 일상적인 서비스의 문서화를 위한 간단한 양식을 개발하는 데에는 4개의 기본 단계가 있다. 첫째, 조직은 간단한 양식을 사용하기 위한 기준을 만든다. 정보제공, 의뢰, 자원제공, 타기관으로의 이전계획 등이 주요 서비스라면 간단한 양식을 사용하는 것이 적절하다. 둘째, 양식은 계획된 서비스 제공을 위해 기본적으로 취해야 하는 절차와 단계에 대한 서비스 전달과, 프로그램 관리의 틀을 포함한다. 셋째, 조직은 이러한 사례를 문서화하기 위해 질문과 응답이 있는 체크리스트를 사용하면서 간단한 기록 양식을 개발한다. 간단한 기록양식은 다음의 사항에 초점을 둔다.

- 클라이언트 욕구상황에 대한 인구학적 정보
- 서비스를 받을 자격 여부
- 서비스 욕구와 이유
- 의뢰를 포함한 서비스 결정과 행동
- 계획된 서비스 전달을 위하여 취할 단계에 대한 목록과 각 단계의 실행날짜를 적을 공간
- 추가되거나 생략된 단계를 설명하기 위한 공간

예시 7.1   사정틀 : 자살 위험성

사정된 부분을 체크하라 : 문서 적합성 정보

(      ) 자살 과거력(서술, 자살 시도 방법, 행동양상, 입원 여부)

_____

_____

(      ) 주요 사건(가족, 대인관계, 직장, 건강)

_____

_____

(      ) 일상생활 변화, 성격 변화(철회, 물건 정리)

_____

_____

(      ) 무모함(사건, 폭행, 자기 남용)

_____

_____

(      ) 우울증, 제반 정신 질환

_____

_____

(      ) 약물 사용

_____

_____

(      ) 자살 관련 언급, 암시, 자살계획, 자살의도, 자살수단

_____

_____

(      ) 고립

_____

_____

- 정보의 공개를 위해 취해야 할 단계의 목록
- 모든 서비스 계약의 날짜와 시간 목록
- 종결 시 활동 상태와 클라이언트-욕구-상황에 대한 정보

마지막으로 이 양식은 실천을 하는 과정에서 점검되어, 기관의 기록체계의 일부가 되기 전에 수정되어야 한다.

기록의 구조와 내용을 수정함으로써 기록을 단순화시킬 수 있고, 기록을 사용하는 기관과 실천가의 시간과 자원을 줄일 수 있다. 그러나 기관이 기록의 질을 향상시키는 것과 동시에 행정적, 임상적 실천을 지원할 때 더 많은 비용 절감이 있다는 것을 깨닫게 된다면 추가적인 투자를 할 필요가 있다.

- 사무원 지원 : 기관은 비용 절감을 위해 사무원을 고용하지 않기도 한다. 사회복지사가 자신의 임상기록을 컴퓨터로 정리할 때, 사무원은 기록체계관리, 행정 문서 작성, 스케줄 예약, 클라이언트 지원, 기부기관이나 감독기관과의 교류 관리 등 많은 부분에서 역할을 해 줄 수 있다. 사무원의 서비스가 제대로 이루어지지 않는 경우, 기록은 이루어지지 않고, 오래되거나 적체된다. 사회복지사는 사무원이 효율적으로 수행할 수 있는 과업을 억지로 떠맡게 되고, 클라이언트에 대한 서비스는 어려워진다. 사무원을 없앰으로써 송장(invoice)이 시기적절하게 기입되지 않고 거부되거나 체납된 서비스에 대한 상환이 기입되지 않을 때 예산 손실을 가져올 수 있다.

- 컴퓨터 : 오늘날 컴퓨터는 기록시스템에 있어 필수적인 요소이다. 기록의 생성, 정보의 저장, 검색, 백업, 행정적이고 임상적인 실천 관리, 서비스에 대한 상환, 기부자와 감독기관과의 커뮤니케이션에 더 효율적인 방식을 제공한다. 그러나 기관 컴퓨터 시스템을 구입하거나 업그레이드하는 비용은 여전히 높다. 이러한 비용에는 하드웨어와 소프트웨어, 새로운 기록 양식과 매뉴얼, 훈련, 자문, 전선 업그레이드와 같은 설비 보수, 보안 강화와 유지

와 같은 것을 포함한다. 또한 종종 숨겨진 비용이 있다. 예를 들면, 많은 기관은 기록구조, 정책, 절차를 향상시키고 수정하며 평가하기 위한 새로운 체계를 소개받는데, 그러한 개선을 위한 비용은 비싸고 직원의 업무 부담을 증가시키는 경우가 많다. 긍정적 측면에서, 하드웨어와 소프트웨어의 비용은 계속해서 감소하고 있다. 대부분의 실천가와 직원은 이제는 컴퓨터를 잘 사용하고 있고, 새롭고 향상된 시스템에 상대적으로 빨리 적응할 수 있다. 컴퓨터, 광디스크, 또는 다른 매체에 정보를 저장하는 것은 종이 기록물을 보관하는 비용을 상당히 줄일 수 있다. 컴퓨터에 저장된 정보는 더 쉽고 경제적으로 신뢰성 있게 검색할 수 있으며, 수정, 백업, 전송될 수 있다.

컴퓨터 하드웨어와 소프트웨어의 업그레이드나 구입을 미루는 것은 경제적 손실이 될 수 있다. 컴퓨터가 고장 났거나 이용하기 어려울 때 사회복지사는 기록을 연기하거나 기록에 더 많은 시간을 보낸다. 컴퓨터에 투자하지 않는 것은 실천가의 업무부담을 증가시킬 수 있고 기록의 질을 떨어뜨리며, 심지어 수입의 손실을 가져온다. 컴퓨터 시스템에 매년 투자하는 것은 기록의 전반적인 비용을 제한하고 질을 유지하는 데 중요하다.

● **기록의 내용을 위한 지침 명시** : 기록을 위한 지침을 만들고 업데이트하는 것은 실천가와 행정가의 시간과 노력이 투자되어야 하지만 궁극적으로 기록이 개선되고 비용이 절감된다. 실천가가 기록에 무엇을 포함시켜야 하고 무엇을 배제해야 하는지에 대한 명확한 지침을 가지고 있다면, 의미 있고 그럴듯한 기록을 만들 수 있다. 매뉴얼, 양식, 온라인 지침, 형식과 샘플 기록은 기록의 질을 향상시킬 뿐 아니라 과도한 기록으로 인한 불확실성을 감소시킴으로써 비용을 절감할 수 있다.

# 기록의 보안

어떻게 우리는 우리의 기록을 안전하게 보관할 수 있을까?

　사회복지사와 클라이언트 관계에서 클라이언트 사생활과 비밀보장을 위해, 그리고 중요한 문서의 손실을 예방하기 위해, 실천가와 기관은 그들이 보유하고 있는 개인정보와 문서, 전자 기록을 안전하게 보관할 의무가 있다. 보안은 개인정보에 대한 공인되지 않은 변경, 유출, 접근을 막기 위해 행정적, 물리적, 기술적 시스템을 필요로 한다. 온라인으로 전달되는 실천가의 전산화된 모든 기록은 유출될 수 있다. 게다가, 기관의 기록과 정보에 접근하는 사람은 누구든지 그 내용을 변경하거나 공유할 수 있다.

　기관은 전문가의 비밀보장 재량권을 침해할 수 없다. 기관은 문서와 전산화된 기록에 접근할 수 있는 모든 사람을 위한 보안정책과 절차를 수립해야 한다. 그리고 수용될 수 없는 실천이나 사용뿐만 아니라 세부적인 권한까지 기술해야 한다. 그들은 사용자의 역할과 책임에 근거해서 기록에 대한 접근을 제공하거나 제한하는 사용자 정책을 만들어야 한다. 중요한 기록을 정기적으로 검토하고, 확인하고, 보관하기 위한 메커니즘이 필요하다. 또한 기관은 정보의 타당한 이전과, 부당한 유출 예방을 위한 지침을 필요로 한다. 그들은 공유하는 개인정보를 보호하기 위해 외부업체와 계약을 체결해야 하며, 지속적인 직원 교육과 감독 프로그램을 필요로 한다. 보안문제를 보고하는 방법과 절차, 보안정책에 관해 직원, 클라이언트, 다른 사람에게 알려야 한다. 보안문제에 대응하기 위한 절차를 필요로 하며, 기관의 정책을 따르지 않는 사람에게는 제재규정을 적용해야 한다. 보안은 지속적으로 진화하기 때문에, 정기적으로 정책과 절차를 모니터링하고 평가하고 수정해야 한다.

　보안은 양면성을 가지고 있다. 예를 들면, 기관은 정교한 컴퓨터 시스템에 투자를 하지만 오래된 컴퓨터를 폐기할 때, 비밀문서를 파기하거나 하드 드라이브를 깨끗하게 하지는 않는다. 물리적 보안은 중요하다. 비밀문서는 그들이 보안적인 환경에 두지 않을 때 보안이 침해당하기 쉽다. 심지어 가장 정교한 컴퓨터 시스템조차도 보안절차에 대한 직원의 관리가 느슨할 때, 피해를 받기 쉽다.

보안은 높은 우선순위를 가져야 하지만 비용과 편리성과의 균형도 맞추어야 한다. 높은 보안 시스템은 비싸고 사용하기가 어렵다. 예를 들면, 복잡하거나 지속적으로 바뀌는 암호에 의해 접근이 제한되면, 실천가는 대신에 손으로 노트에 기록하거나 컴퓨터 스크린에 암호를 부여함으로써 그 시스템을 회피할 것이다. 모든 또는 어떤 기록에 대한 보안은 보안 절차가 너무 어려울 때 훼손될 수 있다.

보안은 계속 변화한다. 지금은 안전할 것 같은 기록체계가 시간이 지나면서 기술이 진보함에 따라 현재의 안전장치는 쓸모없게 되고 보안은 침해를 받게 된다. 기관과 실천가는 지속적으로 보안정책, 절차와 기술을 업데이트해야 한다.

HIPPA 보안법은 안전하게 전산화된 건강정보를 보호하기 위한 기준을 수립했다. 직접 건강/정신건강 치료에 관여하지 않는 많은 기관과 실천가는 그들이 보호된 건강정보를 온라인으로 전송하면, HIPPA의 규제에 따라야 하고 HIPPA에 의해 관리된다는 것을 알지 못한다. 현재 HIPPA의 관리를 받지 않는 기관조차도 HIPPA의 지침에 따르기 위해 그들의 보안정책과 절차를 업데이트하도록 요청받는다(제8장 참조).

일단 정보가 다른 기관이나 다른 단체와 공유가 되면, 그것의 보안은 더 이상 확신할 수 없다. 정보를 공유하기 이전에, 실천가들과 기관은 클라이언트에게 처할 수 있는 위험에 대해 알려야 한다. 사회복지기록을 포함하는 보안 위반은 비밀자료에 접근권한을 부여하는 정책과 절차의 부족이나 오래된 시스템, 판단 실수 등으로 제공받은 기관에 의해 다시 정보의 유출이 일어난다.

플로리다 주 팜비치 카운티의 건강부서 통계전문가는 800개 주 이상의 건강 부서 직원에게 HIV 양성반응을 보인 2,000명과 AIDS 보균자 4,500명의 이름과 주소가 있는 보안문서를 첨부한 이메일을 보냈다. 그 통계전문가는 즉시 자신의 실수를 알고 기관의 정보 기술 부서에 연락해서 시스템을 끈 후, 문제를 수정했다. 여전히, 얼마나 많은 수신자가 그 첨부문서를 열었는지, 누가 그 이메일을 재전송했는지는 모른다. 이러한 실수는 비밀보장에 대한 훈련을 받고, 비밀보장 계약에 사인한 건강부서 직원에게서도 발생했다. (Daugherty, 2005)

클라이언트가 명기된 문서는 불법적인 접근으로부터 물리적으로 보호되어야 한다. 클라이언트 정보를 포함하는 기록, 양식, 문서는 직접적으로 서비스 제공이나 행정, 자문, 사무적 역할에 관여된 사람만 접근 가능해야 한다. 기록은 다른 사용자가 접근하는 것을 모니터링하기 위해 로그인과 로그아웃을 해야 한다. 기록은 법정 증언과 같은 특별한 목적을 위해서만 기관 외부로 나갈 수 있으며, 그 목적에 맞는 제한적 정보만을 내보내야 한다. 기관에서 내보내는 정보는 복사하거나 백업을 해야 한다. 실천가는 차, 서류보관함, 노트북 컴퓨터, 또는 다른 장치에 남아 있는 기록이나 노트가 분실되거나 도둑맞거나 치명적인 바이러스 감염에 걸릴 수 있다는 것을 알아야 한다.

> 사회복지사는 자신의 클라이언트에게 영향을 미치는 어떤 위급상황에 대해 사무실 밖에서 연락을 받았고, 기록에 남겨야 한다고 느꼈다. 그녀는 휴가 전에 최신 정보를 기록해야 할 필요가 있어서, 그 사례의 기록 17개를 집으로 가져왔다. 그녀와 가족이 외출한 동안, 그녀의 집과 기록은 화재로 타버렸다. 그 기관은 신분을 증명하고 비용을 청구한 정보들은 복사해 놓았지만 기록의 나머지 부분은 손실되었다.

기록은 접근이 어려운 곳에 저장되어야 한다. 종결된 사례의 기록은 가능하다면, 전자문서로 보관되어야 하고, 공공에 노출되지 않은 보안장소에 저장되어야 한다.

법과 규칙이 허용한다면, 기관은 중요한 정보의 개요를 정리한 후 오랫동안 보관되었던 사례의 전체 기록은 파기해야 한다. 문서자료의 보관비용뿐만이 아니라, 오래된 기록을 보관하는 것은 대부분의 기록 정보들이 오래되고, 적절하지 않게 됨으로써 클라이언트의 사생활에 위기가 될 수 있다(제9장 참조).

문서 기록과 노트는 일과가 끝난 후에는 잠가 두어야 한다. 인터뷰나 회의 동안에 기록을 책상이나 다른 사람들의 눈에 띄는 곳에 두어서는 결코 안 된다. 다른 사람과 사무실을 같이 쓰는 실천가는 다른 사람이 어깨너머로 작업내용을 보거나 읽을 수 없도록 주의를 기울여야 한다. 공적 영역에서 일하는 사무원은 주변 시야로부터 스크린이나 개인적 정보에 대한 양식이 차단되도록 특히 노력해야 한다. 안전한 사무실 환경 밖에서 기록이나 메모를 하는 사회복지사는 부주의에 의해서 자신의 기록을 다른 사람이 볼 수 있도록 하는 일이 없어야 한다.

> 클라이언트는 그녀의 사회복지사와 약속 일정을 잡고 있었다. 그녀는 비서의 책상에 있는 약속 일정표를 흘끗 보았고, 목사님의 아내 이름을 발견했다. "Reverend J의 아내가 여기에서 치료를 받고 있나요?" 그녀는 질문했다.

전산화된 기록은 특별한 보호를 요청한다. 컴퓨터 스크린은 다른 사람의 시선의 눈에 띄지 않게 돌려져 있어야 한다. 그리고 컴퓨터는 직원이 없을 때 자동적으로 꺼져야 한다. 기관은 암호, 지문, 스마트카드나 다른 기술적인 것을 통해 다른 사람이 정보에 접근할 수 있는 수준을 다양화하면서, 보안을 할 수 있는 명확하고 세부적인 절차와 정책을 마련해야 한다. 그러한 시스템은 병원에서 약속을 잡고, 파일을 기록하고, 클라이언트에 대한 정보를 검색하는 사무직원이 사용할 수 있다. 이러한 시스템은 민감한 개인정보에 대하여 권한을 갖지 않은 접근을 차단할 뿐만 아니라 언제, 어떻게 정보가 작성되고 점검되는지를 알 수 있다. 그러나 이러한 시스템이 효과적이기 위해서는 암호, 스마트카드, 다른 인증장치가 다른 사람과 공유되지 않고, 자주 변경되어야 한다. 이메일을 교환하고 정보를 찾고 자료를 전송하기 위해 인터넷에 연결된 컴퓨터는 특히 보안침해를 받기 쉽다. 모든 인터넷 연결은 방화벽을 필요로 하고 바이러스, 해커, 다른 침입자로부터 보호하기 위한 다른 보안방법을 필요로 한다. 예를 들면, 보호되지 않은 무선 연결은 외부자가 전체 기록 시스템에 접근하는 것을 가능하게 할 수 있다. 잘못 발송된 이메일은 다른 사람에게 정보를 전달하는 나쁜 수신자에게 보내질 수도 있다.

프로그램이나 응용소프트웨어를 계획 없이 설치하는 것은 컴퓨터 운영이나 기록 체계가 침범당하는 '뒷문'이 될 수 있다(Backdoors, 2006). 예를 들면, 승인받지 않은 소프트웨어의 다운로딩 때문에 파일이 복사, 수정되거나, 문서를 훔치고 삭제하거나, 컴퓨터 운영을 파괴하거나, 훼손하고, 전체 기록 시스템을 꺼버릴 수 있다. 이러한 여러 이유로 어떤 기관은 실천가가 자신의 소프트웨어를 기관 컴퓨터에 저장하지 못하도록 하거나 직접 인터넷에 접근하지 못하도록 한다.

실천을 돕기 위해 휴대전화, PDA나 다른 이동 장치를 사용하는 실천가는 자기도 모르게 클라이언트 개인정보나 기록을 노출하는 등 보안위반을 할 수 있다. 무선으로 비밀정보에 접속하는 장치는 잃어버리거나 도둑맞기 쉬울 뿐만 아니라, 보호되지 않은 채널을 사용함으로써 정보를 노출시킬 수 있다. 무선 또는 유선 교류를 허가하는 기관은 강한 방화벽이 있어야 하고 사용자 인증 시스템이 있어야 하며, 지속적으로 보안 정책, 절차와 기술을 업데이트해야 한다. 한 달 또는 두 달 동안 업데이트를 하지 않은 시스템은 이미 침입을 받았을 수도 있다.

기관은 비밀정보가 암호화되어 다른 기관이나 시스템에 전달될 때, 그 전달매체(예 : 인터넷, 전화)의 안전에 대해 확신할 수 있어야 한다. 수신기관 또한 강력한 보안 방책을 가지고 있어야 한다. 기관은 다른 기관이나 실천가가 클라이언트 정보를 비밀스럽게 보호할 것이라는 데 대해 확신하지 못하는 경우가 있다. 이것은 언제나 그런 것은 아니다. 실천가에 대한 신뢰를 바탕으로 클라이언트가 노출한 정보에 대해 일차기관에서는 정보 유출에 대한 모든 법적, 윤리적 요구를 주의 깊게 충족시킨다 하더라도, 보안정책과 절차가 덜 강력한 이차기관에 의해서 노출될 수 있다. 게다가 정보가 암호화되거나 숨겨지지 않는다면 기관과 실천가는 다른 매체의 사용이 불가능한 경우 외에는 가급적 팩스는 사용하지 말아야 한다. 팩스는 쉽게 다른 곳으로 전송되거나 중간에 없어진다. 게다가, 팩스 기계는 많은 사용자에 의해 공유되며, 많은 팩스 시스템은 내부적으로 자료를 저장한다. 그래서 원하는 수신자에게 전달된 팩스는 한 시간이나 심지어 며칠 이후에 다른 사람에 의해 다시 인쇄될 수 있다.

> G 씨와 그의 가족은 그 지역을 떠났다. 그녀는 자신의 기록을 다른 주에 있는 기관으로 보내달라고 요청했다. 몇 주 후에 그녀는 이전의 사회복지사에게 연락을 했다. 그녀는 자신의 사회보장 번호와 다른 개인 정보가 새로운 기관에 의해 웹에 노출되었다는 것을 알았다.

기관과 실천가는 실수나 고의로 보안을 위반하는 것에 대한 대비책을 갖고 있어야 한다. 개인정보에 접근하고 있는 조직의 내부자는 우연히 또는 의도적으로 적절한 권한이나 보안 없이 비밀정보를 노출할 수 있다. 그들은 자신의 노트북을 잃어버리거나 문서기록을 어디에 두었는지 모르거나, CD가 없어지거나, 이메일 메시지에 있는 정보를 유출하거나 인터넷에 데이터를 올릴 수 있다. 간혹 비밀정보의 중대한 보안 위반에 관한 보고서가 공표되고 그때 전문가의 판단이나 재량권에 대한 신뢰는 훼손된다(Gelman, Pollack, & Weiner, 1999). 그러한 위반을 막기 위해서, 기관은 강도 높은 감사를 통해 기록의 사용과 기록의 접근에 대해 감시해야 한다. 기관은 신규직원이나 임시직원의 적격심사를 위한 특별한 대책을 갖고 있어야 하고 비밀자료에 대한 그들의 접근을 제한해야 한다. 그들이 성공적으로 보안 교육을 완수하고 신중한 감독하에 실천을 훈련받을 때까지 아무에게도 다른 비밀정보나 기록에 대한 완전한 접근을 허락해서는 안 된다. 기관은 경험 있는 직원이 새로운 정책과 실천을 가르치기 위해 정기적인 교육을 받도록 해야 하고, 윤리적 원칙과 보안 절차를 강화해야 한다.

전산화된 기록 시스템에 대한 보안유지비용이 높고 복잡하기 때문에 기관과 실천가 중에는 이전의 문서기록보다 더 좋은지에 대해 의구심을 갖는 경우도 있다. 컴퓨터는 확실히 더 효과적인 기록을 하도록 하지만 때로는 적절한 권한 없이 정보를 더 쉽게 퍼뜨리고 복사하기도 한다. 게다가, 정보는 일단 그것이 컴퓨터 시스템과 데이터베이스 안으로 들어가면 언제나 수정되거나 제거될 수는 없다. 그것은 백업, 아카이브와 정보 공유를 위해 온라인과 오프라인 저장소에 복제되기 때문이다. 그러나 종이문서 기록의 보안성 역시 장담할 수 없다. 그러한 기록은 물리적 보안을 하지 않음으로써 쉽게 접근될 수 있을 뿐만 아니라 큰 어려움 없이 손상되거나 없어지고, 숨겨지고 복사될 수 있다. 반대로, 좋은 컴퓨터 시스템은 안으로 침입하기 더 어렵고, 누가 접근 했는지와 어떤 변화가 일어났는지를 추적할 수 있다. 실제로, 인터넷 연결에서 공격받기 쉽다는 것을 제외하면, 전산기록 체계가 전통적인 종이 기록보다 더 안전성이 높다. 기록 시스템을 위해 그러한 보안 문제가 해결될 때까지 인터넷에 대한 접근을 강하게 제한하거나 차단하는 기관도 있다. 또 다른 기관은 그들의 네트워크를 2개의 시스템으로 분리하여 하나는 기록, 다른 하나는 인터넷 검색, 이메일과 다른 커뮤니케이션을 위한 것으로 사용한다. 이러한 방식으로, 기관은 기관 외부와 내부에서의 정보의 흐름을 장려하는 동시에, 기록에 대한 보안성을 강화시킬 수 있다.

## 컴퓨터와 기록

사회복지기관과 부서는 컴퓨터를 어떻게 사용하고 있는가?

1984년 이 책의 첫 번째 판이 발간된 이후, 컴퓨터는 사회복지기관에서 보편적인 것이 되었고, 미국과 전 세계의 직장과 가정에서 컴퓨터가 사용되고 있다. 컴퓨터는 문서 작성, 저장, 검색, 보고, 정보의 사용을 간편하게 하였으며 서비스 과정과 사례, 프로그램, 기관 행정에 기여할 수 있다. 오늘날 대부분의 사회복지기관과 부서는 기록을 위해 컴퓨터를 사용한다. 컴퓨터를 타이핑이나 양식과 보고서 프린트 등의 사무적인 일에만 사용하는 기관도 있지만 완전히 자동화된 기록 시스템을 갖고 있는 기관도 있다. 대부분의 기관은 종이문서 기록도 유지하면서, 기록을 지원하기 위해 컴퓨터를 사용하는 등 컴퓨터의 활용 정도는 다양하다.

대부분의 기업과 조직처럼, 사회복지기관의 대부분은 워드 프로세서와 다른 사무기능을 수행하는 데 있어 컴퓨터가 속기사를 대신하고 있다. 컴퓨터는 단순히 타이프를 치고 견본과 온라인 양식을 채우기 위한 것은 아니며, 상대적으로 적은 노력으로 기록 수정과 검색, 검토와 주석 다는 것을 가능하게 하였다. 컴퓨터를 사용함으로써 대량 메일 발송이 용이하고, 보관된 기록을 가지고 보고서를 작성할 수 있으며, 서술적 보고서 안에 숨어 있는 정보도 찾아내고, 작은 공간에 방대한 양의 정보를 저장할 수 있게 되었다.

데이터베이스에 저장된 정보는 컴퓨터 작업을 통해 간단히 분석할 수 있다. 체계적으로 특별하게 입력된 정보는 컴퓨터 작업으로 선별, 분류, 비교, 보충될 수 있다.

예를 들면, 카운티 정신건강클리닉에서 사례관리를 돕기 위해 데이터베이스를 사용한다. 사회복지사는 각 사례에 대해 간단한 월별 사례보고 양식을 기입한다. 그 양식은 9개의 변수만을 포함하는데 다음과 같다.

- 사회복지사 이름
- 클라이언트 정보(이름과 사례 번호)
- 의뢰처
- 문제유형
- 서비스 목표
- 서비스 제공 날짜

- 제공된 서비스 내용
- 월별 목표달성 정도
- 종결 목표달성 정도

예시 7.2는 카운티 정신건강클리닉에서 사용한 월별 보고 양식을 보여 준다. 기관은 이러한 정보를 다양한 보고서의 준비를 위해 사용할 수 있다. 포함되어야 할 것은 다음과 같다.

- 개별 사례 보고서
- 제공된 서비스, 서비스 접촉, 문제유형에 따라 그룹핑된 각 실천가가 담당하는 사례
- 문제유형에 따른 사례
- 사회복지사, 문제유형, 목적에 따른 월별 서비스 접촉
- 사례와 사회복지사에 의한 분기별 / 연간 보고
- 이전 달에 탈락 전 한두 번 접촉했거나 서비스를 받지 않았던 사례와 같은 중도탈락사례의 이유 분석
- 서비스, 문제, 서비스 접촉 횟수에 따른 결과의 비교

예시 7.3은 카운티 정신건강클리닉에서 사회복지사를 위해 월별 발행된 아웃라이어 보고서의 사례이다.

1987년과 1988년에 수행된 Record Ⅱ 연구는(Kagle, 1993) 사회복지기관과 부서가 네 가지 주요 기능을 위해 컴퓨터를 사용한다는 것을 발견했다 —① 사업과 사무실 관리, ② 기관 관리, ③ 클라이언트 추적, 의사결정 지원, 사례 관리, ④ 사례보고. 20년이 지난 지금, 이러한 기능은 컴퓨터의 주요 사용 이유가 되고 있다. 그러나 컴퓨터 기술과 기능의 커다란 향상은 사무실을 완전히 변화시켰다. 1980년대 후반에는 몇몇의 실천가만이 컴퓨터를 직접 다루었던 것에 반

예시 7.2 월별 사례 보고 양식

| 카운티 정신건강클리닉 월별 사례보고 양식 |
|---|
| 사회복지사 :       월 / 년도 : |
| 클라이언트 ID : |

**Part I (신규사례일 경우에만)**

의뢰처
( ) 스스로
( ) 친구나 가족
( ) 의사나 심리사
( ) 학교
( ) 정신건강 기관
( ) 변호사
( ) 위기전화
( ) 알 수 없음
( ) 기타(구체적으로) _____

문제 유형* :
( ) 인간관계 갈등
( ) 사회적 관계에 불만족
( ) 공식 조직에서의 문제
( ) 역할 수행의 어려움
( ) 사회적 변화의 문제
( ) 정서적 고통에 민감
( ) 불충분한 자원
( ) 기타(구체적으로) _____

서비스 목표(3개까지) :
( ) 새로운 기술 교육
( ) 인간관계 갈등 해결
( ) 지역사회 기관에 연결
( ) 정서적 어려움 해결
( ) 사회적 환경 개선 또는 변화
( ) 물리적 환경 개선 또는 변화
( ) 직장, 주택, 다른 자원 찾기
( ) 사회 지지망 형성
( ) 기타(구체적으로) _____

\* 이 목록은 '표적문제' 유형에 근거하며 과업-중심 실무에 사용된다. Reid와 Epstein의 과업-중심 사례개입
(1972)을 참조하시오.

**예시 7.2 (계속)**

---

| 카운티 정신건강클리닉 월별 사례보고 양식 |
|---|

사회복지사 :          월 / 년도 :

클라이언트 ID :

### Part II (모든 사례)

각 접촉 날짜

| | |
|---|---|
| _____ | _____ |
| _____ | _____ |
| _____ | _____ |
| _____ | _____ |
| _____ | _____ |
| _____ | _____ |
| _____ | _____ |
| _____ | _____ |
| _____ | |

이 달에 제공된 서비스

( ) 사례관리
( ) 위기개입
( ) 행동개입
( ) 심리사회적 개별상담
( ) 집단상담
( ) 부부상담
( ) 가족치료
( ) 정보제공 또는 의뢰
( ) 자원제공
( ) 사정 또는 평가
( ) 기타(구체적으로)

이 달의 마지막 접촉에서 목표달성 정도

| 목표 1 | 목표 2 | 목표 3 |
|---|---|---|
| ( ) 달성 | ( ) 달성 | ( ) 달성 |
| ( ) 향상 | ( ) 향상 | ( ) 향상 |
| ( ) 변화없음 | ( ) 변화없음 | ( ) 변화없음 |
| ( ) 나빠짐 | ( ) 나빠짐 | ( ) 나빠짐 |
| ( ) 활동 연기 | ( ) 활동 연기 | ( ) 활동 연기 |

### Part III(종결 시에만)

서비스 결과

( ) 모든 목표 달성
( ) 최소한 하나의 목표 달성 그러나 모든 목표를 달성하지는 못함
( ) 어떤 목표도 달성되지 못함
( ) 클라이언트 탈락
( ) 기관에 의해 서비스 종결
( ) 더 이상 서비스가 필요 없음
( ) 성공적 의뢰
( ) 비성공적 의뢰
( ) 기타(구체적으로) _____

**예시 7.3  중도탈락 사례 보고서**

사회복지사 : 엘긴                                     월 : 7월
서비스를 제공한 전체 사례 : 66
서비스를 제공하지 않은 전체 사례 : 19

| 클라이언트 번호 | 문제유형 | 목표 | 마지막으로 기록된 접촉 |
|---|---|---|---|
| 7-033 | 5 | 1, 3, 5 | 6/×× |
| 7-142 | 4 | 1, 2, 8 | 5/×× |
| 7-151 | 4 | 1, 5, 7 | 7/×× |
| 7-158 | 1 | 2, 5 | 5/×× |
| 8-096 | 3 | 2, 3 | 6/×× |
| 8-113 | 7 | 1, 3 | 5/×× |
| 8-132 | 5 | 5, 6, 7 | 5/×× |
| 8-149 | 4 | 1, 8 | 6/×× |
| 8-176 | 7 | 3 | 3/×× |
| 8-209 | 1 | 2, 8 | 4/×× |
| 8-217 | 4 | 3, 7 | 12/×× |

해, 오늘날은 더 많은 실천가가 컴퓨터를 갖고 있다. 컴퓨터와 다른 기술은 그들의 삶과 일에 완전히 통합되었다.

### 1. 행정업무

컴퓨터는 비용청구와 다른 금전거래, 감독기관과 기부기관을 위한 일상적 양식과 보고서 준비, 클라이언트와 직원의 약속과 회의 스케줄 잡기, 정보의 저장과 검색 등에 중요한 역할을 한다. 컴퓨터 없이 사업이나 사무실 운영을 하는 기관이나 개업 실천 사회복지사를 상상하는 것은 어렵다. 실제로, 업무 기능이 자동화되어 있지 않은 기관과 실천가는 정부와 국가기관, 보험회사나 다른 감독기관으로부터 지속적으로 전산화에 대한 압력을 받는다.

## 2. 기관 관리

모든 슈퍼바이저, 프로그램 관리자, 기관 행정가는 프로그램이나 서비스, 직원과 클라이언트에 대한 정보를 컴퓨터에 의존한다. 관리자는 컴퓨터 화면이나 인쇄된 보고서를 통해 직접 정보를 볼 수 있다. 그들은 예산, 자원할당, 수행, 직원배치, 서비스의 효과성과 효율성에 대한 의사결정을 하는 데 있어 정보를 활용한다. 또한 클라이언트의 욕구와 그들이 받는 서비스에 대한 평가를 알 수 있다. 어떤 기관은 서비스 과정과 결과에 대한 모니터링과 측정, 서비스 계획과 평가, 의사결정을 돕기 위한 정보의 유포와 분석을 위한 관리정보 시스템(MISs)을 갖고 있다.

　행정 실천 기록에 컴퓨터를 활용할 수도 있다. 개인의 기록과 수행 평가, 사업거래와 비용 보고, 직원, 지역사회, 이사회의 기록, 법률문서와 각 기관 동의서, 정부문서와 정책 매뉴얼은 온라인에서 준비되어 수정 및 작성, 저장될 수 있다. 기관관리자는 내부 커뮤니케이션(예 : 직원에게 새로운 절차와 상호작용 공지)과 외부 커뮤니케이션(예 : 직원모집과 모금)을 위해 컴퓨터를 사용하기도 한다.

## 3. 클라이언트 추적, 의사결정 지원, 사례 관리

컴퓨터는 직접 서비스를 제공하는 사회복지사를 지원한다. 컴퓨터를 통해 정책, 프로그램, 절차에 대한 정보를 쉽게 알 수 있을 뿐만 아니라 서비스에 대한 클라이언트 적격성을 평가하고, 클라이언트-욕구-상황 진단과 서비스 계획, 활동분석에 있어서의 지침을 제공받을 수 있다. 예를 들어, 온라인 실천 지침, 사정도구, 의사결정 나무(decision trees), 목표 진술, 치료 규약 등과 같은 것이다 (Gingerich & Broskowski, 1996). 그들은 시간에 따른 목표와 활동을 모니터링하는데 사용되며 복잡한 사례에서 세부정보를 보관할 수 있다. 컴퓨터를 활용해 미결된 법정 조치, 서비스 활동, 공개 사례의 정보취합 등에 보고서를 사용함으로써 실천가는 사례를 평가하고 검토할 수 있다. 컴퓨터는 사례의 일상적 검토나 종결 시, 또는 문서작성이 보험이나 상환 기준을 충족시키지 못하는 경우, 실천가가 행정 지침을 충족시키는 데 도움을 줄 수 있다. 컴퓨터는 또한 실천가가 다른 서비스 제공자와 더 효율적으로 커뮤니케이션할 수 있도록 하며, 최신의 지역사회 자원 파일에 접근할 수 있도록 한다. 예를 들면, 지역사회 자원의 컴퓨터 데이터베이스를 사용함으로써, 사회서비스 부서는 병원에서 환자의 입원기간을 줄일 수 있고 실천가들이 적절하게 배치해야 할 곳을 찾는 데 도움을 줄 수 있다(Rock et al., 1995).

컴퓨터는 기관 내에서 클라이언트를 관리하는 데 사용될 뿐 아니라 실천가와 관리자들이 클라이언트, 사례와 업무에 대한 의사결정을 하는 데 도움을 제공한다. 몇 개의 기관이나 제공자로부터 서비스를 받는 특별한 욕구를 가진 클라이언트를 관리하기 위한 중간 시스템을 만든 지역사회도 있다. 예를 들면, 어떤 지역사회는 에이즈 관련 병을 갖고 살아가는 사람에게 서비스를 제공하는 18개 기관의 사례관리자를 연결하는 시스템을 만들었다. 기관은 민감한 정보의 보안에 대한 염려로, "인테이크 양식을 공유하고, 계층적으로 정보에 접근하는 암호로 통제하는 광지역 정보통신망을 만들었다". 또한 2개의 시스템으로 네트워크를 분리하여, 하나는 비밀정보 공유를 위해 엄격하게 제한된 접근만 가능하고, 또 다른 하나는 이메일이나 다른 커뮤니케이션을 위해 보다 자유로운 교환이 허용된 것이다(Henrickson & Mayo, 2000).

전국의 지역사회는 노숙인 성인과 아동에게 제공되는 서비스와 욕구를 이해하고 추적하며, 측정하기 위해 정보공유 시스템을 개발하고 있다. 연구와 추적 관찰을 통해 노숙자에 대한 서비스를 향상시켰던 필라델피아나 매사추세츠 같은 도시의 경험을 참고로 하여, 주정부는 주정부의 기금을 받는 지역사회가 노숙자 관리 정보 시스템(Homeless Management Information Systems : HMISs)을 개발하도록 위임했다. 그러나 그러한 시스템을 개발하는 것은 매우 복잡한 창의성을 필요로 하기 때문에 만만찮은 도전이다(Gutierrez &

Friedman, 2005). 크고 작은 지역사회는 사생활 침해와 보안문제뿐만 아니라 높은 비용, 기술적 문제, 한정된 직원과 자원으로 인해 HMISs를 실행하는 데 어려움을 겪고 있다(Roman, 2003).

## 4. 클라이언트 기록

요즘은 대부분의 사회복지기관이 기록을 위해 컴퓨터를 사용한다. 하지만 종이로 작성하는 기록 역시 대부분 계속 유지하고 있다. 실천가와 보조 인력은 클라이언트 파일을 만들기 위해 자료를 프린트하고 보고서를 준비하고, 정보에 접근한다. 이러한 파일에는 실천가가 손으로 기록한 노트, 법적 서류, 다른 문서가 포함된다. 몇몇 기관과 실천가는 전산기록으로 전환하기 시작했다. 전산기록을 가지고 실천가는 약속을 잡고 청구를 하며, 클라이언트 데이터에 접근할 수 있고, 서비스 정보와 온라인 또는 인쇄된 클라이언트 기록을 얻을 수 있다. 어떤 공공기관과 병원은 클라이언트 기록을 완전히 자동화하여, 클라이언트 파일은 온라인상에 존재한다. 실천가들과 보조 인력은 책상 위의 개인 컴퓨터를 통해 클라이언트 정보에 직접 들어가고 검색할 수 있다. 그러나 이러한 기관조차도 여전히 종이로 문서화된 클라이언트 기록에 의존한다.

클라이언트 기록의 전산화는 미래 지향적인 것이다. 비록 2006년까지 단 10%의 병원만이 자동화된 것은 사실이나(Colliver, 2006) 종이문서로부터 디지털 기록으로의 변환은 가속화되고 있다. 지난 10년 동안, 주정부는 전자기록으로 전환하는 공공아동복지기관과 건강관리 제공자를 장려하기 위해 기술적 지원과 인센티브를 제공했다. 주정부는 또한 전산 의료 기록으로부터 정보를 교환하고 연계하기 위한 안전 네트워크를 개발하려는 목적으로, 국가 건강정보 네트워크의 개발을 서둘렀다. 그 목적은 국가의 재난과 같이 종이 문서가 없어지거나, 파손되는 상황에서 이용 가능한 건강정보를 위한 것뿐만 아니라 비용을 감소시키고, 위급한 욕구를 인식하며, 의료적 위기상황을 치료하기 위한 것이다. 그러나 높은 비용, 사생활 침해에 대한 염려, 기술적 문제는 여전히 남아 있다(Kaushel et al., 2005; "New Threat," 2006).

사회복지 조직은 특히 관리부분의 의사결정에서 정보 접근을 위해 컴퓨터를 사용함으로써 큰 진보가 있었다. 많은 기관에서의 다음 단계는 실천가가 자동화의 혜택을 입도록 하는 것이다. 물론, 컴퓨터가 실천가의 문서작성과 정보 접근을 더 용이하도록 하였고, 효율적인 기록 작성에 기여한 것은 사실이나, 컴퓨터의 도입은 실천가의 업무량을 증가시켰다. 그 다음 단계는 컴퓨터가 실천가의 기록 업무량을 감소시키고 능률적으로 사용될 수 있는 방법을 찾는 것이다. 예를 들면, 화면상의 양식, 체크리스트, 형태, 질문은 중요한 정보가 기록되도록 하면서 효율성을 증가시킨다. 그리고 실천가가 아닌 사무원이 양식을 기입하고 작성하는 역할을 할 수 있다. 또는 컴퓨터는 통계보고를 준비하고, 서비스 단위를 계산하며, 월별 생산성 데이터를 분석하는 등 실천가의 책임이 될 수 있는 정보를 모으는 데 사용될 수 있다. 실천가는 컴퓨터에 접근할 수 있기 때문에, 그들은 이후의 기록에서 그것을 반복하기보다는 이미 작성된 정보를 참조하면서 직접 기록을 업데이트하고 검토할 수 있다. 마지막으로, 함께 일하는 실천가와 관리자는 실천가의 시간을 현명하고 효율적으로 사용하면서 기관의 정보 욕구를 충족시키기 위해 문서작성을 위한 실제적 지침을 개발할 수 있다.

## 조사연구와 기록

우리 기관에 기록되어 있는 많은 정보를 조사연구에 사용하는 것을 장려할 수 있는가?

기관의 기록은 사회복지 정책과 실천에 중요한 영향을 미쳐 온 많은 조사연구의 일차적 자료원이 되어 왔다. Mary Richmond(1917)가 쓴 고전, 『사회진단』은 여러 사회복지기관의 서술식 사례기록을 조사한 것이다. David Fanshel(1975)은 뉴욕의 아동보호기관의 전산화된 자료를 기초로 위탁보호 중인 아동에 대한 친부모 방문에 관한 연구를 하였다. Temporary Assistance for Needy Families(TANF)의 연구 중 개혁(Cancian, Haveman, Meyer, & Wolfe, 2002), 아동복지결과(Testa, Fuller, & Rolock, 2005), 아동지지 정책 발의(Cassetty & Huston, 2005)와 건강 서비스 효과(Albert, Simone, Brassard, Stern, & Mayeux, 2005) 등인데, 그것은 다양한 클라이언트에 대한 효과와 주요 정책의 분석에서 기관 행정 데이터베이스를 사용한다. 전국적으로 기관에서 기록과 기록실천에 대한 연구는 사회복지기록 이전 판과 현재 판에서 중요한 정보의 원천이 되었다.

전통적인 조사연구뿐만 아니라, 기관 관리자는 클라이언트의 특징과 욕구, 서비스 유형과 결과, 전문가의 활동과 생산성을 분석하는 데 행정적 자료를 사용한다. 실천가는 단일 사례연구와 유사집단사례에서 서비스 과정과 결과를 평가하고 이해하기 위해 추론을 위한 양적 질적 방법론을 사용한다. 이러한 연구는 프로그램과 실천 결과를 알리고, 실천가의 자기 평가를 위해 사용되는데 이를 통해 전문가의 지식 기반이 쌓여갈 수 있다.

하지만 조사 연구를 위하 많이 사용되기는 하지만 실무 현장에서 보관되어 온 기록은 결론의 신뢰성과 타당성에 본질적인 약점을 갖고 있다. 기록은 클라이언트, 욕구, 프로그램과 서비스 평가, 가설 설정에 유용하지만 추론을 하거나 인과관계를 형성하는 데에는 적합성이 떨어질 수 있다.

기록을 데이터 자료로 사용하는 연구를 시작하기 전에, 기관과 조사자는 네 가지 중요한 과정을 수행할 필요가 있다.

① 기록에 나와 있는 정보가 연구의 목적에 적합한지에 대한 사정
② 검토위원회(IRB)의 검토 완료
③ 필요에 따라 HIPPA 동의서에 서명하여 연구대상 개인을 보호함
④ 클라이언트 신상이 가려지도록 처리하거나 사적정보의 비밀이 보장되게 함

사회복지사에 의해 작성되는 기록이 좋은 연구 자료인가에 대한 사정을 위해, 기관과 연구자는 연구자가 답해야 하는 질문을 생각할 필요가 있다. 기록은 다음과 같은 질문에 답하기 위한 좋은 자료가 될 수 있다.

- 누가 기관의 클라이언트인가?
- 클라이언트는 어디에서 의뢰되어 왔는가?
- 클라이언트는 어디로 의뢰되어 가는가?
- 클라이언트는 어떤 서비스를 받고 있는가?
- 어떻게 기관 자원이 활용되고 있는가?
- 클라이언트, 욕구, 목적, 목표, 과정과 결과를 어떻게 정의할 수 있는가?

그들은 또한 정책, 절차, 기준을 수립하기 위한 지침 관련 질문에도 응답할 수 있다.

- 기관은 사적 권리에 대한 지침을 잘 지키고 있는가?
- 실천가들은 필요한 정보를 기록하고 있는가?
- 기록은 최근에 작성되었는가?

기록은 특히 관계에 관한 가설을 형성하는데 유용하다. 예를 들면 다음과 같다.

- 프로그램, 서비스, 실천모델에 따라 어떤 클라이언트 집단이 선택되었는가?
- 목표설정과 달성된 결과는 어떻게 연결되는가?

그러나 실무 상황이 인과관계를 유추해 내는데 필요한 통제요건에 맞지 않는다면(Campbell & Stanley, 1963; Kagle, 1982b), 기존의 기록은 아마도 다음과 같은 질문에 적절한 답변을 제공해 줄 수 없을 것이다.

- 개별사회사업 서비스가 효과적인가?

- 입원환자 서비스가 외래환자 서비스보다 더 나은 결과를 가져오는가?
- M 가족에게 가족치료가 도움이 되었는가?

주로 다음과 같은 많은 요인들이 연구를 위한 기관기록의 적합성을 훼손시킬 수 있다.

① 시간지체 : 사회복지실무기록은 사건발생 한참 후에 쓰여지는 경우가 많다. 정보수집과 기록 사이의 시간이 많이 경과할수록 정확성과 구체성에 나쁜 영향을 준다.

② 주관성 : 임상기록에서 작성되고 모아진 사회복지사의 많은 정보는 문제, 경험, 환경에 대한 다양한 관점을 포함한다. 클라이언트와 다른 사람의 사건에 대한 회고, 관점, 가치, 추론은 실천에 중요하다. 그러나 양적 조사를 지지하기에는 너무 주관적일 수 있다. 인터뷰 횟수, 출생일과 같은 행정적 데이터베이스 정보가 그러한 목적에 더 적합할 수 있다. 그러나 가족구성원의 이름은 잘못 기재될 수 있고, 부정확하게 기록되거나 시간이 지남에 따라 바뀔 수도 있다. 정보를 만드는 것은 증명하기 어렵고 사례는 추적하기 어렵다(English, Brandford, & Coghlan, 2000; Garnier & Poertner, 2000). 심지어 객관적이고 실제적인 것도 결점이 될 수 있다.

③ 정보수집의 배경 : 조사연구에서 자료수집의 '기본원칙'과 사회복지실무의 '기본원칙' 사이에는 중요한 차이점이 있다. 이러한 차이점은 조사를 위한 자료로서 기록의 적합성에 영향을 미칠 수 있다. 예를 들면, 조사연구 면담은 서비스 면담과는 매우 다르다. 일관성을 유지하기 위해 조사연구 면담은 사전에 준비된 계획안을 이용하여 세심하게 구조화된다. 반대로, 실무 면담은 클라이언트-욕구-상황과 서비스 전달에서 두드러진 상황에 따라 전개된다. 피실험자의 반응에 대한 면담자의 영향을 최소화하기 위해서 조사연구 면담자는 주의를 기울이는 무관심한 청취자인 반면에, 실천가는 주

의를 기울일 뿐만 아니라 반응을 보이고 대답하며 부추긴다. 실천에서 사회복지사와 클라이언트의 관계는 상호적이고 지속적이다. 연구에서 피실험자와 조사자와 면담자의 관계는 시간 제한적이고 경계선이 있다. 실천의 경우 클라이언트는 서비스의 방향이나 결과에 영향을 많이 미치는데 반해 조사연구에서 클라이언트는 결과에 의해 영향을 받지 않거나 결과를 알지 못한다. 서비스 교류에서는 선택적인 초점, 상호 영향, 개인적 투입이 일어나기 때문에 서비스 인터뷰는 조사연구를 위한 기초로써 활용되기에 적합하지 않을 수도 있다.

④ 선택성 : 사회복지기록은 선택의 과정에 있기 마련이다. 완전하고 상세하게 기록하는 경우에도 일부 정보는 생략된다. 사회복지사와 자료제공자는 정보수집에서 선택적일 뿐 아니라 또한 무엇이 기록되어야 하는지를 정할 때에도 선택적이다. 구조화된 기록에 따라(표준화된 양식, 목록점검표 등) 선택 여부를 결정하고 필요한 정보를 기록하지만, 기록자는 양식을 완성시키는 과정에서 선택을 할 수 있다. 어떤 사회복지사는 다른 사람이 완전히 무시하거나 다른 맥락에 놓아두는 사건, 생각을 선택해 기록할 수도 있다. 게다가, 사례의 연속성과 지도감독을 위한 정보 선택 기준은 계획된 조사연구 프로젝트를 위한 기준을 충족시키지 못할 수도 있다. 필요한 정보가 누락되거나, 충분히 세부적으로 또는 충분히 자주 기록되지 않는 경우가 있다.

⑤ 일관성 : 조사연구에서 기록을 사용하는 데 주의해야 할 또 다른 점은 기록의 다양성이다.

기록의 내용은 기재사항, 클라이언트, 프로그램, 서비스에 따라 매우 다양하다. 가장 중요한 것은 기록이 사회복지사에 따라 다양하다는 것이다. 이러한 다양성은 다른 형태로 작성되거나 다른 정보를 포함하고 있는 서술식 기록에서 명확해진다. 사회복지사가 같은 현상을 기술하는 데 있어 서로 다른 용어를 사용하거나 서로 다른 현상에 대해 동일한 용어를 사용하는 경우 발생한다. 예를 들어, 같은 행동에 대해 공격성이 있다고 서술하거나 장난 끼가 있다고 묘사할 수도 있다. 그리고 매우 다른 우울 현상에 대해 '우울한' 클라이언트라고 같은 단어로 표현하기도 한다. 기록이 표준화되지 않고 용어가 주의 깊게 규정되지 않으면, 각각의 사회복지사는 서로 다른 기준으로 프로그램 목표, 클라이언트 활동, 서비스 결과 등을 기록하게 될 것이다. 때문에 조사자는 자주 사용되는 용어가 동일한 의미를 나타내는지, 일관성을 갖고 유사한 현상을 기술하는지를 명확히 해야 한다.

⑥ 접근의 용이성 : 마지막으로 중요하게 고려해야 할 점은 정보의 접근 가능성이다. 컴퓨터나 일정한 양식으로 기술된 정보는 서술적 기록보다 조사연구를 하는 데 있어 더 편리하게 사용할 수 있다. 때문에 조사연구에서는 임상기록보다 관리기록이 더 자주 사용된다. 임상기록은 질적 연구를 위한 풍부한 정보가 될 수 있으며 양적 데이터로 변환될 수 있다. 그러나 이용이 쉬운 정보가 반드시 정확한 것은 아니라는 것을 기억해야 한다. 비록 쉽게 수치화시킬 수 있는 정보가 조사연구에서 적절한 것 같지만, 그것이 항상 신뢰할만하고 유효한 것은 아니다. 쉽게 접근 가능한 정보는 정확성, 독특성, 완전성과 일관성을 검토해야 한다.

기록이나 클라이언트 정보에 대한 자료가 연구에서 사용되는 경우, 기관과 조사자는 제도적인 검토를 해야 한다. 제도적인 검토는 이익, 조사연구의 잠재적 위험, 개인사생활 침해나 강제로부터 조사대상자의 보호와 같은 문제를 평가하기 위한 것이다. 연구를 수행하는 대부분의 기관은 연구제안서를 평가하고 연구대상자를 보호하기 위한 조사연구 검토위원회나 연구 위원회를 가지고 있다. 위원회는 정당한 이유가 있을 경우, 변경을 요청하고, 개선에 대해 협상하고 승인을 거부할 수 있다. 검토위원회가 없는 기관은 검토위원회의 구성, 운영, 지침에 대해 정부 출판물과 웹사이트를 참조한다(www.hhs.gov/ ohrp/). 대학이 연구 참여자의 제도적 검토를 요청하기 때문에 교수와 학생 연구자는 연구를 수행하기 전에 자신의 기관과 주기관에서 이루어지는 두 단계의 검토를 수행한다.

또 다른 중요한 단계는 연구에 사용될 클라이언트의 기록에 대해 클라이언트나 위임받은 의사결정권자의 동의를 받는 것이다. HIPAA를 실행하기 이전에는, 클라이언트의 기록을 연구하는 데 있어 그들의 동의를 필요로 하지 않는 경우가 있었고, 일반적으로 동의는 클라이언트의 기록이 직접 관찰이나 개입을 포함하는 연구에 사용될 때만 요청되었다. 그러나 이제는 클라이언트의 개인 건강정보가 수집되고 분석될 때, 많은 기관에서 HIPAA가 요청하는 동의양식의 사용을 요구한다. 경우에 따라 2개의 서로 다른 동의양식을 요청하는 경우도 있다. 하나는 건강정보보호 접근에 대한 것이고, 다른 하나는 조사연구에 참여하는 클라이언트에 대한 것이다(http://www.research.ucsf.edu/chr/HIPAA/chrHIPAAconsent.asp 참조).

동의를 구해야 하는 경우, 동의서에는 연구에 관련된 내용과 함께 그 연구에 사용되어질 기록에 대하여 명시해야 한다. 또한 다음의 내용이 포함되어야 한다.

- 어떤 정보가 수집되고 분석되는가?
- 개인 신분 노출, 다른 신상정보 노출에 대한 보호조치는 무엇인가?
- 정보 노출 위험성이 있는가?
- 연구를 수행하고 정보에 접근하는 사람의 신분
- 클라이언트 동의 만료 날짜, 동의를 번복했을 때의 문제점 등 제시

불행하게도 동의서가 개인사생활을 침해하는 경우들이 종종 있다. 기관과 조사자는 부호와 가명을 통해 개인 식별 정보를 보호할 수 있고, 클라이언트에 대한 명백한 정보가 있는 동의서는 이렇게 유지되어야 한다. 그러므로 기관과 조사자는 이러한 양식에 대한 접근을 제한하고, 정보를 안전하게 보관하기 위한 특별한 노력을 해야 한다.

동의서 작성 여부와 상관없이 기관과 조사자는 기록에 포함되어 있는 개인 식별 정보를 보호하고 권한이 없는 접근이나 사용, 정보의 노출로부터 조사 자료를 보호하기 위한 절차를 실행해야만 한다. 기관과 조사자는 다음의 지침과 절차를 고려해야 한다.

- 개인정보의 부호화와 접근의 제한
- 기록과 조사 자료에서의 개인식별정보 보호를 위해 적절한 훈련을 받은 사람이라는 증명과 기록에 직접 접근하는 조사자들이나 직원의 수 제한
- 가능하다면, 클라이언트 이름, 사회보장 번호, 사례번호, 기타 개인 식별 정보에 대한 직접적인 접근을 막거나 감추기
- 조사를 위해 개인식별정보가 필요하다면(예 : 몇 개의 자료로부터 정보가 합쳐지는 것), 정보에 대해 제한적인 접근을 하는 것이 필요하고, 정보에 대한 부호화와 함께 그러한 부호에 대한 접근을 제한해야 하며, 그러한 정보가 더 이상 연구와 분석에 중요하지 않을 때에는 데이터와 코드북을 파기해야 함
- 데이터 수집, 저장, 분석에 사용된 종이, 컴퓨터와 매체는 안전하게 보관되어야 하고 접근이 제한되는 장소에서 사용하도록 함
- 개인식별정보가 조사보고서나 다른 연구 결과의 프레젠테이션에서 사용되지 않도록 함
- 개인식별정보나 민감한 정보의 강제적 노출을 막기 위해 주정부나 국가기관으로부터 '비밀보장 인증'을 얻어야 함. 예를 들면, 연구를 위한 정보가 범죄행동이나 불법적인 약물남용에 대한 내용을 포함하는 경우, 조사자들은 소환장, 법정명령 또는 다른 법적 절차로부터 조사대상자의 신분과 조사 자료의 보호를 위해 그러한 인증을 받을 수 있음

(http://www.grants.nih.gov/grants.policy/coc/faqs.htm 참조)

- 개인 식별정보가 비밀로 다루어졌는지, 의도적이거나 고의로 노출되지 않
  았는지를 확인하기 위해 데이터 수집과정을 분석하고 보고서나 다른 기록
  물을 검토함
- 검토위원회 규정과 다른 절차를 준수했는지 확인

기관의 기록에 대해 조사를 장려하고 허락하는 것은 기관에 여러 가지로 이득
을 준다. 그러한 조사는 다음과 같은 것을 할 수 있다.

- 실무를 하는 학생의 학문적이고 전문적인 발전을 지지
- 교수들과 학문기관과의 관계 형성
- 실천현장에서 지식형성에 기여
- 프로그램의 강점과 약점 발견, 성장을 위한 분야 인식, 새로운 방향 제안
- 기술개발과 전문적 인식을 위한 기회를 직원에게 제공
- 기관의 사명과 전략 목표에 기여
- 명성과 자원 획득

그럼에도 불구하고, 그러한 모험에 참여하는 것을 꺼리는 기관이 많이 있다.
많은 기관들은 조사연구를 실행하고 후원하는 데 소용되는 비용에 대해 걱정한
다. 심지어 연구가 외부 기금과 자료수집, 분석, 보급을 위한 충분한 자원을 가
진 학교의 연구자에 의해 지원될 때조차 기관은 여전히 기록에서 개인식별정보
를 가리는 데 대한 책임이 있고, 비밀정보가 보호되는 것을 확인하기 위해 조사
를 모니터링해야 한다. 게다가 연구가 진행되는 경우 전문가와 다른 직원은 기
록을 명확히 하고 업데이트를 해야 하고, 추가적인 양식을 채워야 하며, 정기적
으로 조사자와 만나야 하는 등 업무가 추가된다는 것을 기관은 알고 있다. 또한
직원은 시간이 소요되고 논쟁의 소지가 될 수도 있는 제도적 검토를 해야 한다.
클라이언트 동의가 필요한 경우 기관 직원은 클라이언트나 위임받은 결정권자

에게 연구를 설명할 책임이 있고, 그들의 동의가 강제되지 않고 통지받은 것이라는 것을 확인해야 한다. 마지막으로 기관은 조사과정과 결과에 대한 통제의 부족에 대해 걱정할 것이며, 부정적 결과에 대한 가능성에 대해 걱정하고 어떻게 결과가 보이고 해석되며 공표될 것인지에 대해 조사자들과 논쟁할 것에 대해 걱정한다. 이러한 이슈 중의 많은 것들은 미리 협상되거나 우호적으로 해결될 수 있다. 그러나 기관과 조사자는 예상하지 못한 것을 대비해야 한다.

당연히 조사는 신중한 분석을 통해 습관적인 실천과 가정을 드러내고, 놀라운 발견과 새로운 아이디어에 대해 열려 있다. 조사연구는 기관과 조사자들에게 오래된 문제에 대한 새로운 통찰을 제공할 수 있다. 그러나 강점뿐만이 아니라 약점도 드러날 것이다. 조사연구는 실천가, 관리자와 다른 직원에게 추가적인 업무를 준다. 그러나 그 결과는 의미 있는 방식으로 기관에 기여할 수 있고 노력에 대한 대가는 충분할 것이다.

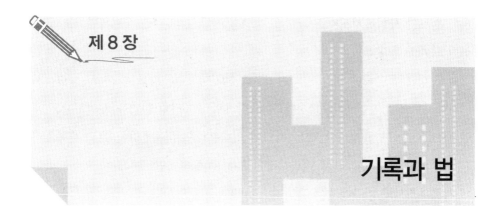

# 기록과 법

제8장은 법에 대해 초점을 맞추고 있고 특히 법이 기록에 미치는 영향에 대해 언급하고 있다. 우선 사적 권리의 다섯 가지 원칙에 대해 논하고 있다. 즉 비밀보장, 축약, 접근성, 익명성, 보안에 대해 논하고 있다. 그리고 나서 주정부의 사적권리 관련 연방법과 역사를 제시한다. 그것은 정보와 기록에 영향을 미치거나 통제하는 주정부와 국가의 다양한 법률을 기술한다. 이 장은 HIPAA의 사적 권리 측면에 대한 철저한 취급방법과 함께 국가 법률과의 관계에 대한 내용을 다룰 것이다.

사회복지사는 클라이언트 삶을 구체적으로 관찰하게 된다. 클라이언트가 서비스를 받는 동안 본인, 환경과 대인관계에 대한 관련된 기관에 대해 이야기한다. 사회복지사에 의해 얻어진 정보는 클라이언트의 욕구에 가장 적합한 서비스를 계획하고 전달하는 데 사용된다. 사실, 어떤 치료 접근의 과정과 목표의 경우, 클라이언트가 평상시 다른 사람에게는 드러나지 않는 생각, 감정, 경험을 드러내는 것이다. 이러한 정보 없이, 개별화된 사회복지 서비스는 불가능하다. 이러한 정보가 사회복지서비스 전달의 핵심을 이루기 때문에, 사회복지기록의 핵심이 되기도 한다.

사적 정보를 말해야 하는 클라이언트의 의무에 대해 사회복지사와 사회복지기관에서도 상호적인 의무를 지닌다. 사회적으로 특정한 환경을 제외하고는 개인정보를 누설하지 않아야 하는 책임이 있다는 것이다. 클라이언트, 사회복지사, 사회복지기관의 이러한 비밀보장의 특성은 클라이언트에게는 기본 권리이며 사회복지사와 기관에게는 윤리적이고 법적인 책임이다. 그러나 정보의 사적 권리에 대한 클라이언트의 권리는 절대적인 것이 아니고, 시간이 지남에 따라 그들의 사적 권리는 손상된다. 오늘날 사회복지사와 기관은 사회적 관심과 사회적 가치를 견제하면서 사회복지사-클라이언트 상황에서 드러난 정보의 사적 권리를 유지하는 것의 중요성의 문제와 균형을 맞추어야 한다. 예를 들면, 클라이언트가 다른 사람을 위험에 처하게 할 수 있는 정보인 경우 이러한 정보는 알려지는 것이 마땅하다.

테크놀로지의 발달로 클라이언트 기록에 대한 정보의 오용과 접근 가능성이 높아졌다. 연방정부, 주정부를 비롯해 공적기관, 사적기관 할 것 없이 모두 클라이언트와의 서비스 초기, 중기, 말기에 나눈 정보에 대한 사적 권리를 보호하려고 정책과 절차를 만들었다. 특정 변수들은 국가, 실천분야, 기금 제공자, 서비스 프로그램, 서비스 제공자의 전문성과 클라이언트 집단에 따라 다양하다. 이러한 많은 다양성에도 불구하고, 클라이언트 정보의 모든 교환에서 공통적인 것은 정보노출에 있어서 법적 원칙과 규칙의 역할이다. 연방정부와 주정부는 점차 클라이언트 기록에 포함된 정보의 노출과 접근을 관리하고 있다.

다음의 다섯 가지 기본적인 사적 권리 원칙이 이러한 법 안에 명백하거나 함축적으로 표현된다.

# 사적 권리의 기본원칙

사적 권리에는 비밀보장, 축약, 접근성, 익명성, 보안의 다섯 가지 원칙이 있다.

비밀보장은 클라이언트의 사적 권리를 보호하기 위한 기본 수단이 된다. 비밀보장은 사회복지사가 서비스를 제공하는 상황에서 알게 되거나 클라이언트가 드러내는 개인적 정보가 노출되지 않도록 안전하게 보호하는 것이다. 비밀보장의 책임은 실천가에게 있지만 전문직의 윤리강령, 조직의 정책과 실천, 조직 내외부에 있는 다른 서비스 제공자의 행동, 기금을 제공하고 인가하는 기관의 청렴성과 법률에 의해 보호된다.

전문가로서 사회복지사의 규범은 미국사회복지사협회(NASW) 윤리강령에 규정되어 있다. 1999년에 개정된 1996 윤리강령은 1979년 이래 처음으로 대폭적인 수정을 하였다. 개정된 윤리강령에는 사적 권리와 비밀보장(1.07), 기록 접근(1.08)에 대한 부분이 크게 확대되었다. 사실, 이 두 가지 기준은 이전에 비해 많은 조항에 함께 포함되었다. 현재의 윤리강령은 사회복지사가 비밀보장을 지켜줄 수 없는 한계에 대해 클라이언트에게 알려야 하는 의무와, 클라이언트의 비밀보장에서 사회복지사가 지켜야 할 일반적 지침을 제공한다.

클라이언트 정보에 대해 비밀을 보장하기 위한 사회복지사의 책임이 결코 절대적인 것은 아니다. 달리 말하면, 미국사회복지사협회의 윤리강령과 비밀보장은 모두 비밀보장 의무에 대해 명시한 다양한 법률에 근거한다. 예를 들면, 사회복지사는 심각한 위해로부터 클라이언트나 다른 사람을 보호해야 할 필요가 있을 때, 정보 공개가 법률에 근거하여 의무적일 때(예 : 아동학대보고서), 다른 서비스 제공자로부터 서비스를 받는 클라이언트를 돕기 위해 또는 감독기관에 의해 감사나 모니터링이 될 때, 정보를 공개할 수 있다.

축약은 클라이언트 사적 정보를 보호하는 데 유용하다. 즉 개인정보 수집, 문서화, 보관 작업의 양을 제한하게 되기 때문이며 관련법, 규정을 따르고 책무성을 이행하게 만들기 때문이다. 축약의 방법에서는 사적 정보를 담지 않고, 필요 없는 정보를 적지 않게 하며, 타인의 정보접근 가능성을 줄이는 장점이 있다. 축약은 서비스 전달과정에서 드러났으나 서비스 목적과 관계가 없는 정보는 기록으로 남지 않는다는 것을 의미한다. 부정확하고 미완성된 정보는 조심스럽게 수정되고 개정된다. 오래되거나 더 이상 유용하지 않은 정보는 요약, 폐기, 삭제된다. 물론 이미 다른 기관에 배포되었거나 데이터베이스에 남아 있는 정보는 수정이나 폐기가 어렵다. 그러므로 기록에는 꼭 필요한 정보, 정확한 정보, 의미있는 정보만 남겨야 한다. 기록 축약에 대한 것은, 미국사회복지사협회(1999) 윤리강령, 사적 권리 관련법, 기관정책에 따르도록 되어 있다.

클라이언트, 가족, 대리인이 기록에 접근할 수 있게 하는 것은 서비스 수혜자가 본인에 대해 어떤 정보가 수집되고 문서화되었으며, 정보가 어떻게 해석되었으며, 기관에서 정보를 어떻게 사용하고 있는지를 알게 함으로써 클라이언트의 사적 권리를 보장하는 방법이 된다. 대부분의 클라이언트가 기록을 보지 않는데 반해, 기록을 보고자 하는 사람들은 몇 가지 이유를 갖는다. 어떤 사람들은 기관정책이나 사회복지사에 의해 그들의 기록이 검토되기를 원하기도 하고, 어떤 사람들은 변호사, 의사, 또는 다른 자문가나 클라이언트에게 정보에 대해 접근하도록 요청을 하도록 권한다. 어떤 사람들은 자신의 현재 서비스 제공자에게 보여 주기 위해서 또는 이미 받은 서비스에 대한 상환을 받기 위해 그들의 과거기록의 복사를 요청한다. 정보 공개 허락서에 서명하기 전에 본인의 기록을 보기를 원하는 사람도 있고, 서비스가 종결된 이후에 기록의 복사본을 갖길 원하는 사람도 있다. 자신이 이야기한 것을 확인하고 싶어 하는 사람도 있고, 반면에 어떤 사람은 정보가 자신에게 알려지지 않기 때문에 접근하려고 한다. 나머지 사람은 자신이 어떻게 인식되었고, 무엇이 기록되었는지에 대한 단순한 호기심을 갖고 있다.

익명성은 클라이언트 성명과 다른 신상정보를 감추고 특수한 목적을 위해서만 클라이언트의 정보를 사용할 수 있도록 허용함으로써, 사적 권리를 보호하는 것을 말한다. 실제로 기록을 사용할 때에는 클라이언트의 신분을 확인하지 않는 것이 보통이다. 기록상의 정보는 교육이나 조사연구의 목적으로 사용되거나 대중에게 제시될 때 클라이언트의 신상이 노출되지 않아야 하며, 이에 대해 감독기관에서 감시해야 한다. 사회서비스 기관은 가능한 한 사회보장번호 같은 개인식별정보나 이름, 교육이나 연구에서 사용될 때 드러나는 정보를 차단함으로써 클라이언트의 익명성을 지켜야 한다. 클라이언트의 기록에 접근할 때에는 관련된 사항 외에, 클라이언트 기록을 모두 다 직접 볼 수 없도록 해야 하며, 기금보조기관이나 다른 외부기관에 보고할 때에도 기록을 요약함으로써 익명성을 높이도록 해야 한다.

보안은 행정정책과 절차, 물리적이고 기술적인 보호 시스템을 통해 사적 권리를 보호하는 것이다. 보안은 기록에 대한 정당하지 않은 접근과 개인정보의 승인 받지 않은 유출을 예방한다. 사실 비밀보장, 축약, 접근, 익명성을 통한 사적 권리 보호 노력은 기록이 안전하게 보안 유지가 된다면 필요 없는 것이다. 기록 보안에 대한 지속적인 위협과 기술의 지속적인 진보로 인해 기관정책, 절차, 실천은 지속적으로 검토되고 수정되어야 한다(기록의 보안에 대한 더 많은 정보는 제7장 참조).

사적 권리에 대한 다섯 가지 주요원칙은 클라이언트-욕구-상황에 대한 정보의 사용을 조절하는 것이다. 비밀보장은 전문적 관계를 통해 얻은 정보의 흐름을 제한한다. 축약은 조직 내외부에서 클라이언트에 대한 정보의 흐름을 제한한다. 클라이언트 접근은 전문적 관계에서 얻어진 정보를 클라이언트와 대리인에게로 흘러들어가게 한다. 익명성은 클라이언트의 신분이 노출되지 않으면서 기관 내외에서의 정보흐름을 증가시킨다. 보안은 행정적, 물리적, 기술적 절차를 통해 승인 받지 않은 수신자에게 정보가 흘러들어가는 것을 막는다. 사적 권리 보호에 대한 중요성 때문에, 이러한 원칙은 사회서비스, 건강 및 정신건강 서비스를 받는 개인의 사생활에 대한 정당하지 않은 침범을 막기 위한 법과 규제에 포함되어 있다.

## 사적 권리와 기록 관련 연방법 개요

1970년대 이전에는 사회복지사와 기관이 클라이언트 정보를 어떻게 다루어야 하는지에 대한 최소한의 법적 규제만이 있었다. 국가법의 경우 클라이언트 기록 정보에 대해 제한된 경우에만 규제를 했다. 클라이언트 기록과 정보는 법적 기준에 영향을 받지 않았고, 사회복지사는 어떤 정보가 기록되어야 하며, 누구에게 그 정보가 노출되어야 하는지를 결정하는 데 있어서 윤리적 원칙에 의존했다. 1965년까지 주정부는 클라이언트 기록과 사적 권리에 대한 관계의 문제를 다루지 않았다. 의회는 사적 권리와 자동화된 개인정보 시스템과 연관된 문제를 연구하기 위해 특별 소위원회를 구성했다. 미국의 건강, 교육, 복지부(1973)는 기록, 컴퓨터와 시민의 권리라는 보고서를 발간했다. 이 보고서는 공정한 정보처리 강령을 포함했으며, 다음과 같이 기술되었다.

- 갖고 있는 개인자료 기록 시스템에서 비밀은 없어야 한다.
- 어떤 개인적인 정보가 있고 그것이 어떻게 사용되는지를 개인에게 알리기 위한 방법이 있어야 한다.
- 어떤 목적을 위해 얻은 정보를 본인의 동의 없이 다른 목적에 사용하는 것을 막기 위한 방법이 있어야 한다.
- 신분정보의 기록을 수정하는 방법이 있어야 한다.
- 신분자료에 대한 기록을 만들고, 관리하며, 사용하고, 유출하는 조직은 데이터의 오용을 막기 위한 조치를 취해야 하고 사용되는 자료의 신뢰성을 확보해야 한다.

사적 권리 원칙에 대한 소위원회의 이러한 염려를 반영하는 실천에 대해 이전 장에서 설명했다. 실천 1, 2, 4는 접근과 관련된 문제이며, 실천 3은 정보의 축약에 대한 염려를 반영한다. 실천 3과 5는 사적 권리 보호뿐만 아니라 클라이언트 정보의 보안 관련 문제를 말하는 것이다. 이 모든 실천은 정보의 비밀보장에 대한 염려를 보여 준다. 1973년 보고서에 서술된 공정한 정보처리 강령은 정보수집과 관련한 이후의 모든 주정부 법에 포함되었고, 1974년의 사적 권리법 (Privacy Act)의 기초가 되었다.

1960년대 후반 이후, 의회는 개인정보의 사적 권리와 관련한 다양한 주정부 법률을 통과시켰다. 초기에, 법률은 기록의 대상이 되는 사람이 기록에 접근할 수 있도록 하는 것이었다. 그때, 관심은 어떤 내용이 기록에 포함되고 정부가 그들에 관한 정보를 가지고 있는지를 아는 것이었다. 게다가, 정보가 잘못된 경우에, 개인은 잘못을 바로잡을 수 있는 권리를 가져야 한다는 것이었다. 정보의 자유법은 주정부 기관의 문서와 기록에 포함된 정보를 얻기 위한 공적 권리를 만들었다. 1974의 사적권리법은 정부의 개인 사적 정보 사용을 규제했다. 공정신용보고법은 정보 제공자가 신용과 다른 서비스를 그들에게 제공할 때 무엇을 하는지 소비자가 알 권리를 주었다. 가족 교육 권리와 사생활보호 법령(The Family Education Rights and Privacy Act, 1974)은 부모가 자녀의 교육 기록에 접근하는 것을 허용했다. 이 법은 개인에 대한 정부 기록을 개인에게 공개하도록 했다.

1980년대 이후, 컴퓨터와 다른 기술, 개인자료의 오용에 대한 가능성이 나타나면서, 개인정보의 사적 권리에 대해 공공의 관심이 나타났다. 그 결과 주정부는 이러한 기술과 사적 권리에 대한 기술의 영향을 다룬 법령을 제정했다. 어떤 법령은 외부기술이 개인의 삶에 침입하는 방식에 초점을 맞추었다. 예는 다음과 같다.

- 1986년의 전자커뮤니케이션 사적권리법(The Electronic Communications Privacy Act)은 법정 명령 없이, 메시지 전달자에 대한 정부감시에 대항해서 개인의 전화와 전자전송을 보호한다.
- 1988년의 피고용자 거짓말탐지기 보호법(The Employee Polygraph Protection Act)은 고용 전 선발기간이나 고용기간 동안 거짓말 탐지기 테스트 사용으로부터 직원을 보호한다.
- 전화 사용자보호법(The Telephone Consumer Protection Act, 1991)은 요청하지 않은 광고를 전달하기 위한 전화와 팩스의 사용을 제한한다.

보다 최근의 주정부 법령은 사적 정보의 승인 받지 않은 유출에 대한 기술적 영향에 초점을 준다. 컴퓨터 데이터베이스에 있는 개인정보가 개인적 이익을 위해 제삼자에게 불법적으로 넘겨지는 경우가 종종 있다. 승인되지 않은 정보의 유출로부터 개인을 보호하기 위해 만들어진 법은 다음과 같다.

- 비디오 개인정보보호법(The Video Privacy Protection Act, 1988)은 개인적 오디오나 비디오 대여 기록의 유출을 예방한다.
- 운전자 개인정보보호법(The Driver's Privacy Protection Act, 1994)은 개인 면허를 취득할 때 제출되는 개인정보와 건강정보를 국가가 유출하는 것을 금지한다.
- 건강보험 양도·책임법(The Health Insurance Portability and Protection and Accountability Act, 1996)은 동의 없이 건강정보와 의료정보의 유출을 제한한다.
- 아동 온라인 정보 보호법(The Children's Online Privacy Protection Act, 1998)은 웹사이트에서 어떤 개인정보의 사용이나 수집에 대해 부모의 동의를 요청함으로써 13세 이하 어린이들의 사적 권리를 보호한다.
- 명의도용방지법(The Identity Theft and Assumption Deterrence Act,

1998)은 승인 받지 않고 타인의 명의를 사용하거나 전송하는 것을 처벌한다.

- 금융서비스 현대화법(The Gramm-Leach-Bliley Act, 1999)는 금융기관에 의한 고객 신용정보의 노출과 수집을 관리한다.

1990년에 제정된 법령에는 사적 권리와 개인정보를 얻기 위해 제삼자가 테크 놀로지를 사용하는 것에 대한 정부의 관심이 드러나 있다. 주정부는 외부의 승인 받지 않은 침입으로부터 개인정보를 보호하고자 하였다. 그러나 2001년 9월 11 일의 사건이나 이후의 지속적인 국가 보안상의 위험은 개인의 사적 문제에 대해 정부의 개입을 증가시켜왔다. 2001년의 패트리어트 법은 인터넷 개인 파일에 있 는 정보를 포함해서 개인정보에 대하여 정부가 감시할 수 있는 여지를 넓혔다. 패트리어트 법 이전에, 주정부는 개인의 사적 권리를 보호하는 태도를 취하였으 나 테러리즘에 대한 극도의 불안으로 인해 정책상의 커다란 변화가 나타나게 되 었다.

위에 언급된 모든 주정부 법령은 승인 받은 사람들에게만 대상자에 대한 기록 을 오픈함으로써 사적 권리를 보호한다. 이러한 법은 교육, 건강, 금융 기록을 포함해서 사적 권리와 관계된 다양한 영역에 적용되지만, 모든 법률이 사회복지 사의 실천 영역이나 기록과 직접적으로 관계되는 것은 아니며 금융서비스 현대 화법이나 비디오 개인정보보호법(Video Privacy Protection Act)과 같은 어떤 법령은 사회복지사와는 직접적인 관련이 없는 것도 있다.

사회복지실천이나 기록의 관리 방법과 더 긴밀하게 관련되는 또 다른 주정부 법률들이 있는데 이러한 법은 아래에서 논의된다.


## 사회복지기록과 관련된 연방정부 법

연방정부 법은 모든 사회 서비스기관에 적용된다. 연방정부는 규칙을 따르기 위해, 사회 서비스 프로그램을 만들 수 있고, 사회보장국이나 보건사회복지부와 같은 정부 기관에 규칙을 따르도록 요청할 수 있다. 미국 정부의 위계적 시스템 안에서, 연방정부는 주정부보다 상위의 힘을 갖고, 연방정부 기금을 받기 위해 주정부가 어떤 조건을 충족해야 하기도 한다. 연방정부 법은 연방정부에 의해 허가를 받거나 연방정부 기금을 받는 주나 지역기관에 적용되지만, 주정부는 연방정부나 연방기관에게 그들의 주 법을 따르도록 요청할 수 없다.

연방정부 기금을 사용하는 주나 지역사회 서비스기관은 사적 권리와 관련된 연방정부 법의 조항을 준수해야 하고, 연방정부 방침에 따라 클라이언트 정보를 보호해야만 한다. 이는 주정부가 클라이언트 기록과 사적 권리의 문제에 대한 또 다른 주 법을 통과시킨다 하더라도 변함이 없다. 때문에 연방정부 법에 의해 수혜를 받는 클라이언트와 일하는 사회복지사는 기록에 대한 정보의 노출과 접근에 영향을 미치는 연방정부 법과 주정부 법 모두를 이해하는 것이 중요하다.

예를 들어, 연방정부는 1975년, 지금은 IDEA라고 알려진 장애아동 교육법 (Education for All Handicapped Children Act)을 제정했다. 이 법은 장애아동에게 특수교육과 관련 서비스를 받을 자격을 부여하였다. 장애아동에게 교부하기 위한 연방정부 기금을 받기 위해서, 주정부는 IDEA의 요건에 부합하는 주정부 법률을 제정할 수 있다. 마찬가지로, 연방정부로부터 간접비와 주정부로부터 직접비를 받는 지역학교는 장애아동을 위한 서비스에 있어 주정부와 연방정부의 모든 조항을 따라야 한다. IDEA의 요건 중 하나는 학교가 특수교육 기록에 대한 비밀보장을 해야 하고, 부모가 아동의 기록을 열람할 수 있도록 하는 것이다. 부모의 접근과 특수교육 기록에 대한 주 법의 규정이 있다면, 지역학교의 학교 사회복지사는 연방정부와 주정부 법 모두를 따라야 한다.

## 정보자유법

1966년에 제정된, 정보자유법(FOIA)은 연방정부 기관의 기록 열람에 대한 공적 권리를 규정한 연방정부 법이다. 1996년에 FOIA는 개정되었고, 행정부, 국방부, 공공기관, 연방정부 산하기관에서는 전자 기록을 좀 더 쉽게 열람할 수 있게 되었다. FOIA 규정에 의하면 누구든지 미국연방수사국, 이민국, 교도행정국, 사회보장처, 재향군인회를 등의 활동을 열람할 수 있다. 보건, 환경, 소비자 보호, 노동, 정부 예산, 시민 권익옹호, 외국인 정책, 국방과 같은 다양한 주제에 관심을 가진 사람들이 공적기관의 기록을 열람한다(Adler, 1992).

FOIA는 연방정부 기록에 있는 정보뿐만 아니라 정부 활동과 프로그램에 대해 개인이 정보를 얻을 수 있도록 허락한 최초의 주요한 법이었다. 1966년 이전에는, 개인이 연방기관에 의해 작성된 정보에 접근하고자 하는 경우, 정보의 필요를 증명하는 것이 개인에게 쉽지 않은 일이었다. 개인이 정보를 얻을 수 있도록 도와주는 지침이나 절차가 없었고, 정보에 대한 접근이 거부당할 경우에 대한 구제책도 없었다. FOIA는 개인이 정부기록에 대해 보다 쉽게 접근할 수 있는 길을 열어 주었다.

물론, FOIA는 정부가 어떤 정보에 대해서는 노출을 제한해야만 하는 합법적 이유가 있다는 것을 인정한다. FOIA는 정부가 민감한 정보를 보호해야 할 필요와 개인의 정보 접근권리 사이에서 균형을 찾기 위해 노력한다. 국가 안보, 법 제정 관련 파일, 부당하게 타인의 사적 권리를 침해하는 정보 등 정보 공개에서 제외되는 9가지 항목이 규정되어 있다. FOIA가 정부 문서 검색에 대한 절대적 권한을 부여하지는 않지만, 이에 대한 공적 감시를 위해 정부의 활동은 공개한다. 그들이 요청한 정보에 대해 자격을 부여받은 사람들은 정보의 버전을 수정하거나 그들의 요청에 대한 다른 반응을 수정한다. 기록 열람이 거부되는 경우, 신청자는 열람이 거부된 이유를 들을 권리와 그 결정에 항소할 권리를 갖는다.

## 1974년 사적권리법

1974년에 제정된 사적권리법은 연방정부기관 기록보관과 공개를 결정한다. 공정정보 강령(Code of Fair Information Practices)에 포함된 규정이 사적권리법의 기초가 되었다. 오늘날, 실천과 관련된 규정이 연방정부와 주정부 기록 법률에 포함되어 있기 때문에 사적 권리에 대한 이러한 규정은 대부분의 사회복지 실천가에게는 당연한 것처럼 느껴진다.

사적권리법은 시민이 그들에 관한 기록이 정부기관에 의해 어떻게 수집되고, 보관되며, 사용되고, 배포되는지를 배우도록 한다. 정부기록에 있는 자신의 개인정보에 대한 접근을 허락하고, 부정확하고 불충분하며 시기적절하지 않고 관련이 없는 정보에 대해 수정하도록 한다. 사적권리법은 개인신원정보의 노출을 제한하고, 정보에 대한 소비자의 접근을 허락하고, 연방기관이 개인정보 수집의 목적을 명확히 하도록 요청하고, 정보의 오용에 대해 민법이나 형사처벌을 함으로써 연방정부의 개인정보 사용을 규제한다. 정보의 점검과 수정에 대한 권리는 사적권리법의 가장 중요한 조항이다. 사적권리법은 FOIA처럼 자신에 대한 정보가 담긴 대부분의 개인 파일을 공개한다.

연방정부서비스 기관의 사회복지사는 클라이언트가 자신에 대한 기록을 수정하고 접근할 권리를 갖고 있다는 것을 알고 있어야 한다. 예를 들어, 클라이언트가 자신의 고용기간에 대한 계산 오류로 인해 사회보장보험 혜택을 받지 못한다고 믿는다면, 클라이언트는 사회보장국이 보관하고 있는 기록을 확인하고 정확한 문서를 제출하여 기록을 수정할 수 있다. 재향군인회의 클라이언트는 그들의 서비스 적격 여부가 정확하게 결정되었는지 확인하기 위해 기록을 열람할 수 있다.

사회복지사는 클라이언트를 위한 서비스 목적을 달성하기 위해 사적권리법과 FOIA를 모두 사용할 수 있다. 예를 들면, 미국에 정치적 망명을 하려는 클라이언트와 신분을 거부당한 클라이언트는 이민청장으로부터 정보를 얻기 위해 FOIA와 사적권리법을 모두 사용할 수 있다. 사회복지사는 클라이언트의 항소 준비를 도우면서 미국의 망명 거부 또는 교부금 관련 정부기록을 보고 수정하는 클라이언트에 관한 정부기록을 검토할 수 있다. 노숙인 집단과 일하는 사회복지사는 저소득 주택 교부금 바우처의 이용 가능성에 대한 주택과 도시개발부의 기록을 검토하기 위해 FOIA를 활용한다. 클라이언트가 수혜를 받을 수 없는 지역에 살고 있다면, 사회복지사는 바우처의 보다 균등한 분배를 위한 옹호활동을 할 수 있다.

## 가족 교육 권리 · 사생활보호법

버클리 개정안으로 알려져 있는, 가족 교육 권리 · 사생활보호법(Family Educational Rights and Privacy Act : FERPA)은 1974년에 제정되었다. 이 법은 미국 교육부의 기금을 받는 모든 학교에 적용된다. FERPA는 부모들이 아동에 대한 교육기록에 접근하는 것을 허용한다. '교육기록'이라는 용어는 학교에 의해 관리되고 직접적으로 학생과 관련된 정보를 뜻하는 광범위한 용어이다. FERPA 이전에 부모는 아동에 대한 학교 정보를 볼 수 없었다.

FERPA는 부모에게 학교 정보를 열람할 수 있는 권리를 주었으며, 이러한 권리는 아동이 대학에 진학하거나 18세 이상이 되면 학생에게로 이양된다.

부모나 학생은 교육기록을 점검할 수 있는 권리가 있으며, 부정확하거나 잘못된, 부적절한 기록에 대한 수정을 학교에 요청할 수 있다. 학교가 기록을 수정하지 않는다면, 부모나 학생은 공식적인 발언을 할 권리를 가지며, 논쟁이 된 정보에 대한 그들의 관점을 진술할 권리를 갖는다. 논쟁이 된 정보가 공개될 때마다, 부모나 학생의 진술은 그 정보와 함께 공개된다.

학교는 학생의 교육 기록 있는 개인적 정보를 공개하기 위해서 부모나 학생으로부터 서면 동의서를 받아야 한다. 하지만 특정 사람들이나 특정 조건하에서는 동의서가 필요하지 않은 경우도 있다. FERPA에 의하면 당사자 동의 없이 정보공개가 허락되는 경우는 다음과 같이 규정하고 있다. 즉 학생이 전학하는 경우, 감사나 평가를 받는 경우, 법정출두 명령 등 법적으로 요구되는 경우, 건강이 위협박는 경우, 학생의 안전이 위협받는 경우, 주 정부의 요청이 있는 경우 등이다.

FERPA에 의하면 학생 기록부 내용과 다른 유형의 정보가 구별되어야 한다고 규정하고 있다. 학생의 이름, 주소, 전화번호, 출생일, 수상, 내용, 출석일 등을 포함하는 기록부 정보는 학교정책에 명시되어 있기만 하면 부모와 학생의 동의 없이 정보 공개 대상이 된다. 공개를 위해 부모나 학생의 동의를 요청하지 않는다.

FERPA가 교육기록이라는 용어를 따로 규정하고 있지는 않지만, 교육기록은 학업수행과 관련한 보다 많은 정보를 포함한다. 특수교육담당교사, 건강관리사, 심리사, 사회복지사에 의해 작성된 학생에 관한 기록 역시 교육기록으로 간주된다. 이들의 기록은 그것이 학적부에 기록되어 있거나, 교무실의 파일에 있거나 상관없이 모두 교육기록이 된다. 그러므로 이러한 기록은 부모나 학생이 열람 가능해야 하고, 외부 공개 시 동의를 받아야 한다.

학교사회복지사는 장애를 가진 학생에 대한 사례 평가의 일부로 발달단계 분석을 수행하고, 개인상담 또는 집단상담을 제공하며 이에 대한 기록을 남긴다. 이러한 기록에 대한 접근과 공개에 대해서는 FERPA의 규칙에 따른다. 이때에 부모는 사회복지사가 제공한 서비스 내용을 볼 자격이 있다. 그러나 부모가 아동의 교육기록 중에서 사회복지 관련 서비스 내용을 볼 수 있다는 것은 학교사회복지사뿐만 아니라 아동에게도 민감한 부분이다. 아동, 특히 청소년은 부모에게 공개되기를 원하지 않는 민감한 내용을 사회복지사와 함께 다룰 수도 있다. 성적 행동, 부모나 중요한 타인에 대한 감정, 알코올이나 약물 사용 등이 그러한 예이다. 무엇이 기록되어야 하는지를 결정하는 데 있어서, 사회복지사는 학생이 성인이 될 때까지는 부모가 자녀의 교육기록을 볼 권리가 있다는 것을 명심해야 한다.

학교사회복지사는 FERPA에 근거하여 부모를 자녀의 교육기록을 볼 수 있도록 도울 수 있다. 부모는 자녀가 학교생활에 적응하지 못하거나 사회적 행동 문제가 있는 경우에 학교기록을 보고 싶어 할 것이다. 아동의 학업수행이 떨어질 때 부모는 그 원인을 알기 위해서 아동의 기록을 검토하기를 원할 것이다. 기록을 통해, 부모는 자녀가 교실 뒤쪽에 앉아 있고, 칠판을 보는 데 문제가 있으며, 안경이 필요하다는 것을 알게 된다. 그리고 부모는 아동을 안과에 데려간다. 자녀가 기분이 침울하거나 집에 틀어박혀 있는 것을 보고 부모는 학교에서 무슨 고민거리가 발생했는지 의아해 하게 된다. 기록을 통해, 부모는 자녀가 왕따를 당하거나 또래관계에 문제가 있거나 교사나 학생주임에게 야단맞을 행동을 하고 있음을 발견할 수 있다. 그러한 경우 학교 사회복지사는 아동의 사회 발달과 학업수행능력 개선을 위해 학교와 지역사회 내의 적절한 자원을 연계하여 부모를 도울 수 있다.

## 알코올과 약물남용 관련 연방정부기록

1970년대에 의회는 2개의 법을 통과시켰는데, 1970년의 알코올 남용, 알코올 예방, 치료, 재활관련 총괄법(Comprehensive Alcohol Abuse and Alcoholism Prevention, Treatment and Rehabilitation Act)과 1972년의 치료 및 재활법 (Treatment and Rehabilitation Act)이다. 1990년대에, 의회는 이 두 가지의 법을 알코올과 약물남용 모두를 포함하는 하나의 법으로 합치고 재구성하였다. 약물남용 기록을 관리하는 연방정부 규정은 알코올과 약물남용 환자 기록의 비밀보장(Confidentiality of Alcohol and Drug Abuse Patient Records, 2007), 또는 제Ⅱ규정으로 알려져 있다. 제Ⅱ규정은 약물남용 문제를 가진 사람들이 치료에 대한 욕구와 그들의 개인정보가 외부에 공개되지 않을 것이라는 확신이 가질 때, 더욱 성공적인 치료과정을 수행할 것이라는 생각에 근거한다 (Lopez, 1994).

제Ⅱ규정은 연방정부의 지원을 받는 모든 약물남용 프로그램에 적용된다.

약물남용 프로그램은 알코올과 약물남용 치료, 진단, 의뢰를 제공하는 개인이나 프로그램을 포함한다. 제Ⅱ규정은 정보 공개와 사용 모두에서 다른 비밀보장

규정보다 더 엄격하다. 이러한 연방정부 규정은 연방정부의 지원을 받는 약물이나 알코올 치료 프로그램에 의해 얻어진 클라이언트 관련 정보를 모두 기록으로 규정한다.

제Ⅱ규정은 ⓐ 클라이언트가 동의서를 제공한 상황, ⓑ 공개가 클라이언트 동의 없이 허락된 상황, ⓒ 공개가 법정 명령에 준해 이루어진 상황의 세 가지 상황으로 클라이언트 신분 정보에 대한 공개가 이루어지는 상황을 규정한다. 연방정부 규정하에서, 약물남용 프로그램은 클라이언트의 동의서 없이 클라이언트 신분정보를 공개하지 못한다. 예를 들면, 사회복지사가 약물남용 입원치료를 받고 있는 클라이언트를 위해 지역사회의 추후 서비스를 연결하기 원한다면, 사회복지사는 클라이언트에 대한 정보를 지역 서비스 제공자에게 공개하기 전에 환자의 동의서를 받아야 한다. 클라이언트가 그 정보가 사용되어지는 것에 대해 동의하고 추후 서비스를 원할 때조차도, 동의서를 먼저 받아야 한다. 클라이언트에 대한 정보를 받은 사람 역시 이후에 환자에게 동의서를 받지 않은 채 다른 사람에게 정보를 공개해서는 안 된다.

정보 공개에 클라이언트 동의가 반드시 필요하지 않은 경우도 있다. 이런 특정 상황 중 하나는 약물남용 클라이언트가 아동 학대나 방임을 하고 있음이 의심되는 상황이다. 사회복지사는 위임받은 신고자이기 때문에, 그들은 법에 의해 아동방임이나 학대를 보고할 의무가 있다. 제Ⅱ규정은 아동 학대와 관련된 보고를 하는 것을 금지하지는 않지만 이후의 자료 공개나 민사 또는 형사 아동 학대 소송에서 알코올이나 약물남용 클라이언트 기록을 사용하거나 공개하는 것에 대해서는 적용된다.

예를 들면, 알코올중독 치료를 받고 있는 클라이언트가 사회복지사에게 그가 이전에 중독 상황에서 자녀를 성학대했다는 것을 말했다. 사회복지사는 아동 학대에 대한 보고의무가 있고, 아동학대조사기관에 클라이언트가 말한 내용에 대해 알릴 것이다. 아동 학대에 대한 보고가 이루어지면 주정부는 아버지를 형사고발하거나 아동보호를 위한 법적 조치를 취할 것이다. 아버지의 학대행위를 입증하기 위해, 주정부 담당 변호사는 사회복지사가 기록한 알코올 치료 기록에 대해 정보 공개를 요청할 것이다. 그러나 아버지의 동의나 기록 공개에 대한 법적 명령 없이, 사회복지사는 아버지의 아동 성학대 관련 기록을 공개해서는 안 된다.

클라이언트 동의가 필요하지 않는 또 다른 상황은, 의료적 응급 상황의 경우이다. 개인의 건강에 즉각적인 위협이 있는 응급 치료 상황에서는 클라이언트의 동의 없이 신분 정보가 의료진에게 공개될 수 있다. 응급 상황에서, 정보를 공개하는 사람은 응급 상황의 특징과 누구에게 공개되었는지 대한 기록을 남겨 놓아야 한다. 또한 과학 연구, 감사, 평가의 목적을 위한 공개의 경우 클라이언트 동의는 필요 없다. 그리고 클라이언트가 프로그램 장소나 프로그램 직원에 대해 범죄를 저지르거나 위협한 경우, 법집행 기관에 대한 정보 공개의 동의 역시 필요하지 않다. 클라이언트가 치료 프로그램에서 다른 클라이언트나 직원에게 폭력을 행하는 것을 사회복지사가 목격했다면, 사회복지사는 이러한 정보를 경찰에 보고할 수 있다.

제Ⅱ규정은 약물남용 프로그램 기록에 대한 법원 명령이 있을 때, 기록 공개를 관리할 수 있는 세부적인 조항을 포함한다. 약물남용 기록과 정보는 특별히 관리된다. 간단하게 말하면, 약물남용 기록에 대한 법적 명령은 기록에 대한 영장을 받았을 때에만 공개가 허용된다. 법원 명령만으로는 공개를 강요할 수 없으며, 클라이언트에 대한 알코올과 약물남용 기록에 대한 법원 명령과 기록에 대한 소환장 둘 다를 받았을 때만 공개된다.

제Ⅱ규정은 사례가 범죄 사례인가 비범죄 사례인가에 따라 서로 다른 공개 절차를 갖고 있다. 범죄 사례는 절도, 상해 , 구타, 살인, 방화, 공공시설물 파괴와 같은 사람이나 재산에 대한 범죄를 말한다. 경찰이나 검찰관은 범죄를 저지른 클라이언트를 조사하기 위해 기록을 찾을 것이다. 비범죄적인 문제는 이혼, 양육권 다툼, 과실, 비행과 같은 경우이며, 소송 중인 개인은 공판에서 유리한 증거를 찾기 위해 기록을 찾을 것이다. 예를 들면, 이혼사례에서 아내는 자녀의 양육권을 주장하기 위해 남편의 알코올 기록을 사용하고자 할 것이다. 또는 결함 있는 침대 설계로 인해 자신의 아이가 사망했다고 믿는 어머니가 법정소송을 제기한 경우 침대 제조업자는 베이비시터가 아동보호를 잘못했기 때문이라는 주장을 하기 위해 그녀의 약물남용 관련 기록을 사용하려고 할 것이다.

비범죄적인 사례에서, 법정 명령에 대한 적용은 가명을 사용해야 하며, 클라이언트 신분 정보를 포함해서는 안 된다. 이는 클라이언트의 신분을 보호하기 위해 약물남용 기록에만 특히 해당된다.

환자나 기록을 가지고 있는 사람들에게는 정보 공개에 대한 고지가 이루어져야 하고, 그에 대해 반응을 보일 수 있는 기회가 주어진다. 비밀스런 클라이언트 정보에 대해 공개를 명하기 전에, 법원은 공개를 하는 것이 꼭 필요한 것인지에 대한 충분한 고려를 해야 한다. 공개를 위한 '좋은 이유'라는 것은 공개를 해야할 필요성이 치료관계나 클라이언트에게 잠재적인 해를 입힐 수 있는 가능성이 상당하고, 정보를 얻기 위한 다른 효과적인 방법이 없는 경우를 의미한다. 약물남용문제를 가진 사람들에게 서비스를 제공하는 사회복지사는 클라이언트나 클라이언트와 반대되는 이해관계를 가진 사람들에 대한 증언을 제공하도록 요청받았다는 것을 알게 될 것이다. 클라이언트의 약물남용 문제는 그들의 결혼과 다른 중요한 관계, 고용, 판결, 다른 삶의 중요한 일들에 영향을 미친다. 사회복지사는 아동의 양육권을 놓고 싸우는 상황에서, 가정폭력 보호명령이 내려지는 상황에서, 고용이 종결되는 상황에서, 강제수감이나 보호의 상황에서 증언을 요청받을 것이다. 그러나 클라이언트가 그들의 약물남용 기록 공개에 대한 동의서를 작성하지 않았다면, 사회복지사는 정보를 공개 이전에 법정명령과 소환장을 모두 받아야만 한다.

중독문제를 갖고 있는 클라이언트는 약물을 계속해서 투약하기 위해서 범죄를 저지르거나, 그들의 정신상태가 알코올과 약물로 인해 손상 받았기 때문에 범죄를 저지르게 된다. 클라이언트를 기소하거나 조사하기 위한 목적으로 기록이 요구될 때, John Doe 적용과 관련한 동일한 일반적 절차가 뒤따라야 한다. 게다가 법정은 그 범죄가 극도로 심각하고, 심각한 해나 죽음을 야기할 수 있는 위협 또는 원인이라는 기준이 충족될 때 기록의 사용과 공개에 대한 권한을 가질 수 있다. 그리고 기소나 조사를 위한 실질적 가치를 가진 정보를 공개하는 합리적인 수준에서 기록의 공개가 이루어져야 한다.

범죄사례를 위해 클라이언트 기록의 사용이나 공개의 권한을 주는 명령은 범죄와 관련된 클라이언트의 기록 부분에 대해서만 한정된 공개여야 한다. 사회복지사는 처벌을 가볍게 하거나 범죄를 변호하기 위해 클라이언트의 중독과 정신건강 상태에 관한 증언을 요청받을 수도 있다. 클라이언트가 기록의 사용을 요청한다면, 그는 정보의 공개에 대한 동의를 해야 한다. 그렇지 않으면, 사회복지사는 법정 명령과 소환장에 의거하여 가능한 최소한의 정보를 공개해야 한다.

## 건강보험 양도·책임법

의회는 Public Law 104-191인 건강보험 양도·책임법(Health Insurance Portability and Accountability Act of 1996 : HIPAA)을 제정함으로써, 건강정보의 사적 권리 보호의 중요성을 인정했다. HIPPA는 2개의 주요 부분을 포함한다. Title Ⅰ은 건강관리보험의 양도에 대한 것이고, 근로자와 가족은 그들이 직업을 잃거나 바꿀 때 건강보험을 유지한다. HIPAA Title Ⅱ는 건강관리의 행정 단순화와 관련된 내용이며 건강 관리 정보에 대한 비밀보장과 사적 권리 보호에 대한 내용을 다루고 있다. 건강정보의 사적 권리를 관리하는 마지막 규정은 '사적 권리 규칙'으로 알려져 있고, 2003년 4월 14일에 실시되었다.

## 사적 권리 규칙

사적 권리 규칙의 가장 중요한 측면 중 하나는 그 조항을 따라야 하는 개인과 단체에 적용할 수 있는 최소한의 국가 기준을 만드는 것이다. HIPAA는 주의 법이 더 엄격한 경우를 제외하고는, 건강정보를 관리하는 주의 법을 점유함으로써 국가 기준을 만든다. 달리 말하면, 사적 권리 규칙은 대부분의 건강 관리 제공자들에게 적용되는 기본 원칙을 만드는 것이고, 연방정부 기준은 상위법으로서 주의 법을 대신한다. 예를 들면, 주 법이 클라이언트의 기록 열람에 대한 권한을 강화한다면, 클라이언트의 정보를 얻으려고 하는 외부자의 권한을 제한하거나 HIPAA하에서 허가된 정보의 사용은 제한된다. 그때 그 법은 연방정부 규칙보다 우선권이 있으며 더 엄격한 것으로 간주된다.

알라바마 주의 클라이언트는 HIPAA가 효력을 발휘하기 이전에 자신의 의료기록을 볼 수 없었다. HIPAA가 클라이언트에게 의료기록에 대한 접근을 허가하였기 때문에, 알라바마 주의 법은 HIPAA의 조항에 종속되었고, 알라바마의 클라이언트는 HIPAA의 규정하에서 의료기록에 접근할 자격을 부여받게 되었다. 반대로, 비록 HIPAA가 의료와 건강 관리 정보에 대한 보호를 하고 있다 하더라도, 많은 주에서 정신건강 기록에 대한 공개 규정을 HIPAA보다 더욱 엄격하게 다루기 때문에(Sullivan, 2004) 이러한 주에서는 HIPAA만을 준수하는 것으로 부족하다. 그들은 HIPAA를 준수하는 한편, 정신건강 실천에서 있어서는 주 법에 규정된 보다 더 엄격한 규정 역시 따라야 한다. 실제로, 연방정부와 주정부의 법을 둘 다 따를 필요가 있다는 것을 알게 될 것이다. HIPAA가 사적 권리에 대해 더 엄격한 규정을 가지고 있을 때, 실천가는 HIPAA를 따라야 하지만 주의 법이 HIPAA보다 더 엄격할 때, 실천가는 주의 법을 따라야 한다. 실천가는 연방정부나 주의 법 중 어느 것이 더 사적 권리를 보호하기 위한 엄격한 규정을 갖고 있는지에 대해 명확하게 알 수 없을 때에는 자문을 구할 수도 있다.

HIPAA는 대부분의 다른 법률보다 제공자와 대상자와 관련된 더 넓은 적용

범위를 갖는다. HIPAA는 그 조항을 따르기 위해 '의료수가 책정자'를 요청한다. 의료수가 책정자는 (a) 건강 계획, (b) 건강 관리 정보센터, (c) 전산으로 건강 정보를 전송하는 건강 관리 제공자이다. 건강 계획은 의료관리의 비용 지불에 대한 개인 또는 집단 계획을 의미한다. 건강 관리 정보센터는 건강정보의 절차를 촉진하거나 진행하는 공적, 사적 단체이다.

HIPAA하에서, 건강 관리 제공자는 비즈니스의 일반적 과정에서 건강 관리를 위해 지불되거나 청구되는 서비스 제공자로 규정된다. 건강 관리 제공자는 사회복지사, 심리학자, 정신과 의사와 같은 전문가를 포함하는데 이들은 이미 클라이언트에 대한 정보를 보호하는 것에 익숙한 사람이다. 의료수가 대상자는 또한 치과 의사와 약사와 같은 전문가를 포함하는데, 그들은 클라이언트 사적 권리보호에 대해 제한적인 경험을 갖고 있다. 의료수가 대상자는 병원이나 기관뿐만이 아니라 의사, 치료자, 간호사, 심리학자, 임상 사회복지사, 침술사, 언어병리사, 물리치료사, 지압사, 치과 의사, 약사를 포함한다. 대부분의 모든 사회복지사와 그들이 일하는 기관은 그들이 건강 관리에 대한 비용을 받거나 청구를 하기 때문에 건강 관리 제공자에게 관심을 갖는다. 사회복지사는 또한 자신의 활동이 건강 관리 기능을 포함하기도 하고 포함하지 않기도 하는 '혼합된' 기관에 일할 것이다. 그러한 경우에, HIPAA 규칙은 기관의 관련된 기능에 적용된다.

켄터키 주에서는 보건복지부 내의 의료보호과만이 유일하게 HIPAA하에 규정된 의료수가 입력 부서로 결정하였다. 한편, 일리노이 주 아동가족부(Illinois Department of Children and Family Services)는 의료보호 대상자의 비용처리 업무를 수행하기 위한 전체 부서를 '의료수가 입력자'로 간주했다.

HIPAA하에서 의료수가 입력이 의료진에 의해 직접 입력되거나 제삼자가 입력하든지 간에 건강 관리 제공자는 개인의 건강정보를 전자문서 형태로 변환시켜야 한다. 사회복지사가 클라이언트에게 건강 관리를 제공할 때, 건강정보를 전자문서로 변환시키지 않는다면, 그 실천가는 HIPAA의 사적 권리 규정을 준수할 필요가 없고, 의료수가 대상자가 되지 않는다. 물론, 사회복지사는 여전히 주의 법과 미국사회복지사협회의 윤리강령을 따라야만 한다.

## 건강정보 보호

다른 법률에 비해 HIPAA는 보다 광범위한 정보에 대한 적용 범위를 갖는다. 사적 권리 규칙은 개인적인 건강정보 의뢰를 위해서 '건강정보보호(protected health information : PHI)'라는 용어를 사용하는데, 이는 전자문서와 종이기록, 언어 커뮤니케이션을 포함한다. 건강정보보호는 의료수가 대상자에 의해 작성되었거나 제공된 것으로, 개인의 건강 관리, 정신 및 행동 건강정보, 그러한 서비스에 대한 지불 등의 개인 신분 정보를 의미한다. 건강정보보호는 FERPA에 의해 규정된 의료수가 대상자에 의해 보관되는 고용기록도 포함하지 않는다. 개인 신분 건강정보(IIHI)는 개인의 과거, 현재, 미래의 신체건강 또는 정신건강에 관계된 건강정보를 말한다.

HIPAA의 원칙은 의료수가 책정자가 클라이언트나 대변자의 허락 없이 건강정보보호를 노출해서는 안 된다는 것이다.

사적 권리 규칙은 기록 공개에서 '허가'를 '동의'와는 다르게 본다. 유효한 허가는 다음의 핵심 요소를 포함해야 한다 — (a) 정보에 대한 특별하고 의미 있는 기술, (b) 정보의 사용이나 공개를 할 수 있는 사람의 종류나 이름, (c) 공개를 하도록 권한을 받은 사람에 대한 기술이나 사람의 이름, (d) 요청한 정보의 목적, (e) 만료날짜나 사건, (f) 사인한 날짜와 공개를 하도록 허가한 사람의 사인. 이러한 핵심 요소와 함께, 허가는 다음과 같은 진술을 포함해야 한다 — (a) 문서로 허가를 폐지할 권리와 어떻게 이것이 완성되는지에 대해 개인에게 고지, (b) 허가를 서명한 것이 치료, 지불, 등록 또는 수혜를 위한 적격 여부에 대한 상황인지 아닌지에 대한 것, (c) HIPAA의 보호 밖에 있는 다른 주체에게 개인의 정보를 추후에 재공개하는 것에 대한 가능성에 관한 것.

HIPAA에는 명료한 언어로 작성된 허가서를 요구하고 있고, 개인은 그들이 사인한 허가서의 복사본을 받는다.

HIPAA가 건강정보보호 공개에 대해 일반적으로는 허가서를 요구하고 있지만, 의료수가 책정자가 클라이언트의 허가 없이 건강정보보호의 사용이나 공개를 하게 되는 다양한 상황에 대한 지침 역시 명시하고 있다.

HIPAA는 정보 공개에 대하여 '의무사항'과 '허가사항'을 구분해 놓고 있다 — (a) 클라이언트 요청이 있는 경우, (b) 항의에 대한 조사를 위해 HHS가 정보를 요청하는 경우이다. HIPAA에는 의료수가 책정자가 허가 없이 공개를 할 수 있는 또 다른 상황이 있다. 의료수가 책정자가 치료활동, 숫가 지불, 의료활동에 필요한 경우, 또는 다른 의료기관에 치료 관련 정보를 제공해야 할 경우에는 지불확인을 위해 정보 공개를 할 수 있다.

클라이언트나 다른 사람들이 심각한 해를 입을 위험에 처해 있는 상황 역시 클라이언트 허가 없이 정보 공개가 허용되는 상황이다. HIPAA는 아동학대나 방임 관련 기관에게 건강정보보호 공개를 허가한다. 게다가, HIPAA는 학대, 방임, 가정폭력의 희생자가 되었다고 생각되는 성인에 대한 보고를 받기 위해 법에 의해 승인된 사회서비스나 보호서비스 기관에게 공개하는 것을 허락한다. 후자의 상황에서, 개인은 공개에 동의해야만 한다. 개인이 동의하지 않는다면, 의료수가 책정자는 공개가 개인이나 다른 잠재적 희생자에게 심각한 해를 입히는 것을 예방하기 위해 필요하다는 확신이 있거나 개인이 무능력해서 동의할 수 없는 경우, 정보를 공개하거나 사용할 수 있다.

유사하게, 사적 권리 규칙은 개인이나 공공의 안전과 건강을 위협하는 상황을 막기 위해 의료수가 책정자가 건강정보보호를 사용하거나 공개하는 것을 허용한다.

이런 경우, 위협의 대상이 되는 사람과 위협 상황을 막을 수 있는 사람에게 정보가 공개되어야 한다. 의료수가 책정자는 또한 클라이언트가 법적 구금상태에서 도망갔거나 폭력범죄에 가담했다는 진술을 하는 경우, 법집행 기관이 이들의 신원을 확인할 수 있도록 정보를 공개할 수 있다.

의료수가 책정자가 클라이언트의 동의서 없이 건강정보보호를 공개할 수 있는 또 다른 상황은 법률에 의해서 요구되는 법정 및 행정 절차 상황, 연구, 노동보상 사례, 모금, 마케팅, 건강 감독 활동 등이다(Sullivan, 2004). 위의 상황에서, 사적 권리 규칙은 의료수가 책정자가 '최소한의 필요' 기준을 적용시킬 것을 규정하고 있다. 달리 말하면 의료수가 책정자는 꼭 필요한 최소한의 정보만을 공개하는 등의 건강정보보호의 공개나 사용을 제한하기 위한 합리적인 노력을 해야 한다는 것이다. 최소한의 필요 기준은 클라이언트에게 제공되는 정보나, 개인 위임자에 의해 허가받은 정보나, 치료목적을 위한 정보 공개의 경우에는 적용되지 않는다. 사회복지사는 이러한 필요 기준을 통해 정보가 지나치게 광범위하게 공개되는 것을 막는 윤리적 실천을 할 수 있다. 지나치게 많은 정보에 대한 공개가 요청되는 경우, 사회복지사는 필요한 최소한의 내용만을 공개하도록 제한할 수 있으며, 이를 통해 사적 비밀을 보호한다.

## 사적 권리 실천

HIPAA는 클라이언트 정보를 보호하기 위해서 의료수가 책정자가 따라야 하는 행정 절차에 대해 명시한다. 이러한 행정적 절차 중 하나는 의료수가 책정자가 사적 권리 실천에 대한 서면통지를 하는 것이다. 그 통지는 의료수가 책정자가 건강정보보호를 사용하거나 공개할 때, 허가되고 요청된 사용의 사례를 제공할 때 개인에게 이를 알려 주는 것이다. 병원이 클라이언트가 퇴원할 때 적절한 건강관리 조정자에게 건강정보보호를 사용할 것이라면, 사적 권리 실천을 알려야 하고, 의료수가 책정자는 차후의 관리를 연결할 때 노인요양원이나 가정 건강기관에 건강정보를 제공해야 한다.

사적 권리 실천에 대한 통지는 자신의 권리를 찾을 수 있는 방법에 대한 간단한 기술과 함께 건강정보보호에 대한 개인의 권리에 대해 설명한다. 그 특정 권리는 다음과 같다.

- 보호된 건강정보의 공개와 사용에 대한 제한을 요청할 권리
- 건강정보보호의 비밀보장을 받을 권리
- 건강정보보호를 조사하고 복사할 권리
- 건강정보보호를 수정할 권리
- 의료수가 책정자가 언제 어떻게 건강정보보호를 공개할지에 대한 설명을 받을 권리
- 전자문서로 통지를 받을 개인의 권리

사적 권리 실천의 통지는 사적 권리 침해 시의 대응과, PHI의 보호를 위한 의료수가 책정자의 특정 의무에 대해서도 설명해야 한다.

의료수가 책정자는 그들이 HIPAA에 따른다는 것을 증명해야 한다. 의료수가 책정자는 책정자의 사적 권리 정책과 실천의 실행과 개발을 위한 책임이 있는 사적정보 담당자를 임명할 필요가 있다. 의료수가 책정자는 또한 사적 권리 실천의 통지에서 논의된 문제에 대한 항의를 받기 위해 담당자를 명시해야 한다. 의료수가 책정자는 직원에게 사적 권리 정책과 절차에 대해서 교육해야 하고, 이러한 정책을 위반하는 개인에 대한 처벌 시스템을 만들어야 한다. 게다가, 의료수가 책정자는 과거 6년 동안 건강정보보호의 공개 등 계산에 대한 요청을 문서화해야 한다. 그러나 PHI의 어떤 사용은 건강관리 활동, 지불, 치료 수행, 허가에 따라 개인에게 공개하는 것, 국가 안보나 정보를 위한 공개 등은 계산될 필요가 없는 것도 있다.

보안규칙

사적 권리 규칙이 양식 없이 시행되고 있는 반면에, 건강정보의 사적 권리 보호

를 위해 특별한 보안규칙은 일정한 기준을 가지고 정보의 접근, 변경, 삭제, 전달에 대해 규정하고 있다. HIPAA는 전자 건강정보보호(e-PHI)의 이용 가능성, 통합성, 비밀보장성을 보호하기 위해 행정절차, 기술적인 내용 등이 표준화되어 있다. HIPAA는 의료수가 책정자가 정보를 만들어 입력하고, 주고받을 때 e-건강정보보호의 규정을 시킬 것을 요구한다.

보안 규칙에 따르면 의료수가 책정자는 e-PHI를 따르기 위해 행정절차를 밟아야 한다고 규정하고 있다. 즉 e-PHI를 수행하는 데 발생되는 취약점과 위험성을 분석하고, 보안 담당자를 임명하여 관련 절차를 만들게 하는 것, 보안 관련 훈련 프로그램을 만들어 인식을 높이는 것, 위반한 경우의 대책 마련, e-PHI 시스템이 손상되는 위기 대처 계획을 세우는 것 등이 포함된다.

HIPAA 규정을 준수하기 위해서는 물리적 보안 역시 필요하다. 이러한 물리적 보안은 의료수가 책정자가 허가받지 않은 자료에 대한 접근을 제한하는 것뿐만 아니라, 전자정보 시스템에 대한 물리적 접근 자체를 제한할 수 있는 절차와 정책을 필요로 한다. 의료수가 책정자는 또한 사무실 보안 문제와 허가받지 않은 물리적 접근, 정보조작, 정보유출, 방지를 위한 장치를 마련해야 하며, 하드웨어와 e-미디어를 설치하거나 제거할 때 지켜야 할 절차를 만들어 놓아야 한다.

기술적 보안 역시 필요한데 이는 클라이언트를 추적하고 분류하기 위한 별도의 사용자 이름과 번호 개발의 과정을 포함한다. 사회보장번호를 사용해서는 안 되며, 의료수가 책정자는 여러 가지 응급상황에 대비한 응급 접근 절차와 자동 로그오프 절차의 실행, e-건강정보보호를 암호화하고 해독하기 위한 메커니즘을 개발해야 한다. HIPAA는 전산으로 기록을 처리하는 모든 제공자에게 동일한 건강 관리 계약, 코드 양식, 양식이나 클레임에서 임상적 진단적 절차를 의뢰하기 위한 식별자를 사용하도록 하고 있다.

## HIPAA 준수

HIPAA는 의료수가 책정자로부터 건강관리를 받는 모든 개인의 e-건강정보보호와 건강정보보호의 사적 권리 보호를 위해 연방정부가 최소한의 국가 기준을 만드는 데 있어서 중요하다. 어떤 주는 법규 내에 이에 대한 보다 엄격한 규정을 갖는 경우도 있지만, 사회복지사와 의료수가 제공자는 전국적으로 적용되는 HIPAA의 단일한 기준을 발견할 것이다. HIPAA 조항은 모든 실천 분야의 사회복지사나 건강관리 제공자가 전자문서로 전송하는 건강정보에 대해 모두 적용된다. HIPAA 조항은 기록이 언제 공개될 수 있는지를 결정한다. 만약 정보 공개에 대한 클라이언트의 사전 승인이 필요하다면, 정보의 형태는 보호되고, 권한 이양 보장 절차와 의료수가 책정자의 행정적 의무에 대한 고려를 하게 된다.

실천가나 기관은 HIPAA를 따를 필요가 없는 그들의 원조에 대해 간접적인 청구서비스를 하거나 직접적으로 전자문서를 통해 정보를 전송하지 않는다. 그러나 의료수가 책정자가 아닌 실천가는 여전히 HIPAA를 따르기를 원한다. 그들은 정보와 기록에 대한 HIPAA의 기준이 실천에 영향을 미친다는 것을 안다. 예를 들면, HIPAA를 따르지 않는 사회복지사는 그들이 HIPAA를 따르는 실천가로부터 클라이언트에 대한 정보를 접근하기가 어렵다는 것을 알게 된다. HIPAA를 따르는 실천가는 다른 실천가도 HIPAA의 조항을 준수하고 있을 것이라고 생각하고, HIPAA를 따르지 않는 경우도 있음을 알지 못한다. HIPAA를 따르는 책정자는 HIPAA를 따르지 않는 전문가로부터 정보에 대한 요청이 있을 때, 그들이 정보 보호와 관련된 HIPAA의 양식을 따르지 않기 때문에 정보 공개를 하지 않는다. HIPAA를 따르는 실천가는 HIPAA를 따르지 않는 개인이나 조직이 보호된 정보를 적절하게 다루지 않을 것이라고 걱정한다. HIPAA를 따르는 전문가는 HIPAA를 따르지 않는 것에 대해 비전문적이거나 비윤리적이라고 잘못 간주한다.

HIPAA를 따르지 않는 사회복지사는 그들이 HIPAA를 따르지 않음으로 해서 그들이 제공한 서비스에 대해 상환을 받거나 보험에 대한 제공자가 되는 것이 어렵다는 것을 알게 될 것이다. HIPAA의 목적 중 하나는 건강관리 산업에 대한 표준을 마련하는 것이다. 보험상환을 받기 위해 표준화가 진전됨에 따라 모든 제공자는 그들이 실제로 의료수가 책정자든지 아니든지 간에, HIPAA에 의해 만들어진 보호를 따르는 것이 요청된다. 예를 들면, HIPAA의 제정 이후에, 의료보험은 HIPAA의 규정을 준수하는 전자문서 제출을 위해 10명 또는 더 많은 풀타임 직원을 배치하도록 조항을 변경했다.

HIPAA 제공자들은 의료수가 책정자 고유번호를 받아야 한다. HIPAA에서는 청구나 다른 거래를 위해 수행하는 모든 건강 계획 제공자들에게 10자리 숫자를 사용하도록 규정하고 있다. HIPAA를 따르는 것이 요청되지 않는 사회복지사는 그들의 서비스에 대한 상환을 받기 위해 종이 양식을 사용하겠지만, 건강 계획에 따라 National Provider Identifier(NPI : 의료수가 책정자 ID)가 없는 경우 상환을 받지 못하게 될 수도 있다. 미네소타를 비롯한 어떤 주들은 주의 지원을 받기 위해서는 HIPAA를 따르지 않는 개인도 NPI를 사용하도록 법률로 규정해 놓고 있다(Furlong, 2006).

그러므로 HIPAA를 따라야 하는 강제 규정이 없는 사회복지사의 경우도 HIPAA를 따르는 것이 경제적 인센티브를 받을 수 있는 방법이 되며, 클라이언트의 이익과 경제적 동기 측면에서 본다면 HIPAA를 따르는 것이 더 유리하다.


## HIPAA와 주 법과의 관계

HIPAA는 건강정보가 공개되는 것을 막고, 건강정보에 대한 안전한 접근을 할 수 있도록 하는 국가 기준의 체계를 만들었다. 이러한 국가 기준은 기관과 실천가들이 준수해야 하는 최소한의 요구 조건이 된다. 그러나 클라이언트 기록에 영향을 미치는 다양한 법규, 조항, 판례가 여전히 남아 있다.

HIPAA가 최소한의 절차를 규정하는데 반해, 사회복지사는 매우 다양한 종류의 기록을 다루고 있다. 예를 들면, 사회복지사는 과정 동안 이해관계자들과 진행하는 대화문서와 지역 조직활동에 관여될 것이다. 사회복지사는 아동에게 제공하는 서비스에 대해 기록할 것이며, 아동복지사는 가족을 대상으로 하는 서비스를 기록으로 남기게 된다. HIPAA는 이러한 종류의 기록에 적합하지 않다.

HIPAA는 또한 각 주에서 규정하고 있는 기록 관련 법을 무시하지 않는다. 앞서 언급했듯이, 주 법이 HIPAA보다 사적 권리의 보호에 대해 더 엄격하게 규정하고 있다면, 주 법이 기록 관리에 대해 통제한다. 게다가, 주가 출생이나 사망과 같은 정보를 수집하거나 장애나 질병의 통제를 위한 공공 건강 기관 보고, 공공건강 감독, 조사, 개입의 수행, 아동 학대나 방임의 보고를 위한 건강정보보호 요구 사항 등에서는 HIPAA 조항은 주 법의 요청을 따르도록 하고 있다.

때로, 주에서 통과된 법은 주정부 법에 의해 다루어지는 동일한 유형의 주제를 커버하지만, 그것의 조항을 적용하는 것은 주에 따른다. 예를 들면, 어떤 주는 개인정보가 포함되어 있는 주 기관의 파일들과 주정부 기록에 대해 개인에게 접근을 허용하는 정보자유법, 사적권리법을 갖고 있다. 달리 말하면, 주에서 통과한 법은 완전히 주정부 법을 반영한다. 예를 들면, 어떤 주는 그 주의 학생 기록법을 FERPA와 동일한 내용으로 통과시킬 것이다. 또는 연방정부 법과 유사한 법을 통과시킬 수도 있다. 그러나 그러한 경우 법률의 조항은 보다 넓은 범위를 다루게 되며, 그 주의 시민들은 보다 강화된 보호를 받게 된다. 예를 들면, 일리노이 학생기록법(Illinois School Student Records Act, 2007)는 FERPA에서 허가한 45일 이내가 아닌, 부모의 요청 후 15일 이내에 아이들의 기록을 보거나 복사할 수 있는 권리를 허용하고 있다. 인디애나와 아이오와와 같은 주들은 그 주만의 학생기록법을 제정하지 않고, FERPA를 따르고 있다.

어떤 경우, 개인의 사적 권리에 영향을 주는 법을 통과시킨 주들 중에는 연방정부 법을 기본으로 하지 않는 경우도 있다. 예를 들면, 오레곤 주에서는 불치병에 걸린 오레곤 거주자들이 의사로부터 처방전을 얻어, 죽음에 이르는 약물을 스스로에게 투약하는 것을 허가하는 존엄사법(Death with Dignity Act, 2006)을 제정하였다. 캘리포니아 주와 애리조나 주에서는 시민에게 의료적 목적으로 마리화나를 사용하는 것을 허가한다. 이러한 특별법은 사람들의 의지와 건강과 관련한 매우 사적인 개인 문제에 대한 주에 거주하는 시민들의 가치를 반영한다. 이러한 문제는 정신건강 문제, 에이즈, 유전이나 다른 질병 정보와 같은 민감한 주제와 연관된 기록의 보호를 전제로 하고 있다.

한 주에서 다른 주로 이동하는 사회복지사는 새로운 주가 기록에 대해 이전의 주와는 매우 다른 규정을 갖고 있는 것을 보고 놀라게 될 것이다. 주의 경계에 사는 사회복지사들이 다른 주로부터 온 클라이언트에게 서비스를 제공하면서, 각 주가 건강, 정신건강이나 다른 개인적 정보를 매우 다른 방식으로 다루는 것에 놀라게 될 수도 있다. 사회복지사는 그들의 클라이언트가 거주하거나 그들이 실천현장이 되는 모든 주의 법에 대해 알아야 할 뿐만 아니라, HIPAA가 이러한 주 법들과 어떻게 상호작용하는지에 대한 지침도 가지고 있어야 한다. 사회복지사가 스스로 이러한 법을 모두 다 해석하고 알아갈 수는 없기 때문에, 이러한 주의 규정을 지키기 위해서 변호사나 슈퍼바이저, 또는 다른 지식 있는 실천가에게 자문을 구해야 한다. 그리고 기관의 지침과 절차를 따라야 한다.

## 특수집단 클라이언트 기록 관련법

HIPAA는 건강정보보호를 운영하기 위한 기초를 만든다. 많은 주들은 또한 보호가 필요하고 피해를 받기 쉬운 어떤 집단의 이익을 위해 법을 제정하였다. 이러한 법 제정은 개인들의 사생활 보장을 위한 관심을 반영하고, 치료에 대한 동의, 기록에 대한 접근과 이슈의 노출을 조정한다. 사회복지사는 이러한 클라이언트들을 만나기 때문에 연방정부와 주정부하에서 그들의 권리에 대해 잘 알고 있어야 할 필요가 있다. 학대를 받거나 방임된 아동과 일하는 사회복지사, 아동과 청소년에게 서비스를 제공하는 사회복지사, 정신질환을 갖고 있거나, 에이즈를 진단받은 사람들, 후견인이 있는 사람과 일하는 사회복지사는 그들의 실천 과정에서 HIPAA와 주 법 모두의 영향을 받을 것이다. HIPAA 조항에 대한 다음 부분은 그들이 특정 클라이언트 집단과 관련되어 있을 때 그리고 특정 문제가 발생할 때, 그것은 주 법에 의해 다루어질 것이다. 기록 관리에 대해 HIPAA를 따라야 하는지, 주 법을 따라야 하는지, 아니면 둘 다를 따라야 하는지의 복잡성 때문에, 실천가들은 변호사, 수퍼바이저, 행정가와 같은 지식 있는 사람에게 자문을 받아야만 한다.

## 기록과 아동 학대 및 방임

아동 학대와 방임을 줄여 나가기 위해, 의회는 1974년에 아동 학대 예방·치료법(the Child Abuse Prevention and Treatment Act : CAPTA)를 제정했다. CAPTA는 주가 아동 학대와 방임에 대한 적절한 보고 시스템을 갖추도록 요구하고 있다. 그 결과 어떤 주들은 주 전체의 중앙등록 시스템이나 카운티 등록 시스템 등을 구축하였다. 어떤 주에서는 심각한 신체적 또는 성학대는 경찰에게 보고하고, 덜 심각한 학대나 방임의 경우 정부의 아동복지기관에 보고하도록 규정하고 있다. 각 주는 또한 아동과 자주 접촉하는 전문가로 하여금 의심되는 아동 학대나 방임에 대해 보고하도록 규정하고 있다. 모든 주에서, 사회복지사는 아동 학대나 방임이 발생했다고 의심될 때, 이를 적절한 정부당국에 보고해야 하는 의무가 있는 위임받은 보고자이다. 어디에서 이 학대가 보고되든지, 누가 보고서를 작성하든지에 관계없이, 아동 학대와 방임 보고서의 기록은 만들어지고 관리된다.

HIPAA는 위임받은 보고서의 작성을 위해 건강정보보호를 사용할 때 사회복지사와 갈등하거나, 아동 학대 보고서를 위한 주 법의 적용을 대체하지 않는다.

즉 아동 학대나 방임에 대한 적절한 보고를 위하여 허가 없이 건강정보보호를 공개하기 위한 의료수가 책정자를 허용하고 있다.

HIPAA는 중앙등록처에 보고된 아동학대 초기 보고의 내용에 대해서는 관여하지 않으나 사례에 영향을 끼친 주요인물과 관련된 기록을 얻는 데 대해서는 영향을 준다. 학대, 방임을 받은 아동관련 정보 이외에도 부모나 다른 성인의 정신상태 관련 정보가 필요한 때가 있고 나중에는 친척이나 위탁보모에게 맡겨야 하는 경우 이들에 대한 정보도 필요하다.(Davidson, n.d) 이런 정보는 종종 다른 사회복지기관이 가지고 있는 경우가 있고 HIPAA와 주정부의 법에 따라 정보의 공유와 관련된 내용이 적용받게 된다.

의료수가 책정자로 등록되어 있는 사회복지사는 아동 학대 보고와 관련하여 해당 주정부의 법을 따를 수 있고, 그들의 주 법과 HIPAA 사적 관리 규정을 모두 따를 수도 있다.

HIPAA는 중앙등록처에 보고된 아동 학대 초기 보고의 내용에 대해서는 관여하지 않으나 사례에 영향을 끼친 주요 인물과 관련된 기록을 얻는 데 대해서는 영향을 준다. 학대, 방임을 받은 아동 관련 정보 이외에도 부모나 다른 성인의 정신상태 관련 정보가 필요할 때가 있고 나중에는 친척이나 위탁 부모에게 맡겨야 할 경우 이들에 대한 정보도 필요하다(Davidson, n.d). 이런 정보는 종종 다른 사회복지기관이 가지고 있는 경우가 있고, HIPAA와 주정부의 법에 따라 정보의 공유와 관련된 내용이 적용받게 된다.

사례고찰

응급실에 있는 의사가 중앙등록처에 아동 학대사례를 보고한다. 주의 아동복지기관(B)는 이에 대해 조사하고 아동을 분리시킨다. B는 아동복지기관(L)과 계약을 맺고 아동과 가족에게 서비스를 제공하게 한다. 어머니는 정신분열증 약 처방을 받기 위해 정신과 의사를 만나고, 지역 정신건강센터의 사회복지사로부터 상담을 받는다. L 기관의 사회복지사는 정신과 의사와 사회복지사가 작성한 보고서를 요청하게 된다. 그러나 정신과 의사와 사회복지사는 어머니의 동의를 받지 못하여 B 또는 L 측에 보고서를 제출하지 못한다.

아동학대에 대하여 보고할 것을 규정하고 있는 법률 아래에서, 응급실 담당 의사는 학대가 의심되는 사례를 아동복지 당국에 보고해야만 한다. 주 법은 아동 학대 의심 사례에 대한 보고를 할 때, 의사가 필요한 정보를 공개할 수 있도록 권한을 위임한다. 하지만 HIPAA는 어머니에게도 건강정보보호와 관련한 권리를 부여하여, 어머니는 주와 개인 아동복지기관 모두를 포함해서 누군가에게 그녀의 건강정보보호를 공개되는 데 대한 허가나 거절의 권리를 갖는다. 아동복지기관이 정신과 의사나 사회복지사의 보고서를 받을 수 있는지의 여부는 주 법의 조항에 의해 결정된다.

어머니가 정보 공개에 대해 동의하지 않으면, 아동복지기관은 그 기록에 대한 소환장이나 법정명령을 받을 필요가 있다. 법원의 개입이 없으면, 정신과 의사와 사회복지사는 그들의 기록을 주고받을 수 없다. HIPAA의 사적 권리 보호는 아동복지 기관이 병원, 정신건강 클리닉, 심리학자, 사회복지사, 다른 실천가와 같은 의료수가 책정자로부터 정보와 기록을 찾을 때 중요한 영향을 미친다.


## 기록과 미성년자

사회복지사는 아동과 그들의 부모와 일할 때, 그 주의 법적 요구를 알아야만 한다. 주가 법률 규정을 통해 부모가 그들의 자녀에 대한 의사결정권자가 되는 일반적인 규칙에 대한 예외조항을 만들 수도 있다. 실천가는 기록에 포함된 정보의 공개와 접근, 치료에 대한 동의를 위해 이러한 법을 이해할 필요가 있다.

아동들은 일반적으로 성인이 될 때까지 의사결정을 하는 데 있어서 무능력자로 간주된다. 모든 주에서 성인으로 인정받는 연령에 대한 규정을 갖고 있으며, 대부분은 18세가 되면 성인으로 인정받는다. 아동이 성인이 될 때, 성인으로서의 모든 권리를 보장받게 된다.

미성년자가 18세 이전에 부모의 통제로부터 벗어날 수 있는 주도 있다. 미성년자가 결혼이나 군 입대를 하거나 부모가 되는 상황 등에서는 주 법에 의해 성인으로 대우 받는다. 어떤 주에서는 일정 연령 이상(예를 들어 16세 이상)의 미성년자들이 법원에 탄원을 하여, 자신이 의사결정을 하기에 충분히 성숙했다는 것을 증명할 수 있다. 이런 경우에, 법원은 그들이 부모의 통제에서 벗어나, 어떤 권리를 행사할 수 있도록 허락할 수 있다.

그러나 미성년자가 성인이 되거나 부모로부터 자유로워지기 전까지는, 법은 일반적으로 그들의 부모, 후견인, 부모와 같은 책임을 갖고 있는 사람에게 미성년자를 대신하여 모든 문제에 대한 권리를 부여한다.

HIPAA는 이러한 일반적인 규칙에 동의한다. HIPAA는 부모, 후견인, 부모와 같은 책임을 갖고 있는 사람을 그들의 미성년 아동들의 권한 대행자로 다룬다. HIPAA는 이러한 권한 대행자를 '사적 대리인'이라고 표현하고 있다. 주 법이 이 문제를 다르게 다루지 않는다면, HIPAA는 의료수가 책정자가 부모, 후견인, 부모와 같은 책임을 갖고 있는 사람을 그 아동에 대한 통제와 건강 관리와 관련된 결정에서 미성년자의 사적 대리인으로 다루어야 한다고 규정한다.

그러나 어떤 주에서는, 특정 상황에서 아동에게 권리를 부여하는 특별법을 가지기도 한다. 이러한 권리는 보통 어린 아동보다는 청소년에게 제공되는데, 그들의 의료와 정신건강 치료와 관련된 의사결정과 그들의 기록에 포함된 정보를 공개하는 것과 정보에 접근하는 것에 대한 의사결정을 포함한다. 예를 들면, 캘리포니아, 미시건, 노스캐롤라이나와 같은 주에서는, 일정 연령 이상(예를 들어 12세 이상)의 아동들은 산아제한이나 낙태 서비스뿐만 아니라 알코올, 약물, 정신건강치료와 관련하여 스스로 의사결정을 할 수 있다. HIPAA가 부모를 자녀의 건강정보보호에 대한 대리인으로 인정하고 있지만, 주 법이 특정 상황에서 아동에게 더 큰 권리를 제공할 때에는 주 법을 따른다. 아동에게 권리를 부여하는 법이 없는 주에서는, 부모, 후견인, 부모와 같은 책임을 갖고 있는 사람이 치료결정과 허가에 대한 책임이 있다.

일반적으로, 주 법이 미성년자에게 어떤 권리를 부여할 때, 부모나 후견인은 더 이상 이러한 권리를 갖지 않는다. 주 법이 미성년자에게 권리를 부여할 때, HIPAA는 주 법을 따르고, 미성년자는 건강정보보호와 관련한 행동에서 자격을 부여받은 사람으로 간주된다. 미성년자가 그들의 기록에 대한 정보의 접근을 통제할 때, 그들은 부모와 후견인 역시 기록에 대한 접근을 거부당할 수 있다. 부모나 후견인은 자녀의 기록을 볼 권한이 없다는 것을 이해하지 못하고, 자녀의 정보에 대한 접근을 요구할 것이다. 실천가는 이러한 복잡한 동의와 치료 이슈를 다루고 적절한 사람으로부터 동의를 얻기 위해 법률 규정을 정확히 이해하고 있어야 한다.

## 기록과 인지 기능장애자

사회복지사는 정신지체, 정신장애, 만성질환, 알츠하이머, 치매 등 지장을 가져오는 질병을 가진 성인에게 서비스를 제공하기도 한다. 일반적으로, 성인은 의사결정에 대한 책임을 가진다. 그러나 성인의 연령에 도달했다고 해서 법적으로 의사결정을 할 수 있는 상태가 되었다는 것을 의미하는 것은 아니다. 특정한 정신 또는 인지상태로 인해, 제공되는 치료나 서비스의 목적과 그들이 듣고 있는 것이 무엇인지를 이해할 능력이 부족한 경우가 있기 때문에 이러한 능력에 대한 고려가 필요하다.

의사결정능력에 대한 심각한 손상을 받은 경우 그들은 유능한 결정을 할 능력이 부족하다. 일반적으로, 사람은 자발적으로 동의를 할 수 있어야 하고, 제안된 치료의 유형과 목적, 제공되는 조치의 위험과 이점, 대안적 치료의 위험과 이점을 이해할 수 있어야 하며, 그들의 결정에 대해 의사소통할 수 있는 능력을 가져야만 한다.

사회복지사가 클라이언트를 위한 조치를 취하기 위해서는 동의를 받는 것이 윤리적, 법적으로 적절한 것이다.

클라이언트의 동의를 전제로 서비스를 제공하는 것이 원칙이므로 사회복지사는 클라이언트 사적 정보의 노출을 비롯해서 어떤 서비스도 모두 동의를 받고 수행해야 한다. 클라이언트가 동의를 할 수 없을 때, 법적으로 클라이언트의 이익을 보호해 줄 수 있는 다양한 사람이 있다. 주 법은 이러한 개인들을 결정하고 그들이 개인의 이익을 위해 행사할 수 있는 권한이 무엇인지를 결정한다. 클라이언트가 동의를 제공할 수 없을 때, 사회복지사는 클라이언트를 법적으로 대리하는 의사결정자를 선정하기 위해 가족이나 친구를 만나거나, 가족, 사회기관, 법원과 함께 협조해야 할 필요가 있다.

후견인은 스스로 의사결정을 할 능력이 부족한 개인의 치료, 약, 동거 여부, 사회서비스, 개인적 문제를 다루기 위해 법원에 의해 임명될 것이다. 후견인은 또한 의사결정을 할 인지능력이 부족한 사람의 재산을 관리하기 위해 임명될 것이고, 돈, 부동산, 주식과 같은 문제에 대해 법적인 권한을 부여받을 것이다. 주 법은 이 후견인이 장애를 가진 사람에 대한 제한된 권한을 갖는지 아니면 전적인 권한을 갖는지를 결정하고, 후견인이 노인요양소에 들어가거나 비자발적인 불임수술과 같이, 법적 승인 없이 결정할 수 없는 어떤 사항이 있는지를 결정한다.

의사결정능력이 상실되었을 경우에 재정관리와 사적인 결정을 어떻게 처리할 것인지를 미리 정해 놓는 경우도 있다. 이러한 '사전 지시'를 작성하기 위해서는 일정 수준의 정신적 능력이 있을 때 작성해야 한다. 심각한 정신지체를 갖고 있거나 치매로 고통 받는 사람, 현재 정신병을 갖고 있는 사람처럼, 이러한 사전 지시를 작성할 능력이 없는 사람도 있다. '사전 지시'는 사망선택유언(living will), 건강 관련 지시사항, 재정관리의 내용을 담고 있으며 이 결정의 수행을 타인에게 위임한다는 내용을 담는다.

주 법은 다른 사람이 그들의 기록을 사용하는 것에 대해 동의할 능력을 갖고 있지 않은 성인을 위해 다른 사람이 의사결정을 할 수 있는 시기를 결정한다.

사회복지사는 이러한 대리인을 확인해야 하고, 그들의 권한의 한계를 알고 있어야 한다. HIPAA하에서, 주법이 권한을 받은 대리인이나 후견인과 같이 누군가에게 건강관리와 관련된 의사결정의 권한을 준다면, 의료수가 책정자는 그 사람을 사적 대리인으로 간주해야 한다. 그들은 사적 대리인에게 건강정보보호에 대한 동일한 권리를 제공해야만 한다. 사적 대리인은 정보 공개에 대한 권한뿐 아니라 그 개인에 관한 건강정보보호를 받을 자격이 부여된다. 그러나 그러한 사적 대리인은 건강 관리에 관한 조치를 취하기 위해 특별한 권한을 가져야 한다는 것을 고려해야 한다. 대리인의 권한을 갖고 있거나 재산에 대한 후견인으로 임명된 사람들은 건강 관리에 대한 사적 대리인으로 간주되지 않는다.

　많은 주의 법과는 달리, HIPAA는 의료수가 책정자에게 공인된 양식으로 사적 대리인의 권한을 기술할 것을 요구한다. 그러므로 사회복지사는 사적 대리인의 정체성과, 그들이 취할 수 있는 권한을 입증해야 한다. 예를 들면, 후견인으로 임명된 사적 대리인은 건강 관리에 대한 대리인으로서의 권한을 가진다는 것과 그들의 권한에 대해 클라이언트의 기록에 남겨 놓아야 한다.

　사회복지사는 의사결정 능력이 부족한 성인 클라이언트가 학대나 방임 등의 위험한 상황에 처해 있음이 의심되는 상황을 만날 것이다. 이러한 경우, 학대를 하는 가족구성원이 그들의 사적 대리인으로서의 역할을 하고 있을 수도 있다. HIPAA하에서, 사적 대리인이 클라이언트에게 폭력을 행사하거나, 학대나 방임을 하고 있다고 의심되는 상황이라면, 실천가는 사적 대리인이 건강정보보호에 접근하는 것을 제한할지에 대해 결정할 수 있다.

　그러나 실천가들은 건강정보보호에 대한 사적 대리인의 접근을 제한하는 것이 주 법과 충돌할 수 있다는 것을 알아야만 한다. 후견인이 특히 성인 장애인의 의료나 정신건강 기록에 접근할 수 있는 권리를 부여받는 경우, 사회복지사나 기관은 이 후견인의 학대가 명백한 상황에서조차도, 그러한 접근을 제한할 수 없다. 인지적 손상이 있는 성인에 대한 실천을 하는 사회복지사들은 후견인의 의무, 대리인의 권한, 법적으로 인정된 의사결정자와 관련된 주 법에 대해 잘 알고 있어야 한다.

## 기록과 정신건강

정신건강 문제를 갖고 있는 사람에 대한 기록을 다른 의료적 문제를 가진 사람의 기록과 구별해서 다루는 주가 있는데, 일반적으로는 정신건강정보에 대한 공개나 접근이 더 엄격하게 통제된다. 정신건강에 대한 낙인이나 개인적인 정보들이 상세하게 이야기되는 정신건강 실천 현장의 특징 때문에, 자신의 정보가 동의 없이 다른 사람에게 제공된다고 믿는다면 치료 받는 것을 꺼리게 될 것이다. 자신의 정신건강 문제에 대한 도움의 필요성을 알고 있다 하더라도, 자신의 정신건강 문제가 알려지게 되는 경우 차별이나 다른 부정적인 사회적, 직업적 불이익을 받게 될 것이라는 두려움에서 벗어나기 어렵다. 주 입법부는 정신건강문제를 치료받지 않은 사람들이 예고 없는 폭력적 행동을 일으킬 가능성이 있기 때문에, 이들이 적절한 정신건강 치료를 받는 것이 지역사회 모두에게 이익이 될 수 있음을 알고 있다.

미국 대법원은 "정신치료를 받는 개인들은 문제의 민감한 특성으로 인해, 상담 세션 동안에 행해진 비밀스런 커뮤니케이션의 노출은 당황스러움과 수치스러움을 유발할 수 있다. 이러한 이유로 인해, 공개의 가능성은 성공적인 치료를 위해 필수적인 비밀스런 관계의 발전을 방해할 수 있다(*Jaffe v. Redmond*, at 10)."는 것을 인정했다. 따라서 정신건강정보에 대한 기록은 주 법에 의해 보다 강도 높은 보호를 받고, HIPAA하에서 다른 건강정보보호보다 더 엄격하게 다루어진다.

정신건강 문제를 가진 클라이언트는 자해나 타해의 위협을 하는 경우가 있다. 이것이 단순한 위협인지 아니면 클라이언트가 그 말을 실천할 의도가 있는지를 판단하는 것은 실천가에게 더 어려운 문제 중 하나이다. 사회복지사는 클라이언트가 신체적 해를 입힌다고 위협할 때 제삼자를 보호하거나 주의를 줄 '의무'를 갖고 있다고 잘못 배우는 경우가 많다. 다른 사람을 보호하거나 주의를 주는 것은 클라이언트의 기록에 포함된 정보를 실천가가 노출하게 되는 상황을 만드는 것이 된다.

'주의에 대한 의무'가 잘못 이해되는 경우가 많은 반면, 주의 법률이나 판례법은 클라이언트가 스스로나 타인에게 심각한 신체적 해를 가할 것이라고 위협할 때 실천가가 어떤 책임을 갖는가에 대하여 규정하고 있다. HIPAA는 합리적으로 위협을 감소시키거나 예방할 수 있는 사람에게 정보를 공개하는 경우에 한하여, 안전을 위해 건강정보보호를 노출하거나 사용하는 것을 허용하고 있다. 주 법은 보다 엄격한 경우가 많은데 예를 들면, HIPAA는 공중에게 해를 입히는 것을 피하기 위해 정보의 공개를 허가하지만, 어떤 주는 위협이 특정 개인을 향해 직접적일 때만 정보를 공개하도록 허용한다. 정신건강 문제를 경험하고 있는 클라이언트와 일하는 사회복지사는 HIPAA보다 그들의 주가 정신건강 기록의 공개와 접근에 대해 더 엄격한 통제를 하는지에 대해 알고 있어야 한다.

**기록과 에이즈**

에이즈의 확산을 막기 위해, 어떤 주는 에이즈 감염 여부에 대한 검사를 자발적으로 받도록 장려하기도 하는데, 이러한 주는 개인의 에이즈 상태에 대한 정보의 노출과 접근을 엄격하게 제한한다. 이는 차별이나 실업, 사람들의 반응과 같은 잠재적인 부정적 결과 때문에 검사를 포기하는 것을 막기 위한 조치이다. 이 법은 개인이 자신의 에이즈 상태를 알 수 있을 때, 적절한 치료와 예방조치를 위한 긍정적인 결정을 할 것이라는 가정에 근거한 것이다. HIPAA의 제정 이전에, 대부분의 주는 에이즈 정보를 관리하는 일종의 사적 권리 보호법을 갖고 있었다.

HIPAA하에서, 에이즈 정보는 분리되어 다루어지지 않고, 단순히 건강정보보호의 한 유형으로 건강정보와 관련된 것으로 간주한다. 때문에 건강정보보호처럼 기록에 포함된 에이즈 정보는 접근과 공개에 관한 HIPAA의 규정에 따른다.

주 법이 HIPAA보다 엄격한 사적 권리 보호를 제공하는 상황에서, 사회복지사는 보다 엄격한 조항을 준수해야 한다.

예를 들면, HIPAA는 치료, 지불, 건강 관리 수술을 목적으로 개인의 허가 없이 에이즈의 기록의 공개를 허용한다. 그러나 뉴욕 주나 일리노이 주의 법은 이러한 목적을 위한 공개를 허가하지 않는다. 이러한 주의 법은 HIPAA보다 더 엄격하게 사적 권리를 보호하고 있기  때문에, HIPAA는 주 법에 따라야 한다. 그러므로 뉴욕 주나 일리노이 주에서 에이즈 환자와 일하는 사회복지사는 에이즈를 관리하는 그들의 개별 주 법을 따라야 한다. 다른 주에서 일하는 사회복지사들은 그들의 주 법이 또한 HIPAA보다 에이즈 기록에 대해 더 엄격한가를 알기 위해 법적 조언이나 다른 자문을 찾을 필요가 있다. 에이즈 정보의 사적 권리에 대해 관련된 법이 없는 주에서는, 사회복지사는 건강정보보호에 관한 HIPAA의 조항을 따르면 된다.

에이즈인 사람은 그들의 정신건강과 관련한 문제로 사회복지사를 찾을 수 있다. 그들은 치명적인 질병에 걸렸기 때문에 우울해지거나 에이즈 진단을 받은 가족구성원에 대한 자신의 감정을 다루는 데 있어 도움을 받기 위해 서비스를 찾는다. 실천가는 에이즈와 같은 구체적 언급 대신에 "존은 잠재적으로 삶을 위협하는 질병을 갖고 있는 형제로 인해 우울해졌다"처럼, 보다 중립적인 언어를 사용하여 기록하는 것이 필요하다. 이러한 경우 주 법에 근거해서 볼 때, 제공된 서비스는 우울에 대하여 제공되었기 때문에 정신건강기록으로 간주될 것이다. 사회복지사는 이러한 법을 적용하는 것을 결정하는 데에 도움을 필요로 할 것이다. 클라이언트의 사적 권리를 보호하기 위해, 가능한 진단을 생략한 기록을 남겨야 한다.

제 9 장

# 기록과 법정

제9장에서는 기록이 법정 소송 과정에서 사용되는 것에 초점을 두어 설명할 것이다. 제9장은 소환장, 기록, 개인 노트와 면책특권, 사회복지사의 대응에 대한 연방법과 주 법의 영향에 관련된 법적 이슈를 보여 줄 것이다. 그 다음에는 법에 따른 기록의 보관에 대해 살펴보고, 기록의 보관에 관한 어떠한 공소시효가 법적인 영향을 끼치는지에 대한 내용을 살펴보게 될 것이다. 이 장은 기록의 삭제에 대해 논의하는 것으로 끝맺는다.

앞에서 사회복지사가 클라이언트들에게 서비스를 제공할 때 작성되는 기록에 영향을 주는 주 법과 연방법의 중요성에 대해 논의했었다. 법률은 기록이 어떤 내용으로 구성되어야 하는지를 명확히 하고, 누가 기록에 접근할 수 있는지를 설명한다. 그리고 클라이언트나 위임 받은 사람들에 의한 정보 공개 사전 승인과 같이 누가 정보 공개에 대한 통제권을 갖는가에 대해 규정하고, 클라이언트의 동의가 필요하지 않은 정보 공개의 예외 상황이 무엇인지에 대해 이야기한다.

이러한 법률이 규정하지 않는 것이 무엇인가에 대해 인식하는 것도 중요하다. 법률에서는 사회복지사나 다른 서비스 제공자에게 기록의 내용에 대해 지시하지 않는다. 그들은 실천가가 하고 있는 기록의 내용이나 종류 또는 질에 대한 어떠한 지침도 제공하지 않는다. 다른 말로, 법률은 기록과 관련된 법적인 요건을 따르기 위해 필요한 것에 대해서만 사회복지사에게 정보를 제공할 수 있다. 예를 들어, 법률은 사회복지사가 클라이언트로부터 받아야 하는 기록 공개에 대한 동의서의 필요성과 이러한 동의서에 어떤 특정 정보가 포함되는지에 대해서 명시할 것이다.

법률은 또한 어떤 기록이 잘된 기록인지에 대해서도 지침을 제공하지 않는다. 전문가가 무엇을, 어떻게 기록해야 하는지에 대한 지시를 주는 것은 법률의 기능이 아니다. 법률은 사회복지사가 클라이언트와 언제 계약서를 작성해야 하는지, 클라이언트에 의한 중요한 진술은 무엇이며, 언제 클라이언트에게 전화를 하거나 전화를 받았는지, 다른 서비스 제공자나 가족과 어떤 계약을 했는지, 슈퍼바이저나 컨설턴트 등의 관련자와의 대화에 대한 기록 또는 클라이언트에게 제공되는 서비스나 클라이언트의 욕구나 상황에 대한 묘사 등과 같이 각각의 사례에 대해 구체적으로 지침을 주지 않는다. 대신에 법률은 무엇을, 언제 기록해야 하는지를 결정하는 것에 대하여 전문가의 판단에 맡긴다.

사회복지사는 수업시간을 통해서나 임상 훈련가와 슈퍼바이저에 의해, 임상 현장에서의 경험을 통해 얻어진 지식과 자신이 근무하는 기관의 지침에 따라 기록을 어떻게 해야 하는가에 대해 숙련될 수 있다. 사회복지사는 자신의 기록이 완전하고, 정확하며, 연관성이 있고, 시간에 맞게 유지되어야만 한다는 것을 배워야 한다. 경험이 많아질수록, 사회복지사는 전문가 윤리와 판단, 클라이언트에 대한 서비스의 목적에 기반한 기록의 내용에 대해 결정 내릴 수 있는 기술을 갖게 될 것이다.

하지만 사회복지사는 대부분의 경우 그들의 기록이 법정에서 사용될 수 있음에 대하여 수업시간이나 현장 지도자, 또는 실천 과정에서 충분한 경험을 얻기 못한다. 사회복지사는 기록에 대한 소환 요구를 받게 되면 매우 당황할 것이고,

그러한 상황과 관련된 대처 방법이 준비되지 않았음을 알게 될 것이다. 실천가는 그들의 기록이 소송 과정에서 사용되고, 세밀하게 조사될 수 있는 가능성에 대해 알고 있어야 한다. 사회복지사는 법정이나 자격관리 위원회, 또는 다른 전문가 심판위원회에서 그들의 기록의 내용에 대해 설명해야 하는 상황이 생길 수도 있다. 사회복지사는 때로 그들의 신용과 전문성에 대해 방어해야 할 필요성이 있을 수도 있다. 사회복지사의 기록에 대한 의문이 제기된다는 것은, 그들이 클라이언트에게 제공하는 서비스 질에 대한 의문이 제기되는 것과 같다.

## 왜 기록이 법정에서 사용되는가?

사회복지사는 기록이 클라이언트의 욕구와 상황에 대한, 제공되는 서비스에 대한 기록 이외의 다른 목적으로 사용되는 것에 대해 생각해 보지 못했을 수도 있다. 하지만 사회복지사의 기록과 그 안에 포함된 내용은 그 클라이언트가 관련되어 있는 법적인 과정에 중대한 영향을 미칠 수 있는 정보가 되기도 한다.

실천가가 그들의 기록에 대한 소환장을 받게 되면, 소환장을 받았다는 바로 그 사실 때문에 매우 놀란다. 만일 그들의 클라이언트가 왜 그 서비스를 제공받았는가에 대한 이유를 되새겨 보면, 법정에서 소환되어진 목적이 보다 분명해질 것이다. 하지만 실천가가 아무리 해도 그들이 제공한 서비스의 목적과 법정에서 진행되는 소송 과정과 연관시킬 수 없다면, 그들은 사회복지사 자신이나 그들의 기록이 왜 법정에 의해 소환되어야 하는지를 이해할 수 없을 것이다. 어떤 경우에는 그들의 클라이언트에 대한 서비스의 목적과, 법정에서 그들의 기록이 사용될 목적이 서로 연관성이 없는 경우도 있다.

다음의 예들을 살펴보자.

## 예시 1

한 클라이언트가 결혼생활에 대한 상담을 받기 위해 사회복지사를 찾아 왔다. 치료 과정에서, 클라이언트는 동료와 불륜관계가 있음을 이야기하였다. 사회복지사는 그러한 불륜 사실을 기록에 남겼다. 이후, 클라이언트의 남편이 이혼 소송을 제기했고, 남편의 변호사는 사회복지사의 기록에 대해 소환장을 보내왔다. 그 변호사는 남편의 이혼신청이 이유가 있음을 입증할 수 있는 부인의 행동에 대한 증거를 찾고자 하였다. 부인이 상담 과정에서 밝힌 불륜에 대한 언급은 그녀가 사회복지사를 찾아온 문제와 연관이 되는 정보였으며, 그것은 또한 이혼과도 연관이 되는 문제였다. 이러한 상황에서, 사회복지사가 기록에 대한 소환장을 받았을 때, 결혼생활의 갈등은 부인에 대한 서비스의 목적과도 연관이 되고, 이혼과 관련된 법정 소송과도 직접적인 연관이 되는 것이었다.

## 예시 2

한 교사가 한 학생이 수업 시간에 전혀 집중을 하지 않으며, 성적이 떨어지고 있음을 이야기하였다. 그 교사는 학생을 학교 사회복지사에게 의뢰하였고, 몇 번의 만남을 가졌다. 그들의 회기 과정 동안에, 그 아이는 그들의 부모가 다투고, 그의 아버지가 어머니를 '아주 상스러운 이름'으로 부르며, 그 아이는 부모님의 갈등 때문에 슬프고 걱정이 된다는 이야기를 하였다. 사회복지사는 아이의 진술을 기록하였고, 아이에게는 부모님의 갈등과 다툼에 대한 감정을 다룰 수 있도록 서비스를 제공하였다. 얼마 후, 사회복지사가 그 아이에게 더 이상의 서비스를 제공하지 않고 있을 때, 그 아이의 부모님이 이혼을 결심하였다. 부모가 각각 아이에 대한 양육을 원하고 있었다. 그들의 변호사들이 각각 그들의 클라이언트가 아이를 돌보는 것이 더 좋을 것이라는 것을 주장하기 위한 증거를 찾기 위해 사회복지사의 기록에 대한 소환을 하였다.

이 사례에서, 사회복지사의 서비스가 제공된 목적은 아이의 학업 기능을 향상시키기 위한 것이었다. 그 부모의 결혼생활에서의 갈등에 대한 염려는 학생과 사회복지사 사이의 이야기 도중 하나의 주제였고, 그것은 기록으로 남았다. 이런 상황에서, 사회복지사가 소환장을 받았을 때, 그 부모의 이혼은 사회복지사가 아이에게 제공한 서비스의 목적과 단지 간접적으로 연관될 뿐이었다.

## 예시 3

한 클라이언트가 결혼생활의 갈등으로 사회복지사를 찾았다. 그 클라이언트는 사회복지사에게 집에서의 스트레스 때문에 거의 매일 술에 취한다고 보고하였다. 사회복지사는 그의 음주와 관련된 진술을 기록하였다. 어느 날 밤, 클라이언트가 술집에서 떠나면서 어떤 싸움을 목격하게 된다. 경찰은 가해자를 체포하였고, 그 클라이언트가 가해자를 지목하였다. 가해자는 고소되었다. 가해자의 변호사는 그 클라이언트가 음주와 관련된 문제가 있으며, 때문에 그 증언의 신빙성이 없다는 증거를 확보하기 위하여 클라이언트의 기록에 대한 소환장을 보냈다.

클라이언트의 음주에 대한 기록은 클라이언트의 욕구, 상황과도 관련이 있으며 결혼생활의 갈등에 대한 서비스의 목적과도 직접적으로 관련이 되는 내용이지만 그 변호사는 사회복지사의 기록을 클라이언트의 결혼과 관련된 정보를 찾기 위해 요청한 것이 아니었다. 대신에, 그 클라이언트가 술 문제가 있으며, 그 때문에 범죄현장에서 가해자를 정확하게 지목했다는 것에 대해 신뢰할 수 없다는 것에 대한 정보를 찾고자 하기 위한 것이었다. 이 사례에서 소환장을 받은 것과 관련해, 사회복지사는 그 기록이 서비스의 목적과는 전혀 상관 없는 이유로, 클라이언트를 불명예스럽게 하는데 사용된다는 것에 대해 당황하게 될 것이다.

각각의 사례에서, 클라이언트들은 결혼생활의 갈등에서 야기된 이슈들과 관련해 사회복지사의 서비스를 제공받았다. 이 각각의 사례에서, 클라이언트는 서비스의 목적에 적절한 정보를 드러냈다. 불륜이나 가정 내에서의 갈등, 그리고 음주에 대한 진술은 클라이언트의 욕구와 상황에 대한 귀중한 정보를 제공하기 때문에 기록에 포함되는 것이 당연할 것이다. 또한 이러한 진술은 서비스 목적과 연관이 되기 때문에 기록에 포함되는 것이 적절하다.

각각의 사례는 사회복지사의 기록이 법정에서 사용되는 방식에 있어서는 서로 다르다. 예시 1에서 변호사는 불륜이 이혼에 직접적으로 연관된다는 증거를 찾기 위해 결혼생활의 갈등에 대한 사회복지사의 기록을 요청하였다. 예시 2에서는 변호사가 아이의 양육권과 어느 정도 관련 있는 아이의 학교생활 적응에 대한 기록 때문에 사회복지사의 기록을 요청하였다. 예시 3에서는 서비스 목적과 전혀 상관이 없는, 형사사건과 관련된 가해자에 대한 방어를 위해 결혼생활의 갈등을 술로 풀어 왔던 클라이언트의 기록을 사회복지사에게 요청하였다. 실천가들은 그들의 기록이 서비스 목적과는 전혀 상관없는 법정 소송 과정에 정보를 제공하기 위해 요청될 수도 있다는 것을 알고 있어야 한다.

클라이언트는 다양한 삶의 사건에 연루되어 있으며, 이는 법적인 분쟁과 이어질 가능성이 있다. 클라이언트의 결혼생활은 이혼으로 끝맺게 될 수도 있다. 그들은 아이를 낳거나 입양하였을 수 있고, 이후 아이에 대한 양육권 분쟁에 휘말릴 수도 있다. 클라이언트는 법률을 위반하는 어떤 행동을 하게 될 수도 있고, 이는 그들의 직장이나 학교생활, 또는 다른 사람들과의 관계에 영향을 줄 수도 있다. 다른 각도에서, 클라이언트가 어떤 범죄나 착취, 사고의 희생자가 될 수도 있다. 클라이언트가 집이나 학교, 직장 또는 다른 사회적 환경에서 소송의 원인이 되는 다른 사람들의 어떤 상황을 목격하게 되는 경우가 생길 수도 있다. 그들은 심각한 질병이나 건강 상태의 쇠약으로 인해 고통 받을 수도 있고, 그들의 판단이나 의사결정 능력에 영향을 주거나 자해나 타해의 위험이 있을 수 있는 정신과적인 문제나 약물남용의 상태로 진행될 수도 있다. 클라이언트는 사회복지사의 행동에 의해 그들이 손해를 입었다고 느낄 수도 있다.

이러한 여러 상황에서, 클라이언트는 법정 소송 과정에 연루될 수 있다. 클라이언트가 연관됨에 따라 사회복지사 역시 그 과정에 휩쓸리게 된다. 사회복지사는 그들의 기록과 증언을 통해 클라이언트에 대한 정보를 법정에서 요청 받게 될 것이다. 사회복지사는 클라이언트에 대한 배경적인 정보를 제공하게 될 수도 있다. 클라이언트에게 제공된 서비스의 목적과 그 결과에 대해 묘사하거나, 클라이언트의 동기, 생각, 판단에 대한 전문가로서의 소견을 제공하거나, 클라이언트의 삶에 영향을 주는 환경적 요인에 대해 설명하기도 한다. 사회복지사는 때로 클라이언트를 도와주고 지원하기 위해 소송에 참여하게 되기도 하지만 때로는 클라이언트의 법적인 이익에 반하는 증언을 제공해야만 할 때도 있다.

사회복지사는 그들이 클라이언트와의 비밀이 보장되는 관계로부터 얻게 된 정보를 제공하기 위해 소환될 수도 있다는 것을 인식해야만 한다. 물론, 모든 사회복지사와 클라이언트의 관계가 비밀스러운 것은 아니다. 예를 들어, 사회복지사는 이혼하는 부부를 만나고, 아이에게 가장 도움이 될 만한 양육권 결정을 위한 조언을 제공해 주기를 요청받기도 한다. 또는 사회복지사는 법원의 명령에 의한 서비스에 클라이언트가 참여했는지의 여부를 법원에 통보해 주기를 요구받기도 한다. 이러한 사례에서, 사회복지사와 클라이언트의 관계는 비밀이 보장되는 관계가 아니며, 사회복지사나 클라이언트 모두 사회복지사가 법정에 정보를 줄 것이라는 것을 알고 있다. 하지만 사회복지사와 클라이언트의 관계가 비밀스러운 때, 사회복지사는 클라이언트와 클라이언트로부터 얻어진 정보에 대하여 비밀보장을 해 주어야 하는 윤리적 의무가 있다. 사회복지사가 그들의 기록에 대한 소환장을 받을 때, 정보에 대한 비밀을 누설해야 하는 법적인 의무를 갖게 된다.

실천가는 비밀보장유지에 대한 윤리적 의무를 인식해야 한다. 실천가는 배우자나 부모, 가족구성원, 또는 다른 누구에게도 클라이언트의 동의 없이 어떠한 정보를 누설하지 못한다는 것을 알고 있다. 하지만 사회복지사는 법적인 의무나 그들의 기록이 요청 받는 상황을 어떻게 처리해야 하는지를 이해하지 못하는 경우가 많다. 다음 부분에서 사회복지사가 클라이언트의 비밀보장이라는 윤리적 의무와 그들의 기록이 법정에서 요청되는 상황이라는 법적인 의무 사이의 갈등을 어떻게 다루어야 할지에 대한 이해를 돕고자 한다.

## 소환장

소환장은 소송 과정에서의 증언이나 기록의 제출에 대한 명령이다. 사회복지사는 법정출두명령을 받기도 하는데, 이것은 기록이나 다른 기록물, 또는 전자 기록들을 넘겨 주는 것을 말한다. **법정출두명령**은 기록이나 메모, 녹음 회기에 대한 테이프나 비디오 기록, 또는 컴퓨터 파일이나 일기장, 심지어는 예술 작품과 같은 기록물까지 찾는다.

사회복지사는 때로는 **법정증언 소환**을 받기도 하는데, 이는 조서나 공판 또는 다른 형태의 공식적인 과정에 증언을 하기 위해 참여하기를 요청 받는 것이다. 대부분 조서는 공판 이전에 작성이 되며, 대부분 변호사의 사무실에서 양 측의 변호사가 참석한 가운데 이루어진다. 법정의 기록원이 변호사의 질문과 목격자의 답변을 기록한다. 판사는 참여하지 않지만, 변호사의 요청에 의해 전화 연결이 이루어지기도 한다. 조서를 작성하는 목적은 증인이 현재 계류 중인 소송과 연관되는 정보를 제공할 수 있도록 하는 것이다. 법정증언 소환은 또한 공판 중에 증언을 듣기 위해 사회복지사를 출석하도록 요구할 수도 있다. 사회복지사가 소환장을 받는 이 모든 경우에, 그들은 변호사에게 충분한 안내와 조언을 받게 될 것이다.

이러한 소환장의 수령은 사회복지사나 다른 정신보건전문가에게는 특히 문제가 되는 것이다. 소환장은 때론 실천가가 공개하지 않아야 하는 비밀스러운 정보의 공개를 요구하기도 한다. 동시에 소환장은 순응하지 않은 경우 처벌의 위험이 있는, 준수해야 하는 명령의 기록이기도 하다. 사회복지사는 소환장의 수령에 대해 대응해야만 하고, 비밀유지의 의무를 공개의 의무보다 더 무겁게 간주하여 그것을 함부로 무시해서는 안 된다.

사회복지사가 소환장을 무시할 수는 없지만, 그것이 반드시 요청된 자료를 건네주거나 법정에서 증언을 해야만 하는 것을 의미하는 것은 아니다. 주어진 소환장이 자동적으로 클라이언트의 기록이나 정보를 노출하도록 요구하는 것은 아니기 때문이다. 판사는 변호사가 그러한 정보에 대한 자격이 없거나, 소환장이 과도하게 사용되거나, 변호사의 요청이 법률적으로 적절하지 않을 때 이러한 상황을 통제할 수 있다.

사회복지사는 비밀유지에 대한 사회복지사의 의무나, 클라이언트와의 관계의 특수한 본질에 대해 변호사가 전혀 모르고 있다는 것을 알고 놀랄 수도 있다. 변호사는 전문가와 클라이언트 사이의 비밀유지와는 상관없는 사건에 익숙하다. 이런 경우 법조인에게 클라이언트의 정보를 공개하지 않는 사회복지사의 윤리적, 법적 의무에 대해 알려야 한다. 클라이언트나 기관을 대표하여 소환을 받은 사회복지사는 담당 법조인들에게 사회복지사의 비밀보장의무로 인해 정보 공개가 어렵다는 것을 알려야 한다. 사회복지사는 사전에 정해 준 장소와 시간에 등장하여, 본인의 이름, 나이, 주소, 직업력과 같은 개인정보에 대하여 대답해야만 한다. 사회복지사는 클라이언트에 대해서는 어떤 정보의 노출도 허락되지 않는 면책 특권에 대해서 주장할 수 있다. 때로는, 그들이 원하는 정보를 얻는 것이 쉽지 않다는 것을 알게 된 후 더 이상 증언을 요청하지 않을 수도 있다. 정보를 다른 데에서 찾거나 꼭 필요하지 않은 정보로 인식하거나, 기존 정보와 중복되므로 군이 애쓸 필요가 없을 때도 있다.

어떤 변호사는 그 정보가 그들의 소송을 지지해 주기를 원하기 때문에 사회복지사의 전문가로서의 비밀보장의 의무를 무시하거나, 사회복지사가 왜 순응하지 않으려고 하는지에 대해 관심을 가지려 하지 않을 수도 있다. 그들은 사회복지사에게 강압적인 태도를 보이면서 법적으로 법정진술의무에 순응해야만 한다고 믿게 만들 수도 있고, 때로는 법정 모독죄 등으로 사회복지사를 위협할 수도 있다. 법정 모독죄는 누군가가 법정을 모욕하거나 판사의 법적인 명령에 의도적으로 따르지 않을 경우 발생할 수 있다. 법정 모독죄로 사회복지사를 위협하는 변호사는 단지 위협일 뿐이다. 판사만이 법정 모독죄에 대한 결정을 내릴 권한을 가지고 있고, 그러한 모욕적인 행동에 대해 처벌을 내릴 수 있다. 실천가가 소환장에 순응하지 못하는 경우 법정 모독죄로 확정되기 이전에 판사와 만날 기회를 갖게 된다. 변호사는 법정의 진행과정과 별도로 종종 타당한 사유에 대해 심리 일정을 잡을 필요가 있다. 심리 일정이 정해지면, 판사는 법정 모독죄로 심리받게 될 사람이 출석하기를 기대한다. 만일 실천가가 출석하지 않으면, 판사는 법정 모독죄를 판결할 수도 있다.

만일 실천가가 법정에 출석하지 않으면, 실천가는 판사에게 왜 소환장에 불응하는지에 대한 이유를 설명할 수 있는 기회를 얻을 수 있다. 실천가가 그들이 정보를 공개하지 않는 이유에 대해 설명하고 난 후, 판사는 정보에 대한 비밀유지를 하는 것이 옳은지의 여부에 대해 결정을 내리게 된다. 만일 판사가 사회복지사는 클라이언트의 정보에 대해 비밀유지를 해야 하는 의무가 있음에 대한 결정을 내리게 되면, 법정 모독에 대한 소송은 기각될 것이다. 반대의 경우, 판사는 사회복지사가 정보 보호에 대한 의무를 잘못 받아들여 소환장에 응하지 않았다는 결정을 내릴 수도 있다. 그렇다면 판사는 전문가에게 그것을 공개하도록 명령할 것이다. 만일 사회복지사가 정보를 제공한다면, 판사는 사회복지사를 법정 모독죄로 판결하지는 않을 것이다. 개인의 법적인 의무를 잘못 받아들이는 것은 판사의 명령을 의지적으로 거부하는 것과는 다르기 때문이다.

만일 판사가 사회복지사가 소환장에 순응해야 한다고 판단한다면, 사회복지사는 판사의 명령에 따라 정보를 공개하든지, 아니면 판사의 명령을 거부하고 클라이언트의 정보를 공개하지 않든지, 선택을 해야 한다. 만일 사회복지사가 계속해서 정보를 공개하지 않는다면, 그는 판사의 명령에 의도적으로 거부한 것이 되기 때문에 법정 모독이 될 수도 있다.

법정 모독죄의 판결에 대한 처벌은 금전적인 벌금이나 징역형이 될 수 있다. 일반적으로 징역은 법정 모독을 한 사람이 정보의 공개를 거부하는 한 지속된다. 요구된 정보를 제공하는 순간 그는 감옥에서 풀려날 것이다. 어떤 경우, 판사는 사회복지사에게 법정 모독죄를 판결하지만 징역을 선고하지는 않을 수도 있다. 어떤 판사는 클라이언트의 정보를 보호해야 하는 윤리적 의무를 믿는 실천가에 대해 이해하거나 동조하기도 한다.

사회복지사가 소환장을 받았을 때, 그들이 취해야만 하는 몇몇의 행동이 있다. 첫째, 소환장의 수령과 어떻게 최선의 대응을 할 것인가에 대한 법률적인 자문을 받아야 한다. 그 다음, 클라이언트와 함께 소환장에 대해 논의해야 한다. 만일 클라이언트가 정보 공개에 대해 위임하는 사인을 해 준다면 상황은 간단해질 것이며, 실천가는 소환장에 따르면 될 것이다. 물론, 사회복지사는 어떤 정보가 공개될 것이며, 이러한 정보가 어떻게 클라이언트에게 이익이 되거나 해가될 수 있는지에 대해 클라이언트와 논의해야 한다. 예상되는 결과에 대해 클라이언트에게 충분히 알려 준 후 사회복지사는 정보 공개에 대해 클라이언트의 동의를 얻을 수 있다.

만일 클라이언트가 변호사의 도움을 받고 있다면, 사회복지사는 클라이언트로 하여금 사회복지사가 소환장을 받았음을 변호사에게 알리도록 해야 한다. 클라이언트의 변호사는 소환장이 발부된 것을 모르고 행동을 취할 수도 있다. 만일 변호사가 공개되는 정보에 대하여 사회복지사와 논의하기를 원한다면, 클라이언트는 사회복지사가 클라이언트의 변호사와 의논하는 것을 허락하는 위임장에 사인을 해야만 한다.

만일 클라이언트가 사회복지사가 소환장에 의해 요구된 정보를 공개하는 것에 동의하지 않는 경우, 사회복지사는 클라이언트의 정보를 보호하는 행동을 취해야 하는 윤리적 실천이 요구된다. 미국사회복지사협회(1999)의 윤리규정에 의하면 사회복지사는 법적 과정이 진행되는 동안에 클라이언트의 비밀보장을 유지하는 단계를 취해야 한다고 명시되어 있다.

사회복지사는 법적인 과정에서 법에 의해 허용된 한도까지는 클라이언트의 비밀유지를 보장해 주어야 한다. 법정이나 다른 법적인 기관이 사회복지사에게 클라이언트의 동의 없이 비밀이나 특정 정보를 공개하기를 명령할 때, 사회복지사는 그 명령을 유예하거나 가능한 한 좁은 범위로 제한하도록 요청하거나 그 기록들이 공개적으로 조사되지 않도록 봉인을 유지하게끔 요청해야 한다.

소환장을 받았으나 클라이언트가 소환장에 요구된 정보의 공개에 대해 동의하지 않는 경우 사회복지사는 윤리적으로 클라이언트의 비밀보장을 위한 행동을 취해야 한다. 그러한 행동에는 법정의 명령이 있을 때까지 정보의 공개를 기다리는 것이나, 정보 공개 이전에 클라이언트의 이익을 위한 주장을 한다든가, 소환장에 대한 이의신청을 하는 것이나, 정보 공개를 제한할 수 있는 다른 명령을 찾아보거나, 소환장에 대한 파기를 신청한다든가 하는 것들이 포함된다 (Polowy, Morgan, & Gilbertson, 2005). 비밀보장에 대한 윤리적 의무와 소환장에 대한 대응의 복잡성 때문에 사회복지사는 그들의 대응을 도와줄 수 있는 법적인 자문을 고용하고 싶을 것이다. 임상실천에서의 직무상 과실에 대비한 보험정책에는 이런 내용을 포함하기도 한다.

## HIPAA와 소환장

HIPAA는 건강정보보호에 대한 소환장이 발부되었을 때, 최소한의 법적인 요구를 규정하고 있다. 이러한 요건은 의료수가 책정자인 사회복지사가 소환장의 수령에 어떻게 대처해야 하는가에 대한 것을 더 복잡하게 한다. 어떤 상황에서, HIPPA는 실천가로 하여금 윤리강령이나 주법이 그렇지 않음에도 불구하고 건강정보보호를 공개하도록 허락하고 있다.

HIPAA에 의하면 판사의 명령이 있는 경우에는 의료수가 책정자가 개인 건강 정보를 공개할 수 있다고 명시하고 있다. 사법상의 소송절차는 행정법 판사 (ALJs)에 의해 행해지는 행정상의 소송절차에 반하여 그 이전에 이루어진다. 행정상의 소송절차는 사회보장에서의 장애 혜택의 거부에 대한 공판이나 항소의 정당한 법적 절차에 의한 특별 교육과 같은 것을 포함한다. 사적권리법하에서, 판사나 ALJ가 건강정보보호의 공개를 명령할 때, 클라이언트의 동의는 필요하지 않다.

HIPAA에 의하면 의료수가 책정자가 법원의 명령이 없이 건강정보보호를 요청받았을 경우에는 해당 문서와 함께 다음 사항을 준수해야 한다.

- 정보를 요청하는 측은 개인에게 문서화된 통지를 제공하기 위한 충분한 노력을 해야 한다. 만일 주소를 알지 못한다면, 그 통지는 그 사람의 마지막 주소지로 보내야 한다.
- 그 통지는 개인을 법정의 이의 제기나 행정상의 심판위원회에 세울 수 있도록 허락하는 것을 건강정보보호가 요구하고 있는 소송절차에 대한 충분한 정보를 포함하고 있어야 한다.
- 개인이 법정이나 행정상의 심판위원회에 이의 제기를 할 수 있는 시간이 경과하였고, 어떠한 이의 제기도 없거나 개인에 의해 제기된 어떤 이의 제기가 해결되었다.

HIPAA가 소환장을 수령하는 것에만 기반하여 건강정보보호의 공개를 위한 의료수가 책정자를 허용하는 마지막 방법은, 만일 정보를 얻고자 하는 측이나 의료수가 책정자가 '보호 명령'을 얻는 것이다. 보호 명령이란 법정이나 ALJ가 명령하거나 또는 환자가 동의하는 것과, 공개되는 정보가 특정 소송 절차 이외에는 그 어떤 목적으로도 이용되지 않을 것이라는 것을 의미한다. 더구나, 건강정보보호의 모든 복사본은 소송이 끝난 후 의료수가 책정자에게 되돌려 보내거나 파기되어야 한다.

이러한 제한된 상황에서 HIPAA는 클라이언트의 동의 없이 법적인 소송절차에서 정보의 공개를 허용하고 있다. 그럼에도 불구하고, 사회복지사는 미국사회복지사협회의 윤리강령이 클라이언트의 기록을 보호하기 위한 추가적인 단계를 요구하고 있음을 인식하고 있을 필요가 있다. 사회복지사는 법정이나 행정상의 소송절차에서 기록의 공개에 방어하여 그들의 전문적 윤리를 제시할 수 있어야 한다.

### 소환장과 주 법

사회복지사는 주 법이 HIPAA에서 요구하는 최소한보다 훨씬 엄중한 기준을 요구하고 있을지도 모른다는 것을 알고 있어야 한다. 예를 들어 뉴욕 주의 법에서는 환자의 서면동의가 동반된 소환장이 아니면 의료기록이 제공되지 않을 것이다. 일리노이 주에서는 정신건강 관련 기록에 대한 소환장은 특정한 법정의 명령과 함께 동반되어야만 한다. 일리노이 주는 변호사와 실천가 양쪽 모두에게 소환장을 적절하게 다룰 것에 대한 책임을 요구하고 있는데, 변호사는 법정의 명령 없이 실천가로 하여금 정신건강 기록에 대한 소환장에 응하도록 집행할 수 없다. 일리노이 주의 이러한 법을 따르지 않은 변호사나 실천가는 금전적인 손해를 입을 수 있는 소송을 당할 수 있다(*Mandziara v. Canulli*, 1998). 모든 주의 실천가들은 소환장을 받게 되었을 때, 클라이언트의 사생활을 어떻게 보호할 것인가에 대한 법적인 또는 다른 조언들을 잘 알아두어야 할 것이다.

## 법정소환과 기록

클라이언트 기록에 대한 법정소환을 받았을 때, 실천가는 무엇이 실제로 '기록'을 구성하고 있는가를 고려해야 한다. 비록 클라이언트들이 소환장에 순응하여 그들의 기록을 공개하도록 사회복지사에게 동의하였다고 하더라도, 사회복지사는 어떤 기록을 공개할 것인가에 대해 결정해야만 한다. 그들이 공개할 수 있는 것이 무엇인가를 확실히 하기 위해, 어떠한 정보라도 공개하기 이전에 사회복지사는 슈퍼바이저, 기관 정책과 소송절차, 마지막으로 그들의 변호사에게 자문을 구해야만 한다. 더구나, 어떤 기록이 소환장의 대상이 되는가를 결정하기 위한 고려에는 다른 요인이 있다. 이러한 요인은 기록이 어디에 보관되어 있고, 기록 안에는 어떠한 문서가 있으며, 또한 법률이 기록에 대해 어떻게 정의내리고 있는가를 포함한다.

클라이언트에게 제공된 서비스에 대한 사회복지사의 기록은 기관의 다양한 장소와 컴퓨터에 문서 형태로 저장되어 있을 것이다. 기록은 어딘가에 모여 있거나 아니면 사무실 이곳저곳에 분산되어 있을 것이다. 예를 들어, 어떤 병원에서는 기록이 한 곳에 모여 있고, 개인은 네트웍으로 연결된 개인 컴퓨터에서 기록을 작성하거나 검토할 수 있다. 또 어떤 학교에서는 각각의 기록을 개인이 따로 보관하고 있다. 거기에는 직업적, 신체적, 또는 다른 전문화된 서비스를 제공한 개인에 의해 보관된 문서일뿐만 아니라 사회복지사의 문서와 특수한 교육 문서, 교사 문서, 훈련 문서 등이 있을 것이다.

많은 기관, 학교, 병원에서, 기록 관리자는 기록의 취합과 공개에 대한 책임을 진다. 이런 기관에서, 기록에 대한 소환장이 기관이나 사회복지사에게 전해졌을 때, 그 소환장은 기록 관리자에게 주어진다. 사회복지사가 소환에 응하기 위해 기록을 모아 정리하는 책임을 갖게 되는 경우도 많이 있다. 기록소환요청이 사회복지사 쪽으로 진행된 경우에는 클라이언트의 동의를 받고, 어떤 정보를 공개할런지를 결정할 수 있기 때문에 일처리가 훨씬 용이하다. 하지만 기록 정리를 사회복지사가 맡지 않고 기록 관리자가 맡는 경우에도 사회복지사는 사적 정보가 보호되도록 노력해야 한다.

기록에 대한 소환은 클라이언트에 대한 기록된 모든 정보를 요구할 수도 있다. 사회복지사는 그들의 클라이언트에 대한 수많은 형태의 기록을 갖고 있으나, 어떤 문서가 소환의 대상이 되는 것인지를 결정하는 것이 어려울 수 있다. 예를 들어, 일지나 약속 기록, 달력, 일정 계획표에도 클라이언트에 대한 언급이 있을 수 있고, 직원 간의 의사소통에서 클라이언트의 욕구에 대한 전달 과정에도 클라이언트에 대한 내용이 있을 수 있다. 클라이언트의 기록은 또한 메모나 기관 양식, 정보의 공개, 의료 정보, 심리적 평가, 경찰 기록, 학생 성적표, 과정 기록, 퇴원 개요, 임시조치 노트, 치료 계획, 클라이언트에 대한 서비스 제공을 지원하기 위해 기관에서 작성되거나 보유된 다른 기록물을 포함하기도 한다. 클라이언트의 기록은 제공된 서비스에 기반해, 실천가에게는 유용한 도구인 추가적인 항목을 포함할 수도 있다. 클라이언트의 폴더에는 일지와 일기, 치료 과정에서 사회복지사의 지시에 의해 만들었던 예술 작품 등을 포함할 것이다. 이들 중 일부분 또는 전부가 클라이언트의 기록이자 소환의 대상으로 고려될 수 있다.

실천가가 생각하는 기록은 법에서 보는 시각과는 다르다. 실천가에게 있어서 기록은 클라이언트에게 제공된 각종 서비스의 내용이 담긴 문서로서 기관 내의 곳곳에 보관되어 있고, 여러 직원이 내용을 적어 넣은 문서도 해석된다. 그러나 법에서 '기록'은 법률이나 규정에서 명시한 문서를 전반적으로 일컬을 뿐이며 특정 기관이나 실천내용, 사명을 나타낸다고 보지 않는다.

이러한 법적 의미로 인하여, 기록에 대한 소환이 이루어질 때에는 결국 어떤 정보가 공개될 것인가 하는 점이 결정되는 것이다. 어떤 기관인지에 따라서 기록의 정의를 다르게 보고 있는 것이 현행 법이다. 예를 들어, 아동복지 관련 기록은 정신건강 관련 기록과는 다른 내용을 포함할 것이다. 만일 사회복지사가 기록 소환을 받는다면, 사회복지사는 기관이 기록 공개에 대한 어떤 협약을 갖고 있는가를 보기 위해 기관의 규약이나 정책에 대해 조언을 구해야 한다. 종종 기관은 그러한 상황에 대한 정책 규정을 가지고 있다. 하지만 이러한 정책은 종종 현실과 맞지 않는 오래된 규정일 수도 있다. 그러므로 사회복지사는 어떤 행동을 취해야 하는가에 대해 기관 매니저나 변호사의 자문을 구해야 할 필요가 있다.

## 연방법에서의 소환장과 기록의 정의

제8장에서 논의된 것처럼, 연방법은 개인정보에 대한 사생활을 보호하고 있다. 연방법은 사회복지사가 무엇을 기록해야 하는가에 대해 결정하는 데 영향을 주는데, 그들은 클라이언트나 다른 사람들이 기록에 접근할 수 있다는 것을 알기 때문이다. 사회복지사나 다른 실천가에게 어려운 것 중의 하나는 '기록'이라는 단어가 연방법에 많이 사용되고 있지만, 각각의 단어가 특정 법에서 다양한 의미를 가진다는 것이다. 다른 말로, 연방법에는 '기록'이 무엇을 의미하는지에 대하여 일관성이 없다는 것이다. 예를 들어, 연방법상에서 약물남용 관련 기록을 구성하는 것과 교육 관련 기록을 구성하는 것의 정의가 서로 다르다. 연방법이나 규정으로부터의 몇몇의 사례들을 보면 연방정부는 기록을 정의하는 통합된 방법이 없다는 것을 알 수 있다.

예를 들어, 1974년 사적권리법은 기록을 구성하는 정보들의 종류를 조심스럽게, 그리고 특수하게 정의하는 접근을 사용한다. 사적권리법에서의 기록은 다음을 의미한다.

> 기관에 의해 보관된 개인에 대한 어떤 항목이나 묶음, 또는 정보의 집합으로 교육, 금전적 거래, 의료 기록, 범죄나 직업 경력, 이름이나 사회보장번호, 상징 또는 손가락이나 목소리 프린트, 또는 사진처럼 개인을 특별하게 규정할 수 있는 다른 어떤 것들을 포함한다. (§ 552 [a])

반대로, Part 2에서는 정보에 대해 보다 광범위한 단어를 적용함으로써 '기록'을 정의하는 데 있어 다른 접근을 하고 있다. Part 2 규정에 의하면, '기록'은 기록되었든 기록되지 않았든 간에, 연방정부의 지원을 받는 알코올이나 약물 프로그램에 참여한 환자와 연관된 어떤 기록이라도 다 포함하는 것으로 정의한다(§ 2.11). Part 2 규정에 의하면, 클라이언트가 그들의 사회복지사에게 무엇인가를 말하게 되면, 그것은 쓰이지 않는다 하더라도 기록의 한 부분이 된다는 것이다.

하지만 Part 2 규정은 다른 어떤 매체가 정보로 고려될지에 대한 정의를 구체화하지는 않고 있다. 대신, '정보'에 대해 '환자의 개인정보'로 말하고 있는 것이 가장 가까운 정의가 될 것이다. '환자의 개인정보'는 다음을 의미한다.

> 이름, 주소, 사회보장 번호, 지문, 사진 등 환자임을 금방, 그리고 정확하게 알아볼
> 수 있거나, 제시된 정보를 참고로 하여 다른 공개된 정보에 접근을 할 수 있는 정
> 보들을 말한다. 환자의 사회보장번호나 운전면허증 번호처럼 개인과 관련된 번호
> 가 아닌, 단지 프로그램과 관련된 번호의 경우는 여기에 포함되지 않는다. (§ 2.11)

규정은 Part 2에서의 기록은 지문이나 사회보장번호, 사진을 포함하는 '환자의 개인정보' 뿐만 아니라 기록으로 남아 있든 아니든 간에 서비스의 내용에서 환자가 표현한 것까지를 포함한다고 제안한다. 정보의 사용이나 노출에 대한 규정의 제약에 의해 야기된 추가적인 복잡함 때문에 사회복지사는 알코올이나 약물 문제와 관련된 개인의 기록을 공개하는데 있어 법률적인 조언을 구하는 것에 대해 명심해야만 한다.

가족교육 사적정보 보호령(FERPA)는 기록에 대해 '교육에 대한 기록'으로 구성된다고 간단하게 정의하고 있다. 교육에 대한 기록의 정의에 어떤 종류의 기록들은 포함시키지 않는다. FERPA(2007)의 규정에 의하면, 교육에 대한 기록이란 "(1) 직접적으로 학생과 연관된 (2) 기관이나 학원의 역할 중 한 부분으로 기관이나 학원에 의해 보관된(§ 99.3)" 것을 말한다. FERPA은 교육에 대한 기록에 포함되지 않는 기록이 무엇인가에 대해 설명하고 있다.

(1) 오직 기록을 작성한 사람만이 점유하고 있어, 개인의 기억을 돕는 데에만 사용되고, 기록을 작성한 사람을 일시적으로 대신하는 이를 제외하고는 다른 어떤 사람에게도 접근이나 공개가 되지 않는 종류의 기록

(2) § 99.8의 대상이 되는 교육기관이나 학원의 법적 강제에 의한 기록

(3) (i) 교육 기관이나 학원에 고용된 사람에 대한 기록으로

(A) 사업의 정상적인 과정 안에서 작성되고 유지된

(B) 피고용인으로서의 개인의 능력 안에서 개인과 배타적으로 연관된

(C) 다른 어떤 목적으로도 사용될 수 없는

(ii) 정의와 관련된 (b)(3)(i)의 내용과 관련 없는 것으로, 학생으로서의 교육기
　　록에 의해 고용된 교육기관이나 학원에 출석하고 있는 개인에 대한 기록

(4) 18세 이상이거나, 중등과정 후의 교육에 참여하고 있는 학생의 기록으로

(i) 그들의 전문 영역이나 준 전문영역에서 활동하는 의사나 정신과 의사, 심리
　　학자 또는 다른 전문가나 준전문가에 의해 작성되거나 유지된

(ii) 학생의 치료와 연관되어서만 작성되거나 유지되거나 사용된

(iii) 개인에게 치료를 제공하기 위해서만 노출된. '치료'는 치료적인 교육 활
　　동이나 기관이나 학원에서 주어지는 프로그램의 한 부분으로서의 활동은
　　포함하지 않는다.

(5) 기록은 그 사람이 더 이상 기관이나 학원의 학생이 아닌 이후에 개인에 대
　　한 정보를 포함한다.

마지막 예로, 아동 학대 예방 · 치료법에서는 아동 학대와 방임의 기록이 무엇
을 의미하는가에 대한 정의에 따르고 있다. 주정부법은 단순히 아동 학대와 방
임에 대한 기록은 비밀보장이 되어야 하고, 불법적인 정보 공개가 있을 경우 처
벌을 받게 될 것이라는 것을 확인해 주는 법률 규정을 정하여 제공할 뿐이다.
"주정부는 법령에 의해 모든 아동 학대와 방임에 대한 기록들이 비밀보장이 되
어야 하고, 만일 정당하지 않은 공개가 되었을 경우 형사상의 위법행위로 간주
된다."

이 예에서 보이듯, 기록에 대한 정의는 연방법상에 있어 규정되어 있지 않다.
교육 기록에 대한 소환장을 받은 경험이 있는 사회복지사는 그들이 약물남용 기

록과 같이 연방법상에서 다른 형태로 정의되는 기록에 대한 소환장을 받았을 때 어떻게 응해야 하는가에 대해 알고 있다고 믿을 것이다. 하지만 그들을 그것을 알고 있는 것이 아니다. 물론 소환장의 수령에 있어서, 사회복지사는 그들의 변호사와 의논해야만 한다. 그들은 함께, 적용 법 아래에서 기록이 어떻게 정의되며, 그들이 소환장에 어떻게 응하는 것이 적절한지를 결정할 수 있다.

## 주 법의 규정하에서의 소환장과 기록의 정의

특정 연방법상에서 기록이 어떻게 정의되는지를 알고 있는 사회복지사의 경우, 주 법이 적용되는 경우에도 같은 방식으로 정의될 것이라고 가정하게 될 것이다. 예를 들어, 학교에서 일하는 사회복지사의 경우 주 법에서 정의하는 '교육기록'이 연방정부에서 정의하는 것과 동일할 것이라고 믿을 것이다. 하지만 주 법에서는 '기록'이라는 용어에 대해 연방정부보다 훨씬 다양한 방식으로 정의내리고 있다. 심지어는 같은 주 내에서조차 서로 다른 서비스에 연관되는 법령에 따라 기록에 대한 정의가 서로 다르게 내려지고 있다. 예를 들어, 펜실베이니아 주에서는 '정신건강 기록'을 요구하는 소환장의 경우, '교육기록'을 요구하는 소환장의 경우와는 서로 다른 내용의 기록을 요구하고 있다.

사회복지사는 서로 다른 주 사이의 다양성에 대해서도 알고 있어야 한다. 예를 들어, 펜실베이니아 주의 정신건강 기록에 대한 정의는 버지니아 주의 정의와 다르다. 만일 사회복지사가 정신건강 기록에 대한 소환장을 받는다면, 주 법은 어떤 정보들이 탐색될 것인가에 대해 결정하게 될 것이다. 예를 들어, 애리조나 주에 근무하는 사회복지사는 정신건강 기록에 대해 애리조나 주 법을 참고하게 될 것이다.

> [정신건강기록]은 환자에 대한 검사, 평가, 또는 행동적이거나 정신건강과 관련된 치료 프로그램과 관련지어 어떤 형태나 매체로 기록된 것이든 모든 의사소통을 의미한다. 기록은 보건서비스 제공자나 다른 제공자들에 의해 준비된 의료기록을 포

함한다.

기록에 포함되지 않는 것은 다음과 같다.

(a) 이용 상황에 대한 검토나 동료 검토, 또는 질적 관리를 위한 활동과 연관되어 준비되는 내용

(b) 응급 서비스나 범죄 행위가 의심되는 보고에 의해 공식적으로 운영되는 응급 출동 사무실에 전화를 걸거나 전화를 받은 기록. (Arizona Revised Statutes, 2007, §36-501[40])

반대로, 사회복지사가 메릴랜드 주에서 일을 하고 있고, 정신건강 기록에 대한 소환장을 받는다면 정신건강 기록의 공개와 관련된 주 법은 의료기록의 비밀 보장에 관련된 일반적인 법률에 준한다. 메릴랜드 주에서는 정신건강 기록은 일종의 의료기록이다. 메릴랜드 법(2006)에서는 의료기록을 다음과 같이 정의하고 있다.

구두, 서면, 다른 형태의 모든 형태나 모든 매체에 기록된 정보로 다음과 같다.

(i) 환자나 수혜자의 기록에 들어온 것

(ii) 환자나 수혜자의 신원에 관련된 것

(iii) 환자나 수혜자의 건강서비스와 관련된 것

(2) '의료기록'은 다음의 사항을 포함한다.

(i) 건강 서비스 제공자의 컨설턴트나 고용인, 대리인이 아닌 제삼자에게 의료 기록이나 관련 문서의 공개

(ii) 약물 처방전에 대해 약국에서 작성하고 보관한 약물처방 전 파일 또는 환자의 신원을 알 수 있는 제반 장치

(iii) 환자의 검사에 대한 기록으로 그 환자는

1. 검사가 요청되었거나

2. 검사를 위해 비용을 지불한

(iv) 다른 보건서비스 제공자로부터 받은 파일이나 기록으로

1. 환자나 수혜자가 보건서비스 제공자로부터 받은 보건 서비스와 연관된

2. 환자나 수혜자의 신원을 알 수 있는 내용. (§ 4-301)

일리노이 주에서는 정신건강 기록에 대한 소환장을 받은 사회복지사는 다른 주와는 아주 다른 형태의 기록을 제출해야 한다. 일리노이 주의 정신건강 · 발달장애 비밀보장법에 의하면

'기록'은 정신건강이나 발달장애에 대한 서비스를 제공하는 기관이나 치료자에 의해 보관된 모든 종류의 기록을 말한다. '기록'은 어떤 종류의 신청서나 증명서와 관련하여 준비과정에서부터 결과에 이르기까지의 과정과 연관되어 법원에 의해 보관된 모든 기록을 포함한다. 또한 기록은 신청서와 증명서, 배치 보고, 치료계획, 진단과 평가에 대한 보고서 등을 포함한다. 기록은 치료자의 개인 노트는 포함하지 않는다. (§ 110/2)

일리노이 주에서는 정신건강기록에 대해 정신건강 서비스나 발달장애 서비스를 제공하는 치료자나 기관에서 보관된 모든 문서들을 포함하는 것으로 정의하고 있다. 일리노이 주에서는 개인 노트와 같은 다른 정보들은 기록의 한 부분으로 고려되지 않는다. 그러므로 일리노이 주에서는 정신건강 기록에 대한 소환에 응해야 하는 사회복지사는 기록과 개인 노트에 대해 구별해야 할 필요가 있다.

## 개인 노트

앞에서 언급한 바와 같이 일리노이 주에서는 정신건강기록과 개인 노트를 구분하고 있다. '개인 노트'는 특별히 일리노이 주의 법 안에서 정의내려진 개념이다. 하지만 개인 노트에 대해서는 일리노이 주에만 해당되지는 않는다. 공식기록과 구분하여 임상노트를 사용한지는 꽤 오래되었다.

실천가는 만일 클라이언트 관련 정보를 공식적인 기관 문서로 기록해 놓으면,

클라이언트의 비밀보장을 보호해 주지 못할 수도 있다는 점을 걱정한다. 실천가는 클라이언트에 대한 기관의 기록 중에서 특히 개인적이고 민감한 정보에 대해 따로 보관함으로써 클라이언트의 사적 정보 보호가 강화된다고 믿는다. 더구나, 클라이언트 정보에 대한 소환이 있을 때, 그들의 개인 노트가 아닌 기관의 공식적인 기록만을 노출함으로써 소환에 응할 수 있을 것이라고 생각한다. 대부분, 개인 노트는 실천가의 개인 소유로 여겨지고, 소환의 대상이 아닌 것으로 간주된다. 임상가는 정보가 기관의 공식적인 기록에 포함되지 않으면, 소환의 대상이 아닌 것으로 가정하는데 항상 그렇지는 않다.

실천가가 클라이언트에 대해 따로 분리된 파일을 가지려고 하는 데에는 또 다른 이유가 있다. 실천가는 클라이언트가 그들 자신의 파일을 보는 것을 피하기 위해 별도의 기록 보관 체계를 사용하기도 한다. 사회복지사는 클라이언트들이 그들 자신에게 상처가 될 수도 있는 임상적 관찰을 읽는 것으로부터 클라이언트를 보호하고 싶어 한다. 클라이언트나 타인에게 노출하고 싶지는 않지만 매우 중요하고, 증거자료가 더 필요한 내용이 있을 때 사회복지사는 따로 메모해 놓기도 한다. 예를 들어, 실천가는 클라이언트에 대한 느낌, 추측, 단서, 직감, 잠정적인 진단 등을 메모해 놓기도 한다.

실천가는 공식적인 기록과 달리 별도로 보관하는 문서에 대해 다른 용어를 사용해야 한다. 그들은 이런 문서들을 '이중 기록', '개인 노트', '임상적 메모', '비공식 기록' 등으로 부를 수 있다. 어떤 용어가 사용되든지, 두 가지의 서로 다른 기록은 다른 목적을 갖고 있게 되는데, 하나는 클라이언트나 그 기록을 볼 수 있는 권리를 가진 누군가와 공유할 수 있는 것이고, 다른 하나는 실천가 자신만이 사용할 수 있는 것이 된다. 여기, 우리는 이 두 가지의 정보의 유형에 대해 '기록' 대 '개인 노트'로 구분하고자 한다.

## 주 법과 개인 노트

많은 주에서, 실천가는 개인 노트를 보관할 수 있는데, 어떤 법도 그런 기록에 대해 통제하는 법률을 갖고 있지 않기 때문이다. 사회복지사는 클라이언트에 대한 어떤 기록이 공식적인 기록으로 보관되어야만 하는가에 대해 결정할 수 있다. 또한 그들은 어떤 기록이 분리된 파일로 개별적으로 보관될 것인가에 대해서도 선택할 수 있다.

다른 주에서는, 개인적으로 보관되는 기록도 법에 의해 통제를 받는다. 법률이 개인 노트를 통제할 때, 사회복지사는 어떤 정보를 그들 기관의 공식적인 기록과 분리해서 기록해야 하는가에 대해 그들 나름의 방향을 잃을 수 있다. 실천가에게 어떤 종류의 정보들이 개인 노트로 고려되고, 또한 어떤 정보들이 공식적인 기관의 기록으로 고려되기에 적절할 것인가에 대해 입법부가 정의를 내려줄 수도 있다. 실천가 그 주의 법률에 정한 바에 따라 개인 노트를 해 나갔을 때, 그들의 개인 노트는 법정의 소송 절차 과정에서 공개되어야 하는 대상이 안 될 수도 있다. 하지만 실천가가 법률이 정하는 바에 따라 개인 노트를 보관하지 못한 경우, 개인 노트 역시 소환의 대상이 될 수 있다.

1979년에 일리노이 주는 기록과 개인 노트에 대하여 처음으로 법적인 구분을 하였다. 일리노이 주의 개인 노트에 대한 법률은 선구자적인 역할을 하였고, 다른 주의 기록에 관한 법률에도 영향을 주었다.

일리노이주에서는 세 가지 범주의 정보가 개인 노트로 간주된다.

(i) 수혜자와 타인에게 절대 공개되지 않는다는 전제로 제삼자에 의해 치료자에게 제공된 정보

(ii) 수혜자가 치료자에게 밝힌 정보 중, 공개되면 수혜자와 제삼자와의 관계에 해가 되는 정보

(iii) 치료자의 소견, 진단

(일리노이 주 정신건강 · 발달장애 비밀보장법, 2007, § 110/2)

첫 번째 범주의 정보는 클라이언트와는 공유되지 않는다는 전제로 다른 누군가에 의해 치료자에게 공개된 정보이다. 예를 들어, 어떤 부인이 남편의 사회복지사에게 자신이 불륜관계가 있기 때문에 결혼생활을 유지해야 하는가에 대한 양가감정을 가지고 있다고 말을 하는 것이다. 만일 사회복지사가 이 정보를 클라이언트의 기록에 남겨 놓는다면, 남편이 기록을 보고자 할 때, 이 정보가 노출될 것이다.

두 번째 범주의 정보는 클라이언트가 치료자에게 말한 내용 중에서 클라이언트와 제삼자의 관계에 손상을 줄 수 있는 정보이다. 예를 들어, 어떤 아이가 사회복지사에게, 엄마가 아빠에게 아주 잔인하며, 아빠가 술을 마실 때마다 아주 나쁜 말을 한다고 말을 했다. 만일 아이의 아빠나 엄마가 아이의 기록을 볼 수 있다는 것을 안다면, 사회복지사는 아이의 진술이 아이와 부모와의 관계를 손상시킬 수도 있을 가능성에 대해 생각하고, 그 내용을 공식적인 기록보다는 개인 노트로 정리해야 할 것이다.

세 번째 범주의 정보는 치료자의 육감이나 인상 등을 포함한다. 예를 들어, 사회복지사가 섭식장애가 짐작되는 10대 청소년을 만났으나 이러한 가설을 확인하기 위해서는 보다 많은 정보가 필요할 때, 그는 이러한 정보를 개인 노트로 남겨놓을 수 있다. 만일 청소년이나 부모가 기록을 보고자 하거나, 그 기록들이 소환되었을 때, 잠정적인 진단이 활용될 수 있는 정보의 한 부분이 되어서는 안 된다.

이 모든 사례에서, 치료자는 공식적인 기록보다는 개인 노트에 정보를 남겨놓음으로써, 클라이언트나 다른 사람들이 정보에 접근하는 것을 제한할 수 있다. 이러한 방법을 사용함으로써 사회복지사는 지지되지 않은 정보나 임시적인 추측을 배제할 수 있어 기록의 질을 향상시킬 수 있다. 만약 그러한 정보가 사회복지사에게 고려해야 할 중요한 것이라면, 이러한 정보는 진단이 확실히 나와 공식적으로 기록될 수 있을 때까지는 실천가의 개인 노트에 정리될 수 있다.

일리노이 주에서는 실천가가 개인 노트를 할 때, 클라이언트의 파일과는 분리 보관해야 하며, 슈퍼바이저나 자문가, 변호사 외에는 다른 사람과는 공유되지 않는 것이 원칙이다. 만일 위에서 말한 사람들 이외에 누군가와 그 정보가 공유된다면, 그때는 개인 노트가 자동적으로 공식적인 기록이 된다. 만일 노트 안에 법에서 '개인 노트'로 명시한 세 가지 범주의 기록만을 포함하고 있고 실천가가 그 내용을 공유하지 않았다면, 그 기록은 실천가의 개인 소유로 간주되며, 증거의 대상이 될 수 없다. 이것은 사회복지사가 클라이언트 기록의 소환을 명령받았을 경우에도 단지 클라이언트의 공식 기록에 나와 있는 정보만이 공개의 대상이 되고 개인 노트는 공개될 필요가 없다.

기록과 개인 노트를 구분하여 사용함으로써, 일리노이 주의 사회복지사는 클라이언트 사적 정보를 더욱 천천히 보안할 수 있게 되었다. 하지만 사회복지사가 어떤 자료를 개인 노트에 따로 기록했다고 해서 그 문서가 사적으로 되지는 않는다. 실제로, 변호사는 기록과 개인 노트 모두를 소환할 수 있다. 사회복지사가 개인적 자료라고 말하는 어떤 자료가 진짜 개인적 자료인지에 대한 결정은 실천가가 아니고 그 소송을 담당하고 있는 판사의 결정에 따르는 것이다.

1988년, 정신과 의사에게서 치료를 받았던 한 여인이 자살을 시도한 사건이 있었다. 그녀의 남편은 담당 정신과 의사에게 기록을 요구하였고, 의사는 그가 가진 모든 자료가 개인 노트라고 말하며 그것을 공개하기를 거부하였으며, 그 스스로가 혼자 무엇이 기록이고 무엇이 개인 노트인가를 결정해 버렸다. 그녀의 남편은 소송을 제기하였다. 그 재판에 있어서의 주제는 정신과 의사와 판사 중 누가 무엇이 기록이고, 무엇이 개인 노트인지를 결정할 것인가였다. 판사의 결정은 판사가 이러한 결정을 내려야 한다는 것이었다. 그 의사는 항소하였다. 항소심에서 판사의 기능 중 하나로 정보의 공개에 대해 지도감독하는 것이라는 결론이 났다. 판사는 무엇이 공개에서 제외되는 개인 노트가 되는 문서이고, 무엇이 합법적으로 소송의 한 부분이 되는 기록이 되는 문서인지에 대해 결정할 수 있는 힘을 갖게 되었다. 판사는 법률에 규정된 개인기록의 내용과 비교하여 개인 노트로 명시된 문서의 내용을 검토함으로써 이에 대한 결정을 내릴 수 있다.

다른 주 역시 기록과 개인 노트는 구별된다. 예를 들어, 메릴랜드 주에서는 개인 노트를 다음과 같은 정보라고 규정하였다.

1. 정신건강 제공자의 개인적 재산이나 업무 결과
2. (d)(3) 부분에서 구분되어진 것을 제외하고, 어떠한 범죄나 시민활동이나 행정적 활동의 증거로서 밝혀져야 하는 것들이 아닌

(ii)(d)(2) 부분에서 구분되어진 것을 제외하고, 다음의 정신 건강 제공자에 의해 작성되어진 정신건강 제공자의 개인 노트는 의료기록에 포함되지 않는다.

1. 정신건강 제공자의 개인적 사용을 목적으로 오직 기록자만이 홀로 소유하는 정신건강제공자의 개인 노트
2. 의료기록과는 분리되어 따로 보관되는 개인 노트
3. 개인 노트는 다음과 같은 인물 이외에는 공개되지 않는다.

A. 개인 노트에 대한 비밀보장을 해 줄 수 있는 정신건강 서비스 제공자의 슈퍼바이저

B. 개인 노트에 대한 비밀보장을 해 줄 수 있는 정신건강 서비스 제공자의 컨설턴트

C. 개인 노트에 대한 비밀보장을 해 줄 수 있는 정신건강 서비스 제공자의 변호사

(iii) '개인 노트'에는 환자의 진단, 치료 계획, 증상, 예후, 과정 기록에 대한 것은 해당되지 않는다. (Annotated Code of Maryland, 2006, § 4-307[6][1])

메릴랜드 주의 법규는 일리노이 주의 법규와 여러 면에서 비슷하다. 일리노이 주와 마찬가지로 메릴랜드 주에서도 개인 노트를 실천가의 개인적 재산으로 간

주하며, 소송절차에 활용할 대상으로 보지 않는다. 비슷하게, 메릴랜드 주에서도 개인 노트는 기록과는 별도로 보관되어야 하며, 실천가만이 볼 수 있으며, 실천가의 슈퍼바이저나 컨설턴트, 변호사 외에 다른 사람과 공유되지 않는다.

일리노이 주에서 개인 노트로 정의되는 세 가지 범주의 정보가 있는 것과는 달리, 메릴랜드 주의 법률에서는 무엇이 개인 노트인가에 대한 명시는 없다. 메릴랜드 주의 법률에 따르면, 치료자의 개인 노트에는 환자의 진단, 치료 계획, 증상, 예후, 과정 기록과 같은 내용들은 포함되지 않는다. 메릴랜드 주에서는 실천가가 개인 노트를 사용할 수 있다는 것, 특정 내용은 개인 노트에 포함되지 않는다는 것을 알고는 있지만 일리노이 주에 비해서 개인 노트를 구성하는 틀에 대해 법에서 명확히 안내하고 있지는 못하다.

컬럼비아 특별구의 법률 역시 정신건강 전문가가 개인 노트를 보관할 수 있도록 허용한다. 개인 노트는 다음과 같이 정의된다 ― (A) 클라이언트나 다른 사람에게 절대 공개되지 않는다는 전제로 다른 사람에 의해 정신건강 전문가에게 제공된 정신건강정보, (B) 정신건강 전문가의 고찰(District of Columbia Mental Health Information Act, 007, § 7-101. 01[13]). 일리노이 주나 메릴랜드 주의 사회복지사와 같이, DC의 사회복지사 역시 개인 노트를 클라이언트의 공식적 기록에 함께 두어서는 안 된다. 하지만 일리노이 주나 메릴랜드 주와는 다르게, 컬럼비아 특별구의 법률은 사회복지사가 그들의 개인 노트를 슈퍼바이저나 컨설턴트와 공유하는 것을 금지한다. 사실, 정신건강 전문가가 그들의 개인 노트를 공유하는 유일한 상황은, 실천가가 과오나 비밀보장 위반에 대한 소송 등에 방어하기 위해 그 안에 포함된 정보나 기록이 필요할 때이다.

위에 제시된 예에서 보면, 실천가에게 개인 노트를 허용하는 주에서는 개인 노트를 공식적인 기록과는 분리하여 보관하도록 하고 있음을 알 수 있다. 이 법률들은 개인 노트의 범위를 규정하고, 실천가가 그것을 기록할 수 있도록 허용하고 있지만, 어떤 종류의 민감한 정보를 공식적인 기록으로부터 배제하게 되기도 한다. 거꾸로 보면, 클라이언트와 법정을 포함하여 일반적으로 기록을 이용할 수 있는 사람에게 그 기록이 이용되지 못하게 되었다. 실천가는 해당 주정부에서 개인 노트에 대한 구분이 되어 있는지, 그러한 구분이 무엇을 의미하는지, 정보가 어떻게 보관되어야 하며, 누구와 공유될 수 있는지에 대해 알고 있는지를 확실히 해야 한다. 개인 노트 안에 포함되어 있는 내용이 소환으로부터 보호될 수 있도록 하기 위해, 실천가는 그들의 주 법에서 명시한 대로 분명하게 따라야 한다.

## HIPAA하에서의 정신치료기록

HIPAA는 공식적 기록뿐 아니라 개인 노트도 보관하기를 원하는 사회복지사에게 또 다른 차원에서의 복잡함을 더해 준다. 앞에서도 논의된 바대로, HIPAA는 인간을 다루는 실천가를 위한 건강정보보호를 통제하는 데 있어서의 국가 차원의 최소한의 지침을 제공하고 있다. 보건복지부가 HIPAA 사적 권리 규정의 최신판을 발간했을 때, 거기에는 개인 노트의 가치에 대하여 다음과 같이 언급하고 있었다.

> 정신치료에 대한 개인 노트는 그것을 작성한 정신건강 전문가에 의해 주로 활용되고, 의료기록과는 별도로 관리되며, 치료나 비용지급, 건강 서비스 제공을 위해 필요한 문서에는 포함되지 않는다… 치료의 목적으로 다른 건강 서비스 제공자와 공유되는 다른 정보와는 다르게, 정신치료에 대한 개인 노트는 보다 상세하고 주관적이다… 사실, 이러한 기록이 분리되어 따로 활용될 수 있다는 것은 건강 서비스 체계에서 과도한 부담 없이 충분한 보호를 제공할 수 있도록 해 준다. (Standard for Privacy of Individually Idenfiable Health Information, 2000)

HIPAA에 정신치료의 개인 노트에 대한 조항을 규정함으로써, 연방정부는 실천가들이 클라이언트의 어떤 정보에 대해서 공식적인 기록과는 별도로 보관할 수 있도록 법적으로 가능해짐으로 해서 그들의 클라이언트의 사생활을 보호할 수 있도록 돕고 있다. HIPAA는 연방법에 정신치료 노트라는 용어를 사용하여 사적인 기록에 대한 개념을 만들어 냈다.

HIPAA에서는 정신치료의 개인 노트에 대한 다음과 같이 정의하고 있다.

> 정신건강전문가인 건강 서비스 제공자에 의해 개인 상담이나 집단 상담, 또는 가족 상담 회기 중의 대화의 내용에 대한 묘사나 분석을 기록된 것으로, 개인의 의료 기록과는 별도로 분리된 것이다. 정신치료노트에는 약물 처방이나 관찰내용, 상담 회기의 개시와 종결 시간, 양상과 구색을 갖춘 치료의 빈도, 임상적인 검사 결과, 진단, 기능 상태, 치료 계획, 증상, 예후, 과정 기록 등의 항목에 대한 요약 등은 포함하지 않는다. (§ 164.501)

정신치료노트 HIPAA하에서는 특별 취급을 받는다. 정신 치료노트를 공개하기 위해서는 클라이언트가 특별한 동의서에 서명을 해야만 한다. 정신치료의 개인 노트 공개에 대한 동의는 건강정보보호의 공개에 대한 동의서와 연합시킬 수 없다. 실천가가 서명된 동의서와 함께 '모든 클라이언트 기록' 또는 '완전한 의료기록'에 대한 요청을 받았을 때 그들의 정신치료노트는 공개되지 않는다. 그들의 정신치료기록을 공개하기 위해서는 정신치료노트 역시 함께 요청된다는 특별한 동의서에 따로 서명이 필요하다("Social Workers and Psychotherapy Notes," 2006).

HIPAA하에서는 정신치료노트를 공개하는 데 필요한 클라이언트의 동의와 관련하여 예외가 있다. 그 기록을 쓴 사람이 사용하고자 하는 경우에는 정신치료노트의 사용이나 공개에 대해 클라이언트의 동의는 필요하지 않다. 학생이나 수련생을 훈련시키거나, 실천가가 임상 실천을 하기 위해, 또는 집단이나 가족, 개인 상담에 있어서의 그들의 기술을 향상시키기 위해 사용될 수 있다. 그 기록이나 검시관이나 의료적 검사자에 의해 사용될 수 있거나 클라이언트의 건강이나 안전에 위협을 가하는 위급 상황이나 심각한 상황을 피하기 위해 요청될 수도 있다.

정신치료노트는 건강정보보호보다 훨씬 높은 강도의 보호를 받는데, 이는 정신치료노트를 보기 위해서는 클라이언트에게 추가적인 동의서에의 서명을 요구하기 때문이다. 역설적이게도 HIPAA는 개인에게 그들의 정신치료노트에 대한 접근을 허용하지 않는다. 클라이언트가 그들의 기록에 대한 내용을 확인할 수 없기 때문에, 그들은 그 안에 어떤 내용이 들어 있는지 알지 못한다. 만일 그들이 동의서에 서명을 하면 그들은 어떤 정보가 공개될지에 대해 알지 못한다. 이런 이유로, 실천가는 클라이언트가 그들의 기록을 공개할 것인가의 여부를 결정하는 데 필요한 정보를 주기 위하여 정신치료노트 안에 있는 내용에 대하여 클라이언트와 논의하는 것이 바람직하다("Social Workers and Psychotherapy Notes," 2006).

HIPAA에 정신치료노트에 대한 개념이 포함된 것은 개인 노트에 대한 어떤 특정한 법률을 가지고 있지 않는 주에서 일하는 실천가에게도 도움이 된다. HIPAA는 실천가가 어떤 민감한 클라이언트의 정보에 대하여 공식적인 기록과는 별도로 보관할 수 있도록 하는 법률적인 정당성을 부여해 준다. 정신치료노트에 대해 별도의 클라이언트 동의를 필요로 하기 때문에 보험회사나 다른 제삼자들은 클라이언트의 공식적인 기록을 볼 때, 정신치료노트를 함께 살펴볼 수는 없다.

하지만 HIPAA의 정신치료노트에 대한 개념은 개인 기록에 대한 법률적 근거를 갖고 있는 주에서 일하는 실천가에게는 혼란을 더할 수도 있다. HIPAA하에서의 정신치료노트는 주 법에서 말하고 있는 개인 노트와는 다르다. 법률적인 정보는 어떤 정보가 법에 의해 보호를 받을 것인가를 결정하는 것이다. 만일 실천가와 그들의 기관이 HIPAA의 통제를 받고 있다면, 그들은 HIPAA와 주 법의 두 가지 모두를 살펴야 한다. 그들은 HIPAA의 정신치료노트에 대한 조항이 주 법의 개인 노트에 대한 정의보다 더 엄격한지의 여부와, 어떤 법이 더 우세한지에 대해 결정해야 한다. 법률이 서로 충돌하는 경우가 있기 때문이다. 기록이 누구와 공유될 수 있는가, 어떤 정보가 정신치료노트와 개인 기록의 정의에 부합되는가, 정신치료노트로서의 상태를 위태롭게 하지 않은 채 클라이언트가 그들의 기록에 대해 볼 수 있는가, 그리고 클라이언트가 개인 노트의 공개에 대해 법적으로 합의할 수 있거나 필요로 하는가의 여부 등이 그러한 예가 될 것이다. 그러나 실천가가 아무런 도움 없이 명백히 이러한 것을 결정하기는 어렵다. 이러한 복잡성을 해결하는 노력의 과정에서 실천가는 비밀보장의 공개에 대한 지식을 갖고 있는 변호사나 슈퍼바이저 컨설턴트, 기관 정책, 미국사회복지사협회와 같은 전문적 연합체 등의 도움을 받아야만 한다.

## 면책특권

소환에 대응하는 것에 대한 앞서의 논의에서 언급된 것과 같이, 어떤 상황에서는 사회복지사는 어떤 증언이나 법정에서 클라이언트의 정보를 공개하는 것에 반하여 면책특권을 주장할 수도 있다. '증언 면책특권'으로 알려진 면책특권은 소송과 연관된 정보를 가진 사람으로 하여금 사법상 또는 행정상의 소송절차에서 그 정보를 공개하지 않는 것을 허용한다. 일반적으로, 면책특권이 있을 때, 그 정보가 증거로서의 연관성이나 가치가 있지 않다면 법정의 소송 과정에서의 사용은 불가능하다.

　면책특권은 통상적인 재판의 적대적인 체계에 존재하는 것보다는 특별한 법적 보호의 필요가 있는 것으로 간주되는 관계일 때 발생한다. 미국의 사법 체계는 서로 적대적인 양 측의 견해에 바탕을 두고 있는데, 각 측은 소송에서의 자신들의 의견을 지지하고, 상대측의 신용을 깎아내리기 위해 모든 관련된 사실을 드러낼 수 있는 목격자나 문서 자료를 활용한다. 판사나 배심원단의 역할은 무엇이 진실인가를 반영하는 결론에 도달하기 위하여 이 모든 사실을 분류하는 것이다. 면책특권을 가진 정보가 판사나 배심원단의 결정에 도움을 주는 증거라고 하더라도, 면책특권 관계는 그 정보의 증거로서의 가치의 손실을 보호해 준다. 일반적으로 면책특권은 관련된 정보가 공개되는 것을 막아 주기 때문에 그것들은 법률적인 측면에서는 탐탁지 않은 것이다.

비밀보장의 개념은 면책특권과는 다른 개념이다. 비밀보장은 사회복지사가 그들이 윤리강령을 준수하기 때문에 가지게 되는 윤리적 의무이다. 어떤 종류의 전문가는 클라이언트에 대한 정보를 보호해야만 한다고 하는 것이 법률의 규정에 명시되어 있는 경우 비밀보장은 법적인 의무가 되는 것이다. 예를 들어 HIPAA는 건강에 대한 정보를 보호하는 비밀보장을 법적인 의무로 만들었다. 사회복지사나 다른 실천가는 클라이언트의 정보에 대한 비밀보장을 유지하는 것이 윤리적 의무이자 법적인 의무가 되었다. 이러한 의무는 그들이 가진 면책특권과는 별도로 존재하는 것이다.

반대로 면책특권은 법정에서의 정보 공개와 관련된 법적인 개념이다. 어떤 전문가가 면책특권을 갖고 있거나, 다른 사람과 면책관계에 있다는 것을 판사가 알고 있을 때 면책특권은 법정이나 소송절차에서 증언하는 것을 막아 준다. 면책특권은 법적인 소송절차에서 비밀보장이 되어야 하는 정보가 공개적으로 개방되는 것을 막아 준다.

면책특권은 다양한 방법으로 가능하다. 어떤 상황에서는 특정 관계에 대하여 법률에서 면책특권을 규정하고 있는 경우도 있다. 예를 들어, 강간 위기 상담자가 피해자의 진술에 대해 증언하지 않을 수 있도록 하는 면책특권을 보증하는 법률을 입법부가 통과시킬 수 있다. 판사가 면책특권을 내릴 수도 있다. 예를 들어 판사가 가정폭력 상담자가 학대 받은 여성에 대해 면책 관계에 있다는 결정을 내릴 수도 있다. 면책특권에 대해 인식함으로써 가정폭력 상담자는 그 여성에게 들은 것을 공개하지 않을 것이다.

입법부와 법정은 면책특권에 대해 결정할 수 있는 다양한 방법을 가지고 있다. 그 중 하나의 일반적인 방법은 법률학자인 Wigmore에 의해 개발된 범주를 적용시키는 것이다. Wigmore는 면책특권이 수립되어야 하는가를 결정하는 데 고려해야 하는 원칙으로 다음을 제시하였다.

① 그 의사소통이 공개되지 않을 것이라는 비밀보장을 전제로 이루어졌다.
② 비밀보장이 쌍방 간의 관계를 온전하고 만족스럽게 유지하는 데 있어 필수적인 요소이다.
③ 그 관계가 주의 깊게 다루어져야만 하는 지역사회의 의견 중 하나여야 한다.
④ 법률적인 바른 처분으로 인해 얻어지는 이득보다 정보의 공개로 인해 관계에서 벌어지는 손상이 더 큰 경우이다. (Wigmore, 1961)

Wigmore의 범주는 두 사람 사이의 의사소통이 비밀보장이 이루어질 것이라고 기대되고, 그 비밀보장이 관계의 유지에 필수적이며, 사회에서 그 관계에 대해 가치를 부여하고, 비밀보장이 필요한 분위기 속에서 이루어진 관계인가를 탐색한다.

모든 주에서는 개인 간의 어떤 범주에서의 면책 관계를 인식하고 있다. 가장 일반적으로 면책 관계가 인정되고 있는 관계는 변호사와 클라이언트, 의사와 환자, 성직자와 신자, 남편과 부인의 관계이다. 이 모든 관계에서의 면책특권은, 이들 관계에서 비밀보장은 너무 중요해서 법정에서의 증거의 필요성보다는 이들을 보호하는 것이 공공의 선을 위하여 필요하다는 사회적인 시선을 반영하고 있다.

1970년대에, 미국의 대법원은 연방 법정에서의 면책 표시에 대한 규정을 제안했다. 법원은 국회에서 제정해야만 한다고 생각하는 9개 범주의 면책 표시에 대해 제안했는데, 여기에는 의사와 환자, 배우자, 성직자와 신자, 심리치료사와 클라이언트의 관계였다. 그들이 제안하는 심리치료사는 약물 중독을 포함하는 정신적 또는 정서적 문제에 대한 진단과 치료에 관여하는 정신과 의사와 심리학자만을 포함하고 있다. 사회복지사나 다른 정신건강 전문가는 여기에서 배제되었다. 결과적으로 국회에서는 대법원의 어떠한 면책특권과 관련된 제안도 받아들이지 않았다. 대신에, 면책특권이 존재하는지에 대하여 개별 사례별로 법원이 결정하도록 일반적인 규정을 하였다(Rule 501 of the Federal Rules of Evidence).

1996년, 미국의 대법원이 *Jaffee v. Redmond* 사건에 대해 판결을 내렸다. 대법원에 제기된 사안은 Rule 501에 의해 심리치료사와 환자의 면책특권에 대해 인식되었는가의 여부와, 만일 그렇다면 그러한 면책특권이 사회복지사에게까지 확장되는가였다. *Jaffee v. Redmond*의 사건에서, 일리노이 주의 경찰로 일하고 있는 레드몬트는 리키알렌을 총으로 쏘아 죽게 되었다. 그는 면허를 받은 임상 사회복지사인 카렌 베이어에게 상담을 받았고, 그들은 50회기의 상담을 진행하였다. 알렌의 가족이었던 제피는 레드몬드와 경찰서, 마을을 연방법원에 고소하였다. 그들은 베이어와의 상담 회기에 대한 기록을 요구하였다.

베이어는 그 기록에 대한 소환장을 받았고, 법원에 의해 그 내용을 공개하도록 명령을 받았다. 증언과 공판 모두에서, 베이어는 그녀의 윤리적 신념에 따라 판사의 명령에 거부하였다. 더구나, 그녀는 심리치료사와 환자 사이의 면책특권은 그녀와 레드몬드 사이에도 적용되어야 한다고 생각하였다. 만일 그녀의 관계가 면책특권이 인정되는 관계라면, 그녀는 기록의 공개를 요구받지 않아도 된다. 공판에서 판사는 배심원들에게 베이어가 정보의 공개를 거부할 어떠한 법적 권리도 없으며, 그 기록에 포함된 정보가 레드몬드에게 불리한 것으로 가정할 수 있을 것이라고 이야기하였다. 판사가 근거로 제시한 규정은 심리치료사와 환자 사이의 면책특권에 사회복지사는 포함되지 않는다는 규정이었다. 판사는 심리치료사와 환자 사이의 면책특권은 인정하지만, 심리치료사에는 정신과 의사와 심리학자만을 포함하지 사회복지사는 포함되지 않는다고 믿고 있었다. 배심원은 제피 가족의 편을 들어 주었다.

피고인 측은 항소하였다. 1심에서의 판사와는 달리, 항소심 판사는 심리치료사와 환자 사이의 면책특권은 사회복지사에게도 허용된다고 인지하고 있었다. 주법을 들어 그러한 결론에 도달하였다. 그 판례는 일리노이 주의 규정에 포함되어 사회복지사와 클라이언트 사이의 면책 관계에 대해 인식되게 되었다.

제피의 가족은 미국 대법원에 항소하였다. 대법원은 부분적으로 동의하였는데 그 이유는 연방법원에 심리치료사와 환자 사이의 면책특권에 대하여 어떠한 전문가까지 포함되어야 하는지에 대하여 충분한 합의 규정이 없었기 때문이었다. 대법원에서의 안건은 "심리치료사와 환자 사이의 의사소통에 대해 비밀보장을 보호해 주는 면책특권의 중요성이 증거의 필요성보다 더 큰가의 여부"에 대한 것이었다(*Jaffee v. Redmond*, at 9-10).

대법원의 판결은 치료적 관계에서의 비밀보장의 중요성과 민감한 정보가 공개될 경우 발생하는 관계에서의 위해에 근거해 내려졌다.

> 효과적인 심리치료는 환자가 사실과 정서와 기억과 두려움의 완전한 개방과 솔직함을 기꺼이 할 수 있도록 하는 비밀보장과 신뢰의 분위기에 기반을 두어 이루어진다. 심리치료사를 만나게 되는 문제들의 민감성 때문에, 상담 과정 중에 나누어진 비밀보장을 해야 하는 의사소통 내용에 대한 공개는 당혹스러움과 모욕감을 유발할 수 있다. 이러한 이유로 정보를 공개하는 것은 성공적인 치료를 위해 필요한 비밀보장 관계의 발전을 저해할 가능성이 있다. (at 10)

대법원은 "심리치료사와 환자 사이의 면책특권은, 진실을 확인하기 위한 모든 이성적인 방법을 활용하는 보통의 원칙을 초월하여 공익에 기여할 것이다."라고 하며 연방법에 "면허를 받은 심리치료사와 환자 사이에 진단이나 치료 과정에서 드러나는 비밀보장이 되는 의사소통은 강제적인 공개로부터 보호되어야 한다."고 규정했다(at 15).

대부분의 판사는 연방법상의 면책특권은 면허를 받은 사회복지사와의 심리치료의 과정에서 이루어진 비밀스러운 의사소통까지 확대되어 적용해야 한다고 결론짓고 있다. 사회복지사는 정신과 의사나 심리학자가 충분히 다루지 못하는

가난한 사람을 위한 정신건강 서비스의 대부분을 담당하고 있다는 것에 주목한다. 상담 회기의 목적이 같은 공공의 목적에 기여하고 있기 때문에, 대법원은 정신과 의사나 심리학자에 의한 치료에 대한 면책특권이 사회복지사에게도 적용되어야 한다고 주장한다. 대법원은 경찰과 사회복지사 사이에 이루어진 대화와 그 기록에 대해 법정에서 강제적으로 공개되는 것을 보호해 주었다.

*Jaffee v. Redmond*의 사건은 심리치료사와 환자 사이의 면책특권에 대해 정신과 의사나 심리학자 외에도 사회복지사에게까지 똑같이 적용되도록 하였기 때문에 사회복지 전문직에 있어서 아주 중요하다. 법정에서 심리치료사와 환자 사이의 면책특권에 대한 판결을 확정할 때, 상담이나 치료를 제공하는 사회복지사는 법정에서의 소송절차 과정에서 클라이언트의 기록 안에 포함된 정보를 강제로 공개하지 않게 될 것이다. 물론, 면책특권을 인정받기 위해서는 사회복지사나 정신과 의사 또는 심리학자 모두 그들의 전문 분야에서의 면허를 갖고 있어야만 한다.

*Jaffee v. Redmond* 사건을 통해 확립된 심리치료사와 환자 사이의 면책특권은 연방법원에서 다루어지는 소송에만 적용된다. 사회복지사와 클라이언트가 연방법에 기반한 소송에 연루되었을 경우 사회복지사는 심리치료사와 환자 사이의 면책특권을 주장함으로써 클라이언트의 기록이나 정보를 공개하지 않을 수 있도록 할 수 있다. 연방법에 의해 결정되는 사건들의 경우 장애, 성별, 인종, 종교 또는 나이에 의한 차별, 취업, 주책, 교육에 대한 문제, 사회보장이나 퇴역군인복지와 같은 연방 프로그램에 대한 수혜나 거부 등과 같이 헌법에 관련된 사건이다.

각 주에서의 법정의 경우, 심리치료사의 면책특권은 적용되지 않는다. 사회복지사의 클라이언트가 주 법이나 주의 규정과 관련된 소송에 연루된 경우, 주 법이 적용된다. 이혼이나 아동 학대, 학대와 방임, 범죄나 소년비행과 관련된 법정 문제, 가정폭력, 후견인 제도, 정신건강 관련 입원 등과 연관된 주제는 주 법에 의해 다루어지는 주제이다. 면책특권의 다양한 영역에도 불구하고, 거의 대부분의 주에서는 사회복지사에게 면책 표시에 대한 일정한 형식을 제공하고 있다. 사회복지사는 그들의 주에서 사회복지사의 면책특권에 대하여 어떻게 다루고 있는가에 대하여 배워야만 한다.

연방법이나 주 법에 의해 전문가에게 면책 표시에 대한 명시가 있을 때라 할지라도, 그러한 면책특권이 적용되지 않는 예외상황들이 있을 수 있다. 종종, 이러한 예외 규정은 면책특권에 대해 명시한 법 규정에 설명되어져 있거나, 때로는 실천가의 증언이 아주 필요한 특수한 경우 상황에 따라 판사에 의해 만들어지기도 한다.

예를 들어, 사회복지사는 법률에서 그들의 클라이언트와 타인을 보호하기 위해 어떤 행동을 취하기를 요구하고 있는 사안에 대해 면책특권을 주장할 수 없다. 아동 학대나 방임의 사례나, 타인을 보호하기 위한 경고가 주어져야만 하는 상황과 같은 때에 실천가는 면책특권을 주장할 수 없다. 더구나, 실천가는 어떤 사건과 관련하여 특정 개인을 진단하고 그에 대한 의견을 법정에 제시하도록 요청받을 수도 있다. 예를 들어, 실천가는 법정에 서야 하는 어떤 개인이 그러한 재판과정을 견디어 나갈 능력이 있는지, 또는 그들이 직장에 복귀할 수 있을 만큼 안정된 상태인가에 대한 정신과정 상태에 대해 검사를 해야 하는 경우가 있다. 실천가는 또한 어느 부모가 더 나은 양육권자인지, 어떤 개인이 후견인을 필요로 하는 상황인지, 누군가가 정신과 입원이 필요한 상황인지에 대한 결정을 요청받기도 한다.

이러한 상황에서, 실천가는 그 개인과 치료적인 관계를 지속해 나가는 것이 아니고, 그 서비스가 법원의 판결을 위해 제공되는 것이기 때문에 그들의 관계는 면책특권을 인정받을 수 없다. 이러한 경우, 실천가는 그들이 제공하는 정보들은 법원에 보고될 것이며, 실천가가 비밀보장을 해 줄 수 없다는 것에 대해 클라이언트에게 알려야 한다.

또 다른 상황에서는 판사가 실천가의 어떠한 면책특권도 인정하지 않을 수도 있다. 정보의 필요성이 면책특권에 의한 이득보다 크다고 느껴질 때, 판사는 이렇게 할 수 있다. 예를 들어 아이에 대한 양육권과 관련된 소송에서, 판사는 모든 정보들이 공개되지 않고서는 아이에게 가장 유익한 판결을 내려질 수 없다고 판단될 때 면책특권을 인정하지 않을 수 있다. 그러한 경우 부모의 정신건강이나 약물 사용 또는 다른 문제와 관련된 내용들에 대한 기록을 가진 사회복지사는 면책특권에도 불구하고 그 정보에 대한 공개를 요청받을 것이다. 판사가 그들의 면책특권을 인정하지 않을 때, 사회복지사는 정보의 공개에 대하여 거부할 것인가 아니면 판사의 요구에 응해야 하는가의 여부를 결정해야 한다.

판사는 클라이언트가 그들의 면책특권을 철회하는 것에 대해 확정할 수도 있다. 철회라고 하는 것은 클라이언트가 자발적으로 그들의 면책특권에 대하여 권리를 포기하는 것을 의미한다. 법정에서는 종종 클라이언트가 누군가 자신에게 심리적으로 해를 입혔다는 것을 주장하기 위해 그들의 면책특권을 포기하는 것을 보게 된다. 예를 들어, 어떤 클라이언트가 그녀의 고용인을 성희롱으로 고소할 수 있는데 그녀는 성희롱이 그녀에게 심각한 정서적 위해를 주었다고 주장하기 위해 사회복지사를 찾아 치료를 받기도 한다. 대부분의 법정에서는 이러한 경우 그녀의 정신적 상태가 소송에 있어서 중요한 주제이기 때문에 사회복지사의 면책특권을 철회하도록 명령한다. 성희롱으로 인한 정서적 위해에 대한 보상을 요구하는 소송을 진행하기 위해서는 클라이언트는 사회복지사와의 치료 과정에 대한 내용의 공개 없이 그녀가 받은 피해를 주장할 수 없게 된다. 같은 이유로 클라이언트는 그들의 치료자를 고소하고자 할 때 면책특권에 대한 철회를 요청할 수 있다.

# 기록 요청에 대한 대응

우리가 볼 수 있는 것처럼 소환을 받는다는 것은 여러 가지 복잡한 문제를 야기한다. 실천가는 그들이 소환에 대해 어떻게 대응해야 하는지, 어떤 정보를 주어야 하는지, 요청되어진 정보가 공식적 기록의 내용인지 아니면 개인 노트의 내용인지, 그리고 면책특권이 적용되는지에 대하여 결정해야만 한다. 실천가는 또한 법률적으로 요구되는 의무뿐만이 아니라 클라이언트의 사생활을 보호해야 하는 그들의 윤리적 의무에 대해서 기억해야 한다. 복잡하게 얽혀 있는 주 법과 연방법 때문에 이러한 모든 문제가 더욱 복잡해진다.

대부분의 사회복지사는 소환장의 수령과 관련된 복잡한 문제를 풀어나가는 데 있어서의 도움을 필요로 할 것이다. 실천가는 그들의 임상실천과 관련된 주 법과 연방법에 대한 이해를 명확히 해야 하고, 항상 클라이언트의 사생활을 보호하기 위한 노력을 해야 한다. 법률적인 복잡함 때문에 사회복지사는 소환장의 수령에 대응하는 최선의 방법을 찾기 위하여 변호사, 슈퍼바이저 등에게 자문을 구해야 한다. 적절한 대응 방법을 결정하기 위해 사회복지사가 해야 할 일은 다음과 같다.

- 클라이언트와의 의사소통 내용이나 기록을 보호해야 하는 윤리적 의무가 있음을 기억해야 한다.
- 최선의 대응책을 고려하기 위해 변호사, 슈퍼바이저, 컨설턴트에게 자문을 구한다.
- 소환장이 무엇에 대한 요청을 하는가에 대해 확인한다(증언 또는 기록).
- 정보 공개에 대한 클라이언트의 동의서를 찾는다.
- 클라이언트의 정보 보호를 위한 단계들을 밟는다.
- 공개되는 기록은 최소한으로 해야만 한다.
- 개인 노트는 공식적 기록에 포함되지 않는다는 것을 명심하라.

- 가능하다면 사회복지사와 클라이언트의 면책특권을 주장하라.

## 기록 보관

사회복지사와 그들이 일하는 조직은 종종 그들이 클라이언트에 대한 서비스를 종결한 이후 법적으로 얼마의 기간 동안 기록을 보관하고 있어야 하는가에 대해 궁금해 한다. 한편으로는, 기록을 보관하는 것 자체가 명백하게 비밀보장을 손상시키는 것이다. 기록이 존재한다는 사실 자체가 기록에의 부당한 접근 가능성을 가지고 있기 때문이다. 더구나, 공간이나 비용, 보안 등 보관에 있어서의 문제가 클라이언트의 기록을 얼마나 오래 보관하는지에 대한 결정에 영향을 미칠수 있다(제7장 참조). 다른 한편으로는 많은 실천가나 기관들이 종결된 사례에 대한 기록을 보관하는 것을 선호하는데, 이는 그 클라이언트가 다시 서비스를 받기 위해 돌아왔을 때 그 클라이언트의 치료력을 확인할 수 있기 때문이다. 그들은 제공된 서비스에 대한 역사적인 문서들이나 어떻게 클라이언트의 욕구와 상황이 해결되었는가를 검토하기를 즐길 수도 있다. 기관에서 그들 기관의 피고용인들에게 기록을 보관하는 기간에 대한 지침을 제공할 수도 있다. 실천가는 기록의 보관 기간에 대한 결정을 위해 연방법이나 주 법, 또는 윤리규정을 검토하기도 한다.

미국사회복지사협회(1999)의 윤리규정에는 기록이 유지되어야 하는 기간에 대한 제한된 지침만을 제공하고 있다. 윤리규정은 실천가에게 차후에 이용 가능성에 대한 정당한 기간을 보증해 주기 위해 서비스 종결 이후 기록을 보관하도록 조언하고 있다. 하지만 그것은 사회복지기록이 보관되어야 하는 기간에 대한 명확한 제시를 해 주지 않고 있으며 대신에 주 법의 결정에 따르고 있다. 윤리규정은 "기록은 주 법의 규정에 따르거나 계약에 의거한 기간 동안 보관되어야 한다(3.04[d])."라고 제시하고 있으며 사회복지사들에게 그들이 속한 주의 법률에 따라 기록의 보관하도록 지시한다.

## 법률과 기록 보관

기록이 얼마 동안 보관되어야 하는가에 대한 규정을 포함하고 있는 연방법규는 없다. HIPAA의 규정하에서, 의료수가 책정자는 개인에게 건강정보보호의 공개에 대한 설명을 제공해야 한다. HIPAA는 의료수가 책정자에게 건강정보보호의 공개가 누구에게, 언제 행해졌는가에 대한 기록을 6년 동안 보관하도록 요구하고 있다. 하지만 HIPAA도 건강정보보호의 보관 기간에 대해 명시하고 있지는 않다.

주 법은 실천가가 기록의 보관에 대한 법률적 근거를 찾는데 있어 최선의 자원이다. 어떤 주에서는, 주 법에서 사회복지사에게 기록의 보관에 대한 일정 기간을 명시하고 있다. 예를 들어, 플로리다 주의 법률은 지정된 건강 서비스 전문가가 클라이언트에 관한 문서화된 기록을 보관하기를 요구한다. 더 나아가 플로리다 주의 법률은 결혼 및 가족 치료사나 정신 건강 상담가와 마찬가지로 면허를 받은 임상 사회복지사에 대해 클라이언트의 기록을 마지막 접촉 이후 7년간 보관할 것을 규정하고 있다. 다른 주에서는 사회복지사는 일정기간 기록을 보관해야 하는 건강 서비스 전문가 리스트에 포함되어 있다. 예를 들어, 메릴랜드 주에서는, 사회복지사를 포함하는 건강 서비스 전문가는 정신건강 기록을 포함한 의료 기록을 기록 작성 이후 5년간은 파기할 수가 없다. 메릴랜드 주의 경우 만일 환자가 미성년자라면 그 기록은 환자가 성년이 된 이후 3년까지는 파기할 수 없다.

또 다른 주에서는 법률 규정에서 사회복지사가 특정 범주의 기록에 대해 얼마 기간 동안 보관을 해야 하는가에 대해 명시하고 있다. 예를 들어, 콜로라도 주에서는 사회복지나 심리치료 대상자에 대한 각각의 기록을 서비스 종결 이후 10년간 보관하기를 요구하고 있다. 콜로라도 주에서는 클라이언트의 기록을 두 가지 범주로 분류하고 있는데 전체 기록과 요약기록이다(신원정보, 서비스 제공 이유, 면담 날짜, 의뢰 정보, 이름, 날짜, 비용 관련 등 포함). 클라이언트 전체 기록은 사례 종결 이후 5년간 보관해야 한다. 요약기록(사회복지사의 이름뿐 아니라 클라이언트에 대한 신분, 서비스 제공 이유, 클라이언트와 처음 만난 날과 마지막 만난 날짜)은 전체 기록의 보관 기간이 종료된 후 5년간을 더 보관해야만 한다.

주에서 기록의 보관과 관련된 법률 규정이 있을 때 그러한 규정은 주로 사회복지사의 면허와 관련된 법률 규정이나 의료기록 규정, 또는 병원 기록 보관 규정 등에서 찾을 수 있다("Social Worker and Record Retention Requirement", 2005). 하지만 2005년 당시 기록 보관 기간에 대한 규정을 포함한 지침을 가지고 있는 주는 19개 주에 불과했다("Social Worker and Record Retention Requirement", 2005). 불행히도, 대다수의 주에서는 어떠한 지침도 없었다. 사회복지사는 그들의 기록을 얼마나 보관해야 하는가를 결정하기 위해 다른 지침을 찾아야 했다. 이러한 상황에서 사회복지사는 기록의 보관 기관을 결정하기 위해 변호사와 상의하거나, 기관의 정책에 기록 보관에 대한 규정을 정하거나, 경험 많은 사회복지실천가의 경험을 검토하거나, 유사한 직종의 다른 전문가의 경우는 어떠한가를 살펴보거나, 전문가 연합체로부터의 지침을 찾아보는 노력을 하게 된다. 사회복지사의 직무상 과실에 대한 보험에 포함되어 있는 전문가의 의무 규정이 기록의 보관과 관련된 지침을 제공하기도 한다.

## 소송과 기록 보관

클라이언트의 기록을 얼마 동안 보관해야 하는가의 결정은 사회복지사에 의해 제공된 서비스가 소송에 연관되는 경우, 이러한 소송에서 활용될 가능성에 의해 더욱 복잡해진다. 앞에서도 논의된 바와 같이 사회복지사는 소송 절차에 휘말릴 수 있다. 이러한 소송은 그들 자신의 삶이나 또는 다른 사람의 삶과 연관된 것이다. 클라이언트가 사회복지사나 기관에 대해 소송을 제기할 수도 있다.

사회복지사와 기관은 그들이 제공하는 서비스의 질과 사회복지사에 의한 노력 및 서비스 제공과 관련된 결정에 대해 나타내기 위해 기록을 요구한다. 기록은 소송의 해결에 있어 결정적인 요인이 되기도 한다. 클라이언트가 연관된 소송에 정보를 제공하거나, 사회복지사와 기관의 행동에 대한 방어를 하기 위해, 사회복지사와 조직은 소송의 가능성이 존재하는 최소한의 기간 동안은 클라이언트의 기록을 보관하고 있어야만 한다.

## 공소시효

법에서는 소송을 제기할 수 있는 기간을 명시하고 있다. 공소시효는 소송을 제기할 수 있도록 허용하는 최대한의 시간에 대해 규정하고 있다. 규정된 기간 내에 소송이 개시되지 않으면 소송은 기각된다. 공소시효는 공평성의 개념에 근거하고 있다. 시간이 지날수록 사람의 기억은 흐려지고 증거가 사라질 수 있기 때문에 기소를 하거나 소송에 대한 변호를 하는 것이 더욱 어렵게 되기 때문이다. 또한 사람들은 미래의 어느 시점에서는 그들이 더 이상은 고소를 당하지 않을 것이라는 확신을 가질 수 있어야만 한다. 그래서 이러한 문제를 해결하기 위해 소송을 시작할 수 있는 시기에 대한 공소시효를 두고 있다.

공소시효는 주마다 다르다. 법률 규정은 다양한 상황에서의 적절한 공소시효에 대해 명시하고 있다. 예를 들어 오하이오에서는 계약위반에 대한 공소시효로 15년을 두고 있는 반면, 하와이에서는 6년을 규정하고 있다("Social Worker and Record Retention Requirement", 2005). 미네소타에서는 공소시효로 4년을 두고 있는 반면, 루이지애나에서는 직무상 과실에 대한 소송은 1년 이내에 이루어져야 한다.

공소시효는 소송의 종류에 따라 같은 주 내에서도 다양할 수 있다. 소송의 정당성에 기여하는 다양한 법적인 이론이 있다. 손해배상 청구와 관련된 공소시효기간은 직무상 과실이나 태만, 비방죄나 명예훼손, 사생활 침해 또는 잘못된 구금형과 같은 개인적인 권리침해와 관련된 문제보다 공소시효가 더 긴 경향이 있다.

실천가에 대한 소송이 제기되었을 때 그것은 계약위반이나 개인적인 권리침해에 대한 소송인 경우가 많다. 이러한 청구의 경우 다른 공소시효 기간을 가진다. 예를 들어, 켄터키에서는 직무상 과실과 관련된 소송의 경우 공소시효 기간이 1년인데 반해 계약과 관련된 소송의 경우 15년 이내에 시작되어야만 한다. 인디애나 주에서는 직무상 과실에 대한 소송은 2년 안에 시작되어야 하지만 계약위반에 관한 소송의 경우 10년 이내에 시작되어야 한다. 알라바마 주나 뉴햄프셔 주의 경우 건강 서비스 제공자에 대한 소송은 주로 계약 위반이나 직무상 과실에 대하여 제기되는데 2년 이내에 제기되어야 한다("Social Worker and Record Retention Requirement", 2005).

사회복지사는 그들의 주에서 적용될 수 있는 가장 긴 공소시효 기간 동안은 기록을 보관하고 있어야 한다. 사회복지사는 변호사가 그들이 활용할 수 있는 어떠한 법적인 근거를 가지고서라도 사회복지사에 대한 소송을 제기할 수 있음을 알고 있어야 한다. 하나의 법적 근거에 대한 공소시효 기간이 끝났다 하더라도 변호사는 아직 공소시효 기간이 끝나지 않은 다른 법적인 근거를 들어 소송을 제기할 수도 있다.

다음의 예를 살펴보자.

> 한 여성 사회복지사가 결혼생활에서의 의사소통을 향상시키기 위해 한 부부와의 결혼 상담을 진행하였다. 회기가 진행되는 중에, 부인이 사회복지사가 그녀의 남편과 사랑하는 사이이며, 성적인 관계를 가졌다고 부당한 비난을 하였다. 사회복지사는 적절하게 그 비난에 대해 부인하였고, 부인의 질투가 그녀의 결혼생활에 미치는 영향에 대해 재초점화하였다. 몇 달 후, 그녀의 남편은 이혼 소송을 제기하였다.
>
> 이혼 후, 부인은 그녀의 이혼에 대한 책임을 물어 사회복지사와 기관을 고소하려고 결심하였다. 그녀는 사회복지사의 '비윤리적' 행위에 대하여 고소하기 위해 변

호사와 상의하였다. 그녀의 변호사는 주 법에서 명시한 공소시효 기간을 고려하여 법적인 근거를 선택하고자 하였다. 주 법과 부인이 법적인 조치를 취하기로 결심한 이후 지나간 시간 등을 고려하여 변호사는 소송의 근거를 찾고자 하였다. 예를 들어, 만일 부인이 와이오밍에 거주하고 있다면, 그녀는 사회복지사의 직무상 과실(사회복지사가 적절한 서비스 제공의 의무를 위배했다)에 대해 2년 안에 소송을 제기해야 한다. 하지만 그 부인이 계약 위반으로 소송을 제기한다면(사회복지사는 계약된 대로의 결혼 상담을 제공하지 않았다), 소송을 제기할 수 있는 기간은 10년이 된다. 그러한 소송에 방어하기 위해서는, 사회복지사와 기관은 와이오밍에서 적용될 수 있는 보다 더 긴 공소시효 기간인 서비스 종결 이후 최소한 10년 동안 기록을 보관하는 것이 좋다.

## 공소시효의 정지

공소시효는 특수한 상황하에서 종종 '정지'가 되기도 한다. '정지'는 소송이 가능한 기간에 대한 효력을 멈추는 것이다. 일반적으로 공소시효는 사람들이 소송을 제기할 수 있는 능력이 제한되는 특정 상황에 있을 때 정지된다. 예를 들어, 제8장에서 언급된 바와 같이 성년이 되지 않은 아이들이나, 치매나 정신지체, 또는 정신 질환을 가진 어른의 경우 그들의 법적인 무능력으로 인해 그들의 공소시효는 정지된다. 어떤 주에서는, 군 복무 중이거나 수감 중인 경우에도 공소시효의 기간은 정지된다.

이런 상황에서 공소시효는 그 개인이 법적으로 무능력하다고 여겨지는 기간 동안 정지되는 것이다. 법률 규정에는 그러한 개인들이 더 이상 법적인 무능력의 상태가 아니라고 생각되는 시점에서의 소송을 제기할 수 있는 추가적인 기간을 명시해 놓기도 한다. 예를 들어, 아이가 자라 성인이 되었을 때 그들은 소송을 제기할 수 있는 추가적인 기간 ─ 2년간 소송을 제기할 수 있다 등 ─ 을 갖는다. 정신질환으로 인해 병원에 입원했던 사람의 경우 소송을 제기할 수 있는 기간이 입원기간만큼 늘어나게 된다.

치매나 중증의 정신 지체를 가지고 있는 사람들의 경우 법적 무능력 상태는 계속 지속된다고 볼 수 있다. 이러한 경우 소송을 제기할 수 있는 기간의 제한은 없으며 언제라도 소송 제기는 가능하다. 예를 들어, 하와이의 법률 규정은 두 가지 이상의 무능력이 동시에 존재하는 경우, 그러한 무능력이 사라지기 전에는 공소시효가 효력을 갖게 된다고 명시하고 있다(Hawaii Revised Statutes, 2006, §657-15). 만일 클라이언트가 어린아이이며 정신지체를 가지고 있는 경우, 공소시효는 결코 적용되지 않는다. 만일 그 아이가 자라 성인이 된다고 하더라도 정신지체라는 요인은 계속해서 남아 있기 때문에, 법적인 무능력은 계속되는 것이며, 소송은 언제라도 제기될 수 있다.

사회복지사가 서비스를 제공하는 많은 클라이언트는 많은 경우 법적으로 '무능력'하기 때문에 공소시효에 있어서 정지를 갖는 경우가 많다. 더구나 어떤 클라이언트의 경우 그들의 무능력 때문에 공소시효에 대한 정지라는 개념이 아예 없을 수도 있는데 그들 자신이나 그들과 함께 일하는 사람들이 살아 있는 동안은 언제라도 소송을 제기할 수 있다는 의미이다. 법적인 무능력자인 클라이언트와 일하는 사회복지사는 그들에 대한 기록을 법적인 제한 기간과 상관없이 보관하고 있는 것이 필요하다. 소송 제기 기한에 상관없이 소송에 제기될 수 있는 경우, 그들에 대한 기록에 대한 사용은 정해진 기한이 없는 것이다.

## 기록 삭제

사회복지사는 그들이 클라이언트에게 제공한 서비스에 대하여 문서화된 기록을 남기게 된다. 이러한 기록은 종종 다른 기관으로 전달되거나 공개된다. 사회복지사의 기록은 클라이언트의 자발적인 기탁이나, 법정의 명령에 의한 조사, 또는 소환의 대상이 되어 법정 자료의 한 부분이 되기도 한다. 사회복지사가 증언을 하게 되거나, 그들의 기록이 증거자료로 사용되는 경우, 이러한 정보는 법정

기록의 일부가 되기도 한다.

법정 기록의 삭제나 봉인은 어떤 기록이 공개적으로 알려지는 것을 막아 준다. 이 용어는 때로 상호교환적으로 사용되지만 서로 다른 절차를 따른다. 삭제는 법정 기록을 물리적 파괴를 통해 없애버리는 것을 말한다. 삭제된 기록은 더 이상 존재하지 않는다. 반대로, 법정 기록이 봉인된다는 것은 물리적인 문서는 여전히 존재하나, 그 자료에 대한 접근이 특별한 어떤 사람 — 판사, 보호관찰관, 또는 법정 규정에 의한 사람 — 에게만 제한된다는 것을 의미한다.

범죄 경력을 가지고 있으나 지금은 더 이상 범죄에 연루되어 있지 않은 사람은 자신에 대한 기록이 삭제되기를 원할 것이다. 그들은 기록에 있는 잘못된 행동에 대한 과거 경력이 불이익을 받게 하는 요인으로 작용하게 되는 경험을 할 수도 있다. 그들은 식품교환권이나 저소득층 공적부조(TANF) 등과 같은 공공 서비스를 받지 않아도 될 만큼의 안정적인 직업을 얻는 것이 불가능할 수도 있다. 또 다른 상황에서는, 이전에 체포 기록을 가지고 있는 이민자는 미국에서 추방의 대상이 될 수도 있다. 이러한 심각한 결과 때문에, 대부분의 주에서는 그들의 범죄 기록에 대한 삭제와 관련된 규정을 가지고 있다. 주로 그러한 규정은 그들이 법적으로 아무런 문제를 일으키지 않는 기간이 어느 정도 경과하고 난 후 삭제가 가능하도록 하고 있다.

예를 들어, 오하이오 주는 초범에 대한 체포 기록을 삭제하도록 하고 있다. 뉴저지를 포함한 많은 주에서는 더 이상의 유죄판결 없이 일정 기간이 지나면 자신의 유죄 판결에 대한 기록을 삭제해 줄 것을 진정할 수 있도록 되어 있다. 미네소타 주에서는 체포는 되었으나 유죄 판결을 받지는 않은 사람에 대해서는 기록을 돌려주도록 되어 있다. 콜로라도 주와 많은 다른 주에서는 청소년이 비행을 저지른 경우, 그들이 성인이 되고 더 이상의 범죄를 저지르지 않는 경우 비행 기록을 삭제하는 것을 허용하고 있다.

기록의 삭제는 다른 형태로도 이루어진다. 예를 들어 입양 관련 소송의 경우,

많은 주에서는 아이의 친부모나 기관의 보고 또는 다른 기록들을 포함하는 소송 관련 기록들을 입양아를 포함해 다른 사람에게 알려지지 않도록 봉인한다. 한번 봉인된 법정 기록에 접근하기 위해서는, 의료적 위기상황처럼 그들이 기록을 보아야 하는 타당한 이유를 들어 법정에 진정을 해야만 한다.

사회복지 기관이나 공공기관이 보관하고 있는 기록 역시 삭제될 수 있다. 예를 들어, 메사츄세츠나 또 다른 주에서는, 공적 지원과 관련된 기록은 클라이언트에 대한 서비스가 종결된 이후 10년이 지나면 파기되도록 하고 있다. 학교에서도 학생의 이름, 주소, 전화번호, 성적, 출석관련 기록, 그리고 졸업 년도 등은 보관된다. 하지만 의료 기록이나 훈육 관련 기록 또는 특별한 교육 관련 정보 등 보다 개인적인 내용을 포함하는 정보들은 일정 기간이 경과한 후에는 삭제된다. 어떤 주에서는 그러한 기록을 파기하기 전에 부모에게 제공하기도 한다.

38개 주와 어떤 지역에서는, 아동 학대 및 방임을 감독하는 기관이 기록 삭제를 보류할 수 있도록 법적으로 보장하기도 한다("Review and expungement", 2005). 대부분의 주에서는, 아동 학대와 방임에 대한 입증되지 않은 기록은 중앙 데이터베이스에서 삭제될 수 있다. 기록 삭제에 대한 기간은 즉시에서부터 10년에 이르기까지 다양하다. 몇몇 주에서는 조사는 되었으나 입증되지 않은 기록에 대해서는 중앙 데이터베이스에 입력하지 않기도 한다.

전형적으로, 아동 학대와 방임에 대해 확정된 기록의 경우, 유죄 확정 이후 5년에서 10년까지는 삭제할 수 없다("Review and expungement", 2005). 학대나 방임의 사례가 특별히 극악하여 아동이 사망하거나 하는 경우, 기록은 삭제 없이 보다 긴 기간 동안 보관될 것이다. 예를 들어 일리노이 주에서는 아동이 사망하거나 성적인 학대를 당한 경우 기록은 50년간 보관되도록 하고 있다. 기록이 삭제되기 이전에, 심각한 신체적 손상이나 아동 성추행, 성적 착취와 같은 기록들은 학대에 대한 유죄판결이 있을 이후 20년간 계속 보관된다.

참고문헌

Abel, C., & Johnson, W. (1978). Clients' access to records: Policy and attitudes. *Social Work, 23*(1), 42–46.

Addison, L. (1985, November). Mental health information: Shrinking plaintiffs' privilege. *Texas Bar Journal,* 1222–1224.

Adler, R. A. (1992). Step-by-step guide to using the Freedom of Information Act. American Civil Liberties Union Foundation. Retrieved July 18, 2007, from http://www.skepticfiles.org/aclu/foia.htm

Albert, S., Simone, B., Brassard, A., Stern, Y., & Mayeux, R. (2005). Medicaid home health services and survival in New York. *The Gerontologist, 45*(5), 609–616.

Alexander, M., Siegel, C., & Murtaugh, C. (1985). Automating the psychiatric record for care review purposes: A feasibility analysis. *Computers in Human Services, 1*(4), 1–16.

American Hospital Association. (1978). *A reporting system for hospital social work.* Chicago: Author.

American Medical Association. (1978, March 23). Statement presented to Hon. Herman E. Talmadge, regarding Privacy Protection Study Commission and recommendations thereon of the Department of Health, Education and Welfare. Washington, DC.

American Psychiatric Association. (2000). *Diagnostic and statistical manual of mental disorders (DSM-IV-TR)* (4th ed., Text Rev.). Washington, DC: Author.

Ames, N. (1999). Social work recording: A new look at an old issue. *Journal of Social Work Education, 35*(2), 227–337.

Annotated Code of Maryland, Health-General Article, § 4-301 *et seq.* (2006).

Applying computers in social service and mental health agencies: A guide to selecting equipment, procedures, and strategies. (1981). *Administration in Social Work,* 5(314).

Aptekar, H. (1960). Record writing for the purposes of supervision. *Child Welfare, 39*(2), 16–21.

Arizona Revised Statutes, Public Health Safety, § 36-501(40) (2007).

Austad, C. S., & Berman, W. H. (Eds.). (1991). *Psychotherapy in managed health care: The optimal use of time and resources.* Washington, DC: American Psychological Association.

Backdoors. (2006). Retrieved March 23, 2006, from http://www.2–spyware.com/backdoors-removal.

Baird, B. N. (1996). *The internship, practicum, and field placement handbook: A guide for the helping professions.* Upper Saddle River, NJ: Prentice Hall.

Barbeau, E. J., & Lohmann, R. A. (1992). The agency executive director as keeper of the past. *Administration in Social Work, 16*(2), 15–26.

Barker, R. (1986). Spelling out the rules and goals: The written worker-client contract. *Journal of Independent Social Work, 1*(2), 43–49.

Barker, R. (1987). To record or not to record: That is the question. *Journal of Independent Social Work, 2*(2), 1–5.

Beck, A., Kovacs, M., & Weissman, A. (1979). Assessment of suicidal intention: A scale for suicide ideation. *Journal of Consulting and Clinical Psychology, 47,* 343–352.

Beinecke, R. (1984). PORK, SOAP, STRAP, and SAP. *Social Casework, 65*(10), 554–558.

Bell, C. (1978). *Accessibility of adoption records: Influences on agency policy.* Ann Arbor, MI: University Microfilms.

Bernstein, B. E. (1977). Privileged communications to the social worker. *Social Work, 22*(4), 264–268.

Bloom, M., & Fischer, J. (1982). *Evaluating practice: Guidelines for the accounting professional.* Englewood Cliffs, NJ: Prentice-Hall.

Blount, A. (1985). Mental health center approach. In D. Campbell & R. Draper (Eds.), *Applications of systemic family therapy.* Orlando: Grune & Stratton.

Bongar, B. (2001). *The suicidal patient: Clinical and legal standards of care* (2nd ed.). Washington, DC: American Psychological Association.

Bonney, N., & Streicher, L. (1970). Time-cost data in agency administration. *Social Work, 15*(4), 23–31.

Bork, K. (1953). A staff examination of recording skill (Parts 1 & 2). *Child Welfare, 32*(2), 3–8; (3), 11–14.

Boyd, L., & Hylton, J. (1978). Computers in social work practice: A review. *Social Work, 23*(5), 368–371.

Bristol, M. C. (1936). *Handbook on social case recording.* Chicago: University of Chicago Press.

Brodsky, S. (1972). Shared results and open files with the client. *Professional Psychology, 3*(4), 362–364.

Browning, C. H., & Browning, B. J. (1996). *How to partner with managed care.* Los Alamitos, CA: Duncliff's International.

Bunston, T. (1985). Mapping practice: Problem solving in clinical social work. *Social Casework, 59*(4), 225–236.

Burgess, E. W. (1928). What social case records should contain to be useful for sociological interpretation. *Social Forces, 6*(4), 524–532.

Callahan, J. (1996). Documentation of client dangerousness in a managed care environment. *Health & Social Work, 21*(3), 202–207.

Camenga, M. (1974). *A guide to record keeping and social services: A system for child development programs.* Atlanta: Humanics Press.

Campbell, D., & Stanley, J. (1963). *Experimental and quasi-experimental designs for research.* Chicago: Rand McNally.

Cancian, M., Haveman, R., Meyer, D., & Wolfe, B. (2002). Before and after TANF: The economic well-being of women leaving welfare. *Social Service Review, 76*(4), 603–641.

Cassetty, J., & Hutson, R. (2005). Effectiveness of federal incentives in shaping child support enforcement outcomes. *Children & Youth Services Review, 27*(3), 271–289.

Cerveny, K., & Kent, M. (1983–1984). Evidence law: The psychotherapist-patient privilege in federal courts. *Notre Dame Law Review, 59,* 791–816.

Chambliss, C., Pinto, D., & McGuigan, J. (1997). Reactions to managed care among psychologists and social workers. *Psychological Reports, 80*, 147–154.

Child Abuse and Neglect Prevention and Treatment, 45 C.F.R. § 1340.14 (2007).

Child Abuse Prevention and Treatment Act, P.L. 93-247 (1974).

Children and Family Research Center. (2001). *Report on child safety and permanency in Illinois for FY 2001*. Urbana: School of Social Work, University of Illinois at Urbana-Champaign.

Children's Online Privacy Protection Act of 1998, 15 U.S.C. § 6501 (2000).

Christian, W., & Hannah, G. (1983). *Effective management in human services*. Englewood Cliffs, NJ: Prentice-Hall.

Clemens, N. A. (2006). Until death do us part. *Journal of Psychiatric Practice, 12*(2), 113–115.

Cohen, M., & Garrett, K. (1995). Helping field instructors become more effective group work educators. *Social Work with Groups, 18*(2/3), 135–145.

Colliver, V. (2006, March 24). Digital records crusader: SF doctor promotes electronic health data. *San Francisco Chronicle*, p. D-1.

Committee on Government Reform. (2005, September 15). *A citizen's guide on using the Freedom of Information Act and the Privacy Act of 1974 to request government records* (Report 109–226). Washington, DC: U.S. Government Printing Office. Retrieved July 18, 2007, from http://www.fas.org/sgp/foia/citizen.pdf

Comprehensive Alcohol Abuse and Alcoholism Prevention, Treatment and Rehabilitation Act of 1970, 60 U.S.C. § 4541 (1970).

Confidentiality of Alcohol and Drug Abuse Patient Records, 42 C.F.R. § 2.1 *et seq.* (2007).

*Confidentiality of health and social service records: Where law, ethics, and clinical issues meet.* (1976, December). Proceedings of the Second Midwest Regional Conference, Chicago, IL.

Corcoran, K., & Gingerich, W. (1992). Practice evaluation: Setting goals, measuring and assessing change. In K. Corcoran (Ed.), *Structuring change: Effective clinical practice for common client problems* (pp. 28–47). Chicago: Lyceum.

Courtney, M. E., & Barth, R. (1996). Pathways of older adolescents out of foster care: Implications for independent living. *Social Work, 41*(1), 75–83.

Daugherty, J. (2005, February 22). E-mail gaffe reveals HIV, AIDS names. *Palm Beach Post*.

Davidson, H. (n.d.). The impact of HIPAA on child abuse and neglect cases. Retrieved July 18, 2007, from http://www.familyrightsassociation.com/bin/white_papers-articles/impact_of_hipaa_on_child_abuse.htm

Davis, K. (2001). The intersection of fee for service, managed health care and cultural competence. In N. Veeder & W. Peebles-Wilkins (Eds.), *Managed care services: Policies, programs, and research* (pp. 50–73). New York: Oxford University Press.

Death with Dignity Act, Oregon Revised Statutes, 127.800 *et seq.* (2006).

Delgado, R. (1973). Underprivileged communications: Extension of the psychotherapist-patient privilege to patients of psychiatric social workers. *California Law Review, 61*, 1050–1071.

Demlo, L., Campbell, P., & Brown, S. (1978). Reliability of information abstracted from patients' medical records. *Medical Care, 16*(12), 995–1005.

District of Columbia Mental Health Information Act, § 7-1201.01(13) (2007).

Driver's Privacy Protection Act, 18 U.S.C. § 2721 (1994).

Drug Abuse Prevention, Treatment and Rehabilitation Act of 1972, 21 U.S.C. §1101 (1972).

Dwyer, M., & Urbanowski, M. (1965). Student process recording: A plea for structure. *Social Casework, 46*(5), 283–286.

Education for All Handicapped Children Act of 1975, P.L. 94-142 (1975).

Edwards, R., & Reid, W. (1989). Structured case recording in child welfare: An assessment of social workers' reactions. *Social Work, 34*(1), 49–52.

Electronic Communications Privacy Act of 1986, 18 U.S.C. §2510 (1986).

Eliot, T. (1928). Objectivity and subjectivity in the case record. *Social Forces, 6*(4), 539–544.

Employee Polygraph Protection Act of 1988, 29 U.S.C. § 2900 (1988).

English, D., Brandford, C., & Coghlan, L. (2000). Data-based organizational change: The use of administrative data to improve child welfare programs and policy. *Child Welfare, 29*(5), 499–515.

Fair Credit Reporting Act, 15 U.S.C. § 1681 (1970).

Family Educational Rights and Privacy Act, 20 U.S.C. § 1232g (1974).

Family Educational Rights and Privacy Act, 34 C.F.R.§ 99.3 *et seq.* (2007).

Family Service Association of America Task Force on Privacy and Confidentiality. (1977). *Position paper on privacy and confidentiality.* New York: Family Service Association of America.

Fanshel, D. (1975). Parental visiting of foster children: A computerized study. *Social Work Research and Abstracts, 13*(3), 2–10.

Fein, E. (1975). A data system for an agency. *Social Work, 20*(1), 21–24.

Feinstein, A. (1973). The problems of the problem-oriented medical record. *Annals of Internal Medicine, 78*, 751–762.

Firestein, S. K. (1993). On thinking the unthinkable: Making a professional will. *The American Psychoanalyst, 27*(4), 16.

Fisher, C. (1972). Paradigm changes which allow sharing of results. *Professional Psychology, 3*(4), 364–369.

Foster, L. (1980). State confidentiality laws: The Illinois act as model for new legislation in other states. *American Journal of Orthopsychiatry, 50*(4), 659–665.

Fox, R., & Gutheil, I. A. (2000). Process recording: A means for conceptualizing and evaluating practice. *Journal of Teaching in Social Work, 20*(1/2), 39–55.

Freed, A. (1978). Clients' rights and casework records. *Social Casework, 59*(8), 458–464.

Freedom of Information Act, 5 U.S.C. § 552 (1966).

Frings, J., Kratovil, R., & Polemis, B. (1958). *An assessment of social case recording.* New York: Family Service Association of America.

Furlong, A. (2006, July 11). The national provider identifier: What every dentist should know. *The American Dental Association News.* Retrieved July 18, 2007, from http://www.ada.org/prof/resources/pubs/adanews/adanewsarticle.asp?articleid=2009

Gambrill, E. (1999). Evidence-based practice: An alternative to authority-based practice. *Families in Society, 80*(4), 341–350.

Gambrill, E. (2003). Evidence-based practice: Sea change or the emperor's new clothes? *Journal of Social Work Education, 39*, 3–23.

Gansheroff, N., Boszormenyi-Nagy, I., & Matrulla, J. (1980). Clinical and legal issues in the family therapy record. In J. Howells (Ed.), *Advances in family psychiatry.* New York: International Universities Press.

Garfield, G., & Irizarry, C. (1971). The record of service. In W. Schwartz & S. Zalba (Eds.), *The practice of group work.* New York: Columbia University Press.

Garfinkel, H. (1968). *Studies in ethnomethodology* (pp. 186–207). Englewood Cliffs, NJ: Prentice-Hall.

Garnier, P., & Poertner, J. (2000). Using administrative data to assess child safety in out-of-home care. *Child Welfare, 29*(5), 597–613.

Garvin, C. (1981). *Contemporary group work* (pp. 202–205). Englewood Cliffs, NJ: Prentice-Hall.

Gelman, S., Pollack, D., & Weiner, A. (1999). Confidentiality of social work records in the computer age. *Social Work, 44*(3), 243–262.

Giglio, R., Spears, B., Rumpf, D., & Eddy, N. (1978). Encouraging behavior changes by use of the client-held record. *Medical Care, 16*(9), 757–764.

Gingerich, W. (1985). Three software programs from applied innovations for the human services clinician. *Computers in Human Service, 1*(3), 83–91.

Gingerich, W. J., & Broskowski, A. (1996). Clinical decision support systems. In T. Trabin (Ed.), *The computerization of behavioral healthcare* (pp. 11–38). San Francisco: Jossey-Bass.

Gobert, J. (1976, January). Accommodating patient rights and computerized mental health systems. *North Carolina Law Review, 54*, 153–187.

Godwin, P. (1988, August). Could your medical records wreck your life? *Better Homes and Gardens*, 40–42.

Goldman, M. (1964, July). An agency conducts a time and cost study. *Social Casework, 45*(7), 393–397.

Goodman, M., Brown, J., & Deitz, P. (1992). *Managing managed care: A mental health practitioner's survival guide*. Washington: American Psychiatric Press.

Gramm-Leach-Bliley Act, P.L. 106-102, 113 Stat. 1338 (1999).

Gutierrez, O., & Friedman, D. (2005). Managing project expectations in human services information systems implementations: The case of homeless management information systems. *International Journal of Project Management, 23*, 513–523.

Hamilton, G. (1936). *Social case recording*. New York: Columbia University Press.

Hamilton, G. (1946). *Principles of social case recording*. New York: Columbia University Press.

Hartman, A. (1978). Diagrammatic assessment of family relationships. *Social Casework, 59*(8), 465–476.

Hartman, B., & Wickey, J. (1978). The person-oriented record in treatment. *Social Work, 23*(4), 296–299.

Haselkorn, F. (1978). Accountability in clinical practice. *Social Casework, 59*(6), 330–336.

Hawaii Revised Statutes, § 657-15 (2006).

Health Insurance Portability and Accountability Act (HIPAA), P.L. 101-191, 110 Stat. 1936 (1996).

Health Insurance Portability and Accountability Act (HIPAA), 45 C.F.R. Part 160, Part 164 (2007).

Hedlund, J., Vieweg, B., & Cho, D. (1985). Mental health computing in the 1980s. *Computers in Human Services, 1*(1), 3–33; *1*(2), 1–31.

Helms, D. J. (1975). A guide to the new federal rules governing the confidentiality of alcohol and drug abuse patient records. *Contemporary Drug Problems, 4*(3), 259–283.

Henrickson, M., & Mayo, J. R. (2000). The HIV cybermall: A regional cybernetwork of HIV services. *Journal of Technology in Human Services, 17*(1), 7–26.

Henry, D., DeChristopher, J., Dowling, P., & Lapham, E. V. (1981). Using the social history to assess handicapping conditions. *Social Work in Education, 3*(1), 7–19.

Henry, S. (1981). *Group skills in social work*. Itasca, IL: Peacock.

Hepworth, D. H., Rooney, R. H., & Larsen, J. A. (2004). *Direct social work practice: Theory and skills* (7th ed.). Belmont, CA: Wadsworth.

Herzlinger, R. (1977). Why data systems in nonprofit organizations fail. *Harvard Business Review, 55*(1), 81–86.

Hetznecker, W. (1996). Are practice guidelines useful in managed care? In A. Lazarus (Ed.), *Controversies in managed mental health care* (pp. 41–54). Washington, DC: American Psychiatric Press.

Hill, G. (1971). *Ethical practices in the computerization of client data: Implications for social work practice and record keeping.* Washington, DC: National Association of Social Workers.

Hill, J., & Ormsby, R. (1953). The Philadelphia cost study. *Social Work Journal, 34,* 165–178.

Hochwold, H. (1952). The use of case records in research. *Social Casework, 33*(2), 71–76.

Hodge, M. H. (1977). *Medical information systems: A resource for hospitals.* Germantown, MD: Aspen Systems Corporation.

Holbrook, T. (1983, December). Case records: Fact or fiction? *Social Service Review,* 645–658.

Hollis, F. (1967). Explorations in the development of a typology of casework treatment. *Social Casework, 48*(6), 335–341.

Hollis, F., & Wood, M. (1981). *Casework: A psychosocial therapy* (3rd ed.). New York: Columbia University Press.

Hoshino, G., & McDonald, T. (1975). Agencies in the computer age. *Social Work, 20*(1), 10–14.

Houghkirk, E. (1977). Everything you've always wanted your clients to know but have been afraid to tell them. *Journal of Marriage and Family Counseling, 3*(2), 27–33.

Hudson, W. (1982). *The clinical measurement package.* Homewood, IL: Dorsey Press.

Human Research Protection Program, University of California at San Francisco. HIPAA consent form guidance. Retrieved May 31, 2007, from http://www.research.ucsf.edu/chr/HIPAA/chrHIPAAconsent.asp

Hurley, M. (1985). Duties in conflict: Must psychotherapists report child abuse inflicted by clients and confided in therapy? *San Diego Law Review, 22,* 645–668.

Identity Theft and Assumption Deference Act of 1998, 18 U.S.C. § 1028 (1998).

Illinois Department of Children and Family Services. (2003). Health Insurance Portability and Accountability Act. Policy Guide 2003.05. Retrieved November 5, 2006, from http://dcfswebresource.prairienet.org/policy_guides/2003.05.php

Illinois Mental Health and Developmental Disabilities Confidentiality Act, 740 ILCS 110/2 (2007).

Illinois School Student Records Act, 105 ILCS 10/1 *et seq.* (2007).

In re Estate of Bagus, 294 Ill. App. 3d 887; 691 N.E. 2d 401; 229 Ill. Dec. 291 (2nd Dist. 1998).

Individuals with Disabilities Education Improvement Act of 2004, P.L. 108-446, 20 U.S.C. § 1400 *et seq.* (2007).

Itzin, F. (1960). The use of tape recordings in field work. *Social Casework, 41*(4), 197–202.

Ives, K. (1978). Revising an agency's service information system. *Administration in Social Work, 2*(1), 111–115.

Ivey, A. (1987). *Intentional interviewing and counseling.* North Amherst, MA: Microtraining Associates.

Jackson, J. (1987). Clinical social work and peer review: A professional leap ahead. *Social Work, 32*(3), 213–220.

Jaffee v. Redmond, 518 U.S. 1 (1996).

Jayaratne, S., & Levy, R. (1979). *Empirical clinical practice.* New York: Columbia University Press.

Johnson, H. (1978). Integrating the problem-oriented record with a systems approach to case assessment. *Journal of Education for Social Work, 14*(3), 71–77.

Joint Commission on Accreditation of Healthcare Organizations. (2001). *Standards.* Chicago: Author.

Kadushin, A. (1963). Diagnosis and evaluation for (almost) all occasions. *Social Work, 8*(1), 12–19.

Kagle, J. D. (1982a). Social work records in health and mental health organizations: A status report. *Social Work in Health Care, 8*(1), 37–46.

Kagle, J. D. (1982b). Using single subject measures in practice decisions: Systematic documentation or distortion? *Arete, 7*(2), 1–9.

Kagle, J. D. (1983). The contemporary social work record. *Social Work, 28*(2), 149–153.

Kagle, J. D. (1984a). Restoring the clinical record. *Social Work, 29*(1), 46–50.

Kagle, J. D. (1984b). *Social work records.* Homewood, IL: Dorsey Press.

Kagle, J. D. (1987a). Preventing clients from dropping out of treatment. *Journal of Independent Social Work, 1*(3), 31–43.

Kagle, J. D. (1987b). Recording in direct practice. *Encyclopedia of social work* (18th ed., pp. 463–467). Washington, DC: National Association of Social Workers.

Kagle, J. D. (1988). *How to overcome worker resistance and improve your agency's records.* Paper presented at the National Association of Social Workers' Meeting of the Profession, Philadelphia, PA.

Kagle, J. D. (1989). *Privileged communication: A client right and a professional principle.* Paper presented at the annual program meeting of the Council of Social Work Education, Chicago, IL.

Kagle, J. D. (1990). Teaching social work students about privileged communication. *Journal of Teaching in Social Work, 4*(2), 49–65.

Kagle, J. D. (1991). Essential recording: A new approach to teaching practice and recording. *Arete, 16*(2), 28–33.

Kagle, J. D. (1993). Recordkeeping: Directions for the 1990s. *Social Work, 38*(2), 190–196.

Kagle, J. D. (1996). *Social work records* (2nd ed.). Long Grove, IL: Waveland Press.

Kagle, J. D., & Kopels, S. (1994). Confidentiality after Tarasoff. *Health and Social Work, 19*(3), 217–222.

Kaiser, B. (1975). Patients' rights of access to their own medical records: The need for a new law. *Buffalo Law Review, 24*(2), 317–330.

Kane, R. (1974). Look to the record. *Social Work, 19*(4), 412–419.

Karls, J., & Wandrei, K. (1992). P-I-E: A new language for social work. *Social Work, 37*(1), 80–85.

Kaushal, R., Blumenthal, D., Poon, E. G., Ashish, K. J., Franz, C., Middleton, B., Glaser, J., Kuperman, G., Christino, M., Fernandopulle, R., Newhouse, J. P., Bates, D. W., & The Cost of National Health Information Network Working Group. (2005). The costs of a national health information network. *Annals of Internal Medicine, 143*(3), 165–173.

Kelley, V., & Weston, H. (1974). Civil liberties in mental health facilities. *Social Work, 19*(1), 48–54.

Kelley, V., & Weston, H. (1975). Computers, costs, and civil liberties. *Social Work, 20*(1), 15–19.

Kentucky Cabinet for Health and Family Services (KCHFS). (2006). The Health Insurance Portability Act of 1996. Retrieved November 5, 2006, from http://chfs.ky.gov/dcbs/dcc/hipaa.htm

Kiresuk, T., & Garwick, G. (1979). Basic goal attainment procedures. In B. Compton & B. Galaway (Eds.), *Social work processes* (2nd ed.). Homewood, IL: Dorsey Press.

Kiresuk, T., & Sherman, R. (1968). Goal attainment scaling: A general method for evaluating comprehensive mental health programs. *Community Mental Health Journal, 4*, 443–453.

Knapp, S., VandeCreek, L., & Zirkel, P. (1987). Privileged communications for psychotherapists in Pennsylvania: A time for statutory reform. *Temple Law Quarterly, 60*(2), 267–292.

Knox, F. (1965). *The Knox standard guide to design and control of business forms.* New York: McGraw-Hill.

Knox, F. (1981). *Managing paperwork: A key to productivity.* New York: Thomond Press.

Kopels, S., & Kagle, J. D. (1993). Do social workers have a duty to warn? *Social Service Review, 67*(1), 101–126.

Kopels, S., & Manselle, T. (2006). The Supreme Court's pre-emptive strike against patients' rights to sue their HMOs. *Social Work in Health Care, 43*(1), 1–15.

Kraemer, K. L., Dutton, W., & Northrop, A. (1980). *The management of information systems.* New York: Columbia University Press.

Kreuger, L. (1987). Microcomputer software for independent social work practice. *Journal of Independent Social Work, 1*(3), 45–58.

Kreuger, L., & Ruckdeschel, R. (1985). Microcomputers in social service settings: Research applications. *Social Work, 30*(3), 219–224.

Kucic, A. R., Sorensen, J., & Hanbery, G. (1983). Computer selection for human service organizations. *Administration in Social Work, 7*(1), 63–75.

Laska, E., & Bank, R. (Eds.). (1975). *Safeguarding psychiatric privacy: Computer systems and their uses.* New York: John Wiley & Sons.

Lazarus, A. (Ed.). (1996). *Controversies in managed mental health care.* Washington, DC: American Psychiatric Press.

Levi, J. (1981). The log as a tool for research and therapy. *Social Work, 26*(4), 333.

Levine, R. (1976). Child protection records: Issues of confidentiality. *Social Work, 21*(4), 323–324.

Levitan, K., Willis, E., & Vogelgesang, J. (1985). Microcomputers and the individual practitioner: A review of the literature in psychology and psychiatry. *Computers in Human Services, 1*(2), 65–84.

Levy, C. (1979a). Code of ethics. *NASW News, 24*(2), 6–7.

Levy, C. (1979b). NASW ethics task force. *NASW News, 24*(1), 9.

Lindenthal, J., Jordan, T., Lentz, J., & Thomas, C. (1988). Social workers' management of confidentiality. *Social Work, 33*(2), 157–158.

Lindsay, A. (1952). *Group work recording.* New York: Association Press.

Little, R. (1949). Diagnostic recording. *Journal of Social Casework, 30*(1), 15–19.

Lopez, F. (1994). *Confidentiality of patient records for alcohol and other drug treatment.* Technical Assistance Publication Series 13, DHHS Publication No. (SMA) 95-3018. Retrieved July 17, 2007, from http://www.treatment.org/TAPS/TAP13/tap13chap1.html

Lorents, A. (1982). Small computers: The directions of the future in mental health. *Administration in Social Work, 6*, 57–68.

Lowe, B., & Sugarman, B. (1978). Design considerations for community mental health management information systems. *Community Mental Health Journal, 14*(3), 216–223.

Lueger, R. J., Howard, K. I., Martinovich, Z., Lutz, W., Anderson, E. E., & Grissom, G. (2001). Assessing treatment progress of individual patients using expected treatment response models. *Journal of Consulting and Clinical Psychology, 69*(2), 150–158.

Lusby, S., & Rudney, B. (1973). One agency's solution to the recording problem. *Social Casework, 54*(10), 586–590.

Lutheran Social Services of Wisconsin and Upper Michigan. (1987). *Eval-U-Treat: A unified approach to program evaluation and direct service delivery*. Milwaukee, WI: Lutheran Social Service.

Mair, W. C. (1977). Computer abuse in hospitals. *Hospital Progress, 58*(3), 61–63.

Mandziara v. Canulli, 299 Ill. App. 3d 593; 701 N.E. 2d 127; 233 Ill. Dec. 484 (1st Dist. 1998).

Margolin, L. (1997). *Under the cover of kindness: The invention of social work*. Charlottesville: University of Virginia Press.

McCormick, M. (1978). Privacy: A new American dilemma. *Social Casework, 59*(4), 211–220.

McCullough, L., Farrell, A., & Longabaugh, R. (1986). The development of a microcomputer-based mental health information system: A potential tool for bridging the scientist-practitioner gap. *American Psychologist, 1*(2), 207–214.

McKane, M. (1975). Case-record writing with reader empathy. *Child Welfare, 54*(8), 593–597.

Meldman, M., McFarland, G., & Johnson, E. (1976). *The problem-oriented psychiatric index and treatment plans*. St. Louis: Mosby Company.

Meyer, R., & Smith, S. (1977). A crisis in group therapy. *American Psychologist, 32*, 638–643.

Miller, D., & Thelen, M. (1986). Knowledge and beliefs about confidentiality in psychotherapy. *Professional Psychology: Research and Practice, 17*(1), 15–19.

Mitchell, R. (1984). *The client record: A tool for optimizing quality mental health service and malpractice prevention*. Paper presented at the annual meeting of the National Council of Community Mental Health Centers, New Orleans, LA.

Monnickendam, M., Yaniv, H., & Geva, N. (1994). Practitioners and the case record: Patterns of use. *Administration in Social Work, 18*(4), 73–87.

Munro, M. M. (1951, October). Integrating casework and supervision through case records. *Social Work Journal*, 184–187, 197.

Munson, C. (2001). *The mental health diagnostic desk reference* (2nd ed., pp. 289–303). New York: Haworth.

Mutschler, E. (1987). Computer utilization. *Encyclopedia of social work* (18th ed., pp. 16–26). Washington, DC: National Association of Social Workers.

Mutschler, E., & Cnaan, R. (1985). Success and failure of computerized information systems: Two case studies in human service agencies. *Administration in Social Work, 9*(1), 67–79.

Mutschler, E., & Hasenfeld, Y. (1986). Integrated information systems for social work practice. *Social Work, 31*(5), 345–349.

National Association of Social Workers. (1973). *Legal regulation of social work practice*. Washington, DC: Author.

National Association of Social Workers. (1975). *Policy on information utilization and confidentiality* (pp. 214–219). Washington, DC: Author.

National Association of Social Workers. (1979). NASW code of ethics. *NASW News, 25*, 24–25.

National Association of Social Workers. (1989). *Standards for practice of clinical social work*. Washington, DC: Author.

National Association of Social Workers. (1999). *NASW code of ethics*. Washington, DC: Author.

National Institutes of Health, Office of Extramural Research. Frequently asked questions about certificates of confidentiality. Retrieved June 4, 2007, from http://grants.nih.gov/grants/policy/coc/faqs.htm

Nelson, J. (1981, Summer). Issues in single-subject research for non-behaviorists. *Social Work Research and Abstracts, 17*, 31–37.

Neuman, K. M., & Friedman, B. D. (1997). Process recordings: Fine-tuning an old instrument. *Journal of Social Work Education, 33*(2), 237–243.

The new threat to your medical privacy. (2006, March). *Consumer Reports*. Retrieved June 14, 2006, from http://www.consumerreports.org/cro/health-fitness/health-care/electronic-medical-records-306/overview/index.htm

Newkham, J., & Bawcom, L. (1982). Computerizing an integrated clinical and financial record system in a CMHC. *Administration in Social Work, 6*, 97–111.

Newman, F. L., & Sorensen, J. E. (1981). *The program director's guidebook for the design and management of client-oriented systems*. Belmont, CA: Wadsworth.

New York City Chapter, NASW. (1994). *An evaluation of Medicaid managed care: Social work issues and recommendations*. New York: Author.

Noble, J. (1971). Protecting the public's privacy in computerized health and welfare information systems. *Social Work, 16*(1), 35–41.

Northern, H. (1969). *Social work with groups*. New York: Columbia University Press.

Nugent, W. R. (2000). Single case design visual analysis procedures for use in practice evaluation. *Journal of Social Service Research, 27*(12), 39–75.

Nurius, P., & Mutschler, E. (1984). Use of computer-assisted information processing in social work practice. *Journal of Education for Social Work, 20*(1), 83–94.

O'Brien, J. (1983). *Computers and information processing in business*. Homewood, IL: Richard D. Irwin.

O'Brien, N., McClellan, T., & Alfs, D. (1992). Data collection: Are social workers reliable? *Administration in Social Work, 16*(2), 89–99.

Odem, M. E. (1995). *Delinquent daughters: Protecting and policing adolescent female sexuality in the United States, 1885–1920*. Chapel Hill: University of North Carolina Press.

Pannor, R., & Peterson, M. (1963). Current trends in case recording. *Child Welfare, 42*(5), 230–234.

Pardeck, J. (1986). Microcomputers in clinical social work practice: Current and future uses. *Family Therapy, 13*(1), 15–21.

Pardeck, J., Umfress, K., & Murphy, J. (1987). The use and perception of computers by professional social workers. *Family Therapy, 14*(1), 1–8.

Pawlak, E., & LeCroy, C. (1981). Critical incident recording for supervision. *Social Work with Groups, 4*, 181–191.

Payne, M. (1978). Social work records. *Social Work Today, 9*(32, 33).

Perlman, G. (1988). Mastering the law of privileged communication: A guide for social workers. *Social Work, 33*(5), 425–429.

Perloff, J. D. (1996). Medicaid managed care and urban poor people: Implications for social work. *Health & Social Work, 21*(3), 189–195.

Perls, L. (2005). *The homeless management information system*. Congressional Research Service Reports for Congress. Retrieved [insert date if possible], from http://digital.library.unt.edu/govdocs/crs/data/2005/upl-meta-crs-7973/RS22328_2005Nov21.pdf

Phillips, B., Dimsdale, B., & Taft, E. (1982). An information system for the social case-work agency: A model and case study. *Administration in Social Work, 6*, 129–143.

Pinkus, H. (1977). Recording in social work. *Encyclopedia of social work*. Washington, DC: National Association of Social Workers.

Poertner, J., & Rapp, C. (1980). Information system design in foster care. *Social Work, 25*(2), 114–121.

Polowy, C., & Gorenberg, C. (1997). *Client confidentiality and privileged communications: Office of general counsel law notes.* Washington, DC: National Association of Social Workers.

Polowy, C. I., Morgan, S., & Gilbertson, J. (2005). *Social workers & subpoenas.* Washington, DC: National Association of Social Workers.

Popiel, D. (1980). Confidentiality in the context of court referrals to mental health professionals. *American Journal of Orthopsychiatry, 50*(4), 678–685.

The Privacy Act of 1974, 5 U.S.C. § 552a (1974).

Privacy Protection Study Commission. (1977a). *Personal privacy in an information society.* Washington, DC: U.S. Government Printing Office.

Privacy Protection Study Commission. (1977b). *Privacy law in the states.* Washington, DC: U.S. Government Printing Office.

Prochaska, J. (1977). Confidentiality and client records. *Social Casework, 58*, 371–372.

Promislo, E. (1979). Confidentiality and privileged communication. *Social Work, 24*(1), 10–13.

Rapp, C. (1987). Information utilization for management decision making. *Encyclopedia of social work* (18th ed., pp. 937–944). Washington, DC: National Association of Social Workers.

Rapp, C. (1998). *The strengths model: Case management for people suffering from severe and persistent mental illness.* New York: Oxford University Press.

Rawley, C. (1938–1939). A functional examination of recording. *The Family, 19*, 298–305.

Reamer, F. G. (1986). The use of modern technology in social work: Ethical dilemmas. *Social Work, 31*(6), 469–472.

Reamer, F. G. (1987). Informed consent in social work. *Social Work, 32*(5), 425–429.

Reamer, F. G. (1997). Managing ethics under managed care. *Families in Society, 78*(1), 96–101.

Reamer, F. G. (2005). Documentation in social work: Evolving ethical and risk management standards. *Social Work, 50*(4), 325–334.

Reid, W. J., & Epstein, L. (1972). *Task-centered casework.* New York: Columbia University Press.

Reid, W. J., Kenaley, B. D., & Colvin, J. (2004). Do some interventions work better than others? A review of comparative social work experiments. *Social Work Research, 28*(2), 71–81.

Rein, M. (1975). *A model for income support programs: Experience with public assistance and implications for a direct cash assistance program.* Cambridge, MA: Abt Associates.

Review and expunction of central registries and reporting records. (2005). Child Welfare Information Gateway. Retrieved July 18, 2007, from http://www.childwelfare.gov/systemwide/laws_policies/statutes/registry.cfm

Reynolds, M. (1976). Threats to confidentiality. *Social Work, 21*(2), 108–113.

Reynolds, M. (1977). Privacy and privilege: Patients', professionals', and the public's rights. *Clinical Social Work Journal, 5*(1), 29–42.

Richmond, M. (1917). *Social diagnosis.* New York: Russell Sage Foundation.

Richmond, M. (1925). Why case records? *Family, 6*, 214–216.

Robinson, E., Bronson, D., & Blythe, B. (1988, June). An analysis of the implementation of single-case evaluation by practitioners. *Social Service Review*, 285–301.

Rock, B. D., Beckerman, A., Auerbach, C., Cohen, C., Goldstein, M., & Quitkin, E. (1995). Management of alternative level of care patients using a computerized database. *Health & Social Work, 20*(2), 133–139.

Roman, N. (2003, November/December). Tracking the homeless: An overview of HMIS. *Shelterforce Online, 132*. Retrieved June 26, 2006, from http://www.nhi.org/online/issues/132/WNV.html

Rosen, A., & Proctor, E. (2000). *Developing practice guidelines for social work intervention: Issues, methods and research agenda.* New York: Columbia University Press.

Rubin, E. (1976). The implementation of an effective computer system. *Social Casework, 57*(7), 438–444.

Russell Sage Foundation. (1970). *Guidelines for collection, maintenance, and dissemination of pupil records.* New York: Author.

Sackheim, G. (1949). Suggestions on recording techniques. *Journal of Social Casework, 30*(1), 20–25.

Sacks, H. (1975). Title XX—A major threat to privacy and a setback for informed consent. *Connecticut Medicine, 39*(12), 785–787.

Sacks, H. (1976). Strategies and remedies for confidentiality deficits in title XX and title IV D legislation. *Connecticut Medicine, 40*(2), 471–473.

Saleeby, D. (1996). The strengths perspective in social work practice: Extensions and cautions. *Social Work, 41*(3), 296–305.

Saleeby, D. (2002). *The strengths perspective in social work practice.* Boston: Allyn, Bacon.

Sauer, A. (1978). *Procedures for operating a service delivery information system.* New York: Family Service Association of America.

Savrin, P. (1985). The social worker-client privilege statutes: Underlying justifications and practical operations. *Probate Law Journal, 6*, 243–276.

Schoech, D. (1979). A microcomputer-based human service information system. *Administration in Social Work, 3*(4), 423–440.

Schoech, D. (1987). Information systems: Agency. *Encyclopedia of social work* (18th ed., pp. 920–931). Washington, DC: National Association of Social Workers.

Schoech, D., & Aranglo, T. (1979). Computers in the human services. *Social Work, 24*(2), 96–103.

Schoech, D., & Schkade, L. (1980). Computers helping caseworkers: Decision support system. *Child Welfare, 59*(9), 556–575.

Schrier, C. (1980). Guidelines for recordkeeping under privacy and open-access laws. *Social Work, 25*(6), 452–457.

Schwartz, G. (1989). Confidentiality revisited. *Social Work, 34*(3), 223–226.

Seaberg, J. (1965). Case recording by code. *Social Work, 10*(5), 92–98.

Seaberg, J. (1970). Systematized recording—A follow-up. *Social Work, 15*(3), 32–41.

Sechrest, L., McKnight, P., & McKnight, K. (1996). Calibration of measures for psychotherapy outcome studies. *American Psychologist, 51*(10), 1065–1071.

Shaw, D. R. (1981). *Your small computer: Evaluating, selecting, financing, and operating the hardware and software that fits.* New York: Van Nostrand Reinhold.

Sheffield, A. E. (1920). *The social case history: Its construction and content.* New York: Russell Sage Foundation.

Shueman, S. A., Troy, W., & Mayhugh, S. L. (1994). *Managing behavioral health care.* Springfield, IL: C.C. Thomas.

Shuman, D., & Weiner, M. (1982). The privilege study: An empirical examination of the psychotherapist-patient privilege. *North Carolina Law Review, 60*, 893–942.

Siegel, C., & Fischer, S. K. (1981). *Psychiatric records in mental health care.* New York: Brunner/Mazel.

Silverman, M., & Rice, S. (1995). Ethical dilemmas of working with individuals who have HIV disease. *Journal of Gay & Lesbian Social Services, 3*(4), 53–68.

Simmons, J. (1978). A reporting system for hospital social service departments. *Health and Social Work, 3*(4), 102–112.

Sircar, S., Schkade, L., & Schoech, D. (1983). The data base management system alternative for computing in human services. *Administration in Social Work, 7*(1), 51–62.

Smith, S. (1986–1987). Medical and psychotherapy privileges and confidentiality: On giving with one hand and removing with the other. *Kentucky Law Journal, 75*, 473–555.

Smith, S. R. (1986–1987). Privileges and confidentiality. *Kentucky Law Journal, 75*, 475–557.

Social workers and psychotherapy notes. (2006). National Association of Social Workers. Retrieved July 18, 2007, from http://www.socialworkers.org/ldf/legal_issue/200606.asp

Social workers and record retention requirements. (2005). National Association of Social Workers. Retrieved July 18, 2007, from https://www.socialworkers.org/ldf/legal_issue/200510.asp

Sorosky, A., Baran, A., & Pannor, R. (1978). *The adoption triangle: The effects of the sealed record on adoptees, birth parents, and adoptive parents.* Garden City, NY: Anchor Press.

Sosin, M. (1986). Administrative issues in substitute care. *Social Service Review, 60*(3), 360–375.

Southard, E. E., & Jarred, M. (1922). *Kingdom of evils.* New York: Macmillan.

Spano, R., Kiresuk, T., & Lund, S. (1977). An operational model to achieve accountability for social work in health care. *Social Work in Health Care, 3*(2), 33–42.

Spevack, M., & Gilman, S. (1980). A system for evaluative research in behavior therapy. *Psychotherapy: Theory, Research and Practice, 17*(1), 37–43.

Standards for Privacy of Individually Identifiable Health Information, 65 F.R. 82652 (2000).

Stiffman, A. R., Staudt, M., & Baker, P. (1996). Family preservation services: An example of the use of records to answer questions about outcome and client characteristics. *Community Alternatives, 8*(2), 56–69.

Streat, Y. (1987). Case recording in children's protective services. *Social Casework, 68*(10), 553–560.

Strom-Gottfried, K. (1998). Informed consent meets managed care. *Health & Social Work, 23*(1), 25–34.

Strom-Gottfried, K., & Corcoran, K. (1998). Confronting ethical dilemmas in managed care: Guidelines for students and faculty. *Journal of Social Work Education, 34*(1), 109–119.

Sullivan, J. M. (2004). *HIPAA: A practical guide to the privacy and security of health data.* Chicago: American Bar Association.

Sussman, A. (1971). The confidentiality of family court records. *Social Service Review, 45*(4), 455–481.

Swan, P. (1976). Privacy and recordkeeping remedies for the misuse of accurate infor-
mation. *North Carolina Law Review, 54*, 585–621.

Swift, L. (1928). Can the sociologist and social worker agree on the content of case
records? *Social Forces, 6*(4), 535–538.

Sytz, F. (1949). Teaching recording. *Journal of Social Casework, 30*(10), 399–405.

Tarasoff v. Regents of the University of California, 17 Cal. 3d 425, 551 P. 2d 334 (1976).

Tatara, T. (1987). Information systems: Client data. *Encyclopedia of social work* (18th
ed., pp. 931–937). Washington, DC: National Association of Social Workers.

Taylor, A. (1953). Case recording: An administrative responsibility. *Social Casework,
34*(6), 240–246.

Tebb, S. (1991). Client-focused recording: Linking theory and practice. *Families in Soci-
ety, 72*(7), 425–432.

Telephone Consumer Protection Act, 47 U.S.C. § 227 (1991).

Templeton, M. (1986). The psychotherapist-patient privilege: Are patients victims in
the investigation of medical fraud? *Indiana Law Review, 19*, 831–851.

Testa, M., Fuller, T., & Rolock, N. (2005). *Conditions of children in or at risk of foster care
in Illinois: An assessment of their safety, stability, continuity, permanence and well-being.*
Urbana: Children and Family Research Center, University of Illinois at Urbana-
Champaign School of Social Work.

Thomas, E. J. (1978, Winter). Research and service in single-case experimentation:
Conflicts and choices. *Social Work Research and Abstracts, 14*, 20–31.

Tice, K. W. (1998). *Tales of wayward girls and immoral women: Case records and the profes-
sionalization of social work.* Urbana: University of Illinois Press.

Timms, N. (1972). *Recording in social work.* Boston: Routledge & Kegan Paul.

Tomm, K., & Wright, L. (1982). Multilevel training. In R. Whiffen & J. Byng-Hall
(Eds.), *Family therapy supervision: Recent developments in practice.* Orlando: Aca-
demic Press.

Toseland, R. (1987). Treatment discontinuance: Grounds for optimism. *Social Case-
work, 68*(4), 195–204.

Toseland, R., & Rivas, R. (1984). *An introduction to group work practice.* New York:
Macmillan.

Towle, C. (1941). *Social case records from psychiatric clinics.* Chicago: University of Chi-
cago Press.

Trabin, T. (Ed.). (1996). *The computerization of behavioral health care.* San Francisco: Jos-
sey-Bass.

Turner, J. (1987). Confidences of malpractice plaintiffs: Should their secrets be
revealed? *South Texas Law Review, 28*, 71–91.

Tuzil, T. (1978). Writing: A problem-solving process. *Social Work, 23*(1), 67–70.

Uniting and Strengthening America by Providing Appropriate Tools Required to
Intercept and Obstruct Terrorism Act (USA Patriot Act) of 2001, P.L. 107-56,
115 Stat. 272 (2001).

Urbanowski, M. (1974). Recording to measure effectiveness. *Social Casework, 55*(9),
546–553.

Urbanowski, M. L., & Dwyer, M. M. (1988). *Learning through field instruction: A guide
for teachers and students.* Milwaukee, WI: Family Service of America.

Urdang, E. (1979). In defense of process recording. *Smith College Studies in Social Work,
50*(1), 1–15.

U.S. Department of Health, Education and Welfare, Secretary's Advisory Committee
on Automated Personal Data Systems. (1973, July). *Records, computers and the*

*rights of citizens.* Retrieved July 17, 2007, from http://aspe.hhs.gov/datacncl/ 1973privacy/tocprefacemembers.htm

U.S. Department of Health and Human Services. Institutional review boards. Retrieved May 30, 2007, from http://www.hhs.gov/ohrp/irb

Van Dyke, C., & Schlesinger, H. (1997). Training the trainers. *Administration and Policy in Mental Health, 25*(1), 47–59.

Velasquez, J. (1992). GAIN: A locally based computer system which successfully supports line staff. *Administration in Social Work, 16*(1), 41–54.

Video Privacy Protection Act, 18 U.S.C. § 2710 (1988).

Vogel, L. (1985). Decision support systems in the human services: Discovering limits to a promising technology. *Computers in Human Services, 1*(1), 67–80.

Volland, P. (1976, Spring). Social work information and accountability systems in a hospital setting. *Social Work in Health Care, 1*, 277–286.

Warren, R. V. (1995). *Merging managed care and Medicaid: Private regulation of public health care.* Washington, DC: NASW Office of Policy and Practice.

Watkins, S. (1989). Confidentiality and privileged communications: Legal dilemma for family therapists. *Social Work, 34*(2), 133–136.

Weaver, D., Moses, T., Furman, W., & Lindsey, D. (2003). The effects of computerization on public child welfare practice. *Journal of Social Service Research, 29*(4), 67–80.

Weed, L. (1968). Medical records that guide and teach. *New England Journal of Medicine, 278*, 593–600.

Weed, L. (1969). *Medical records, medical evaluation, and patient care.* Cleveland: Case Western Reserve University Press.

Weick, A., Rapp, C., Sullivan, W. P., & Kisthardt, W. (1989). A strengths perspective for social work practice. *Social Work, 34*(4), 350–354.

Weisberg, R. (1986). Child abuse and neglect: The high cost of confidentiality. *Stanford Lawyer, 24*(3), 24–25, 74.

Weissman, J., & Berns, B. (1976). Patient confidentiality and the criminal justice system: A critical examination of the new federal confidentiality regulations. *Contemporary Drug Problems, 5*(4), 531–552.

Wernet, S. P. (Ed.). (1999). *Managed care in human services.* Chicago: Lyceum Books.

Westin, A. F., & Baker, M. (1972). *Data banks in a free society: Computers, recordkeeping, and privacy.* New York: Quadrangle.

Wheeler, S. (Ed.). (1976). *On record: Files and dossiers in American life.* New Brunswick, NJ: Transaction.

Whiting, L. (1988). *State comparison of laws regulating social work.* Silver Springs, MD: National Association of Social Workers.

Wigmore, J. (1961). *Evidence in trials at common law* (Rev. ed.). J. McNaughton (Ed.). Boston: Little, Brown.

Wilcznski, B. (1981). New life for recording: Involving the client. *Social Work, 26*(4), 313–317.

Wilke, C. (1963). A study of distortions in recording interviews. *Social Work, 8*(3), 31–36.

Wilson, D. (1974). Computerization of welfare recipients: Implications for the individual and the right to privacy. *Rutgers Journal of Computers and Law, 4*(1), 163–208.

Wilson, G., & Ryland, G. (1949). *Social group work practice* (pp. 70–77). Boston: Houghton Mifflin.

Wilson, S. (1978). *Confidentiality in social work: Issues and principles.* New York: Free Press.

Wilson, S. (1980). *Recording—guidelines for social workers.* New York: Free Press.

Witt, J. C., Daly, E. M., & Noell, G. (2000). *Functional assessments: A step-by-step guide to solving academic and behavior problems.* Longmont, CO: Sopris West.

Wodarski, J. (1986). The application of computer technology to enhance the effectiveness of family therapy. *Family Therapy, 13*(1), 5–13.

Woolfolk, C. (2003). *Presentation on cultural issues to DCFS supervisors.* Urbana: University of Illinois at Urbana-Champaign, School of Social Work, Training Partnership.

Yalom, I. (1986). *Psychotherapy with groups.* Paper presented at the National Conference on Clinical Social Work in San Francisco, CA.

Yaron v. Yaron, 83 Misc. 2d 276, 372 New York S 2d 518 (1975).

Young, D. (1974a). Computerized information systems in child care: Techniques for comparison. *Child Welfare, 53*(7), 453–463.

Young, D. (1974b). MIS in child care. *Child Welfare, 53*(2), 102–110.

Zuboff, S. (1983). New worlds of computer-mediated work: Paying heed to staff resistance can help managers. *Public Welfare, 41*(1), 36–44.

# 찾아보기

◎ 역자 소개

**홍순혜**
이화여자대학교 영어영문학과 졸업(사회복지학 부전공)
서울대학교 대학원 사회복지학 석사
미네소타대학교 대학원 사회복지학 박사

현재 서울여자대학교 사회복지학과 교수

**저서 및 역서**
『학교와 사회복지 실천』(공저), 『가족복지론』(공저), 『개입연구 : 프로그램 개발의 새로운 패러다임』(공저), 『영화와 사회복지』(공저), 『학교사회복지론』(공역), 『학교사회사업: 효과적 개입방법과 실천기술』(공역), 『해결중심 상담 : 학생, 교사, 학부모와 함께하는 실천적 해결중심 프로그램』(공역)


**한인영**
이화여자대학교 사회복지학과 졸업
이화여자대학교 대학원 사회복지학 석사
케이트웨스턴리저브대학교 사회복지학 박사

현재 이화여자대학교 사회복지전문대학원 교수

**저서 및 역서**
『사회복지실천기술론』(공저), 『의료사회복지실천론』(공저), 『학교와 사회복지 실천』(공저), 『갈등해결의 기법』(공역), 『위기개입』(공역), 『위기개입 워크북』(공역), 『학교사회사업 : 효과적 개입방법과 실천기술』(공역), 『세계화와 사회복지실천』(공역)